설정식 문학선
해방의 문학, 청춘의 상상력

서승희 남은혜 안서현 정영진 엮음

설정식 문학선
해방의 문학, 청춘의 상상력

서승희 남은혜 안서현 정영진 엮음

한국학중앙연구원출판부

책머리에

 설정식(薛貞植, 1912~1953)은 해방기에 『종』(1947.4), 『포도』(1948.2), 『제신(諸神)의 분노』(1948.10) 등 총 세 권의 시집을 출간한 시인으로 알려져 있다. 그러나 알고 보면 그는 다양한 장르의 글쓰기를 전개한 문학인이다. 만주사변을 다룬 희곡으로 등단했고, 영미문학 전공자로서 동시대 미국문학 번역과 비평을 게재했으며, 해방 이후에는 시인이자 소설가로서 활동하며 『햄릿』 완역서를 출간했다.

 이와 같은 문학 세계는 복잡다단한 삶의 궤적이 낳은 결과이기도 하다. 그는 1929년 광주학생운동 서울 시위에 가담했다는 이유로 권고 퇴학을 당한 후, 중국, 일본, 미국에서 차례로 유학했다. 또한 해방기에는 조선공산당에 가입한 후 미군정청 관료 생활을 하는 등 이율배반적으로 보이는 길을 걸었다. 그러나 조선문학가동맹 활동이야말로 해방기 설정식 문학의 본령이라고 할 것이나. 대한민국 정부 수립 이후 전향의 압박을 견디다가 월북한 그는 휴전회담 때 북측 통역관으로 등장했으나 오래지 않아 숙청되었다. 그래서 그의 문학은 남북한 양측에서 잊힌 채 오랜 세월이 흘렀다.

 본격적인 설정식 연구는 『설정식 선집』(곽명숙 엮음, 현대문학, 2011)과 『설정식 문학 전집』(설희관 엮음, 산처럼, 2012)이 출간된 이후에야 시작되었다. 대부분의 설정식 문학 연구가 이 선집과 전집에 빚지고 있다고 해도 과언은 아니다. 이 선집과 전집이 출간된 이후 설정식의 시는 물론, 소설, 번역, 산문에 대한 연구가 차례로 전개되었고, 학력, 독서 이력, 조선문학가동맹 활동 등 설정식 문학의 배경에 대한 검토도 활발히 이루어졌다. 그럼에도 불구하고 또 다른 설정식 문학선을 기획하게 된 이유는 기존의 선집과 전집에 수록되지 않은 문학 자료들이 여전히 존재하기 때문이다.

이번에 새로 펴내는 『설정식 문학선: 해방의 문학, 청춘의 상상력』에서는 설정식의 문학적 출발점에 해당하는 등단 희곡 「중국은 어데로」와 작가 약력 및 당선평을 최초로 수록했다. 이와 더불어 설정식의 일상과 문학적 입장을 엿볼 수 있는 논평, 에세이, 대담 자료를 실었으며, 해방기 잡지 『민성』에 수록된 설정식의 단편소설들을 통해 소설의 전개 양상을 살필 수 있도록 했다. 한편 1946년 『한성일보』에 연재된 장편소설 『청춘』을 실어 1949년에 발간된 단행본 『청춘』과 비교 검토할 수 있는 장을 마련했고, 1948년 『민주일보』에 연재된 설정식의 미완성 장편소설 『한류·난류』를 수록해 해방기 설정식의 마지막 소설 쓰기를 조명했다.

문학 자료의 원문은 국립중앙도서관 원문검색 서비스, 한국학중앙연구원·이화여자대학교·서울대학교 도서관 소장 영인본 등을 활용해 수집했다. 또한 원문 그대로 입력하되 가독성을 위해 한자 옆에 한글을 병기하고 띄어쓰기는 현대적으로 수정한다는 원칙을 정했다. 주석을 붙여 현대 독자들이 해독하기 어려운 단어와 표현, 인명과 지명, 오기 등을 풀이했고, 역사적·사회적·문화적 맥락에 대한 부연 설명을 담아 작품 속 사건과 대화의 배경을 알렸다. 책의 말미엔 수록된 작품들의 주요 내용과 의미를 짚는 해설을 수록해 문학 전문가는 물론 학생들에게 길잡이를 제공하고자 했다.

이 문학선은 한국학중앙연구원 2022년 공동연구과제의 결과물이다. 한국학중앙연구원의 지원이 아니었다면 자료 수집, 입력, 주석, 해설로 이어지는 여러 작업들을 순조롭게 해 내기 어려웠을 것이다. 함께 책을 엮은 남은혜, 안서현, 정영진 선생님은 상허학회 '신문과 문학' 세미나를 통해 여러 해 동안 해방기 문학 자료를 함께 읽어 온 동지들이다. 따라서 설정식 문학선 편찬도 오랜 세미나의 연장선상에서 즐겁게 진행할 수 있었다. 남은혜, 안서현 선생님은 문학 자료 집성의 노하우를 기꺼이 나누어 주셨고, 설정식 시 연구자로서 정영진 선생님이 가지고 있는 전문적 식견이 작업에 큰 도움이 되었다. 이 책이 우리 모두에게 우정의 선물이 되었으면 좋겠다. 한편 보조연구원으로서 수고해 준 황관진, 왕우산, 대배운 씨에게도 고맙다는 말을 전하고 싶다. 이제 박사님이 되어 각각 대만과 중국으로 돌아간 황관진 씨와 왕우산 씨, 그리고 박사논문을 열심히 준비 중인 대배운 씨를 다정한 마음으로 떠올려 본다. 끝으로 한국학중앙연구원 출판부에도 감사하다는 말씀을 올린다. 많은 사람들의 정성스러운 손길로 만들어진 이 책이 설정식 문학 연구에 기여하기를 바란다.

2025년 8월
편자들을 대표하여
서승희 씀

일러두기

- 이 책에 수록된 문학 자료는 신문 및 잡지에 발표된 원문을 저본으로 삼았다.
- 원문 그대로 입력했으며, 띄어쓰기는 현행 맞춤법을 따랐다.
- 본문 중 오자는 원문 표기를 유지하되, 필요한 경우 올바른 형태를 주석의 작은따옴표(' ') 안에 제시했다.
- 단어의 뜻과 문맥 등에 대한 부연 설명도 주석을 통해 제시했다.
- ○나 × 등의 복자 표기도 원문 그대로 입력했다.
- 문장 속 끊기·강조·부가 설명 등을 나타내는 '-', '--' 등 줄표 표기는 현대적 용례에 맞게 '—' 로 일괄 처리했다.
- 한자로 쓰인 단어는 한글(한자)의 형태로 표기했다. 단, '一, 二, 三' 등과 같이 순서를 표기하거나 '一九四八년'과 같이 연도를 표기할 경우에는 한글을 병기하지 않았다. 또한 '몇백 년(百年)'과 같이 수량과 한자가 충돌할 경우 '몇백년(百年)'으로 입력했다.
- 문장 부호도 원문 그대로 입력했다. 단, 원문에서 대화를 표시하는 『 』, 속생각을 표시하는 ( ) 등은 각각 큰따옴표, 작은따옴표로 입력했다.
- 원문에서 외래어를 표시하는 기호로 사용된 겹낫쇠 및 작은따옴표는 삭제했고, '어네스트·헤밍웨이', '뉴·헤븐' 등과 같이 외래어 사이에 붙은 가운뎃점도 삭제했다.
- 마침표, 물음표 등 필수 문장 부호가 누락된 경우 추가했다.
- 원문 해독이 불가하나 글자 수는 유추 가능한 경우 글자 수만큼 ●를 입력했다.
- 한 줄 넘게 해독이 불가할 때는 '원문 *행 확인 불가'라 표시했다.
- 신문연재소설『청춘』은『설정식 문학 전집』(설희관 엮음, 산처럼, 2012)에 수록된 단행본『청춘』과 비교하며 입력했다. 신문의 원문을 알아볼 수 없지만 단행본을 근거로 내용을 유추할 수 있는 경우에는 이를 주석에 적고『전집』참조'라 밝혔다.
- 주석의 단어 및 인물 설명은 표준국어대사전, 한국민족문화대백과사전 등을 참조해 작성했다. 그밖에 논문 및 단행본을 참조했을 경우에는 출처를 명시했다.
- 모든 주석은 독자의 이해를 돕기 위해 첨부한 편집자 주이다.
- 이 책에 수록된 글의 제목 및 부제는 모두 한글로 표기했다. 글의 목록 및 서지사항은 책의 말미에 제시했다.

차례

제1부 희곡

013 중국은 어데로

제2부 논평 및 대담

057 최근 미국 문단 일별
060 시와 장작
064 '실사구시'의 시
073 기술의 '새벽길'
077 나의 시(1)
081 최정희, 허준, 설정식, 임학수 문학 방담의 기

제3부 단편소설

095 오한
104 척사제조업자

제4부 신문 연재소설

119 청춘
321 안류·난류

해설

465 설정식 문학의 다양성과 함의 | 서승희

478 참고문헌
479 수록 작품

제1부

희곡

「중국은 어데로」(一), 『중앙일보』, 1932.1.1.[1]

병언(並言)

등장인물(登場人物)은 장개석(蔣介石)[2] 고유균(顧維鈞)[3] 등(等)의 주요(主要)한 인물(人物)은 원명(原名)대로 하엿스나 그밧게 본편(本篇) 구성상(構成上) 비교적(比較的) 적은 소임을 하는 소역(小役)들은 가명(假名)을 쓰기로 한다.

구성파(構成派) 혹(或)은 표현파적(表現派的) 과장(誇張)의 부자연(不自然)한 부분(部分)을 피(避)하고 리아리즘의 연출법(演出法)에 의(依)하야 진행(進行)되기를 바란다.

인물(人物)

장명요(張明燿)　　　방무공회(邦務公會) 간사장(幹事長)

---

[1] 신문 원문에는 제목 앞에 '현상당선희곡일등(懸賞當選戲曲一等)'이라 표시되어 있다.

[2] 장개석: 장제스(蔣介石, 1887~1975). 중국의 군인 겸 정치가이다. 1911년 신해혁명에 가담 후 쑨원 휘하로 들어가 1924년 황푸군관학교 교장으로 취임했다. 1925년 쑨원 사후 국민당의 1인자로서 북벌을 단행했으며, 국민당 내부의 세력 다툼 끝에 1928년 난징 국민정부를 수립해 국가 주석의 자리에 올랐다. 1931년 만주사변 발발 이후에도 항일보다는 국내 통일에 힘써 공산당과 대립했으나, 1936년 시안사건, 1937년 중일전쟁 발발 이후 제2차 국공합작을 통해 항일전을 개시했다. 그러나 1945년 일본 패전 이후 벌어진 국공내전에서 패하여 1949년 정부를 타이완으로 옮겼다.

[3] 고유균: 구웨이쥔(顧維鈞, 1888~1985). 미국 컬럼비아대학 출신으로 베이징 정부 시대를 대표하는 외교관이다. 주미·주영 중국 공사, 외교총장, 국무총리 등을 역임했다. 만주사변 발발 이후 장쉐량을 대표하는 형태로 난징 국민정부 특종외교위원회에 참여하여 국제연맹이 만주사변 조사를 위해 파견한 리턴조사단을 수행했다.

진구(陳丘)	S대학(大學) 총장(總長)
왕지광(汪志光)	중앙공사(中央公司) 경리(經理)
백위(栢蔚)	평론가(評論家)
이금륜(李錦綸)	외교부장(外交部長) 대리(代理)
당전지(唐全智)	C일보(日報) 총편집(總編輯)
정후열(丁厚烈)	중국기독청년회(中國基督靑年會) 외교부(外交部) 주임(主任)
하소희(何紹嬉)	R은행(銀行) 경리(經理)
간작용(干作龍)	K대학(大學) 총장(總長)
웅간충(熊干忠)	소설가(小說家)
노영(魯英)	변호사(辯護士)
고승빈(高承斌)	시민연합회원(市民聯合會員)
임응규(林應奎)	외교부원(外交部員)
장개석(蔣介石)	
특무대장(特務隊長)	위무사령(衛戍司令)
고유균(顧維鈞)	
서기(書記)	
순경(巡警) 팔인(八人)	
학생단(學生團) 대표(代表) 一부터 十一까지	
중(中) 여학생(女學生) 一	
수위병(守衛兵) 삼인(三人)	
학생대(學生隊) 다수(多數) (등장(登場)치 안음)	
XX당원(黨員)	

시대(時代)

1931년(年) 겨울 XX사변(事變)[4] 발생(發生) 후(後)

장소(場所)

중국(中國) 남경(南京) 외교부(外交部) 내(內)

무대(舞臺)

관민합동(官民合同) 제일차(第一次) 중앙회의(中央會議)의 이층(二層) 집회실(集會室)

　회색(灰色) 무장식(無裝飾)한 벽(壁)으로 정면(正面)과 좌우(左右)가 싸혀 잇다. 정면(正面) 벽(壁) 상방(上方) 양측(兩側)에 창(窓)이 잇고 그 중간(中間)에 무대(舞臺)로 나가는 조고마한 쏘어[5] 무대(撫臺) 우벽(右壁)에 대회의실(大會議室)로 통(通)한 문(門)이 잇고 벽(壁) 중간(中間) 턱에 스● 상방(上方)에 손문(孫文)[6]의 초상(肖像)이 걸려 잇다. 좌벽(左壁)은 정면(正面)과 직각(直角)으로 짜라서 관객(觀客)에게는 조곰 엽흐로 보이게 되며 삼층(三層)과 아래로 통(通)하여 나가는 적은 쏘어 좌벽(左壁) 밧그로 삼층(三層) 계단(階段)이 압흐로 뒤집어 보이고 반대측(反對側) 정면(正面)에는 실내(室內)에 것과 갓흔 창(窓)이 잇다.

　들창 밧그로 멀리 도시선(都市線)과 구름 사히에는 적동색(赤銅色)으로

4　XX사변(事變): 만주사변. 일본 관동군의 만주에 대한 침략전쟁으로, 1931년 9월 18일 류탸오후사건에서 비롯되었다.

5　쏘어: 도어(door).

6　손문(孫文): 쑨원(1866~1925). 반청(反淸) 투쟁을 거쳐 신해혁명(1911)과 중화민국 수립(1912)을 이끈 근대 중국의 정치가 겸 사상가이다. 민족, 민권, 민생의 삼민주의를 지도 이념으로 삼았다.

타는 여영(餘映)이 일폭(一幅) 헛트러지는 암흑(暗黑)을 자랑하며 빗나고 잇다. 실내(室內) 중앙(中央)에 요형(凹形)으로 테불 주위(周圍)에 의자(倚子), 천정(天井)에는 큰 전등(電燈)들 손문(孫文)의 초상(肖像) 밋헤 '혁명상미성공(革命尙未成功)', '동지잉수노력(同志仍須努力)'[7]의 화폭(畫幅)과 정면(正面)에 시계(時計). 전등(電燈)이 아직 켜지지 안흔 실내(室內)는 담배 연기(煙氣)가 어른거리며 약(弱)한 석양(夕陽)의 반영(反映)을 밧어 모든 것이 붉우레 물들어 침침한 그림자를 끌며 동(動)한다.

멀리 밧갓헤 학생대(學生隊)의 아우성, 실내(室內)는 반대(反對)로 정숙(靜肅). 군데군데 자리가 뷔엿스며 제 각자(各自) 수의(隨意)[8]의 보—즈[9]로 움즉이는 것이 보인다.

장명요(張明燿)   (창박글 내여보다가 여러 사람 쪽으로 오며) 아이구 언제나 헤여질 거야. 점점 더 모다드는가배. (자기(自己)의 자리에 안즈며 시계(時計)를 처다본다.)

진구(陳丘)   (쌜든 밤배를 쩨면서 마즌편 왕지광(汪志光)을 보고) 아모래도 아단나고야 말 것 가태요.

왕지광(汪志光)   뭐가요. 아 저 학생들 말이지요. (한참 벽(壁)을 처다보다가) 공연(空然)한 희생(犧牲)이야. (이러나 뒤짐을 집고 창(窓) 쪽으로 건너간다. 이째 시계(時計)가 다섯 시를 진다.)

백위(栢蔚)   아—니 그런데 주석(主席)은 언제 오는 거요. 벌서 다섯 시

---

7   혁명상미성공(革命尙未成功) 동지잉수노력(同志仍須努力): 혁명은 아직 성공하지 않았으니 동지들은 계속 노력하라는 뜻으로, 1925년 쑨원이 사망 직전에 동지들에게 남긴 유언이다.
8   수의(隨意): 자기 마음대로.
9   보—즈: 포즈(pose).

가 됏는데. (이금륜(李錦綸)을 처다본다.)

이금륜(李錦綸) 네, 저 인제 곳 오실 것임니다. 앗가 다시 전화(電話)를 햇스니까요. 아마 여러분과 의논(議論)하기 위해서 고 부장(顧部長)과 무슨 준비(準備)가 잇는 모양임니다.

왕지광(汪志光) (창(窓)에서 돌아지면서) 음— 공연(空然)한 희생(犧牲)이야. 앗가운 희생(犧牲)이야.

(간작용(干作龍)과 진구(陳丘)는 둘이서 무슨 이야기를 주고밧는다.)

정후열(丁厚烈) 어느 건 희생(犧牲)이 아니랍듸까. (왕(汪)을 보며) 그저 불상하지요. 싹하지요.

당전지(唐全智) 개도 중국(中國) 개는 불상하담니다. 보시구려. 주인(主人)이 몃친가. 긔가 맥히지요.

백위(栢蔚) (이금륜(李錦綸)을 보고) 그럴거면 둘이서 의논(議論)하든지 할 일이지 이러케 죽 불러다 노코 볼 필요(必要)가 무언가요. 이러니까는해요. — (짱바닥을 보다가 다시 이(李)를 처다본다.) 이러케 사람을 기다리게 할 데가 어듸 잇단 말임니까.

이금륜(李錦綸) ……. (싹해 하는 빗을 보이며 아모 말 안코 왓다갓다한다.)
(침묵(沈默))

「중국은 어데로」(二), 『중앙일보』, 1932.1.2.

정후열(丁厚烈)　이제 신문(新聞)엔 XX 소식(消息)이 업섯든 것 가튼데 무슨 통신(通信)이 업나요. (당전지(唐全智)에게 뭇는다.)

당전지(唐全智)　네, 별(別) 신통(新通)한 소식(消息)은 업고 왕이철(王以哲)[10] 군(軍)이 극력(極力) 수비(守備)하고 잇는 모양인데 요하(遼河)가 결빙(結氷)되는 대로 심양(瀋陽) XX을 계획(計畫)하고 잇다든가요.

정후열(丁厚烈)　얼마나 되는데요. 전군(全軍)이.

당전지(唐全智)　오만(五萬)—이라지요 아마.

하소희(何紹嬉)　애개. 고것 가지고. (담배 연기(煙氣)를 내여쑴으며)

백위(栢蔚)　오만(五萬)이 적슴니까. 너머 만허서 걱정임니다. 너머 만흔 것이 병(病)통이지요. 우리는 항상(恒常) 수(數)가 너머 만키 때문으로 패배(敗北)를 당(當)하여 왓슴니다. 쓸데업슴니다. 모두 쓸데업지요. (박게서 학생대(學生隊)의 식그러운 소리)

간작용(干作龍)　참말이지 외환(外患)보다도 제 집안일이 더 걱정됨니다. 이 소라지를 쓸고 나가다나면 내종에는 엇지들 될 것인지 한심(寒心)한 일임니다. 내가 올타 네가 올타 하는 소득도 업

10　왕이철(王以哲): 왕이저(1896~1937). 만주사변 당시 일본 관동군이 공격한 북대영에 주둔하고 있던 동북군 7여단의 여단장이었다.

	는 싸흠으로 날을 보내니 처들어오는 적(敵)과는 언제 대들어 보겟슴니까.[11] 이것도 수(數)가 만흔 탓인지요. 당장 지금 저 박게서들 야단법석이니 엇저자는 세음인지 갈피를 차릴 수 업슴니다그래.
충웅간(忠熊干)[12]	(문명적(文明的) 태도로) 새벽별의 탄생(誕生)에는 반듯이 혼돈(混沌)이 잇서야 한다고 한 '니체'의 말[13]이 진리(眞理)라면 우리도 비관(悲觀)만 하고 잇슬 것도 아니겟지요.
노영(魯英)	요행을 바래서는 안 될 줄 암니다. 어느 째든지 더욱히 조급한 째면 그럴수록 제 압흔 제가 자려야지요. 요행은 금물이지요. "되려니" 하다가는 반듯이 망(亡)하고 말지요. 아주 바서지고 맙니다. 그러기에 남을 밋어도 큰일나지요. 밋는다는 것은 벌서 굴욕(屈辱)이고 복종(服從)이니까요.
임응규(林應奎)	하하ㅡ. 그것도 여유(餘裕) 잇는 생각(生覺)[14]임니다. 막다른 골목에 들면 꼼작 엇재 보지 못하지요.
고승빈(高承斌)	하긴 그래요. 밋기만 해도 큰코 닷치겟드군요. 그게남아 바라고 잇섯느니 연맹(聯盟)인지 무엔지 그걸 가지고 엇더케 밋겟슴데까. 요새 그 하는 소리를 보지요. 아주 인젠 서로 품아시를 해 먹는 모양이에요.
임응규(林應奎)	무엇 말슴임니까.

---

11 항일에 힘쓰기에는 너무나 복잡했던 당시 중국의 내부 상황에 대한 비판적 언급이다. 1928년 북벌 완료 후에도 지방 군벌들과 장제스 간의 대립이 그치지 않아서 1930년 중원대전이 일어났고, 국민당 내부의 알력 다툼 때문에 1931년 탕산사건, 1931~1932년 제1차 양광사변 등이 일어났다.
12 충웅간(忠熊干): '웅간충(熊干忠)'.
13 독일의 철학자 니체가 쓴 『차라투스투라는 이렇게 말했다』에 수록된 말이다.
14 생각(生覺): '생각'은 순우리말인데 한자를 병기하고 있다.

고승빈(高承斌)   그 결의안(決議案)[15] 말슴임니다. 전번(前番) 제이회(第二回) 결의안(決議案)이 XX이 반대(反對)하는 바람에 쑥 드러가고 다음에는 그 전(前) 제일회(第一回)째 결의안(決議案)을 밧처들고 나서겟디요. 그게 아마 구월(九月) 삼십일(三十日)이엿지요.

당전지(唐全智)   그럿지요.

고승빈(高承斌)   그러타면 구월(九月) 삼십일(三十日) 이후(以後)의 XX이 가진 행동(行動)과 그 주둔군(駐屯軍) 구역(區域) 등(等)에 대(對)하여는 곳 구월(九月) 삼십일(三十日)의 원상(原狀)을 회복케 하여야 될 것이 아닙니까. (임(林)을 처다본다.)

임응규(林應奎)   그럿치요. 요새 보도(報道)를 보면 연맹(聯盟) 측(側)에선 제일기(第一期) 결의안(決議案)을 근거(根據)로 할 쭌이고 XX의 기후(其後) 행동(行動)은 조금도 생각지 못하는 모양이니 긔맥히지요.

간작용(干作龍)   그야 못하는 게 아니라 생각(生覺)하지 안는 게지요.

진구(陳丘)   그러나 만주(滿洲) 사건(事件) 발생(發生) 당시(當時)째에 가진 태도(態度)가 그네들의 이심(裏心)이라면 그러케 비관(悲觀)할 것도 업겟지요. 그만한 주견(主見)만 항상(恒常) 가지고 잇다면.

하소희(何紹嬉)   글세요.

---

15 결의안(決議案): 국제연맹 이사회의 결의안을 가리킨다. 국제연맹은 제1차 세계대전 종전 이후인 1920년 국제 평화와 안전 유지를 위해 만들어진 기구이다. 1930년대 이후 일본, 독일, 이탈리아, 소련 등의 침략 행위는 물론 제2차 세계대전을 저지하지 못하는 무력함을 드러냈으며, 1946년 국제연합으로 계승되었다.

당전지(唐全智) 천만(千萬)에 그때는 영국(英國)이 서둘넛스니까 그랫지요. 한심(寒心)합니다.

하소희(何紹嬉) 그래. 암만해도 영국(英國)이 솜씨가 밋을 만해—. (독백(獨白))

정후열(丁厚烈) 그런데 XX 군대(軍隊)의 요지음 태도(態度)를 보면 오히려 우리보담 자기(自己)네가 더 직접(直接) 교섭(交涉) 가튼 것에 반대(反對)를 하는 모양이든데요.[16]

---

16 이하 원문 1행 확인 불가.

「중국은 어데로」(三), 『중앙일보』, 1932.1.3.

백위(栢蔚) 그게 정말 XX의 마음이지요.

노영(魯英) 우리보다는 다 훌륭한 마련이지요.

당전지(唐全智) 이러타 저려타가 자기(自己)네로 보아선 문제(問題)가 도모지 안 되는 모양이니까. 그저 대구 X기만 하면 일은 다 되는 줄 알지요.

정후열(丁厚烈) 글거 부스럼을 맨들고 잇는 건 꿈에도 모르지요.

노영(魯英) 부스럼이요? 그러케 태평(太平)스리 덤벼잡다가는 큰일나지요. 천만(千萬)에—.

하소희(何紹嬉) 만일(萬一) 그네가 속에 그러한 마음이 잇다면 자기(自己)네의 아주 장해(障害) 업는 짓을 하기 위(爲)하여 XX을 탈퇴(脫退)한다면 엇더케 될지요. (간(間))

이금륜(李錦綸) (천천히 말을 뗀다) 그러케 쉽사리는 못할 걸요—. XX에서 출퇴(出退)하랴면 연맹(聯盟) 가입국(加入國)은 엇더한 나라든지 이개년(二個年)에 출퇴(出退)의 통지(通知)를 하여야 되는 것이니까요. 그리고 아모리 연맹(聯盟)이 무력(無力)하다 해도 엇더케 끗내든지 할 일은 다 하고 말 걸요.

하소희(何紹嬉) 그러나 만일(萬一) 연맹(聯盟)의 무력(無力)이 끗내 회복(回復)되지 못한다 하면 쌍방(雙方)이 직접(直接) 교섭(交涉)을 하게 되엇던 방식(方式)을 가지게 안 될가요.

이금륜(李錦綸) 그야— 그러나 정 그러타면 다시 회의(會議)를 곳 소집(召

集)할 수 잇스니쌰요. 화성돈회의(華盛頓會議)[17]의 구개국조약(九個國條約)[18]에 의(依)하여 구개국(九個國) 회의(會議)를 소집(召集)해서래도 해결(解決)을 하랴면 할 수는 잇거든요. (창(窓)밧게 비가 아주 쩌러지고 멀리 공장(公場) 기적(汽笛) 소리)

장명요(張明燿) 아이구 점점 더 모다드네. (창(窓)밧글 내다보고 돌아스면서) 오늘 밤 정말 새랴는가뷔. 기가— 맥히는군. (우측(右側) 쏘어 엽헤 쏜턴[19]을 눌러 전등(電燈)을 켠다.)

(간(間))

당전지(唐全智) (이금륜(李錦綸)을 보며) 그러나 그도 쓸데업겟지요.

금이륜(錦李綸)[20] 연맹(聯盟) 모양이라면 그야 물론(勿論)—.

당전지(唐全智) 그런 류(類)의 회의(會議)의 역량(力量)은 국한(局限)되는 것이니쌰 약국(弱國)과 약국(弱國)과의 분쟁(紛爭)에나 강국(强國)과 강국(强國)과의 싸홈에는 직능(職能)을 뵈여 줄 수 잇슬런지 몰라도.

장명요(張明燿) (특무대장(特務隊長)을 보며) 그런데 참 학생(學生)들 팔십 명(八十名) 감금(監禁)을 식혓다는 게 참말임니까.

특무대장(特務隊長) 그런 일 업슴니다. 그러나—.

---

17 화성돈회의(華盛頓會議): 워싱턴회의(Washington Conference). 제1차 세계대전 종전 이후 국제 사회 문제를 논의하기 위해 1921년 11월부터 1922년 2월에 걸쳐 열린 회의이다.
18 구개국조약(九個國條約): 1922년 2월 6일 워싱턴회의에서 중국 문제에 관하여 9개국 간에 조인된 조약. 중국의 문호 개방을 비롯해 주권, 독립, 영토 보전의 존중, 기회 균등 등을 주요 내용으로 하며, 일본은 중국과의 개별 교섭을 통해 산둥반도를 중국 지배로 되돌리는 데 합의했다.
19 쏜턴: 버튼(button).
20 금이륜(錦李綸): '이금륜(李錦綸)'.

(이때 좌측(左側) 삼층(三層) 계단(階段)으로부터 장개석(蔣介石)과 고유균(顧維鈞)이 밧분 거름으로 내려온다. 발소리를 듯고 여러 사람의 담화(談話)는 끗치고 특무대장(特務隊長)이 밧비 이러나가서 문을 열며 인사를 한다. (미완(未完))

「중국은 어데로」(四), 『중앙일보』, 1932.1.4.

장(蔣)과 고(顧)의 뒤에는 삼인(三人)의 위병(衛兵)이 짜로다가 장(蔣)과 고(顧)의 외투(外套)와 모자(帽子)를 바더 들고 쏘어 밧갓헤 서 잇다. 여러 사람은 모도 닐어나 두 사람을 맛는다.

장개석(蔣介石) 아 여러분 퍽 느저서 죄송(罪悚)함니다.
(웃으며 테불 갓가히 오면서 노영(魯英), 간작용(干作龍), 진구(陳丘), 당전지(唐全智), 백위(栢蔚), 정후열(丁厚烈) 등(等)과 차례로 악수를 하며 나즌 목소리로 인사(人事)말을 한다. 고유균(顧維鈞)도 역시(亦是) 여러 사람과 인사(人事)를 하고 특(特)히 이금륜(李錦論)과 엽흘 빗켜서서 잠간 문답(問答))

장개석(蔣介石) 대단(大端)히 느저젓는데요. (오좌(奧座) 짜라서 관객(觀客)과는 정면(正面)되는 자리에 안즈며 시계(時計)를 처다본다.)

특무대장(特務隊長) 그런데 어듸서 오시는 길이기에 삼층(三層)에서 내려오십니까. (군복(軍服) 상의(上衣)의 단추를 만지며)

장개석(蔣介石) 아 저 정문(正門)으로 들어올 수 업고 해서 좀 돌아오나가나니까 하하 (여러 사람 쪽으로 돌아스며) 자 그럼 느저젓는데. 곳 여러분의 의견(意見)을 듯기로 하십시다요. (고유균(顧維鈞)이 자리에서 이러나 장(蔣)을 보고 무엇이라고 물으매 장(蔣)은 고개를 끗덕인다.)

고유균(顧維鈞) (기립(起立)) 밧부신 중(中)에 이러케 오서서 대단(大端)히 감사(感謝)함니다. 그러면 지금(只今)부터 곳 의견(意見)을 들려주시면 조켓슴니다. 물론(勿論) 관민(官民) 합동(合同)이란 명목(名目)으로 회합(會合)을 열기는 이번이 처음임니다. 그러니만치 종전(從前)에 당국자(當局者)들만으로서의 회합(會合)보다 더 의의(意義)가 잇고 더 만흔 수확을 어들 것으로 밋습니다. 그동안 여러 번 의논(議論)도 잇섯스나 문제는 잘 진섭(進涉)[21]되지 못하고 시원한 결말(結末)을 짓지 못하엿슴니다. 물론(勿論) 이것은 우리 책임(責任) 가진 사람들이 불실(不實)한 탓인 줄 암니다. 보류(保留)된 만흔 문제(問題)는 여러분의 고견(高見)에 의(依)하여 전부(全部) 해결(解決)을 지을 것으로 밋고 만흔 기대(期待)를 가지는 것임다. (밧갓헤 학생대(學生隊)의 아우성 임응규(林應奎) 이러나 창(窓)밧글 내다보고 와 자리에 안는다. 여러 사람은[22] 먼 곳 전등(電燈) 불빗이 자욱이 군데군데 보인다.)
(간(間))

장개석(蔣介石) 저 소리가 제일(第一) 큰 문제(問題)임니다. 제일(第一) 머리 압흔 문제(問題)에요.

웅간충(熊干忠) (조곰 감상적(感傷的)으로 상기(上氣)가 되는 모양으로) 그럿슴니다. 주석(主席) 저 소리를 제일(第一) 크게 생각하시

---

[21] 진섭(進涉): '진척(進陟)'.
[22] 이하 원문 1행 확인 불가.

	는 일을 나는 퍽 깃버합니다. 그럿코 말고요. 저 아우성은 중국(中國)의 소리고 저 웨침은 사억(四億)의 브르지즘이 한데 뭉치고 엉키인 반향(反響)입니다.
장개석(蔣介石)	(자기(自己)의 한 말이 그러한 것을 의미(意味)하는 것이 아니라는 듯키 아래를 비스듬이 처다보드니 고개를 처들며) 네 그럿슴니다. 나는 지금(只今) 저 만흔 소리에 대답할 수만 잇다면 이보다 더 큰 성공(成功)은 업겟슴니다. 단 한 마듸로 그러나 나의 모든 재조와 의사(意思)를 다 기우려도 나의 본심(本心)과 어그러지며 저들에게 흡족(洽足)한 아모 대답(對答)도 어더내지 못하는 것에야 엇지 하겟슴니싸.
정후열(丁厚烈)	단순(單順)²³치 안흐니까요.
장개석(蔣介石)	그러치요. 단순(單順)치 못함니다. 참아 들을 수 업는 저 소리 속에는 별에별가지 물색이 흘으고 잇는 것임니다.
노영(魯英)	(말하기 전(前)부터 의심의 빗을 보이다가) 그것은 엇더한 것을 의미(意味)하는 말슴인지요.
[ ]²⁴	그것은 나도 몰으지요. 오랫동안 저러한 고함(高喊) 속에서 부대껴 난 나의 머리에는 나도 몰게 거기 대(對)한 것을 알려주는 육감(六感)이 잇스니싸요. (이째 아래층으로부터 다부사 입은 서기(書記) 등장(登場). 수위병(守衛兵)을 보고 인사(人事)를 하고 쏘어를 열면서)

---

23 단순(單順): '단순(單純)'.
24 원문에 발화자 이름이 빠져 잇으나 흐름상 '장개석(蔣介石)'으로 추정.

| 서기(書記) | 고(顧) 부장(部長)께 전화(電話)가 왓습니다.
| 고유균(顧維鈞) | (여러 사람과 함께 서기(書記)를 처다보드니 알어채인 듯이) 업다구 그래. (서기(書記) 퇴장(退場). 회의실(會議室) 서쪽이 식그러워진다. 잇다금 멀리 문(門) 쑤드리는 소리. 노영(魯英), 고(顧)를 흘씀 치여다본다.) (잠간 침묵(沈默) 우측(右側) 쪼어 밧게는 위병(衛兵)이 왓다갓다하며 잇다금 창(窓)밧글 내여다보기도 하고 서로 이야기한다.)
| 백위(栢蔚) | 그럼 오늘 토의(討議)될 ●는 무엇인지요.
| 장개석(蔣介石) | 네, 이것은 여러 번 중앙(中央) 회의(會議)에서도 생각(生覺)해 온 문제(問題)인데요ㅡ. 직접(直接) 교섭(交涉) 문제(問題)가 첫째 한아입니다.
| 노영(魯英) | (미리 짐작햇섯다는 듯키) 그런 건 문제(問題)도 삼을 성질(性質)이 못 되는 것이니까 이제 새삼스러이 이럿타저럿타 이야기할 필요(必要)가 업는 줄 생각(生覺)함니다.
| 장개석(蔣介石) | 그것은ㅡ엇더한 의미(意味)에서 그러케 경시(輕視)할 문제(問題)일가요.
| 노영(魯英) | 시국(時局)과 여론(輿論)이 이미 그러한 문제(問題)는 더 깁흔 생각(生覺)과 주제를 갓지 안는 이상(以上) 거기 대한 논란(論難)이 이 당장(當場)에 와서는 하등(何等)의 필요(必要)를 늣기지 안는 것일 터이니까요. (좀 흥분(興奮)되며)ㅡ(간(間))ㅡ말하자면 간단(簡單)함니다. 직접(直接) 교섭(交涉)이란 대체(大體) 무슨 성질(性質)의 ●●에고 적용(適用)되지 못하는 것이라고 봅니다. 따라서 그 교섭(交涉) 자체(自體)가 불가능(不可能)일 쑨더러 이러한 경우(境遇)에 잇서서는

	중국(中國)의 위신(威信)만을 떨어트리게 되는 것이며 갓득이나 한데 약점(弱點)만 세계에 제공(提供)하고 마는 것이니짜요. (간(間))
백위(栢蔚)	(장(蔣)을 보고) 그 문제(問題)쑨인가요.
장(蔣)	아니올시다ㅡ. 의제(議題)만 잇고 여러분의 합치(合致)된 양해(諒解)만 어들 수 잇다면 광동파(廣東派) 합동(合同) 문제(問題)25라든지 쏘는 나의 북상(北上) 문제(問題) 가튼 것도 군●(軍●)으로보다는 여러분과 한 가지로 의견(意見)을 교환(交換)해 보고저 하는 바이며 특(特)히 학생(學生) 청원단(請願團)에 대(對)한 조흔 방침(方針)도 들려 주시기를 바라는 것입니다. 쏘ㅡ.

---

25 광동파(廣東派) 합동(合同) 문제(問題): 1931년 2월 장제스가 광동파의 거두인 후한민을 감금한 후, 반(反) 장제스 세력들이 모여서 결집한 광저우 국민정부와 장제스의 충돌이 일어났으나 만주사변 발발로 중단되었다.

「중국은 어데로」(五), 『중앙일보』, 1932.1.6.

노영(魯英)　네, 잘 알엇습니다. 그러니까 그러한 문제(問題)에 대(對)한 여러 사람의 의사(意思)를 들으신 뒤에 그것을 참작(參酌)해서 모든 문제(問題)를 처리(處理)하실 모양임니다그려.

장개석(蔣介石)　물론(勿論) 그러치요. 여러러분— 아니 전국민(全國民)의 의사(意思)를 존중(尊重)히 녁이는 째문으로.

웅간충(熊干忠)　의논(議論) 전(前)에 싸홈부터 하는 게 좃치요. 그러면 만사(萬事)가 다 제절로 알려질 터이니까.

왕지광(汪志光)　하하— 싸홈을 한다요. (담배를 피우며) 전쟁(戰爭) 말슴이지요.

웅간충(熊干忠)　(정색(正色)을 우며) 그럿슴니다. 롱담이 안임니다. 죽기 전(前)에 고함(高喊)이라도 쳐 봐야 할 것임니다. 우리는 꺼저 가는 촛불의 신세(新歲)도 못 됨니다.

정후열(丁厚烈)　그것은 또 무슨 말슴임니까—. 하여간(何如間) 우리는 직접(直接) 교섭(交涉)이니 무에니 말들만 하기 전(前)에 거국일치(擧國一致)로 모든 역량(力量)을 집중(集中)식혀 최선(最善)의 노력(努力)을 할 수 잇는 기회를 우리 스스로 맨드러 노아야만 될 줄 암니다.

간작용(干作龍)　그건 다— 의논(議論)의 시대(時代)는 지난 지 올랫슴니다. (늙은 수염을 만지며 묵묵(默默)히 안저 잇는 장(蔣)을 처다본다.)

임응규(林應奎) ●은 되도록 해야지요. 우리에게 만일(萬一) 가능(可能)한 승리(勝利)가 잇슬 것만 가트면야 오즉 좃켓슴니싸마는— 우리의 승리(勝利)는 피를 보지 안는 노력(努力)이래야만 될 줄 암니다. 피는 멸망(滅亡)이 요구(要求)하는 마지막 물건이니까. (전등(電燈)불에 안경(眼境)을 번적이며 천천히 말한다.)

장명요(張明耀) 이거 이야기가 작구 빗나가는 모양임니다그려. 이러다가는 오늘 밤 새여도 끛날 것 갓지 못함니다. 위선 우리는 제일(第一) 급(急)한 일부터 해야만 되지 안켓슴니까. 저 밧게서 발을 얼구고 잇는 수만(數萬) 학생(學生)들쎄 대(對)한 강구책(講究策)이 무엇이고 잇서야지요. (장(蔣) 팔짱을 씰으고 그대로 침묵(沈默))

노영(魯英) 엇지 되든지 좃슴니다. 다만 우리는 세계(世界)의 동정(同情)을 구(求)해야 될 것임니다. 열국(列國)의 비상(非常)한 주의(注意)를 우리에게 모으고 동정(同情)을 어들랴면 우리 스스로 내외(內外)에 표명(表明)하는 노력(努力)이 잇서야 할 것은 더 길게 말할 것도 업는 것임니다.

웅간충(熊干忠) 물이 가야 배가 오지요.

노영(魯英) 힘 가는 데까지 애써 보는 것은 누구나 국민(國民)된 사람의 당연(當然)한 도리(道理)임니다. 만일에 그 보람이 업다 하면 그것은 사억(四億)의 목에 억매인 불가피(不可避)의 운명(運命)이니 엇지 할 수 업는 것이겟지요. (간(間)) 그러나 정의(正義)는 목숨이긴[26] 의 미덕성이 업거나 내지(乃至)는 확실(確實)한 패배(敗北)이 올 것을 안다손 치드래도 오늘 이 당장(當場)에 와서는 모든 이론(理論) 모든 불합리(不合理)를 써밧들고 이러나야 할 것은 우리가 각기(各己)[27] 속으로 다 알고 잇는 바일 것임니다. 이것을 알면서 해내지 못하는 것은 우리가 넉 업는 중국인(中國人)인 소치(所致)인 것밧게 아모 이유(理由)도 업슴니다.

간작용(干作龍)   그도 째가 잇지요. 붓는 불에 붓채질은!

진구(陳丘)   그럿치요.

백위(栢蔚)   무에 그럿탄 이약임니싸.

진구(陳丘)   조급히 서두르지 말고 두구 보는 게 좃켓단 말슴임니다.

백위(栢蔚)   누굴 밋고 두구 봐요.

고유균(顧維鈞)   여러분! 그러케 넘어들 감정적(感情的)으로 생각(生覺)해서는—모든 일은 초조(焦燥)히 굴면 파탈이 생김니다.

장명요(張明耀)   파탈이라니요. 아 지금(只今) 당장(當場) 밧부니까 그런다니까요. 저 밧겔 좀 내다보십시요그려—. 앗가 참 장(蔣) 주석(主席) 말맛다나 대답을 해야지요.

임응규(林應奎)   아 이거 문제는 점점 빗기는 모양인데 위선(爲先) 그러한 막연(漠然)—한 토론(討論)보다도 세밀(細密)한 부분(部分)에 들어가 구체적(具體的)으로 우리의 금후(今後) 처결(處決)에 대(對)하여 의논(議論)해 보는 것이 좃치 안흘가요.

---

26   이하 원문 2행 확인 불가.
27   각기(各己): '각기(各其)'.

고유균(顧維鈞)　모든 것은 언제나 한 가지만 캐여 볼 일이 아니라 근본적(根本的) 대(對)X 문제(問題)에 들어가서는 연맹측(聯盟側) 태도(態度)도 소홀히 볼 수 업는 일이니 그러한 최후적(最後的) 문제(問題)는 좀더 날을 기다려서 내외(內外) 정황(情況)을 살펴본 뒤에 생각(生覺)해 볼 것인 줄 압니다.

백위(栢蔚)　그날이 다 왓지요. 언제 기다리고 엇저고 잇나요.

(무대(撫臺) 우측(右側) 회의실(會議室) 쪽이 점점 더 요란해진다. 여러 사람 말 업시 심상치 안은 빗)

장개석(蔣介石)　그러타면 여러분은 거기에 대(對)한 방법(方法)을 가지섯슴니까. (침묵(沈默))

백위(栢蔚)　우리의 적개심(敵慨心)도 폭발(爆發)이 될 날이 머지 안엇슴니다. 그 한 날이 온다면 군벌(軍閥)들과 재벌(財閥)들이 너나 잇고 일어날 터이니 그때 가서서 방법(方法)이 더 필요(必要)시 안흘 것임니다. 방법(方法)이란 죽엄의 방식(方式)을 의미(意味)하는 것이니싸 엇더케 죽든지 그게 무슨 상관(相關)됨니싸.

임응규(林應奎)　그것은 탁상공론(卓上空論)에 참 지내지 못함니다. 청룡도(靑龍刀)가 행세하든 녯날과는 다르니까요. 아모리 정의(正義)를 미더도 지금(只今) 세상(世上)은 힘이니까요. (이때 앗가 서기(書記) 다시 등장(登場))

「중국은 어데로」(六), 『중앙일보』, 1932.1.7.[28]

서기(書記)   (또어를 반쯤 열고) 영국(英國) 공사관(公使館)에서 고(顧) 부장(部長)께 전화(電話)가 왓습니다. (수위병(守衛兵)이 쎄쭉거리며 실내(室內)를 드려다 본다.)

이금륜(李錦綸)   (이러나 시계(時計)를 보드니) 앗차 느젓군. (자리를 쩌나며) 미안(未安)하지만 여러분 저는 좀 급(急)한 일이 잇서서 먼저 실례(失禮)해야겟습니다. 고(顧) 부장(部長)! 그럼 요전 그대로 전(傳)할가요. (고(顧) ㅎ중[29]을 한담. 이(李) 급(急)히 서기(書記)의 뒤를 싸라 퇴장(退場). 수위병(守衛兵) 거수례(擧手禮))

정후열(丁厚烈)   또 무슨 일이 생(生)겻나여.

고유균(顧維鈞)   네, 저 람푸손[30] 공사(公使)와 맛나서 무슨 이야기가 잇슬 모양임니다.

고승빈(高承斌)   참 그런데 빈강(濱江)(합이빈(哈爾賓)) 간 교섭원(交涉員)은 누구임니까. (장(蔣)은 여전(如前)히 침묵(沈默) 밧게 소리 날 때마다 못맛당한 표정(表情))

---

28 1~5회 연재분 제목 앞에 '현상당선희곡일등(懸賞當選戱曲一等)'이라 표시되어 있는 것과 달리, 6회 이후부터는 제목 앞에 '현상일등당선희곡(懸賞一等當選戱曲)'이라 표시되어 있다.
29 ㅎ중: 원문대로.
30 람푸손: 마일스 웨더번 램슨(Miles Wedderburn Lampson, 1880~1964). 영국의 외교관으로서 1926부터 1933년까지 주중 영국 공사를 역임했다.

임응규(林應圭) 오숭희(吳崇嬉) 씨(氏)임니다.

고승빈(高承斌) 무슨 소식(消息)이 잇슴니까.

임응규(林應圭) 아직 별(別) 소식(消息) 업슴니다. 모스코 중앙위원회(中央委員會)가 내월(來月) 초순(初旬)이라니까 그째 가면 무슨 이야기가 날 터이지요.

고승빈(高承斌) 무슨 조건부(條件附)인가요.

고유균(顧維鈞) (임(林)의 말을 막으며) 아니요. (아우성 소리와 함께 유리창 깨트리는 소리가 요란스럽게 점점 놉허가며 닥어온다. 수(數) 만흔 구두발 소리. 공포(恐怖)에 잠긴 여러 사람은 회의실(會議室) 쪽을 주의(注意). 장(蔣)은 그대로 침묵(沈默). 고(顧), 장(蔣)에게 와서 무엇인지 귀속말을 한다. 장(張)[31]은 여전히 실내(室內)를 왓다갓다 하고 좌벽(左壁) 밧게 위병(衛兵)들은 서로 쑥덕어리고 혹(或)은 창(窓)밧글 내다본다. 진(陳)과 간작용(干作龍)은 서로 문답(問答). 무엇인지 탕 하는 소리가 나자 막 특무대장(特務隊長)이 이러나 회의실(會議室) 나가는 쏘어를 얼고 나가랴 할 째 그 문으로 순경(巡警)과 앗가 서기(書記) 등장(登場). 둘이 다 황겁한 빗을 찌우고 숨을 헐덕이며 순경(巡警) 특무대장(特務隊長)을 보고 거수례(擧手禮).

특무대장(特務隊長) 웬일이야.

서기(書記) 저 야 야단낫슴니다. 곳들 피(避)하서야 함니다. 막 복도에 까지— (말을 다 맷지 못하고 밧붜 한다.) (다시 밧게서 문

---

31 장(張): '장(蔣)'.

쑤들기는 소리와 함께 유리창 부시는 소리에 싸혀 학생대(學生隊)의 고함(高喊). 모든 시선(視線)은 세 사람에게로. 좌(左) 쏘어 밧게 위병(衛兵)도 문 안으로 들어선다. 장(蔣)은 그대로 팔장을 씬 채 압만 바라보고 잇다. 만사(萬事)를 다 짐작하는 듯)

특무대장(特務隊長) 보안대(保安隊)는 무엇들 하고 잇느냐. 하(何) 대장(隊長)은 어딜 갓서. (여러 사람 자리에서 기립(起立))

서기(書記) (고(顧)와 노(魯)를 번가러 처다보며) 막들 바수고 복도에까지 들어왓슴니다. 쓸어 드르올 것이니 여러분 곳 호방(號房)(전달실(傳達室)) 뒤로 나가십시요.

순경(巡警) (동시(同時)에) 모름니다. 어딜 갓는지 모름니다.

특무대장(特務隊長) 쳇ㅡ. 몰으다니 어듸 갓단 말이야.

순경(巡警) 말을 타고 정문(正門)에 섯드니 어딜 갓는지 뵈이지ㅡ. (쏘 유리창 쌔트리는 소리와 총소리)

특무대장(特務隊長) 예익ㅡ. (순경(巡警)을 밀치고 막 쏘어를 열랴니싸)

장개석(蔣介石) 로한!(한공(韓公)!) 가만 잇소. (간(間)) (벌덕 이러나며 몇 거름 걸더니 힘 잇게)

특무대장(特務隊長) 네?

장개석(蔣介石) (어성(語聲)을 놉히며) 들어오라고 하오!

임응규(林應奎) 엇저실랴고!

고유균(顧維鈞) 엇더커실랴고 그리심니싸. 들어오다니요.

장개석(蔣介石) …… (특무대장(特務隊長) 안참 머뭇거리다 퇴장(退場). 순경(巡警), 서기(書記) 함께 퇴장(退場))

장개석(蔣介石) 여러분 곳 좀 나가 주십시요. 쌀리 좀 로린!(임공(林公)!) 좀 함께 호방(號房) 뒤짜지!

(여러 사람 주저한다. 임응규(林應圭) 여러 사람을 권한다. 모두 나가기를 서로 눈치만 본다. 노영(魯英) 그대로 좌측(左側) 끗 의자(椅子)에 안저 잇다.)

장개석(蔣介石) 곳 좀! 여러분 일이 커지기 전에 곳 좀 나가 주십시요. 얼른 로린!

(계속(繼續)되는 소란(騷亂)은 갑자기 끗친다. 멀리서는 여전(如前)히 아우성 시비를 하는 두 갈래 놉흔 목소리가 한참 계속하다가 큰 문이 탕! 하고 열리는 소리와 함께 고함(高喊) 구두 발소리 의자(椅子) 가튼 것 메여치는 소리가 나며 무대(撫臺)로 접근(接近))

아 이거 얼는 나가 주시요 에? (손짓을 하며 애를 쓴다. 여러 사람 임(林)이 권에 못 이기여 이삼(二三)씩 좌(左) 쏘어로 퇴장(退場). 순경(巡警) 빗켜선다. 노영(魯英) 그대로 안저 잇스나 將(상) 우(右) 쏘어 쪽에 주의(注意)를 하여 보지 못한다. 실내(室內)에는 고(顧)까지 육인(六人)(바로 벽 뒤에서 싸홈 소리)

— 여러라! 이놈아.

— 무엇이냐. 네가 마저 죽기 전(前)에 말 들어라. 이 개짱쇠 갓흔 놈아.

특무대장(特務隊長) (등장(登場)치 안음) 무엇이다? 안 된다. 말 들어라—!

비켜라 이 자식.

잡아 죽여라. 이 피가 얼어부튼 놈아.

특무대장(特務隊長) 세 사람 이상(以上) 더 안 된다. (놉히) 안 돼— 못 드러간다. (고(顧) 엇절 줄을 몰으고 사방(四方)을 휘둘러보다가 창(窓)밧글 내다보며 노(魯)는 여전(如前)히 고개를 숙인 채 안저 잇다. 장(蔣) 두 주먹을 쥔 채 쏘어 압헤 섯다가 손잡이에 손을 걸랴 할 때 악세인 손에 잡혀 쏘어가 반쯤 밧갓흐로 열리다가 특무대장(特務隊長)이 콱 닷는 바람에 손문(孫文)의 초상(肖像)이 벽(壁)에서 쩌러진다. 사방에 유리가 부서저 흣터진다.)

장개석(蔣介石) 아하. (째트려진 틀 속에서 초상(肖像)을 집어 들고 물그럼히 보드니) 음 이 문을 열어라. (서서 엇절 줄을 몰은다. 위병(衛兵)—그대로 섯고 노영(魯英) 그대로 안젓다.)

— 때려잡어라.—

— 이놈아 한 시각이 밧부다. 비켜라. (문에 부듸치는 퉁탕거리는 소리)

특무대장(特務隊長) 안 돼. 안 된다.

— 오늘 밤 안으로 말을 들들어야 한다.

— 찔러 죽인다.

장개석(蔣介石) (쏘어를 밀며) 이 문 열어라.

— 예익—

특무대장(特務隊長) 악— 응— 저 저 음— (잠간 내외(內外)가 침묵(沈默)) (노영(魯英) 발덕 이러나고 위병(衛兵)들도 문으로 닥어오며 장(蔣)을 비키라 한다. 밧갓이 요란하며 신음(呻吟) 소리)

장개석(蔣介石) 오 특무대장(特務隊長)이 찔렷다. (이때 쏘어가 활작 열리며 학생단(學生團) 대표(代表) 십일명(十一名)이 몰켜 드러

온다. 장(章) 외(外) 여러 사람은 문을 열랴다 몰켜 들어오는 바람에 뒤로 물러난다. 장(蔣)은 초상(肖像)을 쥐인 채 학생(學生)들의 얼골은 갓득이나 격앙(激昂)한데 오래 찬바람에 얼어서 퍼러케 질렷다. 그중(中) 여학생(女學生) 하나)

(간(間) 밧게 요란에 싸혀 대장(隊長)의 신음(呻吟))

「중국은 어데로」(七), 『중앙일보』, 1932.1.8.

학생(學生) ― (머뭇거리다 손을 처들며 너머 깃버서) 되엿다― 성공(成功)이다― (기분(氣分)을 가다듬어 장(蔣)을 바라보며) 오래간만이다 에― 우리들은 여긔에 전국(全國)의 대일(對日) 선전(宣戰) 청원단(請願團) 칠만명(七萬名)의 총동원(總動員)을 하여 당신들을 맛나려고 남경(南京)으로 진격(進擊)하여 온 것임니다. 들으시요. 우리들의 주장(主張)과 요구(要求)는 간단(簡單)함니다. 길게 말할 시간(時間)이 업슴니다. (숨을 크게 쉬고) 무도(無道)한 적(敵)인 XXX와 싸워야 한다는 것밧게 아모것도 업슴니다. 들어주시요. (이째 학생(學生) 八이 一의 귀에 대고 무엇이라고 귀속말을 하매 一은 이에 응중) 여러분! 여러분은 여기 수분(數分) 안으로 모든 애착(愛着)과 미련(未練)과 공포(恐怖)와 비겁(卑怯)을 버리고 정의(正義)를 위(爲)하여 나라를 위(爲)하여 우리에게 최후(最後)의 한마듸를 던저 주시요. 우리는 썩어저 가는 조국(祖國)을 멸망(滅亡)의 절벽(絶壁)에서 건지기 위(爲)하여 서리쌜 선 원한을 가슴에 품고 수백(數百) 리(里)를 걸어서 혹(或)은 밤을 새여 가며 남경(南京)으로 모혀든 중국(中國)의 국민(國民)임니다. (점점 자기(自己)의 웅변(雄辯)에 취하여 간다.)

우리의 목적(目的)을 위하여 우리는 최후(最後)의 일인

(一人)싸지 신명(身命)을 내걸고 일전(一戰)을 각오(覺悟)한 지 날이 올앰니다. 두 번 다시 말함니다. 대답을 하시요! 흔들리는 중국(中國)을 멸망(滅亡)에서 건제 내시요. 보시요. 여러분이 하여 노흔 일이 무엇이 썻썻한 것이 잇습니까. (장(蔣) 아모 말 안코 고(顧)는 데불 엽헤 서서 무질서(無秩序)하게 느러선 학생(學生)들을 처다본다.) 우리들은 나라를 생각(生覺)하는 타오르는 붉은 피밧게 이 가슴(가슴을 쭈드리며)을 가리울 방패가는 것임니다. 우리의 칼은 정의(正義)의 칼임니다. 오냐! 도 그 칼날이 불어젓고 몸이 가루가 되엿다 하드래도 정의(正義)의 날은 붉은 피 흐르는 주먹에 쥐여저 잇슬 동안 우리의 마음과 함끽 적(敵)을 처 업드릴 수 잇는 것임니다. 우리의 포탄(砲彈)은 충절(忠節)임니다. 음— 대포(大砲)와 칼밧게 아지 못하는 적(敵)이 우리의 단체(團體)는 정복(征服)할 수 잇슬망정 보이지 안는 우리의 방패, 보이지 안는 우리의 칼! 보이지 안는 우리의 거탄(巨彈)을 막어낼 수는 업는 것임니다. 세 번 다시 말함니다! 대답을 하시요!

장개석(蔣介石) (초상(肖像)을 쥔 채 가늘게 전신(全身)을 썰며 학생(學生) 일동(一同)을 휘둘러 보다가 —을 쪽바로 처다보며)

장개석(蔣介石) 제군(諸君)! (간(間)) 알엇다 불상한 중국(中國)의 학생(學生) 제군(諸君)아. 그러나 째는 올 것이다. 그째에 가서—.

학생(學生) 三 그째가 어느 째임니까. (우측(右側) 쏘어 밧기 식그러워지다가 다시 조용! 대장(隊長)의 신음(呻吟) 소리조차 들리지 안는다.)

학생(學生) 一	수분(數分) 안으로 지금(只今) 당장(當場).
장개석(蔣介石)	말을 막는가. 내 말을 그대들은 막는가. 그대들이 만일 진심(眞心)으로 이 장개석(蔣介石)이를 천하에 못쓸 놈으로 알거든— 특무대장(特務隊長)을 찔러 너머트린 그 칼을 들어 적병(敵兵)을 치기 전에 내 이 가슴을 찔으라. (침묵(沈默)) (창(窓) 밧게 멀어젓다 다시 갓가워지는 고함(高喊). 고(顧) 암만 주위(周圍)를 살펴도 나가게 되지 못하여 애를 쓴다. 학생단(學生團) 중(中)에 공산당원(共産黨員)이 석기여 잇는 것은 아모도 몰은다.)
장개석(蔣介石)	업는가. 업스면 말한다. 시대(時代)는 힘을 요구(要求)하고 잇는 것이야. 정당(正當)한 목적(目的)을 위(爲)해서는 전쟁(戰爭)도 조타. 싸홈에 필요(必要)한 힘을 길으기 위(爲)하여 우리는 모름즉이 움즉이는 세상(世上)을 알어야 한다. 아는가. 일국(一國)의 흥망(興亡)은 결(決)코 결(決)코 모험(冒險)이 되여서는 안 되는 것을—. 나는 지금(只今) 그대들의 마음을 밧들어 그 쯧을 바다들일 것이다. 그러나—.
학생(學生) 一	모험(冒險)이 되여서는 안 된다요.
장개석(蔣介石)	안다. 그것을 모를 내가 아니다.
학생(學生) 三,五,六	무엇을 안단 말임니싸.
학생(學生) 十	그런 소리 들으랴 온 것이 안입니다.
학생(學生) 三	한마듸로 최후(最後)의 대답을 곳 하여 주시요.
학생(學生) 四	무기(武器) 공급(供給)할 것을 언명(言明)하시요.
장개석(蔣介石)	미더라. 제군(諸君)은 이 장개석(蔣介石)이를 든든히 미더라. 나는 필사(必死)의 노력(努力)으로 아니 죽엄을 걸어 노

	코 나라를 위하야 도모(圖謀)할 것이다.
학생(學生) 九	그 죽엄을 우리에게 맷기시요.
장개석(蔣介石)	(못 드른 체) 염려(念慮) 말아. 일은 되여 간다. 나에게도 방법(方法)이 잇다.
여학생(女學生) 一	주석(主席)의 그 의미(意味)는 그러면 직접(直接) 교섭(交涉)을 의미(意味)하는 것인가요.
학생(學生) 一	무엇이야. 안 됩니다. 절대(絶對)로. 차라리 그러한 수단(手段)으로서 이—아하—이—강산(江山)을 더럽히랴거든 우리의 목아지를 버이고 나서 하시오.
장개석(蔣介石)	(천정(天井)을 처다보며) 아하— 말할 수 업다. (간(間)) (다시 용기(勇氣)를 어든 듯이) 그러나 용맹(勇猛)한 제군(諸君)아—.
학생(學生) 十一	듯기 실슴니다 그런 소리는.
장개석(蔣介石)	제군(諸君)은—.
학생(學生) 二, 五, 八 (五)	대답(對答)을 하시요. 긴말힐 시간(時間)이 읍슴니나.
장개석(蔣介石)	제군(諸君)은 아는가. 국가(國家)의 대사(大事)에는 흥분(興奮)이 제일(第一) 금물(禁物)이야. 우리는 대국민(大國民)이다. 니저서는 안 된다. 우리가 대국민(大國民)인 것을—.

「중국은 어데로」(八), 『중앙일보』, 1932.1.9.

학생(學生) 九   그만두시요. 저 고(顧) 부장(部長)! 그동안 외교부(外交部)의 전후(前後)한 일을 전부(全部) 발표(發表)하여 주시요.

학생(學生) 六   듯고야 가겟소. (밧게서 "엇지 되는냐." "무얼 하느냐." 하는 약(弱)한 음향(音響) 고(顧) 번득 학생(學生)들을 처다보다가 그저 머뭇그리며 장(蔣)의 눈치만 본다. 노(魯) 안저서 구뎅이에 섯는 위병(衛兵)을 처다본다.)

학생(學生) 六   엇재 말이 엄슴니까. 고(顧) 부장(部長)!

고유균(顧維鈞)   모든 것은 신문지상(新聞紙上)에 발표(發表)가 되엿소이다.

장개석(蔣介石)   '관인대도(寬仁大度)[32]'가 대국(大國)의 제일(第一)의 자격(資格)이야. 우리의 사억(四億) 민중(民衆)은 정부(政府)와 한가지 대국민(大國民)다웁게 움직이여야 할 것이다.

학생(學生) 一   무엇이라요. 정부(政府)가 다 무엇임니까. 듯기 실슴니다.

장개석(蔣介石)   (못 드른 체) 참을 수 잇는 데까지 참어야 할 것이 필요(必要)한 것이다. 정신적(精神的)으로 정치적(政治的)으로 크게 오래 멀리 소리가 커질랴면 거긔에 병행(並行)하는 은인(隱忍)이 필요(必要)한 것이야.

학생(學生) 六   체익. 그만두소.

학생(學生) 一   (학생(學生)들 쪽으로 도라서며) 제군(諸君), 제군(諸君)은

---

32 관인대도(寬仁大度): 마음이 너그럽고 인자하며 도량이 넓음.

여긔에 더 참을 수 잇는가. 나는 이제 더 기다릴 수가 업다.

―(이구동성(異口同聲)으로) 올타. 올타.

장개석(蔣介石)   (몸을 브르르 썰며 힘 잇게) 신인(神人)이다―.
학생(學生) ―   (말을 막으며) 주석(主席). (간(間)) 더 말하지 안켓슴니다. 그러나 나는 지금(只今) 중국(中國) 사억(四億) 민(民)을 대신(代身)하여 그대의 하야(下野)를 강권(强勸)함니다. 만이(萬二)에 불긍(不肯)하는 째에는 우리의 칠만명(七萬名) 목숨을 다하여 그대의 생명(生命)을 바더 갈 것임니다.
장개석(蔣介石)   신인(神人)이 다 가티 참을 수 업슬 째에 비로소 전멸(全滅)을 걸고 이러나야 할 것이다. 그러나.
학생(學生) 五   하야(下野)다―. 더 말 말아.

(이째 좌측(左側) 쏘어로 순경(巡警) 사인(四人) 등장(登場). 막 실내(室內)로 들어오랴ㅣ까)

장개석(蔣介石)   필요(必要) 업다. 나가. (극도로 흥분이 되며 그째 비로소 실내(室內)에 노영(魯英)과 고(顧)와 위병(衛兵)밧게 다른 사람이 업는 것을 알엇다.) 내가 잇다. 나가. 회의실(會議室)에 가서 특무대장(特務隊長)을 대려가거라. (사인(四人) 퇴장(退場). 삼인(三人) 순경(巡警) 뒤짜라 등장(登場). 들어 못 가고 쏘어 밧게 정립(停立))

장개석(蔣介石)	하야(下野)? 나더러 이 불상한 중국(中國)에서 손을 쩨라고? 아하— (정색(正色)을 하며) 안 될 말이다. 나밧게 업다. 이 나라 이째에 잇서서 이 운명(運命)을 아니 이 전쟁(戰爭)을 질머지고 나갈 사람은 나밧게 업다. (창(窓) 밧그로 다시 아우성, 학생(學生) 三 노대(露臺)로 난 문이 잇는 것을 보고 열고 나선다.)
학생(學生) 一	자격(資格)이 업소이다. 이러한 시국(時局)은 그대와 가튼 인물(人物)을 요구(要求)치 안습니다.
학생(學生) 三	(놉흔 소리로 손을 처들 째 밧갓헤 함성(喊聲)과 박수(拍手). 관객(觀客)에게는 뒤로 서서) 제군(諸君)아. (박수(拍手)) 우리가 다시 살어 나간다면 그것은 우리의 성공(成功)을 의미(意味)하는 것이다. (고함(高喊), 박수(拍手)) 미더라. 우리를 든든히 미더라. 우리는 시종일관(始終一貫)으로 그여코 익이고야 말 것이다. (고함(高喊) 소리는 압흐로 밧삭 닥어온다.)
학생(學生) 五	예이. 쌔이(백군(白君)!) 들어오게. 들어와.
학생(學生) 三	(손을 들어 마지막으로) 념려 말아. 깃븐 소식 가지고 나가마. (들어온다. 고함(高喊) 문 닷치는 대로 소리가 약(弱)해진다.)
학생(學生) 一	주석(主席) 보시요. 저 창(窓)밧게 수만(數萬)의 용사(勇士)들은 저들의 진이고 나갈 무기(武器)를 기다리고 잇는 의용병사(義勇兵士)들입니다. 만일에 주석(主席)의 한마듸 말만 쩌러진다면 우리는 그 고마운 총과 칼을 놉히 처들고 우리의 일할 자리로 돌아갈 것임니다. 그리하야 국교단절(國交

斷絶)의 마듸가 부러지는 날 우리는 제일선(第一線)에 쮜여나가 불의(不義)의 침범(侵犯)을 당(當)키 전(前)에 우리의 살썽어리로 성(城)을 싸흘 각오(覺悟)를 하고 잇스며 우리의 붉은 피로 더럽힌 조국(祖國)의 상처(傷處)를 씻쳐버릴 것임니다.

장개석(蔣介石) 아하. 괴롭다. (간(間))

학생(學生) 三 우리의 결사대(決死隊) 구명(九名)은 벌서야 죽엄을 각오(覺悟)하고 죽엄으로 죽엄을 갑기 위하야 수천리(數千里) 먼 쌍 위급(危急)한 자리로 쮜여갓슴니다. (노영(魯英)이 소리를 듯고 벌덕 이러난다. 좌측(左側) 쏘어 밧게 순경(巡警) 삼인(三人) 왓다갓다 건닐고 잇다.)

「중국은 어데로」(九), 『중앙일보』, 1932.1.10.

장개석(蔣介石)   제군(諸君), 불상한 제군(諸君)아. (무의식(無意識) 중(中)에 손문(孫文)의 초상(肖像)을 손을 처드는 바람에 떨어트린다.) 마지막 날이 다닥처 왓나 보다.
(고(顧), 초상(肖像)을 집어든다.)
사람은 운명(運命)에 마지막 무릅을 꿀 째가 되엿나 보다. 제군(諸君)! 나는 마지막 그대들에게 약속(約束)할 것이 잇다. (모도 긴장(緊張)) (밧갓흔 의외(意外)에 조용하다.) 힘에 부치는 대답을 감히 해내지 못하는—못하는 장개석(蔣介石)이는 그대들이 희망(希望)하는 날 하야(下野)할 것을 (어성(語聲)을 놉히며) 그대들에게 약속(約束)한다.

(쌈박 이째 전등(電燈)이 쩌지며 실내외(室內外)는 암흑(暗黑), 소란(騷亂). 순경(巡警) 삼인(三人) 들어온다.)

장(蔣)   웬일이냐.

(침묵(沈默))

장개석(蔣介石)   누구냐. 불 씬 게. 불 켜라. 아— 초상(肖像), 초상(肖像)이 밟힌다.

고(顧)	네, 여기 잇슴니다. (이때 위병(衛兵) 하나 좌측(左側) 쏘어로 다름질처 나가랴 한다.)
XX당원(黨員)	(무거웁고 천천히) 누구냐. 나가는 사람이 누구냐. 가지 말고 말 들어라.
장개석(蔣介石)	누구냐 그게. (밧게 요란한 소리)
XX당원(黨員)	누구냐고 말하라. 그러나 누구든지 불을 켜는 자(者)는 불과 함께 사라질 것을 각오(覺悟)하여야 된다. (위병(衛兵) 내려가지 못하고 문간에 섯다. 실내(室內)에 위병(衛兵) 한 사람 밧비 문을 짜저 알에로 내려간다.)
XX당원(黨員)	무엇? 응, 소용업다. 자 그러면 들어라. 정신(精神)을 일흔 그대들에게 들려줄 한 가지 말이 잇다. 전중국(全中國) XX당(黨) 대표(代表)로 어리석은 그대들에게 들려주지 안흐면 안 될 전언(傳言)을 가지고 온 사람이다. 쏙쏙히 들어라. 그대들은 아는가. 세계공황(世界恐慌)에서 도피(逃避)하려고 하는 제국주의(帝國主義)들이 자본주의(資本主義) 국가(國家)를 식혀 극동(極東)에 세국주의(帝國主義) 선생(戰爭)을 격성(激成)하여 일본(日本)을 원조하여 전(全) 쏘비엣트로 쌔트리랴 하는 것을. 그대들이 취(取)할 길은 우리의 지도(指導)를 밧는 길밧게 업다.
장개석(蔣介石)	불 켜라ㅡ. 누구냐.
XX당원(黨員)	가만 잇거라ㅡ. 그리하여 우리의 목적(目的) 달성(達成)을 막지 말아. 그대들은 오로지 이 시국(時局)을 그대로 연장(延長)식혀라. 밥비 서둘러 결말(結末)을 짓지 말어라. 우리는 손(孫) 총리(總理)의 이상(理想) 실현(實現)에 매진(邁進)할

것이다—. 나의 비겁(卑怯)을 용서하라. 그대들과 아직은 대면(對面)할 성질(性質)의 인간이 되지 못하기로 나는 이러한 어둠에서 잠간 그대들에게 경고(警告)하고 가는 것이다. (소란(騷亂)한 가운데 쏜쌀가티 좌측(左側)으로 피신(避身). 멀리 랍팔 소리 한결 놉흔 학생대(學生隊)의 아우성 속에 막(幕)) (끗)

「일등당선작곡[33] 「중국은 어데로」의 작자 설정식의 약력」, 『중앙일보』, 1932.1.17.

군(君)은 함경남도(咸鏡南道) 단천(端川)에서 출생(出生)하고 경성교동공립보통학교(京城校洞公立保統學校)를 졸업(卒業)하고 경성공립농업학교(京城公立農業學校)에서 수학(修學)하다가 중도(中途)에 출학(黜學)을 당(當)하얏다. 그리고 그 후(後)에는 중국(中國)으로 가서 요령성립제삼급중학(遼寧省立第三級中學)에 잠시(暫時) 잇다가 그것도 중도(中途)에 그만두고 북평(北平), 천진(天津) 등 얼마 동안 유랑(流浪) 생활(生活)을 하다가 귀국(歸國)하야 현금(現今)에는 청년학관(靑年學館)[34] 영어과(英語科)에서 어학(語學) 연구(硏究) 중(中). 당년(當年) 이십일세(二十一歲).

---

33 작곡 : 원문 그대로(作曲). 희곡(戱曲)의 오식으로 생각됨.
34 청년학관(靑年學館): 청년학관은 YMCA의 전신인 황성기독교청년회가 1906년 설립한 황성기독교청년회관에 유래를 두며, 1912년 조선중앙기독교청년회관, 1916년 조선중앙기독교청년학관, 1929년 중앙기독교청년회학교 등으로 명칭이 변경되었다. 그러나 명칭이 변경된 후에도 청년학관으로 종종 쓰였다.

「당선된 감상」, 『중앙일보』, 1932.1.17.

　물으신 감상(感想)을 간단(簡單)히 적어 봅니다. 힘을 다한 습작(習作)이 당선(當選)된 것은 깁분 일임니다마는 활자(活字)로 되여 나온 자기(自己) 작품(作品)을 다시금 듸려다 볼 째 너머나 심한 붓그럼을 늣겻슴니다. 그러나 이 붓그럼을 곱게 진이고 선배(先輩)의 지도(指導)를 바더 비재(菲才)를 닥거 가며 압흐로 정성(精誠)것 공부(工夫)를 하여 보겟슴니다. 이 희곡(戲曲)을 쓰고 나서 한 가지 마음이 노히지 안는 것은 취재(取材)의 범위(範圍)가 간단(簡單)치 안은 것만큼 시국(時局)에 관(關)한 깁흔 상식(常識)이 업는 것과 실존(實存) 인물(人物)를 그리면서 그들의 성격(性格) 쏘는 그째의 태도(態度)에 대(對)한 치밀(緻密)한 지식(智識)이 업고 다만 전기(傳記)와 풍문(風聞)에 의(依)하여서 어든 추측(推測) 밧게 한편(便) 신문(新聞)을 참고(參考)로 하여 겨우 윤곽(輪廓)을 그린 데 지나지 못함으로 사실(事實)과 어그러지는 데가 업지 안흔가 하는 것임니다.

　그러나 갈래를 차릴 수 업시 복잡하고 넓은 중국(中國) 동정(動情)³⁵을 추려다가 역시 싸어 노코 보니 어느 한 토막이나마 표현(表現)된 듯하여 스스로 깁버하는 바임니다.

　끗흐로 내내 지도(指導)와 편달(鞭撻)이 잇기를 바람니다.

35　동정(動情): '동정(動靜)'.

「중국은 어데로」 당선 감상에 함께 실린 설정식의 사진

제2부

논평 및 대담

「최근 미국 문단 일별」, 『중외신문』, 1946.5.4.

여기서는 우선(于先) 작가(作家) 일흠 몇 개 훌터보는 정도(程度)로 하고 후일(後日)을 기(期)한다. 말콤 카우리[1]가 미망(迷忘)의 세대(世代)라고 불렀을 때 한창 나이에 정열(情熱)을 쏘다 창작(創作)하는 일련(一連)의 작가진(作家陣)의 활동(活動)이 었그제 일 같은데 벌서 문단(文壇)에서 그들은 노대가(老大家)들이 아니면 유명(幽明)에 들어갓다. 우선(于先) 『미국(美國)의 비극』[2]의 작가(作者) 데오도 드라이저가 지난 일월(一月)에 칠십오세(七十五歲)의 고령(高齡)으로 타계(他界)하였고 시어웊드 앤더슨[3]과 규수(閨秀) 작가(作家) 에랜 그라스고[4]도 세상을 떠낫다.

이리하야 미국(美國) 문단(文壇)은 전전(戰前)에 천재(天才) 토마쓰 울프[5]

---

1 말콤 카우리: 말콤 카울리(Malcolm Cowley, 1898~1989). 미국의 시인 겸 문학 비평가이다.
2 미국의 비극: 미국 자연주의를 대표하는 소설가 시어도어 드라이저(Theodore Dreiser, 1871~1945)의 장편소설 『An American Tragedy』(1925)를 가리킨다. 국내에는 주로 '아메리카의 비극'이라는 제목으로 번역되었다.
3 시어웊드 앤더슨: 셔우드 앤더슨(Sherwood Anderson, 1876~1941). 미국 현대 단편 문학의 아버지라 불리는 소설가이다.
4 에랜 그라스고: 엘런 글래스고(Ellen Glasgow, 1873~1945). 미국 남부를 비판적 시각으로 조명한 소설가이다.
5 토마쓰 울프: 토머스 울프(Thomas Wolfe, 1900~1938). 자전소설 『천사여, 고향을 보라(Look Homeward, Angel)』(1929)로 미국 문단에 등장한 소설가이다. 1930년대부터 본격적으로 창작에 돌입해 연작 장편소설과 단편 소설집을 출간했으나 요절했다. 설정식은 토머스 울프에 대한 관심을 일찍이 「토마스 울프에 관한 노트: 소설 『시(時)와 하(河)』를 중심으로」(『인문평론』, 1941.2)를 통해 표했으며, 해방 이후에는 토머스 울프의 자전소설 작법에서 영향을 받은 소설을 창작한 바 있다.

를 잃었고 전쟁●(戰爭●)에 유진 오닐[6]에 필적(匹敵)하든 극작가(劇作家)를 여이고 전작(戰作)에 문단(文壇)의 지주(支柱)이든 드라이저를 놓았다. 그렇다고 해서 미국(美國) 문단(文壇)이 적막(寂寞)하다고는 할 수 없다. 루이쓰가 『캐니 버드』라는 또 하나 자신만만(自信滿滿)한 『메인 스트릿』[7]을 썻고 우리가 크게 기대(期待)하든 존 말관이 一九三八년도(年度) 퓨릿츠[8] 수상작(受賞作) 『고(故) 죠지 애프레』[9]를 능가(凌駕)하는 역작(力作) 『H. M. 풀함』[10]을 一九四一년(年)에 내어놓앗고 『노호(怒號)의 도도(萄萄)[11]』[12]로 의회(議會)까지 흔든 존 스타인비엑이 재작년(再作年)에 『캐나리 로드』[13]를 내어놓았다. 재기발랄(才氣發剌)한 윌리암 소로얀도 『인간희극(人間喜劇)』[14]을 一九四三년(年)에 발표(發表)하고 동년(同年)에 업튼 싱크레어는 『용(龍)의

6 유진 오닐: 유진 오닐(Eugene Gladstone O'Neill, 1888~1953). 미국의 근대극을 확립한 극작가이다.
7 『메인 스트릿』: 미국의 풍자 소설가 싱클레어 루이스(Harry Sinclair Lewis, 1885~1951)의 장편소설 『Main Street』(1920)을 가리킨다. 미국 중서부 마을의 생활을 풍자적으로 그려냈다.
8 퓨릿츠: 1917년 미국의 언론인 퓰리처의 유산을 기금으로 하여 창설된 퓰리처상(Pulitzer Prize).
9 『고(故) 죠지 애프레』: 대중소설로 문명을 얻은 미국의 소설가 존 마퀀드(John Phillips Marquand, 1893~1960)의 장편소설 『The Late George Apley』(1937)를 가리킨다. 보스턴의 상류층을 풍자적으로 그려냈다.
10 『H. M. 풀함』: 존 마퀀드의 장편소설 『H.M.Pulham Esquire』(1941)를 가리킨다.
11 도도(萄萄): '포도(葡萄)'.
12 『노호(怒號)의 도도(萄萄)』: 1930년대 미국의 사회주의 리얼리즘을 대표하는 소설가 존 스타인벡(John Ernst Steinbeck, 1902~1968)의 장편소설 『The Grapes of Wrath』(1938)를 가리킨다. 대공황 시기 농민의 비참한 생활을 다루었다.
13 『캐나리 로드』: 존 스타인벡의 장편소설 『Cannery Row』(1946)를 가리킨다. 미국 캘리포니아주 몬터레이의 부둣가에 사는 사람들의 이야기를 다루었다.
14 『인간희극(人間喜劇)』: 아르메니아계 미국 작가 윌리엄 사로얀(William Saroyan, 1908~1981)의 장편소설 『The Human Comedy』(1943)을 가리킨다.

치(齒)』[15]로 퓨릿츠 상(賞)을 받았다. 어네스트 헤밍웨이[16]도 근작(近作)이 있다 하나 아직 얻어 보지 못하였으되 가(可)히 정진(精進)을 짐작할 수 있으며 어스킨 칼드껜, 윌리암 풀크너, 콜래드 아이켄, 쥬리안 그린, 프레데릭 프로코쉬, 마틴 프라빈[17] 모다 제작(制作)이 왕성(旺盛)하다.

전쟁(戰爭)이 있었다고 하야 작가(作家)들이 곧 그곳으로 제작(制作)의 동기(動機)를 돌리지는 않았다. 전쟁(戰爭)은 쟁(爭)[18]이 곧 문학(文學)은 문학(文學)이었다. 도로혀 고전(古典)의 부활(復活) 이십년대(二十年代) 이전(以前)에 성(盛)하던 프로번샬 문학(文學)[19]과 역사물(歷史物)의 여전(如前)한 류(流)[20]을 보았다. 사십년대(四十年代) 초(初)까지 꾸준한 지반(地盤)을 지켜 오든 소장(少壯) 프로레타리아 작가들이 이러타 할 만한 활동(活動)을 하지 않고 있었다. 전쟁(戰爭)으로 말미아마 압력(壓力) 밑에 침(沈)잠하였든 문학(文學) 정신(精神)은 이제로부터 차차 흥기(興起)하지 않을가.

---

15 『용(龍)의 치(齒)』: 미국의 소설가 겸 사회 운동가 업튼 싱클레어(Upton Beall Sinclair, 1878~1968)의 장편소설 『Dragon's Teeth』(1942)를 가리킨다.
16 어네스트 헤밍웨이: 어니스트 헤밍웨이(Ernest Miller Hemingway, 1899~1961). 『노인과 바다』(1952)로 퓰리처상과 노벨문학상을 수상한 미국의 소설가이다.
17 어스킨 칼드껜, 윌리암 풀크너, 콜래드 아이켄, 쥬리안 그린, 프레데릭 프로코쉬, 마틴 프라빈: 어스킨 콜드웰(Erskine Caldwell, 1903~1987), 윌리엄 포크너(William Faulkner, 1897~1962), 콘라드 에이킨(Conrad Aiken, 1889~1973), 쥘리앵 그린(Julien Green, 1900~1998), 프레데릭 프로코쉬(Frederic Prokosch, 1906~1989), '마틴 프라빈'은 미확인.
18 전쟁(戰爭)은 쟁(爭)이: '전쟁(戰爭)은 전쟁(戰爭)이오'.
19 프로번샬 문학: 지방문학(provincial literature).
20 류(流): '유행(流行)'.

「시와 장작」, 『중앙신문』, 1947.10.26.

  금년(今年)은 윤(閏)달이 들엇스니 철수가 일러서 치위가 일즉 닥칠 것이라고 안해가 그새 두 번이나 나를 이깨우든 싸닭은 물론(勿論) 김장 전으로 나무 바리나 작만해 노아야 될 게 아니냐는 뜻이엇다. 바꾸어 말하면 나무 갑시 왕청하게 올르기 전에 사 놋는 것이 조치 안겟느냐 하는 뜻이엇다. 그 말씀한 치가경제(治家經濟)면 나도 모르는 배는 아니엇다. 그럿기에 지난 칠월(七月)에 연희대학(延禧大學)에서 직원(職員)들이 장작(長斫) 추렴을 하는데 한 튜럭에 칠천오백원(七千五百圓)이면 살 수 잇다고들 하기에 복지간에 안저서 삭풍(朔風)이 장안(長安)을 휘돌아 째릴 째 '만●비●●(萬●飛●●)'를 상상(想像)한다는 것은 거이 부도덕(不道德)에 가싸운 일이건만 선듯 한목 씨겟다고 하엿든 것이다. 선금(先金)을 대야 된다는 통에 물론(勿論) 장작(長斫) 구입(驅入)은 실현(實現)되지 못하고 말엇지만은—.

  구월(九月) 초(初) 어느 날 집에 들어오니싸 안해가 낫을 한 자루 팔십원(八十圓)을 주고 사왓는 보고(報告)를 한다. 물어볼 것 업시 아싸샤 가지도 치고 풀도 배여 말리겟다는 쯧이엇다. 내가 지금 채용(債用)하고 잇는 집은 일제(日帝) 시대(時代) 고관(高官)이 살든 집이라 정원(庭園)에 앞뒤를 합치면 이백평(二百坪)은 학실히 될 것인데 오늘 내어 쪼길른지 내일(來日) 쪼쎄어 나갈른지 모르는 터이다.

  멧 군데 쏘찻든 도마도를 거둔 후에는 갓구지 안코 가을 마도 갈지 안코 그냥 내버려 두엇기 째문에 압뒤 쓸애 풀이 허리로 자라고 담 밋 언덕에 아싸시아가 지난 겨울에 모조리 밋동싸지 잘랏건만 다시 두 길은 되게 자랏스니 낫츨 사올 만두 한 일이엇다.

나는 그날 밤에 두루 궁리를 하다가 그동안 신문(新聞) 잡지(雜誌)에 발표(發表)하엿든 시고(詩稿)를 모하 보앗다. 『종(鐘)』[21] 이후(以後)에 쓴 것이 모도 열다섯 편(篇)이엇다.

며칠 뒤에 시(詩) 원고(原稿)를 수려 가지고 만만한 친구 최영해(崔暎海)[22]를 차저 가서 거두절미(去頭切尾)하고 시집(詩集)을 찍으라고 사뭇 일방적(一方的)으로 우겨댓다. 그리고 인세(印稅)로는 돈을 보낼 것이 업시 장작을 사서 팰 사람까지 아에 포개서 보내 달라고 하엿다. 조흔 친구 최(崔)는 시집(詩集)도 내어주고 장작도 사 보내고 팰 사람까지 보낼 것을 다 승낙(承諾)하고 나서

"쏘 뭐야?"

하고 어주리 업는 자기(自己) 친구를 희롱(戲弄)하는 것이엇다.

추석(秋夕) 전(前) 일요일(日曜日) 느즌 아츰 나는 심심푸리로 팔십원(八十圓)짜리 낫을 들고 정원(庭園) 한 모퉁이 누럿기가 제일 농후(濃厚)한 골밧을 골라 몽두리고 잇섯다. 베르지 아은 새 낫이라 잘리는 것보다 송두리새 뽑히는 짝징풀이 민엇다. 방공수조(防空水槽) 벤주리에 대고 좀 갈어 볼리라 하고 허리를 펼 째 누가 대문(大門) 안에 들어선다.

"조흔 장작 한 마차(馬車) 안 사시랍니가?"

하는 것이다. 나는 삿다고 대답을 하엿다. 삿드래도 이건 아주 헐하니 더 사라는 것이다. 헐하다는 까닭은 다른 게 아니고 이 근처(近處)에서 누가 가저

---

21 『종(鐘)』: 설정식의 첫 번째 시집으로 1947년 백양당에서 출판되었다.
22 최영해(崔暎海, 1914~1981): 연희전문학교 문과 출신의 출판인이다. 국어학자 최현배의 아들로서 해방 이후 정음사 사장으로 취임했다. 설정식은 두 번째 시집 『포도』를 1948년 정음사에서 출판한 바 있다.

오라고 해서 실고 왓는데 무슨 곡절(曲折)인지 팔지 못하게 되엇는데 도루 실고 갈 수도 업스니 대신 싸게 사라는 것이다. 그럴 법한 일이다. 갑은 서른 개피 한 단에 백오십원(百五十圓)인데 사십여동(四十餘束)이 잇다는 것이다.

나는 영해(映海)를 차저가서 긴 설명(說明)을 하지 안코 나무는 내가 살 터이니 돈을 달라고 하엿다. 영해(映海)는 한 번 웃고 두말업시 가지고 잇는 현금(現金)을 다 털어 내노앗다.

장작을 사서 가린[23] 날 오래간만에 수도(水道)물이 나오기에 나는 안해에게 오늘 저녁에 목욕(沐浴)을 좀 하자고 제의(提議)하엿다. 안해가 이 제의(提議)를 거절(拒絶)할 이유(理由)가 업섯다. 위선(爲先) 내가 몬저 ●지(●脂)를 벳기고 온 식구(食口)가 차러로 오래간만에 장작(長斫)불에 물을 데여 째를 씻겻다.

나무들 좀 가려 노흔 것이 안도감(安堵感)을 가저온 째문이라고 하면 궁상마진 정신(精神) 상태(狀態)라고도 할 것이나 하여간(何如間) 나는 그동안 오래동안 씅씅거리면서 고민(苦悶)하고 잇든 두째 번 장편소설(長篇小說)을 곳 쓰기 시작하엿다. 그럼으로 이웃 사람들이 나무를 속아 삿다고 일러주어도 그다지 후회(後悔)하지 안헛다.

얼마 후에 나는 선배(先輩) 정지용(鄭芝溶)[24] 씨(氏)를 만나서 나무 산 이야기를 하엿다.

"아니, 나무라니, 저 울타리 박게들 가려 노흔 나무 말이요."

---

23 가린: 곡식이나 장작 따위의 단을 차곡차곡 쌓아 올려 더미를 짓는다는 뜻.
24 정지용(鄭芝溶, 1902~1950): 충청북도 옥천 출생의 시인으로 휘문고보 및 일본 도시샤대학 영문과를 졸업했다. 해방기 조선문학가동맹에서 활동했으며, 한국전쟁 발발 이후 납북되어 북한에서 사망했다.

하고 사뭇 놀라는 것이다. 나는 도리혀 의아(疑牙)²⁵할 수박게 업섯드니

"그건 돈 있는 사람들이나 헐 수 잇는 일 아뇨."

하고 도리혀 나의 외부내빈(外富內貧)을 의심(疑心)하는 표정(表情)이다.

"그럼 나무 업시 게울²⁶에 어쩌케 나요."

하고 정말 무슨 짠 도리(道理)가 잇는가 물엇드니

"어쩌커다니 정 추으면 나가서 한 단 사다 째는 거구, 어지간하면 내외(內外)가 양쪽에서 애들을 쎄구 자는 거지 어쩌커는 거요."

하고 담담(淡淡)한 해결(解決)을 짓는 것이다. 그는 이십여년(二十餘年) 동안 한겨울도 나무를 사서 가려본 일이 업다는 것이다. 나는 이 고고(孤高)한 시인(詩人)의 ●빈담(●貧談)을 듯고 내가 지금 헛간 모퉁이에 가려 노흔 칠천사백원(七千四百圓)어치 나무가 마치 어디 가서 도적질하여 다 노흔 장물(贓物)²⁷ 가튼 착각(錯覺)을 늣길 정도로 허둥거리는 심사(心思)를 속일 도리가 업섯다.

---

25 의아(疑牙): '의아(疑訝)'.
26 게울: '겨울'.
27 장물(贓物): 불법으로 가진 타인의 재물.

「'실사구시'[28]의 시」[29] 1, 『조선중앙일보』, 1948.6.29.

빈사(瀕死)의 병자(病子)가 있을 경우(境遇)에 정확(正確)하고 또 효과적(效果的)인 처방(處方)을 낸다는 것은 곧 정치(政治)다. 문학(文學)이 속수(束手) 방관(傍觀) 내지(乃至) 살인(殺人)이 목적(目的)이 아니라면 병자(病者)를 위(爲)하여서만 있을 뿐이다. 그러자면 곧 처방(處方)할 자리에 있고 그 자리에 있다는 말은 벌서 정치(政治)와 다를 수 없다는 말이며 또 정치와 함께 있다는 말이 된다. 우발적(偶發的)인 데서만 정치(政治)와 문학(文學)이 하나일 뿐 아니라 양자(兩者) 다 정신(情神) 기술(技術)인 저변(底邊)에서 또한 숙명적(宿命的)으로 일치(一致)하는 것이고 또 '오늘' '조선'에서 그러하다. 그러므로 이미 해결(解決)된 원칙(原則) 문제(問題)를 갱론(更論)할 필요(必要)가 없다. 또 한 가지 지나친 겸손(謙遜)도 필요 없다. 빙탄불상용(氷炭不相容)[30]의 반동(反動) 문학자(文學者)와 우리가 때로 같은 말을 하여 온 것이였는데 그것은 언필칭(言必稱)[31] 팔일오(八·一五) 이후 조선(朝鮮) 문학(文學)이 부진(不振)하였다는 것이다.

　이것은 사실(事實)에 어긋나는 판단(判斷)이다. 팔일오(八·一五) 이후 적어도 시(詩)는 세계적(世界的) 수준(水尊)에 올라갔다고 나는 생각한다. 시

28　실사구시(實事求是): 사실에 토대를 두어 진리를 탐구하는 일.
29　글 제목 앞에 "지상토론(紙上討論) 구국문학(救國文學)의 이론(理論)과 실천(實踐)"이라는 기획 주제가 제시되었다.
30　빙탄불상용(氷炭不相容): 얼음과 숯처럼 성질이 정반대이어서 서로 용납하지 못한다는 뜻으로, 사물이 서로 화합하기 어려움을 일컫는 말.
31　언필칭(言必稱): 말할 때마다 이르기를.

인(詩人)들은 새로운 체험(體驗)을 통(通)하여 새로운 시(詩)를 생산(生産)하였거니와 그 체험(體驗)으로 생산한 시(詩)는 종래(從來)의 조선(朝鮮) 시(詩)에 없든 국면(局面)을 열어 놓았을 뿐만 아니라 세계(世界) 시(詩)의 과거(過去)조차 용감하게 밀어 버리려고 나왔다. 상상(想像)과 신조(信條)를 토양(土壤)으로 하였든 과거(過去)의 세계(世界) 내지(乃至) 조선(朝鮮)의 시(詩)는 이천년(二千年)을 지속(持續)한 희랍적(希臘的) 학(學)의 체계(體系)가 혈액(血液) 순환(環)을 발견(發見)한 날 썩은 고목(古木)같이 쓸어졌든 것과 같은 의미에서 물러가 버렸고 '어떻게 사는 것이 옳게 사는 길이고 또 잘 살 수 있는 길인가' 하는 것은 실지(實地)로 체험(體驗)한 데서 결론(結論) 지은 것은 오직 한 개의 진리(眞理)만이 옳은 것이요, 이 진리(眞理)를 몸으로 겪는 데서 결론(結論) 지어진 것은 사실(事實)만이 귀중(貴重)한 것이라는 것을 알었다. 사실(事實)을 알고 사실(事實)을 믿고 또 그 믿음을 위하여 고민(苦悶)하고 투쟁(鬪爭)하는 것으로 쓰여진 시(詩)가 팔일오(八·一五) 이후의 조선(朝鮮) 시(詩)다. 사실(事實) 이외(以外)의 것을 노래할 수 있다면 그것은 허위(虛僞)에 대(對)한 노래일 것이다.

  허위(虛僞)에 대(對)한 노래는 무정견(無定見), 무전제(無前提), 부비판(無批判)한 것과 통(通)한다. 그러므로 내가 여기서 말하는 조선(朝鮮) 시(詩)는 허위(虛僞)만을 노래한 반동(反動) 시(詩)를 제외(除外)하고 하는 말이다. 사실(事實)을 노래한 것만으로 족(足)한가. 우리들의 당면(當面) 문제(問題)는 여기 있다. 그것을 시(詩)의 기술(技術) 문제(問題)라고 하자.

「'실사구시'의 시」 2, 『조선중앙일보』, 1948.6.30.

시(詩)의 기술(技術) 문제(問題)는 기교(技巧) 문제(問題)와 다르다. 기교(技巧)은 질량(質量)에 곡절(曲折)을 주는 데 끝이나 기술(技術)은 질량(質量)을 더 크게 하는 것이다. 그러므로 기교(技巧)은 진리(眞理) 밖서 우연(偶然)히 성취(成就)될 수 있으나 기술(技術)은 진리(眞理)에 필적(匹敵)한 것이라야 된다. 그러므로 기술(技術)은 곧 방법(方法)과 통(通)한다. 태평(太平) 연간(年間)으로 착각(錯覺)하였을 때에는 자의적(恣意的)인 ●●으로 족(足)하였고 개성(個性)의 구원(救願)만을 위주(僞主)하였든 시대(時代)에는 '도그마'를 신조(信條)로 시(詩)의 방법(方法)으로 삼았다. 이러한 것의 타성(惰性)으로 사느냐 죽느냐 하는 시대(時代)에 있어서 춘향(春香)을 도원(桃園)에 읊는 유(類)의 몰염치(沒廉恥)를 오히려 떳떳한 것으로 아는 것이 조선(朝鮮)의 현재(現在) 반동(反動) 시(詩)거니와 그러면 우리들의 방법(方法)이자 곧 기술(技術)은 어떠하여야 되겠는가.

우리들의 시의 방법은 태평(太平) 연간(年間)도 아니오 '도그마'도 아니고 불의(不義) 부정(不正)과 투쟁(鬪爭)하는 시대(時代)에 놓여 있다는 것을 위선(爲先) 전제(前提)로 하여야 하겠다. 필요(必要) 없는 시(詩)는 필요(必要) 없다. 만(萬), 백만(百萬), 천만(千萬) 인민(人民)에게 한 가지라도 올바른 정견(定見)과 전제(前提)와 비판(批判)을 줄 수 있고 그러므로써 마른 땅에 소낙비같이 그들의 생활(生活)의 전(全) 질량(質量)을 크게 또 풍부(豐富)하게 하는 시(詩)의 방법(方法)이라 하겠다.

방법(方法)의 첫째는 정견(定見)을 가지는 것이다. 환언(換言)하면 사상(思想)으로 단체(團體)까지 무장(武裝)하는 것이다. 내 개인(個人)의 사상(思想)으로가 아니라 만(萬) 백만(百萬) 천만(千萬) 인민(人民)의 사상(思想)으로 무장(武裝)하여야 되는 것이다. 앞으로의 천재(天才)는 비범(非凡)한 것을 혼자 고집(固執)하는 것이 아니다. 평범(平凡)한 것을 함께 나눌 수 있는 정신(情神)의 광(廣)우와 육체(肉體)의 적응성(適應性)을 가저야 되겠다.

이것을 가지는 도리(道里)는 절대(絶對) 다수(多數)의 정신(情神)에 접근(接近)하고 절대(絶對) 다수(多數)인 육체(肉體)에 접촉(接觸)함으로서 가능(可能)하다. 부단(不斷)히 이 신진대사(新陳代謝)를 격는 시인(詩人)의 의식(意識)은 급기야 바람같이 무애(無碍) 자재(自在)하여 먼 제주도(濟州島)의 숨소리를 지척(咫尺)에서 들을 수 있게 될 것이다. 한때는 기적(奇蹟)을 믿었고 한때는 신(新) 원소(元素)의 발견(發見)을 믿었고 또 한때는 지척(咫尺)에서 구걸(救乞)하는 걸인(乞人)의 손을 믿은 시인(詩人)이 어찌하야 전파(電波)만을 믿고 무애(無碍) 자재(自在)한 의식(意識)을 믿지 안으랴. 부절(不絶)히 떠날 수 없이 몸에 입은 옷과 같이 제주도(濟州島)를 '의지(依持)'하고 섰으면 제주도(濟州島)에서 흘리는 피[32]가 사실(事實)인 바에 또 내 피가 흘러 나간 자리를 채우기 위하여 '의지(依持)'하는 데서 사실(事實) 이외(以外)의 진실(眞實)밖에 나올 것이 무엇이겠는가. 사상(思想)이 사실(事實)이 된 것이고 또 사실(事實)중(中)에 가장 기름 같은 사실(事實)만이 짜지는 시(詩)거늘 그 시(詩)가 벌서 신문(新聞) 기사(記事)와는 또 달을 것은 자명(自明)한 노릇이다. 사실(事實) 중의 사실(事實)을 기름 짜듯 꿀 빗듯 하는 노력(努力). 그것을 위(爲)하여 시인(詩人)은 그야말로 신 깁는 장수가 날마다 신발을 고치듯 날마다 영로(營勞)하여야 되겠다. 원래(元來)의 실감(實

---

32 1947년 3월 1일 경찰의 발포를 기점으로 발생한 제주 4·3사건을 가리킨다.

感)이란 또 타고난 천재(天才)란 설사 있다고 하드라도 몇백년(百年)에 한 번 있을가 말가 한 노릇이니 어찌 그것을 기다리고 앉어만 있으랴. 우리는 위선(爲先) 사상(思想)을 가지고 사실(事實)에 필적(匹敵)하자.

「'실사구시'의 시」 3, 『조선중앙일보』, 1948.7.1.

구국운동(救國運動)의 일환(一環)으로서 문학(文學)이 참여(參與)할 길[33]은 문화인(文化人)이 문학(文學)을 통(通)하야 일반(一般) 인민(人民)의 사실(事實)에 대(對)한 인식(認識)을 깊이 하여서 취사선택(取捨選擇)에 대(對)한 정확(正確)한 판단(判斷)을 내리게 하야 행동(行動)의 전제(前提)로 삼도록 하는 것이 급선무(急先務)겠다. 판단(判斷)을 내리게 함으로써 조선(朝鮮)이 현재(現在) 빈사(瀕死)의 병자(病者) 같은 상태(狀態)에 있는 것은 누구 때문이며 그의 동기(動機)와 목적(目的)이 무었이라는 것을 널리 또 철저(徹底)이 알리는 동시(同時)에 집결(集結)된 인민(人民)의 의식(意識)이 구국(救國)의 행동화(行動化)가 되는 데 이바지되어야 하겠다. 이렇게 위급(危急) 존망(存亡) 추(秋)[34]에 문학(文學)은 감상(鑑賞) 영양(營養)의 자(資)가 되기 ●에 위선(爲先) 경각(警覺) 치료(治療)의 길이 되어야 할 것이 아닌가. 문학(文學)은 시(詩)는 방금(方今) 청량음료(淸凉飮料)이기 전(前)에 소독제(消毒劑)라야 하겠다. 이것을 시(詩)에서 전제(前提)라고 하자.

시(詩)가 전제(前提)를 가졌다는 말은 목적(目的)을 가졌다는 말과 같으다. 목적(目的)이 있기 위(爲)하여서는 위선(爲先) 입장(立場)이 있어야 하겠다.

입장(立場)의 한 개 실례(實例)로 '독도(獨島)'라는 시(詩) 제작(制作)에

---

[33] 해방기 조선문학가동맹이 미군정의 좌익 탄압에 맞서서 전개한 구국문학운동을 가리킨다. 조선문학가동맹은 조선문학건설본부와 조선프롤레타리아문학동맹이 통합해 결성된 문학운동 단체로, 1948년 대한민국 정부 수립 이후 해산되었다.

[34] 추(秋): '시기'라는 뜻.

두고 보자. 미국(美國) 폭격기(爆擊機)가 아니 미국인(美國人)이 우리 동포를 쏘아 죽였다.³⁵ 현대시(現代詩)의 정신(情神)은 상상(像想)이나 신조(信條)가 아니라 사실(事實)이 기준(基準)하는 것이라 하였다. 그러면 위선(爲先) 모든 독도(獨島)의 사실(事實)을 모으자. '아류산'³⁶의 농무(濃霧)를 뚫고 조준(照準)을 잡았다는 B29의 구비(具備)한 모든 기계(機械)에 대(對)한 만능(萬能)한 사실(事實)을 알도록 하자. 탄석(炭石)과 인간(人間)을 분(分)간하지 못하였다는 변해(辯解)³⁷를 기총소사(機銃掃射)로 둘린 '가방' 사진(寫眞)을 가지고 검토(檢討)하자. 이러는 사이에 시(詩)의 정신(情神)은 부단(不斷)하게 유사(類似)한 제(諸)사실(事實)을 또한 상기(想起)하고 또 관련(關聯)시킬 수 있다.

이것은 거진 자동적(自動的)으로 이러나는 시(詩)의 객관적(客觀的) 운동(運動)이니 일을테면 '루이'³⁸ 왕조하(王朝下)에서 저 야수(野獸) 이하(以下)의 ●●밖에 없든 당시(當時) 귀족(貴族) 계급(階級)이 농민(農民)으로 하여금 보리를 갈게 한 것은 농민(農民)들의 추수(秋收)를 위(爲)하여서가 아니오, 실(實)로 그 보리밭에 저들이 산양질할 토끼를 번식(繁殖)케 하기 위(爲)하여서였던 것만으로 족(族)하다. 이만한 사실(事實)이 내 것이 된 순간(瞬間) 벌서 시인(詩人)은 독도(獨島)에 기대고 섰다.

그러면 시(詩)는 사실(事實)을 노래할 수 있게 되었다. 그러나 좋은 시는

---

35 1948년 6월 8일 미군 B29 폭격기가 독도 일대를 폭격해 조업하던 어민들이 희생당한 '미군 독도폭격사건'을 가리킨다.
36 '아류산': '알류샨 열도(列島)'. 태평양 북부 알래스카반도와 캄차카반도 사이에 활 모양으로 늘어서 있는 섬들이다. 군사적 요충지로 대부분이 미국령이다. 제2차 세계대전 시기에 일본군이 노리던 거점으로서 한때 일본군이 점령하기도 했으나 다시 미국에 귀속되었다.
37 변해(辯解): 말로 풀어 자세히 밝힘.
38 '루이': 프랑스혁명으로 단두대에서 처형당한 루이 16세를 가리킨다.

기대는 것만으로 되지 않는다. '손을 들어 태극기(太極旗)를 저으면서 구원(救願)을 찾았노라―.' 가령(假令) 이런 구절(句節)이 있다면 그것이 비록 사실(事實)이라고 하드라도 우리는 감내(堪耐)할 수 없다. '독도' 시(詩)의 부제목(副題目)을 '비보(悲報)'라 하였으면 이것도 사실(事實)이지만은 거절(拒絶)하겠다.

구원(救願)을 찾는 것은 이 시(詩)에서 벌서 타협(妥協)이오 비보(悲報)라는 것은 벌서 입장(立場)을 떠난 막●(莫●)하게 진정(眞正)한 감정(感情)과 사이비(似而非) 감정을 혼동(混同)한 데서 생긴 혼란(混亂)이다. 부제목(副題目)은 당연히 흉보(凶報) 아니면 악보(惡報)다. 어찌하여서 구원(救願)을 찾고 또 그것을 비보(悲報)라고 하였는가. 그것은 사실(事實)에 ●한 것이 시인(詩人) 그 사람●●이고 또 그의 ●●이 소유(所有)하고 있는 개성(個性) 내지(乃至) 감정(感情)이였기 때문이다. 나의 개성(個性)과 감정(感情)을 객관화(客觀化)하라. 객관화(客觀化)된 것 시인(詩人)의 분신(分身)으로 하여금 무애(無碍) 자재(自在)케 하라. 그러면 그 분신(分身)은 천(千) 만(萬) 백만(百萬)이 인식(認識)한 사실(事實)과 필적(匹敵)하리라. 객관화(客觀化)된 시인(詩人)의 분신(分身)―이것이 내가 말하는 입장(立場)이다. 시인(詩人)의 개성(個性)이나 감정(感情)은 적어도 시(詩)에서만은 염낭[39]이나 노리개같이 시인(詩人)의 허리에 달려 있을 것이 아니고 어머니의 자궁(子宮)을 떠난 다른 한 개의 생명(生命)과 같은 것이 되어야 하겠다―. 이러한 입장(立場)을 가져야 비로소 직접(直接) 체험(體驗)이 없는 시(詩)라도 직접(直接) 체험(體驗)을 가지고 쓴 시(詩)에 가까울 수 있는 것이다.

요(要)컨대 객관화(客觀化)되지 않은 시(詩)는 만(萬) 인민(人民)의 공명

---

[39] 염낭: 허리에 차는 작은 주머니의 하나.

(共鳴)할 수 없는 개인(個人)의 소유물(所有物)이 되고 마는 것이니 그러타면 그것이 오늘 무슨 유용(有用)한 무기(武器)가 되며 반동(反動)의 음풍영월(吟風詠月)과 다를 것이 있겠는가. 문학(文學)의 일률화(一律化)를 근심하고 또 나물엔 비가(批家)가 있다. 일률화(一律化)란 당(當)치 않은 말이거니와 진정(眞正)한 의미(意味)의 객관화(客觀化)를 지적(指摘)한 말이라면 나는 그런 문학(文學) 내지(乃至) 시(詩)의 일률화(一律化)를 위(爲)하여 만세(萬歲)를 부르겠다. 왜 그런고 하니 오늘 이곳에서 문학(文學)과 시(詩)는 산산(散散)히 흩어져서 적(敵)에게 꺾여서는 안 되겠고 또 한데 묶긴 것으로 적(敵)을 쳐야 되기 때문이다.

「기술의 '새벽길」, 『독립신보』,
1948.12.21.

이상(以上)으로 一九四八년도(年度) 시단(詩壇), 보다도 우리 시(詩)에 대(對)한 내 개인(個人) 소감(所感)을 다 말했다고 생각하는데 편집자(編輯者)는 구지 개평(個評)까지 쓰라고 분부(吩咐)한다.

비록 우리들 시(詩)가 내 자신(自身)의 것이나 다름없는 것이로되 나는 논평(論評)할 자리에 있지 않다. 어떤 사실(事實)을 시화(詩化)하라는 것이라면 마감(磨勘) 시간을 대일 의무(義務)도 있고 또 자신(自信)도 있지만 비평(批評)이란 내 구미(口味)에 가당치 않다. 항차 어느 별이 더 크냐는 무름에랴? 어찌 별들이 크기만 위주(爲主)할 것이냐? 별은 비쳤으면 그만이다. 지하(地下)에서 손으로 쓰는 대신 쫓기는 발로 구르며 다니는 시(詩)의 주명(奏鳴)은 오늘 가장 먼 별이기도 하지 않으냐? 원거리(遠距離)의 성신(星晨)[40]이 가장 적은 법이 안닌데 크고 작은 것을 헤아리는 것으로 어찌 내가 시(詩)의 법률(法律) 고문(顧問)이 될 수 있겠는가.

차막(遮莫),[41] 시인(詩人)으로라면 그야 할 말이 태산(泰山) 같다. 위선 범람(氾濫)하는 범재(凡才)들에게 대(對)한 것 말이다. 무명(無名) 전사(戰士)와도 같은 그들의 진리(眞理)와 또 아름다울 것을 위(爲)한 거창(巨創)한 창조(創造) 사무(事務)를 어찌 한두 개의 화환(花環)으로 화기(話欺)를 하여 모독(冒瀆)을 하랴. 보기 좋게 폐간(廢刊)을 당(當)한 『문장(文章)』지(誌)[42] 옆

---

40 성신(星晨): 별의 빛.
41 차막(遮莫): 설령.
42 『문장(文章)』지(誌): 1939년에 창간되어 1941년에 통권 25호로 폐간된 문학잡지로서 1948년 10월

에 시방 발표(發表)될 길이 없는 투고(投稿) 시(詩)가 산적(山積)하였다. 시(詩) 제작(製作)은 살아 있는 사람들 편에서 이제 완전(完全)히 한 개 사업(事業)이 되고 말았다.

방금 '지용' 장(丈)[43]이 옆에서 "시(詩)는 생산(生産) 기계(機械)가 돌아가는 것과 일치(一致)한다"고 소리를 치는데 과연(果然) 그렇다. 생산(生産) 기계(機械)가 모두 정지(停止)하고 있는 순간(瞬間)에도 이렇게 돌아가고 쏘아지는 시(詩)의 범람(氾濫)이거든 항차 이다음에 생산(生産) 기계(機械)가 돌아갈 때에야 더 할 말이 있겠는가?

시(詩)가 금년(今年) 잡어 들어 우박 사태처럼 쏘아지는 이유(理由)는 목적(目的)이 정확(正確)한 군사(軍士)들이 최후(最後) 진지(陣地)에 가까울쑤록 투지(鬪志)가 왕성(旺盛)하고 강기(綱紀)가 일사불란(一絲不亂)한 이치(理致)와 같으다. 다시 말하면 시(詩)는 이제 옳은 목적(目的)에 꼼짝 도리(道理) 없이 일치필돈(一致匹敦)하여졌기 때문에 이렇게 방진(方陳)을 치고 돌격(突擊)하며 일제사격(一齊射擊)을 하며 또 불발탄(不發彈)이 없는 것이다.

무명(無名) 시인(詩人)들에게 최고(最高)의 영광(榮光)이 돌아간 것으로 一九四八년(年)의 우리 문화재(文化財)는 비록 잠시 인질(人質)이 되었다고 하드래도 실로 든든하고 믿버웁다.[44]

이러한 전체(全體)의 생산력(生産力)은 개인(個人)에 있어서 또 외누리 없이 단적(單的)으로 현현(現顯)되었으니 김상훈(金尚勳)[45]의 『가족(家族)』

정지용이 속간했으나 한 호만 내고 종간했다.
43 '지용' 장(丈): 정지용을 가리킴. 장(丈)은 '어른'의 뜻을 더하는 접미사.
44 믿버웁다: 미쁘다. 믿음성이 있다는 뜻.
45 김상훈(金尚勳, 1919~1987): 해방기 조선문학가동맹의 일원으로서 『전위시인집(前衛詩人集)』(1946)에 참여하는 등 활발한 문학 활동을 펼쳤으며 한국전쟁기에 월북했다.

의 경우(境遇)가 그것이다.

상훈(尙勳)의 『가족(家族)』[46]은 물론(勿論) 훌륭한 작품(作品)이다. 그러나 내가 말하고 싶은 것은 훌륭한 그 내용(內容)보다도 이렇게 긴 작품(作品)이 생산(生產)되는 현상(現象)이다. 이렇게 우리들은 할 말이 많고, 또 사태(事態)는 이미 벌어젓다. 상훈(尙勳)의 시험(試驗)이 실패(失敗)라는 동족(同族) 시인(詩人)의 말을 들었다. 그러나 뒤에 나올 성공(成功)을 위(爲)하여 상훈(尙勳) 자신(自身)이나 다른 시(詩) 제작자(製作者)를 위(爲)하여 『가족(家族)』은 위대(偉大)한 실패(失敗)다. 또 한 가지는 시(詩) 제작(製作) 기술(技術)이다. 나는 모두(冒頭)에서 이렇게 거대(巨大)한 순간(瞬間)에 기술(技術)이 도제 문제(問題)가 아니라고 하였으길 그것은 기술(技術)만을 위주(爲主)하는 목세공(木細工) 시인(詩人)들더러 들으라고 한 말이다. 본연(本然)한 것이 들어낫슴에 그것이 필요(必要)하는 모든 속성(屬性)이 갖추어져 있지 않을 리(理) 만무(萬無)한 것이다. 그 예(例)로 금년도(今年度)의 가장 우수(優秀)한 수확(收穫)인 『새벽길』[47]을 보라. 이것이 그냥 의식(意識) 경험(經驗) 투지(鬪志)만 가지고 되었겠는가. 『새벽길』은 백 줄을 열 줄로 열 줄을 한 줄로 주리를 틀다싶이 기름을 짠 시(詩)다. 짜기만 할 것이 능(能)이 아니다. 가끔 하늘과 땅 사이에 모든 삼라만상(森羅萬象)을 걷어치워 버리고 다만 한 개 나는 독수리의 눈갈로써 천지모반(天地謀叛) 사이에 여유(餘裕) 작혼(渾)한 것이 있다.

백도(百度)로 단련(鍊)하여서 끄집어내는 명도(名刀) 진실로 천(千) 마리 소를 풀었건만 그 칼이 금방 싯돌[48]을 떠난 것 같은 기술(技術)을 최석두(崔

---

46 『가족(家族)』: 1947년 백우사에서 발간된 김상훈의 서사시집.
47 『새벽길』: 1948년 조선사에서 발간된 최석두의 시집.
48 싯돌: '숫돌'의 방언. 칼이나 낫 따위의 연장을 갈아 날을 세우는 데 쓰는 돌.

石斗)⁴⁹에게서 본다. 최석두(崔石斗) 이외(以外)에도 벌써 그들의 칼이 "심줄을 건드리지 않겠거늘 큰 뼈다구야 더 할 말이" 있을 수 없는 경지(境地)에 이른 무수(無數)한 시인(詩人)들이 있을 것을 안다. 다만 들어나지 않는 것은 이곳에 구름이 너무 두터운 까닭뿐이다. (끝)

---

49 최석두(崔石斗, 1917~1951): 해방 이후 광주·전남 지역 좌익문학단체의 일원으로 활동했다. 1949년 검거되어 복역하다가 한국전쟁 이후 석방되었으나 1951년 10월 평양에서 미군 폭격으로 사망했다. 최석두에 대해서는 이상숙, 「해방기 시인 최석두론: 신념의 시, 행동하는 시인」, 『비교한국학』 25(2017) 참조.

「나의 시」(1), 『조선중앙일보』 1949.1.29.

진리(眞理)[50]

바늘 끝 차거운 별이 총총 가시 같은 밤에

또 총(銃) 소리가 들린다
낙산(山) 바위 같은 심장(心臟)이
또 하나 깨어젓다.

민주주의자(民主主義者)의 유언(遺言)은
총(銃) 소리뿐이다.
총(銃) 소리를 들은
모든 민주주의자(民主主義者者)가
조용히 이를 깨문다.

그러자
또 총(銃) 소리가 들린다.

진리(眞理)는 이렇게
천(千)착만공(萬孔)[51]이 되어야 하느냐

---

50 진리(眞理): 설정식의 세 번째 시집 『제신의 분노』(1948)에 수록된 시이다.
51 천(千)착만공(萬孔): 천창만공(千瘡萬孔). 온갖 폐단으로 엉망진창이 된 것을 말한다.

아 정말 神(신)이래도 있으면 좋겟다
우리 便(편)인 神(신)이—.

『제신(諸神)의 분노(憤怒)』 제이편(第二編)에서 나는 내가 시(詩)를 제작(製作)하는 데 대(對)한 이야기를 대강 하였다.[52] 시방 그 이상(以上) 더 보태서 하고 십흔 말이 없다. 다만 어쩔 수 없어서 시(詩)를 쓰고야 백인다고나 할까? 그것도 주제넘은 말이다. 이렇게 뻐근하게 좋은 때를 맞낫건만 실상은 때로 슬프고 고독(孤獨)하고 그러나 역시 무시(無時)로 분(憤)하고 원통하고 기가 맥히는 때문이라고 하는 것이 차라리 옳겠다. 이 이상(以上) 또 무슨 까닭이 있어서 나는 시(詩)를 쓰는 게라고 할 것인가?

이런 글을 쓰고 있는 찰나(刹那)에도 또 시(詩)가 하나 생길 것 같으다. 분(憤)하고 원통하고 기가 맥히다고 생각하고 보니 천사●만(千事●萬) ●● 이 갑자기 내 시(詩)에 알맞은 반죽 같으다.

이러함으로 시(詩)는 사실 내 밖에 있다. 반죽까지 다 된 것을 비저내기야 무에 그리 어려울 것이 있겠는가?

그러므로 나는 ●●●●에 종사(從事)하고 있는 데 끄친다.

시(詩)를 잠칭(僭稱)하여 자화상(自畫像)을 그릴 요량이 없어지이다. '작(作)용자(者)'는 뒤가 없으랫는데 정월(正月) 보름 '쥐기' 꼴이나 못지않게 보기 싫다.

파리(巴里) 사람이 그새 먹은 능금 수효(數爻)와 세잔느[53]가 그린 능금 수

---

[52] 『제신의 분노』에 실린 「FRAGMENTS」에는 설정식의 시 인식과 시 쓰기에 대한 단상들이 담겨 있다. 설정식은 여기서 시의 자율성, 시 쓰기에서의 체험과 상상의 관계 등을 밝히는데, '사실의 투영을 그려서 사실에 필적케 하려는 것'이 자신의 시작(詩作) 의도라 쓰고 있다.

[53] 세잔느: 폴 세잔(Paul Cézanne, 1839~1906). 프랑스의 화가로 처음에는 인상파에 속해 있었으나

효(數爻)와 어느 것이 많을까? 하여간(向如間) 책상(冊床) 우에 놓인 능금이 떠러질 듯 떠러질 듯이 그려진 그림으로 시(詩)가 가기까지 대리석(大理石) 속에서 육체(肉體)를 끄집어 낸 것 같은 그 조각가(彫刻家)의 제작(製作)에 가차이 갈 때까지 시(詩) 제작(製作)은 또한 부단(不斷)한 노공(勞工)이어야만 되겠다.

없는 천재(天才)를 어찌 기다리리. 다만 정밀(精密)하고 ●●한 이 거창(巨創)한 세대(世代) 암반(巖盤) 앞에 한 숙련공(熟練工)이 되어 보자.

손바닥에 시(詩)의 콩이 생겨야 되겠다. 그러기 위하여 위선 친구(親舊) 권고(勸告)대로 ●●방식(●●房式) 한시(漢詩) 섭렵(涉獵)을 그만두고 뿌라우닝[54]이라는 둥 쉑쓰피어[55]라는 둥 하는 버릇을 버리고 양말붙어 버서 보자. 신경질(神經質)인 내 살덩이가 영하(零下) 몃 도(度)까지 견디는가 좀 보게―.

그러나 시(詩)가 어디 견디기만 위하고 쓰고 짜고 아프기만 위하여 있었던가?

원래야 노래하고 흐느끼고 여쩌워하고 기뻐서 눈물을 흘리기 위하여 있었고 칭송(稱頌)하고 영광(榮光)을 돌리기 위(爲)하여 있어 오기를 오림뽀쓰 구릉(丘陵)에서붙어 아니 그때의 융적지지(戎狄之地)[56] 마게도니아에서

뒤에 자연의 대상을 기하학적 형태로 환원하는 독자적인 화풍을 개척해 입체파에 큰 영향을 주었다. 평생 사과를 그렸다.
54 뿌라우닝: 로버트 브라우닝(Robert Browning, 1812~1889). 영국 빅토리아시대를 대표하는 시인으로서, 광범위하게 제재를 구하고 강건하고 활달한 시풍을 보였다. 작품에 무운시(無韻詩)『반지와 책』이 있다.
55 쉑쓰피어: 윌리엄 셰익스피어(William Shakespeare, 1564~1616). 영국이 낳은 세계 최고의 극작가로, 『햄릿』, 『오셀로』, 『리어왕』, 『맥베스』 등의 4대 비극을 비롯한 희곡, 시집, 소네트집을 남겼다.
56 융적지지(戎狄之地): 오랑캐의 땅.

붙어 델모피레의 옥문관(玉門關)을 건너올 때붙어 아닌가?

 그러면 나는 언제나 그 즐겁고 또 젓퉁같이 벌거버슨 시(詩)를 쏘다 놓아 볼 수 있을가?

 기다리자. 공장(工場)에서 대량(大量) 생산(生産)이 쏘다지고 개혁(改革)이 끝난 흙에서 삼모작(三毛作)의 기적(奇蹟)이 또한 평범(平凡)한 사실(事實)에 불과(不過)하게 될 날을 기다리자.

 기다리면서 기다리는 동안에는 기다리는 시(詩)를 제작(製作)하기로 하자.

J기자, 「최정희, 허준, 설정식, 임학수 문학 방담의 기」,[57] 『민성』 4-2, 1948.2.[58]

함박눈이 나리는 것이 보이는 창을 가진 방안이다. 담배가 있고 술이 있고 청춘(靑春)이 있고 노스탈지―와 안타까움이 있다. 그리고 처다볼 양이면 담배 연기와 로망스가 히끗히끗한 눈과 어울려 산화(散華)한다. 훈훈한 애트모스피어와 슬며시 욱어지는 몽롱한 취기(醉氣)여 알콜은 좋을지어다.

소크라테스와 같은 이마를 가진 설정식(薛貞植)이 있고 지―드[59]인 양 허준(許俊)[60]이며 덕소의 거름 내음새 구수하게 배인 최정희(崔貞熙)의 저고리 끝동이 팔낙여 임학수(林學洙)[61]의 취기(醉氣) 스스로 무르녹는다. 술을 먹고 아이와 같이 취(醉)할 수 있는 이들의 아름다움. 시(詩)는 좋을진저 문학(文學)은 좋을진저. 왜 우리는 김장 걱정을 해야 되느뇨? 생활(生活)이란 여인(女人)에게 더한층 절실(切實)하다. 의당 김장 이야기는 덕소의 주민(住

---

57 발표 당시의 제목은 「崔貞姬, 許俊, 薛貞植, 林學洙 文學 放談의 記」인데, 여기서 崔貞姬는 崔貞熙의 오식이다. 이하 본문에서 崔貞姬로 표기된 것 역시 모두 崔貞熙의 오식이다; 최정희(崔貞熙, 1906~1990): 함경북도 성진에서 출생하여 중앙보육학교를 졸업한 소설가이다. 카프와 관련해 옥고를 치렀으며 대일 협력에 나섰으나 해방 이후 남한의 여성 작가로서 활발한 활동을 펼쳤다.
58 『민성』 4-2 목차에는 제목이 「崔貞熙, 許俊, 薛貞植 文學 放談의 記」 - 一 記者라고 표기되어 있다.
59 지―드: 앙드레 지드(André Gide, 1869~1951). 프랑스의 소설가 겸 평론가로서 1947년 노벨문학상을 수상했다.
60 허준(許俊, 1910~?): 평안북도 용천에서 출생하여 일본 호세이대학을 졸업한 소설가이다. 식민지기에는 심리주의적 경향의 작품을 발표했으며 해방 이후 조선문학가동맹에 가입해 활동하다가 월북했다.
61 임학수(林學洙, 1911~1982): 전라남도 순천에서 출생하여 경성제국대학을 졸업한 시인이자 번역가이다. 해방 이후 조선문학가동맹에 가담했으며 납북 후 영문학자이자 번역가로 활동했다.

民)이 먼저 꺼내야 할 노릇.

허(許)	나도 『서울신문』에 「김장 이야기」란 콩트를 쓴 일이 있는데.
최정희(崔貞姬)	그럼 김장은 허셨구만?
허(許)	허긴 했지만 콩트엔 허지 않은 걸로 되어 있지오.
설정식(薛貞植)	탈궁(脫窮)을 해야 되여. 탈궁(脫窮)을.
허(許)	헌데 결국(結局) 탈궁(脫窮)은 할려고 한 콩트이였고요.

유연(悠然)한 설정식(薛貞植)의 바스[62]는 술잔 위에 약간(若干)의 파도(波濤)를 일으킨다. 임학수(林學洙) 거사(居士)는 어언간(於焉間)에 홍조(紅潮) 띠운 얼굴을 끄덕인다.

김장과 나무와 아이와 쌀이 엉썩기는 것이 살림이오 그것이 생활이란 말이냐? 가정(家庭)에 있어서의 아이의 존재(存在)를 어떻게 보는가라는 설문(說問)에 어른들은 이렇게 대답(對答)한다.

임(林)	우리는 좀더 어린아이의 교육(敎育)에 힘써야겠는데 먹구 살기에 바뻐서 그럴 여유(餘裕)가 있어야지.
최(崔)	나는 그래도 아이들을 재울 때는 동화(童話)를 들려주곤 합니다.
임(林)	웬 동화(童話)라고 뭐 좋은 게 있어야지.

---

62 바스: 목소리(voice).

설(薛)　　　왜 〈똘똘이의 모험〉[63]이 있잖소?

(일동(一同) 소(笑))
설정식(薛貞植)의 바스는 언제나 이런 때에 터져 나온다.

설(薛)　　　산(山)토끼처럼 길러요. 산(山)토끼처럼. 〈똘똘이의 모험〉이구, 춘향전(春香傳)이구 간에 무엇을 읽든 내버려둬.

이런 생각(生覺)은 아마 쟝 쟈크 루쏘[64]란 야인(野人)도 하였던 것 같이 기억(記憶)된다.

술병이 비었다. 술병은 술병을 부른다. 그동안에 저깔은 탕수육 접시에 해삼탕(海蔘湯) 접시에 범람(汎濫)한다. 먹는 것을 나무랠 용기(勇氣)를 가진 깐듸[65]가 있거든 나타나라.

시(詩)라는 줄기찬 낭만(浪漫)과 편집(編輯)이라는 호구지책(糊口之策)을 가져야만 하는 이의 괴로움이여! 그는 싫여도 화제(話題)를 꺼내야만 한다.

임(林)　　　해방(解放) 전(前)의 문학과 해방(解放) 후(後)의 문학(文學)

63　〈똘똘이의 모험〉: 1946년 개봉한 이규한 감독의 영화. 국민학생 똘똘이와 그의 친구가 모리배를 응징하는 데 기여한다는 내용이다.
64　쟝 쟈크 루쏘: 장-자크 루소(Jean-Jacques Rousseau, 1712~1778). 프랑스의 철학자 겸 교육자로서 『에밀』(1762)에서 어린이가 자기감정에 충실하게 자연스럽게 성장해야 한다고 주장했다.
65　인도의 민족운동 지도자 간디(Mahatma Gandhi, 1869~1948)가 실천한 금욕 혹은 극기와 대별되는 문인들의 왕성한 식욕을 표현한 것이다.

허(許)	을 비(比)하여 볼 때 어떤 감(感)이 나오?
허(許)	물론(勿論) 해방(解放) 후(後)의 것이 좋지요. 기술적(技術的)으론 생각(生角)할 점(點)도 있겠으나 정신(精神)이 들어 있으니까.
임(林)	질(質)로 봐서?
허(許)	질(質)로만이라는 것도 아니고…….
임(林)	전체적(全體的)으로 봐서, 해방(解放)의 흥분(興奮)이 아직 좀더 정리(整理)되여야 해.
허(許)	그렇지오. 헌데 '구슬이 서 말이라도, 끼지 않으면 소용이 없다'드시 내용(內容)과 형식(形式)이 일치(一致)되여 한 개 꿰인 구슬이 되어 있느냐 없느냐가 문제(問題)인데……. 해방(解放) 전(前) 것엔 무엇보다도 옹구른 구슬부터가 있었다 할 수 없었으나, 해방(解放) 후(後)의 것은 기술적(技術的) 문제(問題)는 고만두고 우선(于先), 그 구슬을 갖고 있다는 것만은 사실(事實)이지요.
설(薛)	훨신 나졌다고 봅니다. 해방(解放) 후(後)에 우리는 감정(感情)의 큰 공동체(共同體)를 발견(發見)하였다. 쥬―르 로맹[66]의 '우리가 전체(全體)로서 어떻게 생각(生角)하고, 어떻게 활동(活動)하느냐'란 이러한 음계(音系)를 우리가 타고 있다는 것만으로도, 백보(百步)의 진전(進展)이라고 볼 수 있다.

---

[66] 쥬―르 로맹: 쥘 로맹(Jules Romains, 1885~1972). 프랑스의 시인, 소설가, 극작가로서 일체주의(Unanimisme)라는 문학 이론을 제창했다.

최(崔)	나는 시골 살기 때문에 많이 읽질 못해서 모르나 좋은 작품(作品)이 없읍디다. 그러나『문학비판(文學批判)』에 실린 손소희(孫素熙)67의「그 전날」은 참 좋드군요?
설(薛)	어떤 점(點)이 좋소?
최(崔)	주제(主題)와 형식(形式)을 어느 정도(程度) 끌어나가며 살렸다고 봅니다.
설(薛)	지하련(池河蓮)68의「도정(道程)」보다 나어요?
최(崔)	지(池)에 대(對)한 선입관념(先入觀念)과 신인(新人)에 대(對)한 기대(期待)가 컷기 때문인지 모르나 아무튼 과거(過去)의 여류작가(女流作家)에 비(比)하여 손소희(孫素熙)의 실력(實力)에 든든한 감을 느꼈습니다.
임(林)	나도『민성(民聲)』에 실렸든 것을 읽었어.

 네카치─푸를 씨우면 카추─샤와 같을상싶은 손소희(孫素熙)여, 선배(先輩) 최정희(崔貞熙) 여사(女史)의 기대(期待)를 어기지 말라.
 해방(解放) 후(後)에 나온 작품(作品) 중(中) 기억(記憶)에 남는 것을 말한다. 최태응(崔泰應)69이 튀여나오고「광화문(光化門) 네거리에 서서」가 튀

---

67 손소희(孫素熙, 1917~1986): 함경북도 경성 출생으로 일본 니혼대학에서 수학한 소설가이다.「그 전날」은 해방 전날 참회하는 조선인 경부를 통해 '조국'의 발견이라는 테마를 다룬 소설로서,『문학비판』이 아니라『문학비평(文學批評)』(1947.6)에 수록되었다.
68 지하련(池河蓮, 1912~?): 경상남도 거창 출생으로 1940년「결별(訣別)」로 등단한 소설가이다. 해방 이후 조선문학가동맹에 가담했으며 월북했다.「도정(道程)」(1946)은 해방 이후 지식인의 자기비판과 재출발을 다룬 소설로서 조선문학가동맹의 제1회 조선문학상을 수상했다.
69 최태응(崔泰應, 1917~1998): 황해도 은율 출생으로 일본 니혼대학 문과를 수료한 소설가이다. 1940년『문장』의 추천 제도를 통해 등단했으며 해방 이후에는 정치 현실을 작품의 주요 소재로 다루었다.

여나오고, 회남(懷南)⁷⁰의 「폭풍(暴風)의 역사(歷史)」가 튀여나온다. 선택(選擇)은 자유(自由)다. 다만 선택(選擇)의 규범(規範)을 어데다 두느냐가 문제(問題)다. 그러나 회남(懷南)의 「폭풍(暴風)의 역사(歷史)」는 다수결(多數決)로 한다면 여기서 뽑히게 된다. 「폭풍(暴風)의 역사(歷史)」를 쓴 회남(懷南)을 평(評)하였던 허준(許俊)도, 이의(異義) 없다. 「폭풍(暴風)의 역사(歷史)」는 회남(懷南)의 사소설(私小說)로부터의 결별(訣別)의 전주곡(前奏曲)이라고. 「낙타(駱駝)」⁷¹에서 자기(自己) 전환(轉換)을 꾀하였는 듯싶던 회남(懷南) 씨(氏)여. 계속(繼續)해 써 줍소서.

눈은 여전히 나린다. 백알이 불붙는 술이라는 것은 그가 우리의 남녀(男女) 문인(文人)들을 이같이 짧은 기간(其間)에 사로잡었다는 것으로 증명(證明)될 것인가? 그렇지 않으면 그들은 물을 먹어도 (醉)할 수 있는 다감(多感)한 문인(文人)이기 때문인가?

  술은 사람으로 하여금 말을 시킨다. 노래도 시킨다.

  소크라테스와 같던 설정식(薛貞植)이 포―ㄹ 베르레―느⁷²와 같어졌다. 시(詩)를 읊는다. 최정희(崔貞姬)의 감탄(感歎)하는 표정(表情)이 취기(醉氣)와 호응(呼應)한다.

시인(詩人) 임학수(林學洙)는 또다시 편집(編輯)쟁이로 돌아가야만 한다.

---

70 회남(懷南): 안회남(安懷南, 1910~?). 서울 출생으로 휘문고보를 졸업한 소설가이다. 해방 전에는 신변소설을 썼으나 해방 이후 조선문학가동맹에 가입해 활동했다. 「폭풍의 역사」(『문학평론』, 1947.4)는 3·1운동과 해방 이후 삼일절에 일어난 투쟁을 대비해 묘사하며 현실의 방향성을 제시한 소설이다.
71 「낙타(駱駝)」: 『신천지』(1947.7)에 수록된 안회남의 소설로 주인공의 심리 묘사에 중점을 두고 있다.
72 포―ㄹ 베르레―느: 폴 베를렌(Paul-Marie Verlaine, 1844~1896). 프랑스 상징파의 시인.

임(林)	조선문학(朝鮮文學)의 수준(水準)은 어느 정도(程度)일까?
설(薛)	좋습넨다. 뉘께 질 게 없읍넨다. 더욱이 시(詩)는 그렇고…….
임(林)	그래. 소설(小說)보다는……. 아마 시(詩)는 수준(水準)이 괜찮겠지.

두 시인(詩人)의 자찬(自讚)에 최정희(崔貞姫) 여사(女史)는 샐주룩해질 것이로되 백알이 만류(挽留)한다.

임(林)	허(許) 형(兄)은 어떻게 생각(生角)하시오.
허(許)	시(詩)나 소설(小說)이냐를 불문(不問)하고, 우리가 하고 싶은 노래와 하고 싶은 말을 다 하게 된다면 해방(解放) 후(後)에 발표(發表)된 작품(作品)의 질(質)도 훨신 나었을 것이고, 또 그렇게 된다면 조선(朝鮮)의 소설(小說)도 세계소설(世界小說)에 쉽게 딸어갈 희망(希望)이 생길 것입니다.
최정희(崔貞姫)	나는 별로 소설(小說)에 쓰고 싶은 것을 못 쓴 경험(經驗)이 없는걸요.

말이 통(通)치 않는다. 조선 말이 통(通)치 않는다. 우리들이 아버지하고 말이 통(通)치 않을 때 느끼는 안타까움과 화. 그와 똑같은 것이다. 혈연(血緣)이란 어느 때엔 혈연(血緣) 이외(以外)의 것보다, 불리(不利)한 조건(條件)이 될 수 있는 것. 설정식(薛貞植)의 얼굴에, 허준(許俊)의 얼굴에 우울이 스친다. 그러나 다행(多幸)일진저. 시인(詩人)과 소설가(小說家)는 낙관론자(樂觀論者)이다. 좌담회(座談會)에서의 토의(討議) 사항(事項) 이외(以外)의 설

복(說服)이 나온다.

문학가동맹(文學家同盟)[73] 이야기와 문학(文學)의 순수성(純粹性) 이야기가 맏부드친다.

최(崔)   나는 문학가동맹(文學家同盟)이란 작가(作家)들의 집단(集團)이 정치(政治)의 도구화(道具化)한 것이 싫다. 왜 작가(作家)란 예술가(藝術家)들이 자기(自己)네들의 고고(孤高)한 성루(城壘)를 지키지 못하고 정치(政治)에 아부(阿附)하겠오. '인민(人民)'이란 말과 '무엇 만세(萬歲)'만 불르면, 곳 작품(作品)이 될 수 있는 것 같은 큰 착각(錯覺)을 갖고 있는 그들을 생각(生角)할 때 딱하기 짝이 없읍니다. 더욱이 내가 잘 아는, 상허(尙虛)[74] 같은 분이 그렇게 일조(一朝)에 변(變)하는 것을 보곤, 고만 아연(啞然)할 뿐이외다.

설(薛)   아 딱한 소리. 당신은 조선(朝鮮)의 현실(現實)을 호흡(呼吸)치 않고 있오. 당신은 문학(文學)을 무슨 옥관자처럼 높은 곳에 모셔두고, 우러러보고 있읍니다. 문학(文學)이란 그렇게 고귀(高貴)한 게 안입니다. 흙 내음새와 같은 것 식욕(食慾)과 같은 것이오. 우리는 이와 같은 시절(時節)에 혼자 고

---

[73] 문학가동맹(文學家同盟): 조선문학가동맹을 가리킴.
[74] 상허(尙虛): 이태준(李泰俊, 1904~?). 강원도 철원 출생으로 일본 조치대학을 중퇴한 소설가이다. 구인회 동인으로 참여했으며 단편소설의 완성자로 불렸다. 해방 이후 조선문학가동맹 부위원장으로 활동했으며 1946년경 월북했다.

	고(孤高)히 '오—달이여', '오—아름다운 꽃이여'만, 주라[75]처럼 불고 있을 염치가 없오. 결국(結局)은 염치 문제입니다.
최(崔)	네, 나도 그이들이 나쁜 사람들이라는 것은 아닙니다. 다만 그들이 너무 정치(政治)에…….
설(薛)	염치 문제야요. 염치 문제. 그렇지 않으면 역사(歷史)의 운행(運行)에 맹목(盲目)인 것이고. 이 세상 사람들 중의 반(半) 이상(以上)이 장님일 때는 낮도 컴컴해져야 된다는 말인가. 아집(我執)을 가진 사람은 참사람이 될 수 없으며, 역사(歷史) 법칙(法則)에 맹목(盲目)인 작가(作家)는 작가(作家)로서 낙제(落第)일뿐더러 인간(人間)으로서 인간(人間) 이하(以下)이다. 모름지기 작가(作家)의 감각(感覺)은 여름에 가을을 느끼고, 봄에 겨울을 느끼어야 하는 것이어늘……. 잘 이길 줄 아는 사람은 잘 진다. 잘 지는 것이 잘 이기는 것의 전제(前提)다. 감정(感情)으로서 지성(知性)을 잃게 하지 말지어다.

최정희(崔貞姬) 여사(女史)는 취(醉)했다. 백알에 취(醉)하고 설정식(薛貞植)의 낭만(浪漫)에 취(醉)했다.

허준(許俊)도 취(醉)했다. 우리의 시인(詩人) 임학수(林學洙)도 취(醉)했다. 좌담회(座談會)에선 술이 제일(第一) 나중에 나올 것이란 조항(條項)이 편집자(編輯者) 수첩(手帖)에 반드시 기록(記錄)되어야 할 것인가.

술 취(醉)한 베르레—느 설정식(薛貞植)의 화제(話題)는 무궁무진(無窮無

---

[75] 주라: 붉은 칠을 한 소라 껍데기로 만든 대각(大角).

盡)하다. 오스카―와일드[76]가 나오고 『바람과 같이 사라지다』[77]가 나오고 불란서(佛蘭西) 말이 나오고 중국(中國) 말이 나온다. 쓸어져 코를 곤다.

임(林)　　　허 허. 이거 글렀군.

방안이 어두어진다. 창(窓)밖에 나리는 눈은, 석양(夕陽) 때의 서글픔을 북돋아주는 듯. 전기(電氣) 불이 들어왔다. 이곳 요리집의 지금으로부터의 차지는 모리(謀利)꾼의 것이다. 밖앝 복도를 비단 스치는 소리가 지나간다. 기생(妓生) 아씨의 출동(出動)인가.

허(許)　　　여보 일어나오!

이윽고 설정식(薛貞植)의 바스가 터저 나온다. 최정희(崔貞姬)의 화창(話唱). 뽀―이들의 경원(敬遠)하는 눈초리를 등뒤에 받으며 우리는 눈 오는 거리로 나온다.

　　(네 분 시인(詩人) 소설가(小說家)가 마침 사무실(事務室)에 모여 점심(點心) 먹으러 나가는 걸 보고 슬적 따라가 이야기를 식힌 것. 네 분의 관서(寬恕)[78]를 빈다. 기자(記者) 올림.)

76　오스카―와일드: 오스카 와일드(Oscar Wilde, 1854~1900). 아일랜드 출신 시인, 소설가이자 극작가로 유미주의의 대표적인 인물이다.
77　『바람과 같이 사라지다』: 미국의 여성 작가 마거릿 미첼(Margaret Mitchel, 1900~1949)의 장편소설 『Gone with the Wind』(1936). 1939년 이 소설을 원작으로 하는 동명의 영화가 개봉되었다.
78　관서(寬恕): 죄나 허물을 너그럽게 용서함.

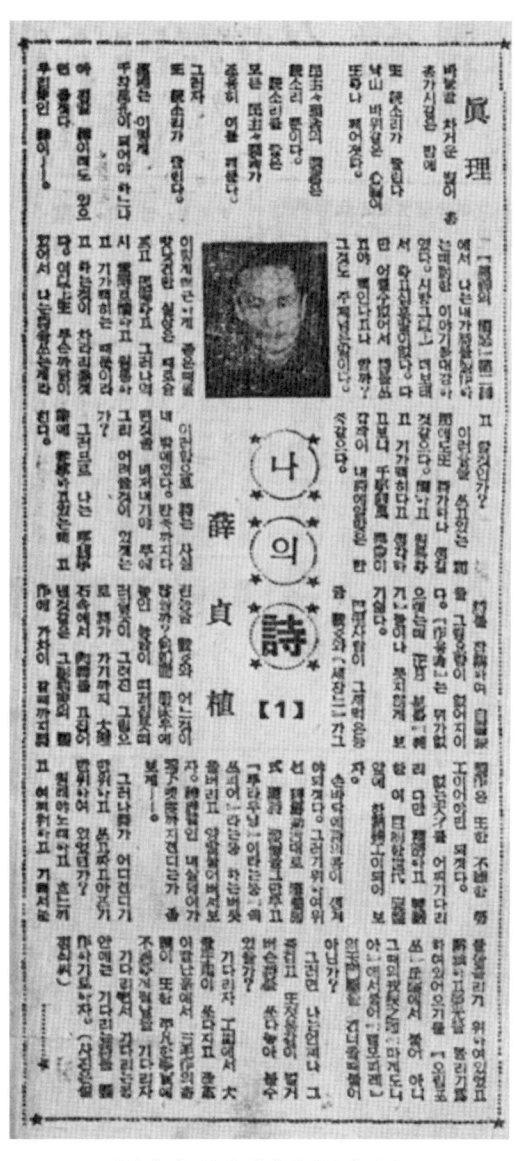

「나의 시」(1)에 실린 설정식의 사진

제3부

단편소설

「오한」, 『민성』 3-4,
1947. 5.

렉싱톤 가(街)[1]에 있는 미스터 정(鄭) 직업소개소에 네 번째 갔던 날, 겨우 내 차례가 돌아왔다.

수입이 제일 좋고, 편하기도 하지마는 그래도 쿡 노릇만은 못하겠다고 한 조건 때문에 항상 나는 일자리 얻을 기회를 놓쳐 왔던 것이다. 미국인들이 동양 사람을 구하는 것은 대개 헐값으로 쓸 수 있는 쿡이 필요할 때였다.

동경서 삼 년이나 자취(自炊) 생활을 한 나라 요리법 한 권만 읽으면 도마도는 뜨거운 물에 슬쩍 한번 넣었다 내는 것이라는 것쯤은 앉은자리에서 습득할 수 있는 것이요, 또 비프데키라도 그야 남 못잖게 요리할 자신은 있었지만 아무리 생각해도 내 손에 식도(食刀)를 든다는 일, 더군다나 내 손으로 만든 음식이 저 미국 사람들 입에 들어갈 것이라는 것을 생각하면 소름조차 끼쳤다. 무어 꼭 내가 군자불음도천지수(君子不飮盜泉之水)[2] 따위 동양적 오만을 고집해서가 아니라 비록 육체의 힘은 팔더라도 정신적으로까지 아주 누추해지고는 싶지 않았던 까닭인지, 하여간 나는 아예 요리 제법을 읽지도 않아 왔다.

"미스터 박, 이리 나오시디오."

하고, 목사 퇴물인 정 씨가 성경조(聖經調)로 나를 불렀다. 간사리를 막은 옆 엣방에서 역시 일자리 구하러 온 사람들이 장기(將棋)를 두고 있는 것을 구

---

1 렉싱톤 가: 뉴욕 맨해튼을 남북으로 종단하는 대로(Lexington Avenue).
2 군자불음도천지수(君子不飮盜泉之水): 아무리 어려워도 불의하거나 잘못된 길로 가지 않는다는 뜻.

경하고 있던 나는 선을 보이기 위하여 정 씨 방으로 들어섰다.

"미스터 박한테 적당한 일자리, 아마 이 부인 말을 들으면 될 것 같습니다."

정 씨는 이렇게 알삽한 전제를 하여 놓고 한 사십 되어 보이는 뚱뚱한 여자에게 나를 소개한다.

스툴에 앉아 있는 미스 베커라는 여자에게로 한발 나서면서 나는 각근하게[3] 통성명을 하였다. 그는 뉴욕에서 한 오십 마일 되는 리치필드에 있는 체홉[4] 연극사숙(演劇私塾)에 주방(廚房) 감독으로 있다는 것이다. '또 쿡을 구하는 게로구나.' 하고 흥겨웁지 못한 생각을 하면서도 나는 체홉이라는 말에는 약간의 호기심을 가졌다.

"체홉이라니오. 저 로서아 체홉—?"

하고, 원래 능통치 못한 영어라 말을 다 어물구지 못하고 섰는데,

"그렇습니다. 체홉이란 이름을 대체 어떻게 아십니까."

하고 뚱뚱한 베커 양은 내 약간한 지식에 탄복하는 것이길래,

"체홉이 유명허니까 나두 압니다."

하고, 나는 웃으면서 새물거리는[5] 그의 회색 눈동자를 들여다보았다.

"그렇습니다. 그 유명한 안톤 체홉의 조카 미카엘 체홉[6] 씨가—이 양반도 유명하답니다. 아세요?— 주재하는 스튜디오지요."

---

3 각근하게: 조심히.
4 체홉: 체호프(Anton Pavlovich Chekhov, 1860~1904). 19세기 말 러시아 사실주의를 대표하는 소설가 겸 극작가이다.
5 새물거리는: 입술을 약간 샐그러뜨리며 소리 없이 자꾸 웃는.
6 미카엘 체홉: 미하일 체호프(Michael Chekhov, 1891~1955). 러시아 작가 안톤 체호프의 조카. 20세기 최고의 연기 지도자로 꼽히며 할리우드의 유명 영화배우들을 지도했다.

하고, 설명하다가 이렇게 환담을 할 자리가 아니라는[7]

"그런데, 미스터 박은 무슨 일을 할 줄 아십니까. 요리할 줄 아십니까. 쿡이 하나 있기는 한데 조수가 한 사람 필요하답니다."

하고, 내 당혹한 표정을 살핀다. '체홉의 조카―. 연극단―.' 내 호기심은 차차 제멋대로 커져서 커다란 흥미로 변하였다. 체홉의 매력이 크기는 하지마는 아무리 생각해도 부엌에 내려가서 감자 껍질을 벗길 생각은 나지 않았다.

"요리는 잘할 줄 모릅니다."

하고, 나는 버티었다.

"잘할 줄 모르는 건 괜찮습니다. 그래 달걀 삶을 줄도 모르십니까?"

하고, 베커 양은 따진다.

"모릅니다."

하고, 나는 딱 거절하였다.

무엇을 생각하는지 베커 양의 회색 눈동자는 다시 새물거렸다. 정 씨는 공책 위에서 연필을 만지럭거리면서 하회를 기다렸다.

"그 대신, 미스 베커, 아무 일이래두 하겠습니다. 나무두 패구 물두 긷구 풀두 뽑구 소제두 허구 그리구―."

하고 나는 늘어놓아 보았다.

"그리구?"

하고 베커 양은 차차 웃기 시작한다. 나는 한참 머뭇거리다가,

"모르겠습니다."

하고 나는 내 자신을 그만 포기하고 말았다. 내 주춤하는 정신적 동요를 간파하고 동정하는 의미인지 몰라도 하여간 베커 양은 얼굴에서 농담에 가까

---

[7] 이하 원문 1행 확인 불가.

운 웃음을 가새버리고 무릎을 살짝 친다.

"갑시다."

하고, 그는 큰마음 먹은 사람같이 선뜻 일어서서 내 강파린 손을 청하면서

"갑시다. 사실인즉 소제부도 한 사람 필요하니까."

하고, 내 손가락을 틀어쥐었다.

나는 미국에서 느낄 수 있는 또 하나의 불유쾌한 감정을 손바닥을 통하여 절실히 느끼기는 하였으나 체홉 극단을 황홀하게 상상하고 또 일자리를 얻었다는 유쾌한 안도감을 가지고 두꺼비 같은 베커 양의 손을 우정[8] 커다랗게 흔들었다.

유월 하순인데도 벽돌의 협곡(峽谷) 뉴욕 거리의 더위는 고향 삼복 계간 같았다.

이 아파트 안에서도 제일 꼭대기 오층 변소 옆엣칸인 내 방은 워낙 좁은지라 창을 열어 놓아도 가슴이 답답하도록 더웠다.

일자리도 얻었거니와 하룻밤만 더 자고 나면 이 저주할 뉴욕 아파트 여름살이를 면하게 될 것을 생각하니 더위도 그리 괴로운 것 같지 않았다. 뉴욕 떠나 있을 동안 짐도 좀 맡기고, 또 취직 턱도 낼 겸 하여 나는 옆엣방에 잇는 친구 브라운의 방을 열고 들어갔다. 오후 네 시 반 아직도 한창 이글거리는 햇빛이 서창 카텐을 태우고 있는 역시 좁은 방에 브라운은 눈을 감고 들어누워 있었다.

"땀도 드릴 겸 영화 구경이나 하구 저녁이나 한턱 내렸더니 어째 이렇게 들어누워 있나?"

---

8 우정: 일부러.

하고 나는 물었다.

"오한이 나서—."

하면서 브라운은 몸을 일으켜 침대 모에 비스듬히 앉아 무슨 좋은 일이 있기에 턱을 낼려고 하느냐고 묻는다.

"일자리 하나 얻었네."

"잘됐꾼!"

하고, 브라운은 고개조차 끄덕였다.

"오한이 나거든 더운 모깐이래두 해보지 그래. 그리구 우리 로서아 숲 먹으러 가세."

하고[9] 냉방 장치를 한 영화관에 갈 필요는 없었다. 브라운은 고개를 흔들었다. 그러고 보니 그는 상당히 아픈 것 같았다. 눈이 들어간 것 같고 입술이 초들초들[10]해 보였다.

"오한이 어째 날까. 학질 아닐까?"

하고 나는 물었다.

"글쎄."

하고, 그는 높지노 않은 천성을 쳐다본다.

"그럼 금계랍[11]을 먹든지, 주사를 맞든지 해야 될 거 아닌가."

하고, 나는 의견을 말했다. 그는 고개를 흔들었다.

"너머 뽑아서 그런 거 같애."

"오늘 또 뽑았단 말인가?"

하고, 나는 깜짝 놀랐다. 그는 고개를 끄덕어렸다.

---

9 이하 원문 1행 확인 불가.
10 초들초들: 입술이나 목이 타들어 가는 모양.
11 금계랍(金鷄蠟): 말라리아 치료제인 키니네를 이르는 약.

"그렇게까지 할 거야 뭐 있나?"

하고, 나는 남의 일이지만 저으기 딱하게 생각하였다.

"뽑기 좋아 그러나? 그럴 필요가 있어서 그랬지."

하고, 브라운은 상반신을 푹 끄고 다시 드러누워 눈을 감았다. 그의 커다란 코구멍이 한두 번 벌럭거렸다. 브라운은 자기 피를 뽑아 팔아서 그것으로 생활을 보태는 사람이었다. 나는 그의 자세한 이력을 잘 모른다. 다만 그가 오버린대학[12]에서 철학을 전공하여 학사 학위를 가지고 있다는 것, 직업을 구하다 못해 어린애들 보는 만화 대본(臺本)을 써서 여기저기 투서도 하고 또 이따금씩 시립(市立) 수혈(輸血) 공급소(供給所)에 가서 일이백 그람의 피를 팔아 오륙십 불(弗) 정도의 수입을 만들고 있다는 것뿐이다.

나는 그가 이틀 전에 피를 뽑고 온 것을 알고 있었다. 그것은 부엌에서 달걀 껍질을 여러 개 보았기 때문이다. 피를 뽑고 온 날마다 브라운은 가외로 달걀을 몇 개씩 더 삶아 먹군 하는 것을 나는 잘 안다.

"그럴 필요가 있어서 그랬다니, 무슨 필요였는지 물어도 괜찮은가?"

하고, 나는 그를 동정하여서보다도 내 호기심을 만족시키기 위하여 이렇게 물어보았다.

브라운은 이불을 목 밑에까지 끌어댕겨 덮으면서 눈을 감은 채 약간 쌔근거리는 목소리로,

"입학금과 수업료를 오늘까지 내야 되겠기에 괜찬으려니 하고 이백 그람을 또 뺐더니 아마 그래서 오한이 나는 모양이요."

하고, 대답 겸해 오한에 대한 설명을 한다. 잘 알 수 있는 설명이다.

브라운은 얼마 전에 뉴욕 실무학교(實務學校) 하기(夏期) 강좌(講座) 청

---

[12] 오버린대학: 미국 오하이오주의 사립 대학(Oberlin College).

강을 해야 되겠다는 결심을 한 일이 있었다. 그 이유는 간단하다. 철학 공부를 하고 보니 그걸 가지고는 아무 데라도 일자리는 구할 도리가 없고 만화 대본을 암만 써도 사 주는 출판사가 별로 없으나, 다시 실무학교에 가서 부기(簿記) 같은 것이라도 배워 가지고 은행 같은 데 취직을 할 도리를 생각해야 되겠다는 것이었다. 좀 늦기는 하였지마는 하기 학교는 원래 석 달을 한 학기로 간주해 주는 것이니까 돈벌이가 위주인 학교에서는 수업료만 낸다면 물론 이듬해 정월에 졸업장을 줄 것을 장담할 것이다. 그러니 미스터 브라운도 한겨울만 고생하면 이듬해 봄부터는 남과 같이 러쉬 아워에 제법 가방을 끼고 모 은행에 출근할 수 있을 것도 상상할 수 있다. 물론 이것은 브라운이 눈을 감고 지금 그려 보는 꿈에 지나지 않은 것이지, 이듬해 봄에 가서 은행들이 공황으로 문을 닫으면 이번에는 매찬 삭풍을 안고 미스터 브라운은 다시 중앙 공원 등지를 배회할는지도 모른다.

"그래 수속은 마쳤나?"

하고 나는 물었다. 그는 머리를 끄덕였다.

"하여간 됐으니 반갑네."

"군은 일자리를 얻었나니 기쁘네."

하면서 브라운은 눈을 떴다. 해쓱해진 얼굴에 푸른 기운조차 돌았다. 그러나 그의 안색에는 어딘지 모르게 일종 만족한 기색이 엿보였다. '돈이 생겼고 또 그 돈으로 학교에 가게 되엇다는 만족감일까? 그러니까 오한이 좀 나지만 달걀 몇 개 더 먹으면 괜찮으리라는 생각쯤 하고 있는 것일까?' 괴로워하면서도 만족해하는 표정을 지속하면서 범연하게 드러누워 있는 이 젊은 사람에 대하여 나는 알 수 없는 일종의 경멸감을 가지고 있는 것을 스스로 느꼈다.

그것은 미국에서 느낄 수 있는 또 하나의 불유쾌한 감정이었다.

그러나 또 한편으로는 커다란 바퀴에 깔린 개구리같이도 생각히우는 이 젊은 미국 친구에게 대하여 연민(憐憫)에 가까운 동정도 가질 수 있었다. 그는 다시 눈을 감는다. 저녁 먹으러도 나갈 수 있을 것 같지 않았다.

"한잠 푹 자 보게. 내 잠깐 나갔다가 올 때 장을 봐 가지구 와서 맛있는 저녁을 맨들어줄 테니."

하고, 고맙다는 브라운의 인사를 뒤로 받으면서 나는 일단 그의 방을 나왔다.

앓는 사람에게 짐을 부탁할 수도 없는 터이라 나는 튜렁크와 가방을 내려다가 택시에 싣고 백십륙 번가(番街)에 있는 조선인 교회로 가서 지하실에 맡겼다. 돌아오는 길에 도마도 세 파운드와 달걀 한 상자를 사 가지고 돌아왔다.

지붕 넘어로 해가 지면 곧 어두워지는 부엌이다. 나는 전등을 켜고 위선 물을 끓여서 도마도를 슬쩍 담거 껍질을 벗겨 가지고 모양 좋게 썰어서 한 접시 가득 담았다. 먹으면 당장 피가 될 것같이 빨간 도마도다. 나는 그 위에 마요네즈를 듬뿍 흘려 놓았다. 그리고 달걀 다섯 개를 끓는 물에 넣고 팔뚝시계를 쳐다보며, 나는 이 달걀들이 적당하게 반숙이 될 시간을 기다리면서 내일 리치필드에 가면 무슨 소제를 하게 되는가 겸해 생각해 보고 있었다.

「오한」과 함께 실린 박문원이 그린 삽화.
박문원(朴文遠, 1920~1973)은 소설가 박태원의 동생으로 해방 이후 좌익 문화운동과 미술활동을 펼치다가 한국전쟁기에 월북했다.

「척사제조업자」, 『민성』 4-1, 1948.1.

허드슨 강변[13] 호랜드 수도(隧道)[14]에 들어서자 차는 시속 사십오 마일로 속력을 내었다. 륙상(陸上)보다 좁은 통로라 래왕하는 자동차의 폭주를 막기 위한 규측인 모양이다.

"지금 군함이 이 위로 지나가는지도 모르오."

하고 슈만은 오른쪽 부레익[15]을 빼면서 나를 쳐다본다

동경(東京) 마루비루[16] 어느 큰 건물 홀 속 같은 턴넬 속의 황황한 전등불에 도대체 모든 것이 연극 같은 착각을 이르키고 있다가

"허드슨 강이 그렇게 길소?"

하고 물었다.

"투나[17]도 이따끔 올라온다니까."

슈만은 생물학자니까 나는 그의 말을 믿을 수밖에 없다. 해서 나는

"음―."

하는 인사로 간단하게 감탄하였다.

신형 포―드, 보수적 형(型)인 푸리머즈, 멋쟁이 링컨, 드소트, 카디락, 흔한 쉬보레, 스튜드베커, 이름 모를 쿱, 다시 포―드, 쉬보레가 연달아 우리

---

13 허드슨 강: 미국 뉴욕 주 동부를 흐르는 강(Hudson River).
14 호랜드 수도: 뉴욕과 뉴저지를 잇는 터널(Holland Turnel).
15 부레익: 제동 장치(brake).
16 마루비루: 일본 도쿄 마루노우치(丸の内)에 있는 빌딩(丸ビル).
17 투나: 참치(tuna).

차 옆을 스치고 지나갔다.[18] 뉴욕 쪽에서 뉴저지로 나가는 사람들이다. 꾸준하게 달리는 차들이오 꾸준하게 휙휙 들리는 째즈 음악들이다. 나는 심심파적으로 라디오 스위치를 넣었다.

……내일 아침에 곧 시험해 보시오. 거품 잘 일고 맷끄럽고 향기럽고……

나는 비누 광고 방송을 곧 꺼버리면서

"몇 톤짜리까지 드로오는지 아오?"

하고 슈만에게 물어보았다. 생물학자인 그는 미국 해군력(海軍力)에 대한 소상한 지식이 없었다. 우리는 할 수 없이 다시 투나와 팜드 고래(鯨) 등에 대하야 이야기하다가 허드슨 강 밑을 빠져나왔다.

"고래 뱃속에서 나온 죠나[19]는—."

하고 젊은 조교수는 혼자말로 억양을 달어 가며 흥청거린다.

뉴욕에 다 왔다는 뜻일가?

"다시 불바다(火海)로—."

하고 나도 한번 익살을 부려보았다. 아마 엄청난 뉴욕 시가의 야경에 나는 적지 안이 흥분이 되었던 모양이다. 열 시 십오 분 전—.

수백 리 원주(圓周) 같은 착각을 주는 뉴욕 시가는 불바다였다. 미국 부력(富力)의 반 이상이 뭉쳐 있는 불바다, 처마 끝에 구름이 걸리는 집과 조선 인구의 사분지 일이 살고 있는 불바다, 수십여 이민족이 저마다 다른 방언으로 떠들면서 찾는 삶의 대가(代價)를 작구 높이 부르는 경매장(競賣場), 중천 높이 한 군데로 별이 쓸려 몽인 것 같은 마천루의 등불들이 저렇게 켜

---

18 포드(Ford), 플리머스(Plymouth), 링컨(Lincoln), 드 소토(De Soto), 캐딜락(Cadillac), 시보레(Chevrolet), 스튜드베이커(Studebaker) 등은 자동차 브랜드명이며 쿠페(coupe)는 소형차를 뜻한다.
19 죠나: 성경 요나서에 등장하는 선지자(Jonah). 하나님의 명을 피하다 조난당한 후 거대한 물고기 뱃속에서 사흘을 지냈다.

지기까지는 무수한 현혼(眩昏)이 벽돌을 메어 올리다가 꺼꾸로 떨어져 죽은 차디찬 만힐탄의 바위, 한 평(坪) 흙바닥도 없이 깔려 버린 세멘트의 세계를 방황하는 문필업자(文筆業者)만 육칠만을 헤아린다는 사막(砂漠)―에 나는 내려섰다.

내려선 곳은 브로드웨이 백십육(百十六) 번가 조선 교회당 앞이다.

"시장할텐데 가치 가서 밤참이나 가치 먹고 헤어질가? 집은 찾어 놓았으니 말이지."

하고 슈만은 뭇는다. 나는 고개를 흔들었다.

"갈 길이 멀었는데 어서 가보오."

나는 나를 위하여 오하이오에서부터 우정 먼 길을 돌아온 젊은 학우의 호의를 사양하고 이 여름에 그가 계획한 것을 성취하기를 빌었다. 그는 박사(博士) 학위(學位)를 맏흐러 보스톤대학으로 가는 모교의 조교수(助敎授)였다. 아침에 핏즈벍[20]를 떠날 때에 자기는 뉴헤븐[21]에 가서 자겠다고 하였다. 하기 학교 개학이 임이 늦었으니 한 시간이라도 빨리 보스톤으로 가야 할 것이라는 뜻이였다. 그러므로 나는 밤참을 가치 먹자는 청을 사퇴하였다.

"그럼 성공을 하시오. 뉴욕은 기회(機會)의 도시오. 늦어도 올겨울엔 뉴욕타임쓰 뿍레뷰에서 박두수 이름을 보도록―바루 첫 페지에 커다란 사진과 함께―뭐라구 하나 동양 신진 작가 야심의 역작―하하."

하고 나서 슈만은 차를 돌려 리버사이드(江岸路)로 살어져갔다.

나는 미완성(未完成) 장편소설이 내 딴에는 소중하게 들어 있는 가방과 큰 튜렁크를 끌고 얕은 교회당 칭게로 올가가서 유리 백힌 검은 널문을 두

---

20 핏즈벍: 미국 펜실베이니아주 서남쪽에 있는 도시(Pittsburgh).
21 뉴헤븐: 미국 동북부 코네티컷주에 있는 도시(New Haven).

드렸다.

이 집을 찾어온 까닭은 오덕순(吳德淳) 씨의 처소를 알어보기 위함이었다.

오순덕[22] 씨는 같은 고향 사람이고 나의 삼춘의 친구였다. 뉴욕으로 가거던 찾어보라던 삼춘의 부탁을 기억하고 나는 이 머리 좋고 웅변가고 공부 많이 하였다는 선배를 위선 맞나라고 하였던 것이다. 미국에 온 지 십 년이 넘는다니 나보다 이곳 사정을 잘 알 것이고 박사 학위까지 얻었다니까 학업에 대한 지도라도 받겠다는 것도 있었지만은 위선 빠른 이야기가 뉴욕이 초행인지라 나는 사실 이 사람 이외에는 찾을만한 사람이 없었던 것이 그를 찾어가는 중요한 이유였다.

문을 뚜다려도 아모 대답이 없다. 고리를 틀고 들어서 보니까 어둠침침한 복도가 맞은편 유리창에 막히고 이층에서 불빛이 칭계를 내려 비쳤다. 대답이 없을 수밖에 없었다. 나는 이층으로 올라갔다. 이층에서 다시 삼층으로 돌아지는 데 서서 나는 마른기침을 하였다.

이층에는 방이 셋이 있었으나 어느 또어를 뚜드려야 좋을넌지 몰라 망서리고 있는데 마즘 가운데 방문이 열리면서 나이보다 주름살이 많은 오십객이 얼골을 내밀었다. 아모 말 없는 표정은 나더러 솔선해서 내 정체를 밝명하라는 뜻이기에

"오하이오주에서 공부하는 학생이올시다.[23] 혹시 오덕순 씨가 어디 계신지 아시는지요."

물어보면서 겸해 나는 그대들에게 아닌 밤중에 폐를 끼치랴고 하는 배는 아니라는 뜻을 포함시켰다.

---

22 오순덕: '오덕순'.
23 설정식은 오하이오주 마운트유니언대학을 졸업했다. 소설의 주인공 박두수가 오하이오주의 대학생으로 설정된 것은 작가의 이러한 이력에서 비롯된 것이다.

"압니다."

하고 주인은 대답하고서 계속하야

"그러나 예서 한참 가야 할 겐데 뭣하시면 예서 쉬고 내일 아침에 찾아가시지 먼 길을 오신 모양인데."

하는 것이다. 나는 위선 이 사람이 오덕순 씨를 알고 있는 것이 반가웠다. 그야 물론 잘 수만 있다면 나로서는 사양할 터이 못 되는 것이오, 오늘밤으로 오덕순이라는 이를 찾아갈 필요도 없거니와 얼골도 잘 기억 못 하는 사람을 늦은 밤에 찾아가는 것은 달리 도리가 없으니까 시작한 일이지 사실 염치없는 노릇이었다. 그래서 나는 깊이 사례를 하고 주인의 의견을 딸아 교회당에서 하로밤을 지나기로 하고 인도하는 대로 삼층으로 올라갔다. 교회당은 중국 사람 점포(店鋪) 속 같은 인상을 주는 건물이었다. 어쨌거나 나는 인도하여 주는 비인 방에 들어가서 낮은 뺑크에 들어누어 하로밤을 잘 쉬었다. 아침에 일어나서 생각하니 나는 지난밤에 인도하여 주든 사람과 통성명도 하지 않았다.

무슨 까닭으로 그런 실수를 하였는지 알 수 없었다. 오십객도 내가 다만 조선 사람이라는 것만으로 충분히 하로밤 재워 보낼 수 있는 처지라고 알았든지 어디서 무엇을 하였느냐 성명도 무엇이냐 하고 캐어뭇지 않았다. 필시 나도 이 집은 동포들이 사는 집이니까 새삼스러웁게 체면도 차릴 필요가 없을 게라는 말하자면 무간하고 허물없는 민족 공통의 엉성바지로 일언반사 사교를 각끈히 하지 않었든 것인지도 모른다. 이 교회당에 칩거하는 사람들의 이야기도 쓸 것이 많으나 나는 위선 오덕순 씨를 만나라 가야 되겠기에 여기서는 그만 할애하고 이층 동포가 일러준 동호수를 찾어 역시 미완성 장편소설이 들어 있는 무거운 가방만을 끄을다싶이 들고 브로드웨이 백삼십일(百三十一) 번가 오른편으로 셋재 번 아파트 이층 八호실을 찾아갔다. 가면서 나는 새삼스럽게 오덕순이라는 사람에게 대하여 홍미와 기대를 가졌다. 조도전대학[24] 출신인 그가 머리가 좋고 글 잘 쓰고 또 웅변가라는 것은 내가 동경 가기 전부터 삼촌에게서 들었었지마는 오늘 아침에 교회당 동포에게서 얻은 새로운 지식에 의하면 그는 삼 년 전에 프린스튼대학 신학부에서 박사 학위를 얻었을 뿐만 아니라 이번 봄에는 뉴욕 성경 학교를 또 맞우었고 지금 다시 컬럼비아대학에서 연구하는 한쪽으로 무슨 사업(事業)을 시작할 계획을 세우고 있다는 것이었다.

백삼십일(百三十一) 번가에 집에 들어 오른손 편으로 셋재 번 아파트는 업타운에 흔한 별로 아모런 특색도 없는 사층 집이다. 자동 에레베터를 타고 이층에 올라갔다. 햇빛을 보지 못한 벽에서 나오는 곰팽이 저른 내음새와 펭기[25] 내음새가 코를 찌르는 복도를 두리번거리다가 나는 곳 八호실 앞에 당도하였다.

"디그라즈 S. 오흐 박사."

라고 백인 커다란 명함이 또어에 붙어 있었다. 방 안에서는 붕붕거리는 무슨 기게 돌아가는 소리가 새여 나왔다. 나는 잠시 의아하게 생각하였으나 곳 디그라즈 S. 오흐 박사는 덕순 오 박사임에 틀림없다고 판단하고 녹크하었디.

문이 곳 열리면서 키가 작달만한 중년 신사가 나타났다. 중년 신사―그렇다. 나이는 사십 정도인데 검은 머리를 곱게 빗고 최신형 반테 안경을 썼고 쪽 다린 양복 웃저고리까지 식전붙어 단정하게 입은 오 박사를 그 꼬밀꼬밀 생긴 면모를 자세히 디려다 보지 말고 휙 한번 쳐저복다면 갈 데 없는 YMCA 신사 타입이었다.

---

24 조도전대학: 일본의 와세다대학(早稲田大学).
25 뺑끼: '페인트'의 일본어 표기(ペンキ).

"누구를 찾으십니까."

오 박사에게는 그럴듯한 손님만 찾아오는지 그의 첫인사는 어쩐지 뻔이 알고도 하는 사람들이 흔히 하는 수작 같아서 저윽이 마음속으로 섭섭한 것으로 생각하였으나 내가 자기를 멀리 찾아온 아무개의 족하라는 말을 듯자

"아 이것 참 꿈밖[26]이로구면."

하고 반겨 맞어드리는 것이다. 가방을 디려 놓고 무엇인지 붕붕거리는 조음(操音)이 전신을 가늘게 흔드는 마루 바닥에 서서 나는 다시 한번 오덕순 씨를 음미하여 보았다. 브드러운 눈, 얌전한 입, 그리고 조고만한 흰 손이 역시 영낙없이 착한 조선 사람이어서 그가 만일 머리를 감어 기름을 빼고 안경과 양복을 벗고 허수룩한 입음새라면 "여보, 한잔하러 갑시다."하고 족히 끌고 나갈 만한 동포였다. 그렇게만 채리면 쭉 빼었을 때보다 십 년은 젊어 보일 것이니 아모리 초면이라도 내가 만일 좀 얼근했다면 "여보—."하고 트지 못할 배도 없을 것이다. 도대체 저 사람은 무슨 일로 식전부터 말숙하게 채려입고 있는 것일까.

사업을 경영하고 있다니까 아마 교제를 하여야 될 사람이 이제라도 찾어오기로 되어서 그리는가 보다. 그러나저러나 내가 그의 생활에 대해서 간섭할 권리는 아모것도 없다.

나의 선입주견[27]은 문밖에 붙은 서양식 이름을 보았을 때부터 확호하게 섰기 때문이다. 손가락에 반지를 낀다든가 웃 호주머니에 손수건을 양인들 모양으로 접어 끼는 사람만 보아도 나의 완고한 고집벽은 그들을 경원하여 오는 옹졸한 사람 됨됨인데 하물며 서양식 일흠을 붙이고 다니는 정신적 튀

---

26 꿈밖: 꿈에도 생각 못 함.
27 선입주견: 어떤 대상에 대하여 이미 마음속에 가지고 있는 고정적인 관념이나 관점.

기와 내가 알들이 사괴어서 무엇을 할 것인가. 더군다나 학문의 지도를 그런 사람에게서 받겠다는 흥미는 전혀 없는 터이라 기왕 왔으니 인사나 하고 방이나 하나 알선하여 달라는 정도에 나의 사교를 끝일 량하고 문을 뚜다렸고 뚜다리고 본즉 아니나달을까 역시 미국 유학생 타입인데 게다가 물에 쪽 빨린 새앙쥐 같은 몸맵시라 구수하거나 텁텁한 것이 아니면 백이지 못하는 모주꾼[28]의 내 성미에 오덕순 씨가 내 눈에 맛당하였을 리가 없다. 허나 이제도 말한 것같이 다시 한번 음미하여 보면 역씨 브드럽고 깜아잡잡한 냥반이 무엇이라고 설명은 못하겠으되 족히 모주꾼 내 삼춘의 친구가 될 수도 있는 데가 엿보이기에 나는 부질없는 반발(反撥)을 물려 치우고 그의 응접을 받기로 한 것이다.

오덕순 씨는 붕붕거리는 물건 스위치를 꺼 버리고 앉아서

"그래 삼춘은 지금 뭘 허시는가요."

하고 고향 이야기를 식히는 것이다. 나도 미국 온 지 삼 년이나 되어서 고향 소식은 별로 잘 모른다고 하였으나 그래도 그는 작고 캐어 뭇는 것이다. 고향 생각이 퍽 간절한 모양이다. 나는 대강대강 대답을 하여 가면서 그의 생활을 엿볼 수 있는 방 안에 가장집물을 흘깃흘깃 살펴보았다. 아모리 에아려 보아도 대학을 셋식 넷식 맞운 박사의 방이라고 하기에는 너무도 책이 적고 너무도 이상한 물건이 많었다. 책은 모도 한 오륙십 권 될까. 그중에는 펏트맨의 『요리제법』도 있고 신조사(新潮社)판 『사회사상십륙강(社會思想十六講)』[29]도 끼어 있다. 책상머리 방구석에는 통조림통 같은 것이 수백 개

---

28 모주꾼: 술을 대중없이 마시는 사람을 이르는 말.
29 『사회사상십륙강(社會思想十六講)』: 1915년 12월 일본에서 처음 출간된 『近代思想十六講』(中澤臨川·生田長江 編, 東京: 新潮社)을 가리킨다. 이 책의 서지 사항과 조선에 소개된 맥락에 대해서는 허수, 「1920년대 초 『개벽』 주도층의 근대 사상 소개 양상」, 『역사와현실』 67(2008) 참조.

쌓여 있고, 또 한구석에는 기리가 한 발가량 되고 굵기가 손가락 만한 믿끈한 나무대기가 한아름 되게 묵근 것이 세워 있고 그 옆에는 두터운 상자(箱子) 용지(用紙)가 상당히 쌓여 있는 것인데 나는 이런 것들보다도 그의 책상 우에 널려 있는 톱, 가위, 풀 그릇, 자, 그보다도 방바닥 하나 가득 낭자하게 흩어저 있는 나무대기들이며 톳밥을 몬저 이야기하였어야 될 것이고 그보다도 붕붕거리든 괴상한 물건은 신학(神學) 연구(研究)에 몰두하였었을넌지도 모를 커다란 책상 모에 설치한 一마력(馬力) 정도의 모타의 도라가는 소리었드라는 것과 오덕순 박사는 내가 방문하였을 때에 어떤 종류의 제작에 몰두하고 있드라는 사실을 기록하였어야 할 것이다.

하여간 나는 형편을 대강 짐작하고 나서 위선 인사로

"언제쯤 귀국하시는지오."

하고 물어보았다. 급을부하고 이역에서 형설의 공을 닦은 지도 오래니 손과 머리 부족한 고향에 빨리 도라 안 가느냐 하는 것은 다정한 인사가 되는 동시에 곳 존경의 의사를 포함하는 것이다.

"네, 가야죠. 허나 뭐 좀 시작해 논 일이 있어서요ㅡ. 빈손에 갈 수가 있읍니까?"

하는 오 박사의 뜻은 머리에는 진리가 그득 차 있으나 금상첨화격으로 양손에 갓득 돈을 쥐고 가야 할 것이 아닌가 하는 것이야 물론 아니겠지만은 드른 바로 처자도 있는 분이라니까 긔천간 돈푼이래도 작만하여서 하다못해 아이들 속옷이라도 반반한 것을 사다 주었으면 좋겠다는 경륜쯤으로 나는 리해하고 역시 교회당 동포가 말하든 박사의 사업이라는 것은 지금 여기 방으로 하나 갓득 널려 있는 재료와 불가분의 관계가 있는 것이고 이렇게 사업을 경영할냐니까 대학을 마치고도 또 다른 대학에 수속을 하여 두는 것이고 원래 머리가 좋으니까 쉽사리 졸업도 할 수 있고 학위도 타는 것인가 보다쯤 짐작을 하였다. 학교에 재적을 가지고 있지 않으면 이민법(移民法)에 의하야 동양 사람은 이 미국이라는 나라에 거접[30]을 못하는 것이었다.

좌우간 나는 박사 학위에도 흥미가 없고 일확천금을 기약할 수 있는 사업에도 별반 조예와 관심이 없고 다만 위선 조용한 방이 하나 필요하기에

"이 근처에 방 하나 어들 수 없을까요?"

하고 오 박사에게 물었다.

"아, 흔한 게 방이죠."

하고 그는 자기 있는 옆에 방도 비었으니 같은 값이면 그리로 정하라고 전한다. 취미가 아모리 다르기로니 내가 어찌 선배요, 같은 동포요, 더욱 잡내가 좋아하는 삼촌의 친구의 의사를 거역할 수 있으리며 게으른 나로 보아서는 또 일지부동하고 당장 드러누울 수 있는 방이 바로 옆에 있다는 데 이의가 있을 리치가 없었다. 이렇게 하여 나는 숙소를 정하고 그날은 같이 교회당에 가서 그의 자동차에 나의 튜렁크를 실어다 놓고 같이 자동 식당에 가서 뉴욕 음식을 처음 먹었다. 먹으면서 나는 오 박사에게 실례지만 지금 경영하시는 사업의 종류가 무엇이냐고 물어보았다.

"조신 윷(擲柶)을 개랑해서 세품으로 맨느러 볼랴는 겐데 원 잘되겠는지 모르겠읍니다."

하고 제품에 관한 설명을 하여 주는 것이었다. 나는 더 추궁하여 물어보지 않었다.

그날 밤에 나는 몇일 만에 목욕을 하고 침대에 들어누어 다시 장편소설 구상을 하면서 제발 오 박사의 개량윷이 뉴욕 금융 시장의 힛트가 되기를 진심으로 빌었다.

---

30 거접: 잠시 몸을 의탁하여 거주함.

'황금의 신(神)이여! 오즉하면 우리 지보(至寶) 오덕순 박사가 이렇게 궁상마진 착상을 하게 되었겠소? 당신이 오즉 악독하면 이런 정신계의 불상사(不祥事)가 나고 마는 것일 게요?'

옆에 방에서는 일 마력 모―타가 부단히 돌아가고 있다. 지금도 오 박사는 개량웃 재조에 전신 전혼을 계주하고 있는 것이다. 그러나 웃이라는 것이 내가 알기에는 지묵직한 박달나무 부듯한 쪼각들이 업드러지고 잡바지는 것만으로 만사가 해결되는 것이 아니라, 마치 아취(雅趣) 있는 불란서 신사가 차를 마시듯이 물을 끌이고 접시를 아름답게 베푸는 모든 과정(過程)이 끽다(喫茶)를 구성하는 것같이 말하자면 새로 털어 내인 쌀가마니를 우물물에 축축이 적셔서 깨끗이 씻어 놓고 마당 같은 데 펴놓고, 너와 내가 참 그야말로 좋은 약주나 한 잔씩 허고 나서 거기다가 될 수 있으면 소리 잘하는 명월이든가 옥주더러 웃가락이 나를 때마다 지화자를 부르라고 하여 놓고 말을 씨야 제법 웃노리라고 일커를 수 있을 것인데 원 아모리 생각을 해 보아도 코털을 뽑아 그 구녕에 집어넣어야 마음 편하게 아는 양인들이 우리 호맛한 풍류를 리해할 수 있을 것만 같지 않아 붕붕거리는 모―타가 제작하여 내어 놓을 토시목 웃과 무궁화 도안으로 여기는 출애급(出埃及)[31]의 언덕이라는 등 네 고비를 더 가서는 사이나이 산봉(山峰)[32]이라는 등 울굿붉웃 그려 놓은 말판이 과연 전 국력의 반 이상을 찾이한 이 거대한 문어 다리 같은 뉴욕시에서 과연 갈채를 받고 등장을 하게 될넌지―그것은 문필업자만 육칠만을 헤아리는 이 사막에서 외국 말로 소설을 써보겠다는 나의 엉풍한 꿈과 비슷비슷한 도로(徒勞)만 같았다. 나는 오래도록 붕붕거리는 기게 소

---

31 출애급(出埃及): 이집트의 노예로 살던 이스라엘 민족이 모세의 인도로 해방되어 나온 일.
32 사이나이 산봉(山峰): 이집트 시나이 반도의 산. 모세의 산이라고 불린다.

리를 들으면서 우리는 다 같은 잃어진 동기호테와 산쵸 판자[33]가 아니라고 누가 말할 것인가 하고 예상치도 않었든 자조(自嘲)로 위선 뉴욕의 제이 일을 세웠다.

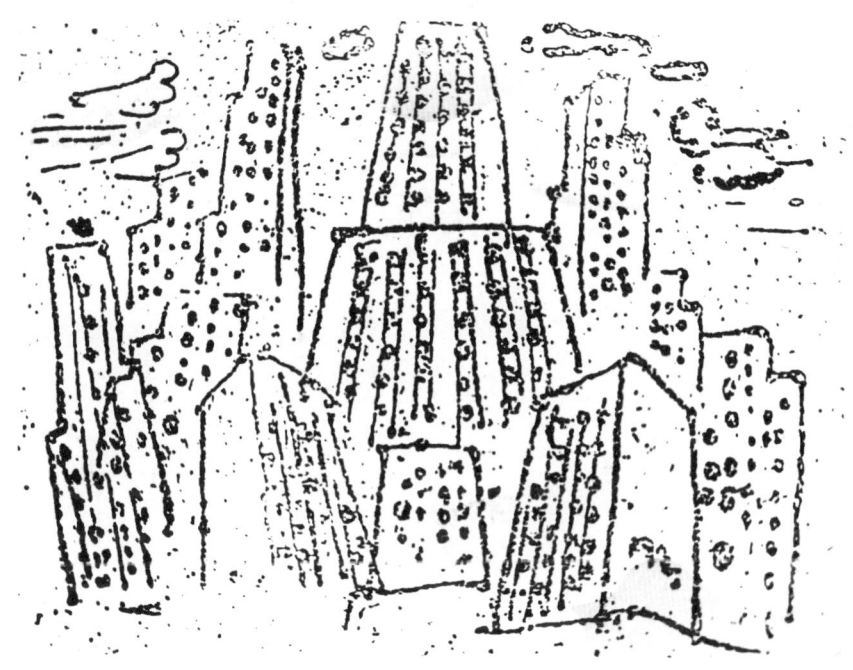

「척사제조업자」와 함께 실린 박문원의 삽화

---

33 동기호테와 산쵸 판자: 스페인의 소설가 미겔 데 세르반테스의 소설 『돈키호테』(1605)의 주요 인물.

제4부

신문 연재소설

청춘

「연재소설 『청춘』, 설정식 작, 이쾌대 화」, 『한성일보』, 1946.4.29.

팔일오(八·一五)의 역사적인 해방을 마지하야 이 나라의 모든 새싹들은 움터 오르기 비롯하였다. 이에 있어서 대중의 정신적 양식이 되고 피가 되는 문학 부문 또한 삼십육(三十六) 년 동안 지리한 억압의 굴레를 벗어버리고 새로운 민족문학 건설의 불타오르는 정열로서 노력과 정성을 다하야 건국에 이바지하려는 것이 우리네 문학자의 부르지즘인 것이다.

이에 본사에서는 문단의 사기를 복도두고 또한 만천하 독자 대중의 정신적인 빈곤을 살지우려는 의도하에서 설정식(薛貞植) 씨의 장편소설 『청춘(靑春)』을 연재하기로 한다. 작자 설정식 씨는 일즉 연전(延專)[1]에서 영문과(英文科)를 마치고 아메리카에 건너가 컬럼비아대학에서 역시 영문학을 전공하고 돌아온 신진 기예의 작가로서 가장 량심적인 문학인의 태도로 날카롭고도 아름다운 필치로서 짜아내는 문장은 읽는 이의 심금을 사로잡기에 녁녁하거니와 더욱 이번 집필하는 『청춘』은 작자가 지나간 십(十) 년 세월을 두고 상을 모흐고 닥고 하야 고심에 고심을 거듭해 온 소재를 빗나는 해방을 마지하야 마음노코 려필을 휘둘르는 것임에 구구한 소개보다도 압흐로 독자의 판단에 맛기는 바이며 또한 한층 더 이 글에 수를 놋는 것으로 이과회(二科會)[2]의 회원으로서 우리 미술게에 별처럼 빗나는 이쾌대(李快大)[3] 씨의 삽화를 엇게 된 것은 더한층 자랑거리이다. 삼가 애

1 연전(延專): 연희전문학교. 연세대학교의 전신.
2 이과회(二科會): 일본 문부성 미술전람회에 반발해 만들어진 단체로 1914년 첫 전시회를 개최했다.
3 이쾌대(李快大, 1913~1965): 경상북도 칠곡 출생으로 일본 데이코쿠미술학교를 졸업한 서양화가

독을 바라는 바다.
(사진 상(上)은 설정식 하(下)는 이쾌대 씨)

작자(作者)의 말

신문화 수입에서 비롯하야 초기 번역과 개론문화(槪論文化) 그것을 무이식적⁴으로 뒤바치한 일본적(日本的)인 해석으로 홍수한 삼십(三十) 년대 이전을 범박하게 조선 사회의 계몽기(啓蒙期)라고 한다면 그 이후는 특히 젊은 세대로 보아서는 삼십(三十) 년대를 전후하여서부터 바야흐로 올은 의미의 자의식(自意識)이 눈트기 시작하야 장차 독자적으로 세계적인 입장(立場)을 차지려고 하든 사색기(思索期)가 아니었든가. 그럼으로 최악의 가격(價格) 생활(生活)을 여지없이 영위치 안이치 못하였든 정치 경제의 조건에 대하야 행동으로의 투쟁보다도 의식으로서의 수업(修業)이 만치나 안었든가. 삼십(三十) 년대를 한 게기로 갈른 광주학생사건⁵ 같흔 것도 행동이라기보다 차라리 의식이 어느 일정한 한게에 도달하였든 것을 표면화식힌 것이 아니었든가. 행동의 전제로 이러한 의식적 성숙이 또한 한 개의 역사적 필연이 아니었든가. 이 과정을 통하야 젊은 세대는 어떠케 모색하고 어떠케 성장하였든가 하는 것을 기록하여 보랴고 한다.

오월(五月) 일일(一日)부터 본지(本紙)에 연재(連載)⁶

이다. 해방기 조선미술동맹에 가입했다가 이탈했다. 한국전쟁 당시 인민 의용군으로 참전했다가 거제포로수용소에서 휴전을 맞이했고, 포로 교환 시 북한을 택했다.

4   무이식적: '무의식적'.
5   광주학생사건: 1929년 11월에 광주에서 시작되어 전국으로 확산된 뒤 1930년 3월까지 지속된 광주학생항일운동을 가리킨다.
6   실제로는 5월 1일이 아니라 3일부터 연재가 시작되었다.

「청춘」1, 『한성일보』,
1946.5.3.
만보산 사건[7] 이후 (一)

배가 영문강(迎門崗)을 지나 신도(薪島) 압바다에 나와서 용암포(龍岩浦) 쪽 조선 땅[8]이 멀리 수평선 넘어로 흔적같이 살아질 때까지 박두수(朴斗洙)도 갑판 우에 남아 있었다. 배전에 기대여 해면을 내려다보면 이따금 해파리가 낫밤에 갓가운 유월 햇볕에 붉은 빗을 너울거리며 지나가곤 하였다. 해파리는 육지 갓가이 살지 안는 고기였다. 이러게 바다에 나오고 보니 역시 조선으로 들어가지 않고 다시 떠난 것이 올흔 것도 같았다. 평양 등지에서는 지금도 중국 사람들을 못 견디게 구는가 저 민한[9] 사람들이 지금도 처처에서 중국 사람에게 돌을 던지는가 발단으로 물어 그동안 모든 책모라는 것이 다 일본 사람의 짓이라는 것은 지난번 소악곰(蘇鄂公)[10]에서 맨드러낸 소위 중촌(中村) 대위(大尉) 조난 사건[11]이란 모략을 미루어 생각해도 엔간한 짐작은 갈 게 아닌가 제한 노릇이기에 평양 거리에 온 중국 사람 비단 천이 모조리 디지 니오도록 그들은 링자한 유헐을 못 본 셰하고 도리혀 사태가 악화되기를 은근히 기다리지 않았든가. 어디서 방귀 소리만 나도 눈을 뒤집는

---

7   만보산 사건: 1931년 7월 2일 중국 지린성 창춘현 완바오산 지역에서 한인 농민과 중국 농민 사이에 일어났던 충돌 사건.
8   조선 땅: 여기서 언급되는 영문강, 신도, 용암포 등은 평안북도 서쪽 끝 압록강 하구 지역에 위치해 있다. 중국의 동북부 지방과 국경을 맞대고 있는 곳이다.
9   민한: 미련스러운.
10 소악곰: '소악공'. 나카무라 대위가 붙잡힌 소악공부(蘇鄂公府)를 가리킨다.
11 중촌(中村) 대위(大尉) 조난 사건: 1931년 6월 27일, 관동군 소속 스파이 나카무라 신타로(中村震太郞, 1897~1931) 대위가 위장해서 임무를 수행하다 봉천 군벌에게 억류되어 살해당한 사건. 이 사건과 만보산 사건이 만주사변의 구실로 활용되었다.

놈들이 장춘(長春)¹²서 육십 리 박게 않되는 곳에서 일어난 일을 아니 맨드러낸 일을 잘 모르네 하면서 한쪽으론 요동(遼東)¹³ 팔백 리를 발끈 뒤집어 노코 급기야 조선으로 불똥을 떠트렷거늘 그걸 모르고 저러케들 처신하니 대체 조선 사람은 제정신이 바로 백인 사람들인가— 두서없는 생각을 하고 있는 동안 중국 사람 남여 둘이 퉁촨(●●) 속에서 만이 갑판 우로 나와 있었다. 그들은 해바른¹⁴ 데를 골라 캐번 모통에 랑하 갑판에 모혀 안젓다. 캐번 안에 있는 이등 손님들은 잘 몰라도 퉁촨 속에서 나온 사람들은 대개 아침에 안동현(安東縣)¹⁵ 부두에서 본 사람들이었다. 점심때가 갓가윗는지 조데조데서 꿔빙 만두 같은 것을 꺼내어 먹고들 있었다.

저들 가운데도 조선서 쪼겨 온 사람이 있을런지 모르겟다. 캐빈 들창 안으로부터 비위에 거슬리는 양 요리 지저 내는 내음새가 풍겨 왔다. 두수는 다시 바다 쪽을 내려다 보앗다. 해파리는 다시 보이지 않고 밋둥 흰 물새 떼가 속력 느린 제통환(濟通丸) 압흘 스치고 날으며 따라오곤 하였다. 천진(天津)¹⁶에 간들 지금 형편에 동삼성(東三省)¹⁷보다 나을 리 있을가. 한 열흘 전에도 북영로(北寧路) 신민(新民) 근처로 지나가는 기차 속에서 중국 사람이 조선 여자를 승강구에서 밀어 던저 죽인 일이었지 안었든가. 이런 생각을 하고 있을 때 해면에는 두수 그림자 엽헤 웬 그림자 하나가 비처 왔다. 두수는 무이식 중에 몸이 옷삭하여지는 것을 꺠다르며 도라섯다.

---

12 장춘(長春): 창춘. 중국 쑹화강의 지류에 접하여 있는 도시로서 교통의 요충지.
13 요동(遼東): 랴오둥. 중국 랴오허강의 동쪽 지방을 가리키는 말.
14 해바른: 양지바른.
15 안동현(安東縣): 중국 랴오둥반도 압록강 유역에 위치해 있으며 현재는 단둥시로 불림.
16 천진(天津): 중국 북부 보하이만에 인접한 항구 도시 톈진을 가리킴.
17 동삼성(東三省): 랴오닝성, 지린성, 헤이룽장성 등 중국의 동북 3성.

「청춘」2, 『한성일보』, 1946.5.4.
만보산 사건 이후 (二)

그것은 일본인 부선장이었다. 구겨진 힌 양복이나 테 두른 모자와 금빗 단추를 보아 알 수 있었다. 사십이 훨신 넘은 수염을 말숙이 깜근 얼골이 홀죽하게 창백한 것이 반생을 사공으로 늙은 것도 짐작할 수 있었다. 통촨에 단녀 나오는지 손에는 방맹이 반 토막 만한 닛켈 회중 전등을 쥐고 섯다.

"삼등 손님이지오."

하고 상양하게 뭇는다. 두수는 그럿타고 대답하였다.

"선객부(船客簿)에 자세하게 기입해 주서요. 선실에 있읍니다."

하고 그는 휘청휘청 캐번 족으로 가 버렷다.

두수는 삼등 선실 다다미방으로 내려왔다. 음식 내음새와 담배 연기가 자옥한 방안의 손들은 남녀 할 것 없이 제마다 편할 대로 드러누어 있다. 문어구 탁자 우에 노힌 선객부에 조목마다 적어 노코 잡아 노얏든 자리에 와서 혼자 잎잇기도 무엇하고 나시 나갈가 하니 고단노 하야 가방을 베고 누어 밧다. 삼등실은 기관실 바로 된지 몹시 울렷다. 누구 한 사람 입을 열지 않었다. 천진 직항선이니 모다 천진 가는 사람들인가 이상하게 조선 사람은 한아도 보이지 안었다. 외로운 것도 같고 다행한 것도 같었다. 엽헤 누었든 젊은 중국 여자가 알음 소린지 잠 소린지 모으로 도라누으면서 밋근한 힌 팔을 들어 훗터진 단발 이마 우에 즉언는다. 잘근한 콧마루에 땀이 송송 돗은 것을 보면 어덴가 괴로운 것 같었다. 조선서 몰려 피하야 가는 사람일가 우유빗같이 힌 얼골에 감은 눈섭이 길었다. 저믈면서 천 돈도 못 되는 배는 어지럽게 흔들기 시작하였다. 원창 박게 치는 물결 소리가 이따금 기관실 진동에 석겨 들리는 이 멀리 시원 것할 뿐[18] 멀미와 곤기와 조으름이 한데 조여 머리는 뗑할 뿐이었다. 집을 떠난 지 일 년 반, 사진(沙塵) 호도(胡都)[19]에서 진흙물을 가라안처 먹으면서 벽에 발은 신문지 글줄에 붉은 연필을 그어 가며 코피를 흘려 가면서 과연 손아귀에 두둑하니 무에 잡혓든가. 가슴 빽빽이 무얼 드리켯든가.

"너는 도척[20] 같은 놈이다."

병든 애비 시탕[21]을 안 하고 공부하려 간다고 떠나가는 너는 도척 같은 놈이다 하시든 농담도 아니오 진담도 아닌 어머니 말슴이 텅근 머리속에 뗑뗑 울렷다. 행로는 소설같이 간단치 안었다. 다시 이제 보뗑이를 걸메고 떠나가면 바로 무슨 신퉁한 수가 있는가 밤새 뒤치고 제치고 하면서 꿈인지 잠인지 분간 못 할 시간 속에서 이리고 뉘어고 저리고 뉘으면서 날을 밝혔다.

---

18 이 멀리 시원 것: '것이 멀리 시원할 뿐'.
19 사진(沙塵) 호도(胡都): 모래 섞인 흙먼지가 자욱하게 일어나는 오랑캐의 도시. 두수가 유학하던 중국 동북 지역(펑톈)을 비유적으로 이름.
20 도척(盜跖): 악한 사람을 뜻하는 말.
21 시탕(侍湯): 어버이의 병환에 약시중을 드는 일.

「청춘」 3, 『한성일보』,
1946.5.5.
만보산 사건 이후 (三)

원창(圓窓) 박이 훤이 밝어 얼마 되지 안어 기관 소리가 둑 끈어지면서 동요가 달른 것이 배가 어데 머므는 모양이었다. 두수는 갑판으로 나가 보앗다. 뿌연 안개 낀 대련(大連)[22] 항구가 멀직이 바리다 보였다. 엇재 배가 여기 서는가 하는데 대답하듯이 항구 쪽에서 발동선 한 척이 턱주아리를 취들면서 제통환을 향하야 일직선으로 물결을 갈르며 나왓다. 부선장이 아래우로 오르내리드니 이어 퉁찬과 삼등 손님들이 하갑판에 모히기 시작하였다. 짐작이 갓다. 깃발 단 발동선은 톡톡거리며 호기 있게 닥어들드니 무슨 까닭인지 삥 한 바퀴 제물로 돌아 갱웨이[23]에 와서 닷고 그러자 사다리 아래 토막이 털그럭 내려가면서 이어 정복한 수상서원과 세관 관리 갓흔 사람과 사복 형사가 갑판으로 날름 올라왓다. 조사가 시작되었다. 선객부와 맞춰보고 중국 사람은 대강 넹기는 것이 무슨 곡절 잇는 수색이었다. 수상서원과 세관 관리는 부선장을 따라 캐빈으로 올라기고 사복 형시가 두수에게로 덕어싯다.

"물건은?"

하고 말하는 일본말로 보든지 캡 밋테 광대뼈하고 직업적으로 빠드러난 눈초리나 광채 없는 것이 직각적으로 조설[24] 사람이라는 것을 알 수 있었다.

"선실에 있읍니다."

하고 두수는 켕기는 일이 없는지라 선선히 대답하였다.

---

22 대련(大連): 중국 랴오둥반도의 남쪽 끝에 있는 항만 도시 다롄을 가리킴.
23 갱웨이: 현문(舷門)을 뜻함(gangway).
24 조설: '조선'.

"이리 내와."

하고 형사는 태연한 젊은 사람의 차진 것 등 아니꼽다는 듯이 쏘아붙였다. (여기서 끌려내리면 어떠케 하나) 두수는 갑작이 막연하게 불안하였으나 될 대로 되라는 발거름으로 선실에 들어가 가방 두 개를 들고 나왓다.

"어데서 와?"

"봉천(奉天)²⁵서 떠낫섯슴니다."

"봉처²⁶서?"

하고 반문하는 어성이 심상치 안었다. 두수는 잠시 당황하였으나 안색을 태연하게 가리기 위하여 말대답하는 대신에 증명서를 꺼내 공손하게 보였다.

"동북대학(東北大學)²⁷에 단엿서?"

"네, 천진 남개대학(南開大學)²⁸으로 전학을 할려고 가는 길임니다."

형사는 증명서를 도로 주면서 발끗으로 가방을 툭툭 건드렷다. 열어 보이란 말이었다. 그는 두수가 열어 노은 가방 속을 꼬밀꼬밀 뒤지면서 허리를 꾸브린 채

"천진으로 가면 기차로 갈게지 웨 배로 가나."

하고 눅으러진 어성이나 ●게 잡어보는 양으로 꼬집어 물었다.

"오룡배(五龍背)에 사는 친척을 맛나고 떠나느라고 이쪽으로 왓읍니다."

"금반지나 그런 거 안 가젓어?"

두수는 없다고 대답하면서 '아 밀수출 취체²⁹로구나' 하고 안심하엿다.

25　봉천(奉天): 중국 랴오닝성에 있는 도시로 선양(瀋陽)의 옛 이름. 1932년 만주국이 건국되면서 펑톈(奉天)으로 이름이 바뀌었다가 1950년에 다시 선양으로 바뀌었다.
26　봉처: '봉천'.
27　동북대학: 둥베이대학. 1923년 만주 군벌 장쭤린과 봉천파 수뇌부가 중국 펑톈에 설립한 대학.
28　남개대학: 난카이대학. 1919년 중국 톈진에 설립된 종합대학.
29　취체: 규칙, 법령, 명령 따위를 지키도록 통제함.

그러고 생각하니 얼마 전에 선천(宣川)인가 어데서 북지[30]로 고추 장사 다니는 조선 사람들이 금 밀수출을 대량으로 하다가 발각이 되었다는 기사를 『화북보(華北報)』에서 읽은 기억이 낫다.

---

30 북지: 중국의 북부 지방(北支)을 뜻함.

「청춘」 4, 『한성일보』,
1946.5.6.
만보산 사건 이후 (四)

형사는 두수에게서는 손을 뗀 모양인지 메초리 갓흔 눈초리로 이 사람 저 사람 훌터보더니 끗도 맷도 안 하고 캐빈 쪽으로 가다가 동행이 나오는 것을 보고 도루 그들을 따러 뒤에 무더 하선하였다. 배는 우렁차지도 못한 기적을 두 마디 울리고 떠나 서쪽으로 키를 잡었다. 안개 것친 날세는 저무도록 조앗다. 일롱거리는 유록빗 바다, 듬북듬북 붉게 흐늘거리는 해파리 떼 그 위로 하늘은 눈이 모자라게 프르럿다. 두수는 거의 진종일을 갑판 우에서 보냇다. 밤에는 다시 터터찜찜한 다다미방에서 기관 소리를 벼개 밋에 밧으면서 조선서 쪼겨 왓는지도 모를 창백한 젊은 중국 여자의 감●디린 긴 눈썹을 바라다보면서 자며 말며 하였다. 당고(塘沽)에 다 온 것은 새벽 네 시나 되었을가 항구는 소조한³¹ 불빗이 여기저기 깜박이고 개 짓는 소리가 부두를 때리는 물결 소리 넘어로 한두 번 들려올 뿐 아직도 한밤중이었다. 당고에는 내리는 사람도 별로 없는지 하선을 아직 시키지 안는지 선실 안은 여전히 조용하였다. 피로와 권태로 말미아마 완전히 예의(禮儀)를 거더치운 남녀들은 가장 자유스러운 시간에서처럼 억개와 팔다리를 견주었다. '이대로 가면 천진 가선 오전 일즉이 다을 터이지 전보를 바덧으면 철환(哲煥)이가 마중을 나올 터이지' 하고 떠나기만 기다렷드니 동이 훤이 터서 선객들이 몃 사람 내려가고 말었을 뿐 새로 타는 사람도 없고 사면 배허리에 사다리가 노히고 할 뿐 배는 조반을 치르고 오정 때가 되어도 무슨 물을 ●드리는지 쩌내는

---

31 소조한: 고요하고 쓸쓸한.

지 짤짤 소리만 치면서 이내 떠나지 않었다. 선장 부선장이 다 어디 가고 없고 누구 한 사람 하회를 아는 사람이 없었다. 점심때가 되드니 일본 군인들이 캐빈으로 들낙거리고 꺽둑꺽둑한 언사들을 서로 주고밧앗다. 허리를 굽히고 오르내리는 여자들이 군복 사이에 석겨 인사할 때마다 목덜미 넘어로 분칠한 잔등머리가 힛슥 드려다 보이엿다. 무슨 일 "동북대학(東北大學)[32] 선장 부선장도 ●겻다. 이슥하여 손벽 치는 소리 고함 갓튼 우슴소리가 역시 비위에 거슬리는 양요리 내음새 풍기는 들창으로 쏘다저 나왓다. 부선장에게 무스 일이냐고 물어볼가 하다가 게면적고 승거워서 그만두엇다. 십상 별 큰일이 있는 듯 십지 않고 요량컨대 어떤 군 관게 인물이 이등에 탓던지라 타국 먼 해안에 조국(祖國)의 포대(砲臺)를 직히는 사람들이 파적 겸 잔치를 베프른 것인 듯 햇섯다. 시간 잘 직히고 겻눈질하며 각근히 일을 보는 일인들도 무슨 풍운을 멀리 밋엇든지 그 당시 가끔 처처에서 이런 종유의 무모에 가까운 국가적 방종을 부렷었다. 오후도 느저서야 떠난 배는 백하(白河)를 거슬러 오르기 사심 리 천진 특일구(特一區) 대련(大連) 마두(碼頭)에 다엇을 때는 전등 불비치 활활이 멀리 별과 다엇을 때였다. 갑판에서 내려다보니 부두에는 역시 김철환이가 웬 절믄 여자와 같이 서서 손을 흔들고 있엇다.

---

32 東北일가: 원문대로.

「청춘」 5, 『한성일보』,
1946.5.7.
만보산 사건 이후 (五)

두수는 손을 들어 맛 인사를 하였다. 이등 손이 다 네려간 뒤에 부두라고 하기에는 너머도 벌판 같흔 세멘트 바닥에 내려섯다.

"잘 왓네. 짐은 이것뿐인가?"

하고 갱웨이에 닥아섯든 철환은 두수에게서 가방을 빼앗드시 바더 놋코 커다란 더운 손으로 두수의 긴 손가락을 틀어쥐었다.

"큰 짐은 기차로 자네 주소로 몬저 부첫네. 전보는 바덧겟지만 용하게 시간을 알고 나왓네그려."

두수는 지난 가을에 봉천서 헤여질 때 늘 고단해 보이든 철환의 얼굴이 밤빗헤라도 선이 굵어지고 살이 올은 것 같흔 것을 부러움에 갓가운 경이의 눈으로 처다보면서 이럿게 대답과 인사를 겸햇다.

"두 번재 거름일세. 하여간 잘 왓네. 얘기는 차차 할 섬하고 시장할 테니 어서 가세."

하고 철환은 가방을 들고 압서기를 재촉하엇다. 이 동안에 여자는 처음 섯든 자리에 송긋하게 서 있다가 두 사람이 갓가히 오는 것을 보고 앞흐로 닥아오는 대신에 마차길 족을 향해 느린 발거름을 옴겻다. 세 사람의 그림자 없는 발거름이 자연스러히 가즈런하여젓을 때 마침 마차가 방울 소리를 달랑거리면서 길 복판에 와서 가로섯다. 철환은 새삼스레 이젓드라는 듯이,

"참 자네 인사하게. 신기숙(申己淑) 씨 남개고급중학에 다니시는—."

하고 무얼 더 설명하려다가 그만두고

"같흔 학원이니 압흐로 자조 맛나게 되리."

하고 신기숙이란 여자의 도독한 얼골을 살피듯이 처다보앗다.

"박두수을시다."

두수는 몸을 약간 숙이면서 간단하게 인사하였다.

"말슴 만이 들엇읍니다."

신기숙은 철환이 소개말이 적절하지 못한 것이 못맛당하지 안었드면 멀리 온 이 젊은 사람에게 좀 더 은근한 태도로 대하엿을 것이나 확실이 화푸리는 아니나 자기 첫인상을 살리는 가장 조은 방법이라고 생각하고 역시 간단히 한마디 범상하게 건넷다.

'내가 아지 못하는 사람을 맛나러 나오기까지는 자기가 이만저만한 애를 썻음으로 유시오(이것은 자기 부친의 항용어라 기숙은 자연히 자기 말같이 써 왓다) 가능하엿 설명은 아니드래도 비젓하게라도 말해야 될 게 아닌가. 뭐야. 한 마디 불숙 압흐로 자조 맛나게 되리가. 내가 그리 싼가.'

이러한 종류의 말하자면 발뒤굼치가 불편한 정도찜의 곤란한 입장에는 개의도 없다는 듯이 철환은 짐을 노키 위하야 몬저 마차에 발을 걸면서 두 사람을 재촉해 자리에 안치고 소리를 첫다.

"기너미양자조마(저리 영가로 해서 갑시다)."

마부는 뒤도라보지도 대답도 않고 곱비를 잡어대렷다. 동마로(東馬路)로 갈라면 특일구를 서쪽으로 빠지면 지름길이 되건만 구경도 식힐 겸 철환은 일부러 화려한 영조개(英租界) 빅토리아가로 마차를 몰게 하였든 것이다.

「청춘」 6, 『한성일보』,
1946.5.8.
만보산 사건 이후 (六)

"그래 엇대. 봉천서도 만보산 사건 이후에 중국 사람 처다보기 낫치 뜻뜻한 일이 만켓지."

철환은 가운데 폭 까라안진 신기숙의 개읏이 숙인 머리 압흐로 해서 두수에게 질문을 던젓다.

"봄내 여직 봉천에는 비가 한 방울도 안 왓서."

이러케 말을 꺼내고 생각하니 자기 스스로도 무슨 동문서답을 하고 잇나 하고 말을 잭키면서 두수는 처다보기 민망만 햇으면 조켓는데 십간방(十間房)에 사는 조선 사람들이 서간도(西間島)에서 생아편을 연길(延吉) 어떤 중국 부호와 결탁해 가지고 광제당(廣濟堂)이라는 일반인 약방에 대량으로 대인 사건으로 중국 사람 연루자들이 만히 끌려 드러간 대신 조선 사람들은 일본 령사관에서 우물주물하여 버린 것이 갓득이나 한데 도화선이 되어 북시장(北市場) 일대에서는 조선 사람들이 하나둘씩 쪼겨나다십히 하고 거리 거리에 참아 볼 수 없는 포스타가 붓고 광주학생사건 때에 쪼껴온 조선 학생들을 국빈 대우 하다십히 하든 학교에서들도 조선 학생 배척 사건이 난 데가 한두 군데 아닌 이야기랑 하였다. 밧작 말은 진흙의 거리 한여름도 오기 전에 달대로 단 검은 개와장이 무거이 덥푼 도시 철리를 떠러젓어도 떼로 버젹거리는 사람들의 훅훅 더운 입김이 코구녕을 태우는 것 같은 착각을 이르켯다.

"불이 나든지 총소리가 나든지 하리."

라고 두수는 입을 다물었다.

"망종이야 망종."

하고 철환은 천진 거리에도 중국 사람의 웅성깊흔 줄 알었든 아량을 의심하리만치 창피한 포스타가 새면에 부튼 이야기를 하였다. 마차는 시계탑(時計塔) 로타리를 돌아 유명한 치쓰린(起西林) 카바레의 황홀한 불빛을 지나 어느새 빅토리아공원 엽흘 달리고 있다. 중국 땅 같지 않은 외국 조계[33]의 밤, 저 가로수가 저러케 성장하도록 오랜 세월 동안 자자곤곤히 경영하여 온 착취의 선물인 저 육중한 건물들 그 그늘 밋흐로 다리 밋헤 저진 쥐들이 말은 땅을 골라 기어가듯 하는 중국 사람들의 행열. 두수는 착각에서 또다시 새로운 착각을 이르키고 있었다. 그의 정신은 루백 년 두고 일워진 도시 성 턱에 닷자 벌서 지치기 시작햇다. 몇 해를 두고 쪼아서야 될 큰 산 밋헤 발파 구녕을 처음으로 뚤코 있는 광부(鑛夫)의 가슴 우에 눌리는 막연한 압도에서 오는 패부감, 이러한 것과는 또 달리 멀리 의식 박그로 그의 몸은 제대로 또 젊은 여자의 더운 육체가 바로 엽헤서 동요하는 것을 간헐적으로 감촉하였다. 신기숙은 두 사람의 만보산 사건 대화에 아모 흥미가 없었다. '철환이가 조흔 사람이라던 이상한 젊은 사람은 대체 었던 사람인가? 그런데 대체 나를 웨 비젓하게 인사를 안 시켯나?' 기숙은 내내 놋맛당한 것을 표시하는 것은 아니지만 엇전지 입을 열기 실헛다. 중원공사(中原公司) 압헤 내려서 식당에 들어가 느진 저녁을 같이 먹을 때에도 어린애 튀정에 가까운 새침한 분노를 풀 수 없었다. 영가(榮街) 어구에서 기숙을 서먹서먹한 채로 자기 집에 돌려보내고 두 사람은 남고루(南鼓樓) 근처에 있는 철환의 숙소로 들어갔다.

---

33 조계: '조계(租界)'. 조계는 19세기 후반에 영국, 미국, 일본 등 8개국이 중국을 침략하는 근거지로 삼았던, 개항 도시의 외국인 거주지를 말한다.

「청춘」 7, 『한성일보』,
1946.5.9.
만보산 사건 이후 (七)

김철환의 숙소는 남고루와 병행한 뒷길 중국 거리 깊숙이 담이자 벽 안 막다른 골목에 있는 어떤 중국 장사치의 과부 집 이층이었다. 이층이랫자 복도로 해서 올라가는 층게가 있는 구적이 맞진 건물이 아니라 항용 거리 바닥에서 볼 수 있는 것과 같은 홋겹집으로서 처마 밑흐로 마당에 내려 달린 사다리 같은 구름다리를 밟고 올라가게 된 데집이었다. 이층 턱 압 변주리 퇴마루에서 곳 방으로 문이 열리는데 방이랫자 글곡도 수식도 없이 얼숙한 마루방 한귀퉁에 널마루 침대가 노히고 책상 의자 나부랭이가 고리짝 보통이 책장과 함께 자리도 제대로 차지 못하고 뇌었다.

"세수하려나."

철환은 양복저고리를 벗고 담배를 꺼내 물면서 물었다. 두수는 고개를 흔들었다.

"그럼 일즉 자게. 빈대가 나올런지 모르지만 그래도 침대가 나을 겔세."

등으로 의자를 밀면서 철환은 담뱃불을 그었다.

"아직 졸리잔여. 두구두구 자지 바쁜가. 학교 예기나 하게. 그래 여긴 어때."

하면서 두수는 기계적으로 책장과 책상을 두리번 살폇다. 대위 올른 선반에 거명이 주는 것 같흘 수 있는 손때 무든 책들이 발산하는 특의한 정물의 표정은 책을 가차히 하는 사람은 누구나 늣길 수 있는 것인데 더구나 손님 없는 대서소 책상 같은 철환의 책상도 아닌 테블을 보고 '이상하다' 하는 생각이 두수의 머리로 지나가는 것을 알아챈 눈친지

"학교? 난 학교 그만두엇네."

하고 철환은 자지빗 하다원(哈德門)³⁴ 연기를 고무풍선 불듯 드놉흔 천정에 대고 피어올렷다.

"그만두엇서? 웨."

"웨? 그만둘 때가 되면 그만두는 게지."

"하기야 그러치만."

두수는 침대에서 이러나 의자에 와서 닥어앉엇다. 철환은 담배불을 끄기 위하야 구석에 있는 테블로 거러갓다. 그것은 이야기를 꺼내랴는 동작이었다. 아래서 중국 여인들이 재잘거리드니 무슨 녹두 가루가 썩엇느니 굿엇으니 비단 찟듯한 목소리가 들려왓다.

"어젯말은 억설이고—하기야 그러치 않은가 생각해 보게. 발귀 걸어 먹는 소가 다르고 술레 걸어 먹는 소가 다르다고 하기는 누구 말이 삼심까지는 공부를 해야 된다데마는 그러타면 육칠 년만 외상으로 사라가세 정신적 외상. 하여간 난 내 멩엘 천재들에게 버서 주랴네. 공부란 천재가 하는 거야.

'옷토 와이닝겔'³⁵이 『성과 성격』을 쓴 게 스무 살 때 그것도 부족해서 저 비엔나의 천재는 존엄과 냉혹을 부정하기 위해서 그게 그 독 찬 대가리에 제 손으로 총알을 쏘아 너산엇나. 그게 내 나이도 되기 전 스물두 살 때야. 그리구 또 한 가지 의유—라기보다도 실제 문제가 언제든 바람이 몰아 때리면 천하가 우는 줄 안야 지금 어떤 때야."

하는 철환의 말세는 설교에 갓가왓다.

---

34 하다원(哈德門): 중국의 담배 상표(Hatamen).
35 옷토 와이닝겔: 오토 바이닝거(Otto Weininger, 1880~1903). 오스트리아의 사상가로 1903년 『성과 성격』을 발표한 후 이탈리아를 여행하고 돌아와서 자살했다.

「청춘」 8, 『한성일보』, 1946.5.10.
만보산 사건 이후 (八)

"학교 그만두면 집으로 도라갈 작정인가."
하고 두수는 물었다.

"집? 건 피도 끌키 전에 아래목을 차저가서 웨 와신종석할 차비나 하라고 집엘 가?"

철환이 말이 두수에게는 공허한 넉두리 같었다. 그러나 자나깨나 책 책 하든 그가 저러케 심경이 변하였을 때는 필연 무슨 곡절이 있는 것도 같헛다. 무슨 곡절인가 물어본댓자 말투가 빗나가는 것을 보면 고지식하게 대답할 것도 갓지 안어 짐짓 듯고만 있었다.

"자네 철학(哲學)을 한다니 조이. 중국 철학—대단 조이. 허드래도 푸른디밧테 나가서 마른 풀만 골라먹질랑 말게. 이건 내 말은 아닐세마는 철학—어디가 맛날구? 뱅뱅 도는 챗박쿠 속을 돌게. 나는 것트로 돌다 떠러지든지 비약(飛躍)을 하든지 할 게니."

철환은 하다원을 새로 또 피웟다.

"사뭇 주역일세. 난 무슨 소린지 하나 몰으겟네."

두수는 하품이 나오는 것을 깨물면서 도루 이러나 침대에 가서 기댓다.

"하나루 몰라? 그야 하나만 알면 다 알지. 내 지론(持論)이 아니라 내—."

철환은 '계획'이라고 하랴다가 말을 뚝 끈코 입을 담으른 채 코로 기침 가튼 숨을 내쉬고 계속하엿다.

"내 얘기 하나 함세. 어느 때 고향서 말야. 종종세라는 눔을 잡으라 다녀써. 이 눔은 꼭 밧고랑 바닥을 종종 기어가는 눔인데 눈이 밝어서 그물눈 안 돼. 그래서 말총으로 올개미를 맨드러서 고랑을 좁히곤 꼬자 두네. 그리군 종종새야 종종새야 저리 가면 달콩 이리 오면 올콩 하고 몰면 어째 거 다 잡힌단 말야. 올개미 하나로 잡는단 말야."

두수는 손을 꺽저 베고 아조 반[36] 천정을 처다보고 뭉켯다 흐터젓다 하는 구름 같은 철환의 이야기를 들으면서 우섯다.

"올개미 하나, 일대일(一對一)이란 말이야. 일당백은 영웅덜한테 몰리구 공부는 천재더러 하라고 하구 우리는 일대일박게 할 일이 없구 할 수두 없구 또 해야만 되구 아마 그게 진리일런지 모르지. 하긴 어림없는 위선일런지도 몰라. 자기만족을 만족시키랴는 궁극을 따진다면 말야. 하나 난 그런 종류의 아드 인피니툼[37]에는 흥미가 없어. 손을 척 처들어 담 넘어루 넘기면 내 손이 도적놈두 될 수 있어야 하겟거든! 꿩 잡는 게 매지. 육조를 배포 햇스면 멀 하누. 골골 신음을 해서 자네 머리속에서 먼동이 텃다고 해. 내가 가서 자네 목아지를 비틀어 숨줄을 끈어 노앗다면 자네 영광스런 내일 아침 일출을 볼 겐가?"

"해야만 된다는 일이 대체 먼가. 구체적으로 얘기하게."

두수는 흥분인지 타성(惰性)인지 모를 그러나 확실이 피 다투는 말만은 아닌 막연한 철환이 피우는 연기 속에서 환한 불똥을 드려다 볼 수 있는 것도 같어 그는 모으로 도라누으면서 이러케 물었다.

"구체적인 건 청사진(靑寫眞)엔 나타나지 안는 거야. 구체적인 건 현장(現場)에 가서 제 눈으로 봐야지. 행복스러울랴면 현장엔 안 가는 게 올쿠. 가지 안으랴면 수체 구체적인 건 알 필요 없구 그러찬어?"

36 이하 원문 2행 확인 불가. '반듯하게 누워버렸다. 비 샌'. 『전집』 참조.
37 아드 인피니툼: '무한대로' 또는 '영원히'를 의미하는 라틴어(Ad infinitum).

"모르겟네."

"자게. 일즉 자고 내일 현장 근처로 산보나 가세. 종종새가 밧고랑으로 기어가는 현장으로 말야."

철환은 담요를 바닥에 깔고 손에 잡히는 강희사전(康熙辭典)[38]을 베고 들어누어 빈대를 몰기 위하야 끄지 안은 전등불을 눈이 압흐도록 처[39]

---

38 강희사전(康熙辭典): 강희자전(康熙字典). 청나라 강희제의 명에 따라 장옥서 등 30명의 학자가 편찬, 1716년에 완성한 중국 최대의 자전.
39 이하 원문 2행 확인 불가. '쳐다보았다.'『전집』참조.

「청춘」 9, 『한성일보』, 1946.5.11.
만보산 사건 이후 (九)

두수는 전혀 딴 사람같이 변한 철환이란 친구에게 대하야 새삼스러운 관심을 가지게 되었다. 학교를 그만두엇다는 것은 향용 주기적으로 오는 허무도로감[40]에서 온 일인가 그러치 안으면 신기숙이란 여자와 무슨 관게가 잇는가 '올개미, 일대일, 해야만 되구, 네 모가지를 비틀어—'와이닝겔' 얘기는 나를 빈정대고 조소하는 소리었다.' 또 한 가지 이상한 것은 이튿날 아침에 자기가 방을 하나 구해야 되겟다고 하엿을 때 입에 들엇든 것이래도 빼서 남을 주랴는 사람이라 의호이 기숙사에 들어갈 사람이 방은 구해 무얼 하느냐 불편한 대로 같이 잇자고 할 것인데 의외에도 철환은 냉담한 것이었다.

"사껀 이후로 방 엇기가 여간 아니야. 조선 사람이라면 경이원지[41]하닛가."
할 뿐이었다.

"대체 현장이라구 한 게 무슨 얘긴가 재미있는 데라면 구경하구 십흔데."

두수는 시난밤 대화에서 무엇이 선개될 것인가하고 이러케 불었다. 그랫드니 철환은

"객담이야 객담, 모두 객담이야."

하고 자기 한 말을 욱색여 버리랴고 하였다. 그러는 것을 구태여 꼬질꼬질 캘 필요도 없이 두수는 학교에 나가보자고 하야 두 사람은 남개대학으로 갓다. 백하(白河) 줄기에 감긴 조용한 학원, 창연한 고색은 어느 구석에서도 차

---

40 도로감: 헛되이 수고한 느낌.
41 경이원지: 공경하되 가까이하지 않는다는 뜻(敬而遠之).

즐 수 없으나 그 대신 탁 틔인 건물과 건물 사의 넓은 통로로 오고 가는 젊은 학생들이 풍모가 이 나라에 한창 방배한 신문화 운동을 상증하는 것 같은 감●●었다. 학관 후방(候房)에 가서 소개를 바더 온 진마부(陳馬夫) 교수를 차젓스나 학교에 나오지 안었다는 것이다. 할 일 없이 두 사람은 캠퍼쓰를 돌아 발 가는 대로 새마장(賽馬場) 쪽으로 가다가 백하변에 나왓다. 비가 오지 안앗든지 언덕가에 창포와 갈대 허리에 흙 무든 자리가 성큼하게 드러나도록 물은 줄었으나 그래도 늠실거리는 물결은 파도조차 일게 폭넓은 강우로 꺼루⁴² 같은 배가 멧 번이고 지나갓다. 강물은 항상 억기(憶記)에로의 통로, 그것은 또한 시간을 구상화하는 동시에 억측과 예언을 쉽게 하였다.

두수 가지런히 언덕가에 안젓다. 두수는 막연한 장래를 생각하고 철환은 구체적 '계획'을 되푸리하였다. 그러는 동안에도 강물은 쉴 새 없이 흘럿다. 흘러가면서 그것은 일즉이 청조(清朝)가 망하는 것을 보앗고 북벌(北伐)이 성공되는 것을 보앗고 화북(華北)에 오연하든⁴³ 풍옥상(憑玉祥)⁴⁴의 세력이 이유야 무엇이든 간에 국민정부로 빨려 드러가는 것을 보앗고 드러가고 난 그 자리에 북에서 내리밀리는 새로운 붉은 사조(思潮)가 제방을 터트리고 꾸역꾸역 밀려 드러오는 것도 보앗다.

42 꺼루: 소형 중국 목선.
43 오연하든: 태도가 거만하거나 그렇게 보일 정도로 담담하던.
44 풍옥상(憑玉祥): 펑위샹(1882~1948). 중국의 군인·정치가로 중국 국민당에 입당해 북벌에 협력했으며 이후 반장제스(反蔣)운동을 펴다가 실패했다.

「청춘」 10, 『한성일보』,
1946.5.13.
조선 식민지[45] (一)

두수는 그 이튿날 다시 진(陳) 교수를 차저갓으나 맛나지 못하였다. 다음 날은 철환이 숙소 근처에 방을 하나 엇어 놋코 사흘재 가서는 아침부터 기다려서 오후에야 겨우 맛낫다. 진마부라는 교수는 육십이 훨신 넘어 뵈는 온후한 풍모를 가진 사람이였다. 먼 길 온 것을 위로하고 소개장 써 보낸 동북대학 두수의 주임 교수의 사신도 바덧다는 인사를 하고는 다른 방에 단녀 드러오드니 딱하기는 하나 방법이 없다는 표정으로

"이제 방학이 오래잔엇고 해서 지금 당장은 어려우니 구월 새 학기에 가서 생각해 보겟다는 것이 학교 당국자의 말이라."

는 뜻으로 완곡하게 편입을 거절하는 것이였다. 구월에 가서 될 게면 이제라도 될 게고 이제 안 될 게면 구월에 가도 가망 없을 게라는 것은 빤한 일이었다. 맥이 풀려 숙소에 와서 강(炕)[46]에 드려누어 있는데 철환이가 왓다.

"기왕 왓으니 여름이나 나면서 보세. 그러는 새 또 무슨 변동이 있겟지."

하는 철환의 위로는 두수에게 아모 의미도 없는 말이었다. '변동, 지긋지긋한 변동. 철이 나서는 몸 약한 것이 원수이든 긴 여름 해 해 해 어머니가 학생치기 하시든 누이와 연필 한 토막을 끈허 논아 쓰든 오 전을 애껴서 아니

---

45 조선 식민지(朝鮮殖民地): 여기서 '조선 식민지'란 중국 톈진에 이주한 조선인들의 거주지를 의미한다.
46 강(炕): 중국어로 방 구들을 뜻함.

없어서 천식 든 부친이 간 구리개⁴⁷ 종로 박석고개⁴⁸를 넘어서 흘리든 땀과 비지도 ●려먹으면서 단이든 학교에서는 쫏겨나서 차디찬 유치장 긴 밤이 어름이 녹을 때까지 계속되든 견디기 어려운 뼈마듸 겨우 굵어서 떠나간 해도 달도 없는 것 같은 만주에서 오줌을 누면 금시 어러붓도록 살을 베이는 바람 속에 나가 냉수를 뒤집어쓰며 맷돌 갈 듯 갈아 보앗든 학문의—참 철환의 말맛다나 존엄과 냉혹도 그놈에 망한 조선 놈들이 비열한 꼴도 보기 실코 돈 만흔 중국 학생놈들이 겻눈질도 아니꼬아 옛다 기왕 내드린 김에 깁숙이 더 들어가나 보자고 떠나서 벌서 더운 여름철에 이 땀내 나는—아 또 무슨 변동을 기다린단 말일가.' 두수는 반듯하게 누은 채 철환이 말에는 대꾸할 흥조차 나지 안았다.

철환은 의사에게 내어맷긴 환자같이 누어 있는 두수를 물그럼이 처다보앗다. 무슨 아지 못할 심리의 작용인지 철환은 두수가 자기 뜻을 이루지 못한 것을 한쪽으로 반겨하는 데 갓가운 충동을 가지고 있는 것을 깨달었다. '이게 무슨 생각이람' 하는 것을 스스로 확증하기 위하는 것처럼

"여보게 이러케 드러누어만 있으면 어쩔 태야. 나가세."
하고 철환은 계속하였다.

"그러잔어. 신기숙 전일 만난 신기숙 씨 집에서 자네를 초대하엿네. 아직 일느니 나가서 시원이 목간이나 하고 조선 식민지(殖民地) 구경이나 가세. 아버지가 의사야 호인이지 집두 깨긋하구. 혹 아나 낫치 넓은 사람이라 조은 수가 있을넌지. 딸 때문에 학교 사람들과도 그리 딱딱지는 안을 거야."

---

47 구리개: 서울 중구 을지로1가와 2가 사이에 있던 고개.
48 박석고개: 서울 은평구 갈현동과 불광동·구파발 사이에 있는 고개.

「청춘」 11, 『한성일보』, 1946.5.14.
조선 식민지 (二)

"아모 데도 가기 싫헤."

두수는 상반신을 이르켜 유리창을 열어제치면서

"난 좀 자야 되겟어. 어떠케 곤한지. 자네 혼자 가 보게."

하고 두수는 다시 가방을 베고 들어누었다. 한약방 뒷채 방이라 약제(藥材) 내음새가 물컹타하고 더운 바람과 함께 열어 노흔 창문으로 들어왔다. 철환은 캉 모에 걸처안저 기차 꼬리표 달린 채 아직 뜯어도 노치 안은 두수의 고리짝이 축축한 방구석에 커다랏케 노인 것을 바라다 보왓다. 저 속에는 아마 책이 가득 찻으렷다. 철학—세상 떠난 사람이 두고 간 것같이 무겁고 외로와 보이는 고리짝은 두수의 물건인 동시에 자기 물건 같아도 보였다.

"혼자 가다니 자네만 초대한 것도 아니야. 사실은 어떤 일로 북경 떠나는 사람들 저녁 먹이는 자린데 겸해 우릴 청한 게구. 나는 사실 안 가도 치만—하여간 가 봐."

하면서 철환은 '그분 보는 압에서 선생님 모욕을 줄 테야요.' 하든 신기숙의 말을 꼭 함께 오라는 뜻으로 해석한다는 것을 두수에게 표시하지는 안었다. 그러자면 우습께 농담이 되어야 할런지도 모르겟는데 지금 이 자리에서는 막상 농담도 할 수 없었다. 그 대신 어떠케라도 두수의 흥미를 이르켜야 되겟기에 (연의 같으면 초대 바덧다는 것만도 흥미를 일으키기엔 충분할 것이나 공교스럽게 학교 일이 글러지고 하였으니 무리도 아니기에)

"자네도 알겟지만 신채호(申采浩)⁴⁹ 씨란 분 있잔어. 단재(丹齋) 신채호 씨 역사가 그 어른 말야. 지금 여순(旅順) 감옥에 게시지만 그분 원고 조선사 원고(原稿)를 그 부인이 가지고 있었는데 어떤 놈이 생활비 대준다구 하구 가지구 북경으로 가 버린 일이 자네 오기 전에 있었어. 그걸 이리저리 알어본 결과 어디가 있다는 걸 알게 되여서 여기 있는 『반도신문』 지국장이 차즈려 갔다는데 그보다도 중요한 건 신채호 씨를 잡어 넌 놈이―그 뒤에 멧 사람이 잡혓는지 모르네―대만(臺灣)에까지 우릴―아니 조선 사람을 쪼차댕기군 하든 놈인데 지금 또 천진에 와 있어. 경무국⁵⁰ 촉탁(囑托)이야."

철환은 더 게속하지 안코 두수의 껌벅어리는 눈을 마조 보왓다.

"그래서."

"그래서 글세 신 선생 기숙 씨 부친이 사람을 일부러 보내는 거야. 지국장이란 사람도 재미있는 사람이야. 덜네덜네하고 옛날 북풍회(北風會)⁵¹ 때 투사지, 신간회(新幹會)⁵²에도 관게햇구, 하여간 자네 현장 구경이 재미있다면 가겟다구 그랫지. 현장은 넓어."

철환은 다시 늘 하는 버릇으로 자기 말을 추상화하기 시작하면서 게속

---

49 신채호(申采浩, 1880~1936): 근대 언론인, 독립운동가이자 역사학자. 항일언론운동을 벌이며 신민회와 국채보상운동에 참여했고, 1910년 중국으로 망명하여 대한독립청년단을 조직, 임시정부 수립에 참여했다. 1920년대에는 『조선상고사』, 『조선상고문화사』, 『조선사연구초』 등의 역사서를 저술했으며, 1922년 이후 폭력을 통한 민중 직접혁명을 주장하여 무정부주의자의 길을 걸었다. 1928년 대만에서 체포, 뤼순감옥에서 복역 중 사망했다.

50 경무국: 조선총독부의 행정 조직으로 치안 관련 업무를 담당했다.

51 북풍회(北風會): 일본 도쿄에서 조직된 사회주의 단체 북성회(北星會)의 국내 지부로서 1924년 11월 25일에 서울에서 결성되었다. 1925년 서울에서 화요회(火曜會)·무산자동맹회(無産者同盟會) 회원들과 조선공산당을 조직하는 등 한국 사회주의 운동에 영향을 미쳤다.

52 신간회(新幹會): 1927년 2월 민족주의 좌파와 사회주의자들이 연합하여 서울에서 창립한 민족협동전선으로 1931년에 해산했다.

했다.

 "조선 사람 식민지는 점(點)이야. 면(面)이 안이야. 사람들도 그러찮은가. 어떤 큰 물건이 신다 내버린 신발작, 누가 도라다보나. 그래도 그걸 내가 차저 신어 보겟다구 밀구 제치구 하는 게 조선 사람 식민지—여기서 말이야—풍경이지. 대다수는 물론 무슨 공사(公司) 무슨 양행(洋行)하는 아편 장수허구 게집 장수들이구. 그러구 딸을 내놔 매음식히는 타락한 인간두 있구. 그러나 대체로 주의자들과 망명객들의 판씨름이 그래두 볼 만허지. 이 산재한 점의 전 영역을 다스리는 건 개야. 주구(走狗)—이러나게. 난 정치엔 흥미가 없지만 구역질 나는 피는 토해 버려야 시언해."

「청춘」12, 『한성일보』, 1946.5.15.
조선 식민지 (三)

두수는 종시 일어나지 않았다. 이러구저러구 한 조선 사람들 이야기는 언제든지 아모 데서든지 조선 사람 있는 곳에서는 얼마든지 있을 수 있는 항다반사라고 생각하였다. '훔첫다구 속이구 차저가구 돈을 대주구 찟구 까불구 내가 올타 네가 올타—그런데 자네는 또 멀 구역질이구 비린내구 깨어진 옹백기[53] 울리듯 소리를 치나?' 두수는 모든 것이 그만그만한 게 대수롭지 않고 탐탐한 일이 없다는 듯한 어조로

"다음 기회에 낄세. 오늘은 멀 좀 생각해 바야겟서."

하고 아조 눈을 감어 버렷다.

"무얼 생각해. 집에 도라갈 생각을 하나."

"그럴런지도 몰라."

"생각 잘하게."

하고 철환은 화가 나서 나왓다. 나오다가 생각하니 두수가 점심을 먹은 것 갓지 안어 평강과 과일을 사다가 듸리었고 신기숙의 집으로 갓다. 일본 조계 복도가(福島街)로 빠저나가는 명가 거리에 면한 대동의원(大同醫院)이라는 간판이 부튼 반듯한 회색 벽돌 이층집. 뻥기칠 새로 한 겻문 초인종을 누르면 으레 한가한 간호부가 나와서 문을 열었다. 화초분을 가득 안고 기억자로 갈는 마당을 곳장 질느면 테레쓰 겸 포치 그리로 곳 중청(中廳)으로 들어가게 되었다. 인기척을 듯고 기숙이가 부엌 족에서 나왓다. 대담하게 가

---

[53] 옹백기: '옹배기'. 둥글넓적하고 아가리가 쩍 벌어진 아주 작은 질그릇.

위를 벡여 훨적 가슴을 도려낸 힌 올갠디[54] 부라우스에 담청색 스커트를 약간 칙켜 입은 듯한 것은 성큼한 다리 때문일가. 자랄 대로 밋근하게 자란 다리 힌 굽 나진 운동화를 신었건만 이제라도 삽분 뜰 것같이 가벼워 보였다.

"웨 혼자 오섯서요?"

기숙은 의외란 듯이 물었다.

"몸이 압프다고."

하고 철환은 말끗을 흐려 버렷다.

"가장 하기 쉬운 변명이로군요. 학교엔 됏대요?"

철환은 고개를 흔들었다. 멀리 일가가 된다면 일가지만 남이라면 남인 이 신기숙이가 언제나 이렇게 자기에게 문서(文書)를 가지고 뒤집어 씨우면서 좀 더 가까울 수 있는 정(情)의 거리에서 살작 비켜서면서 마치 친형에게 대한 어릿광 비섯하게 대할 때마다 어처구니없기도 하고 섭섭하기도 하였다. 아직 시간이 일른지 손님도 안 왓고 부친은 진찰실에 있는 모양이었다.

"승겁다."

기숙은 몃 발자국 올어가 탁사 우 화병에 꽂친 피지도 안흔 작약 봉오리를 만지락거리며

"핵교선 뭐라구 해요."

하면서 등의자에 걸터안저서 창에 지는 해를 내다보는 철환에게로 도라섯다. 철환은 역시 고개를 흔들었다. 기숙은 의자에 안저 한동안 가만이 안저 부엌에서 달그락 소리 나는 것을 듯고 갑자기 일어스면서

"나가십시다. 그의 있는 데 가 봅시다."

---

54 올갠디: 오건디. 얇고 반투명한 모직물(organdy).

하고 철환의 이견이야 무에든 간에 들을 필요도 없다는 듯이 툭툭거리면서 이층으로 올라갔다.

「청춘」 13, 『한성일보』,
1946.5.17.
조선 식민지 (四)

철환은 멧 순간 어이없이 이러선 채로 우둑하니 빈 층게를 올려다보앗다. 신파조 같기도 하고 어떠케 다시 보면 천진한 것 같기도 한 기숙의 언동 역시 그 던지는 말 하나도 숨을 골르고 마디를 아서서 똑똑 부러지게 하는 것이 속없는 수작은 확실이 아니였다. 봄 새 물오른 땅 벌레 주서먹고 토실토실 자란 산새가 작약이 활작 필 무렵부터 에미 속 써이느라고 가지에서 가지로 나라다니는 것같이 저 젊은 여성은 혼자도 능히 점령할 수 있는 공간을 이재부터 더듬어 나르랴는 것인가 '그러나 도대체 제가 두수를 언제 알었다고—.' 철환은 다시 동동거리며 내려오는 기숙을 신기하게 처다보앗다.

검은 선으로 휘갑을 찬 타올지(地) 케입을 걸쳐 입고 어데까지 걸어가도 조타는 듯이 역시 굽 나진 가죽 운동화로 밧궈 신고 내려왓다. 진홍빗 사●커취프를 수건 대신 주머니에 수서 너으면서

"참에 안 아세도 괜찬지요."

하고 뭇는다는 것보다 다짐에 가까운 말세였다.

"그러치만 아부지께서 이러케 나가도 괜찬타고 하실런지."

"내가 내 일 보러 나가는데 아부지가 웨 창견해서야 돼요. 그리구 내가 왜 그 지국장 오만상을 찌푸리고 괜이 심각한 표정을 하는 그 냥반 수중을 들여요. 나가십시다. 아부지 박게 게실 거요."

기숙은 따라 나오는 발발이 새끼를 발뒤꿈치로 밀어 ●●●●고[55] 주춤

---

55 ●●●●고: '문턱 안에 놓고'. 『전집』 참조.

거리는 철환이 앞흘 서서 처마 밋 복도로 해서 병원 간으로 들어갓다. 신 의사는 마침 다싱복을 벗고 나오는 길이었다.

"저녁에 유학생회가 ●● 나가요. 저녁●● ●●서요.⁵⁶ 자근엄마가 ●● ●챌⁵⁷ 맨드서요."

기숙은 되는 대로 주서댓다. 홀애비 신 의사가 등에 달린 귀여운 혹 같흔 딸의 내심을 몰을 리 없었다. 그러다 엄동설한에 무화과를 내노래도 응중을 할 사람이⁵⁸

"저녁이나 먹고 나가렴."

오십으로는 늙어 보이는 신 의사는 도수 높흔 ●●테 안경 넘어로 ●●● ●●● 딸을 ●탐스럽게 ●●보면서 이렇게 승낙 아닌 승낙을 하였다.

"저녁 먹으러 나가요. 선생님하고 같이."

"일직 끗나거든 김 군은 저 애 올 때 같이 들리게."

"그러치 못할걸요."

하고 기숙은 철환의 대답을 가로챘다. 신 의사는 ●●●하다는 듯이 『●●●● ●●』 한마디 두고 자리를 피하드시 안으로 들어갓다. 기숙은 서먹서먹하는 철환을 어서 나오란 듯이 병원 정문을 활작 제켜 놋고 앞서 걸엇다. 철환은 게면적은 걸음으로 따라갓다. 거리는 어느새 어두어 일은 저녁 치른 사람들이 가로수 포도로 달리고 양차와 마차가 뻔질낫게 지나가고 지나왓다. 우중충한 상점 사이길로 접어들어 창고 마당 같흔 두수의 숙소 나즌 통용문으로 두 사람은 들어갓다. 두수의 방에 등불이 켜 있지 안었다. 캉 문을 열고 들어섯으나 두수는 방에 없었다.

---

56 저녁●● ●●서요: '차비는 다 됐어요.'『전집』참조.
57 ●● ●챌: '지금 화채를'.『전집』참조.
58 이하 원문 3행 확인 불가.

「청춘」14, 『한성일보』,
1946.5.20.
조선 식민지 (五)

해가 지면 곳 더위를 가시는 기온이라 그런가 창문도 다처 있것만 눅눅한 방안에는 싱 하니 냉기조차 돌앗다. 철환은 압흘 더듬어 놉히 달린 전등불을 컷다. 커다라케 잡버트린 고리짝이나 배개로 누엇든 가방이 앗가 보든 대로다.

"압흐다든 이가 어디 갓세요."

하고 기숙은 철환더러 책임지란 듯이 물었다.

"저녁 먹으러 나간 게지오."

"뽀판(包辦)⁵⁹ 안이든가요."

철환은 고개를 흔들었다.

"그럼 곳 드러 오겟군요. 기다리조."

하면서 기숙은 스툴에 댕그러케 안젓다. 북마로(北馬路) 카부를 도는 전차 빅휘 소리 포도를 구으르는 마차 소리가 멀리 또 가까이 돌려왓다. '저녁 먹으러 나갓스면 인젠 드러올 겐데 어디 구경을 갓나.' 철환은 건너편 방에 사는 노파에게 물어볼가 하다가 문을 닷고 들어안즌 데 가서 두드리기도 무엇하고 해서 기숙이 하자는 대로 기다렷다. 그러나 한 시간이 지나도 두수는 들어오지 안었다. 할 수 없이 두 사람은 근처에 나가 저녁을 먹고 들어왓다. 두수는 역시 안 도라왓다. 산보를 나갓서도 그만하면 들어올 겐데.

"영화 구경이래두 간 게로군."

---

59 뽀판(包辦): '도맡아하다'라는 뜻. 『전집』 285쪽에 '숙식을 겸한 기숙'이라는 설명이 첨부되어 있음.

하고 철환은 그만 가자는 뜻으로 수선거렷다.

"압흐다구 초대를 거절해 노쿠 사진 구경 간단 말애요. 그런 사람두 있어요?"

기숙은 발끈하였다. 철환은 말로 따지기로 하면 그러키도 해서 입은 열지 안엇으나 내심 밉쌀머리스러운 생각이 나서 혼자말같이

"자기 그리는 대루 그려질 때두 있지만."

하였다.

"머요?"

하고 기숙은 불쾌한 듯이 턱을 약간 처드는 표정이다.

'흥 날 앙팡마진 게 너 뭣 때문에 여기 도사리구 안젓는 거냐 하는 게지? 누구를 기다리는 거냐? 언제 봣다고―. 아 내가 지금 통으로 저렷든 배채 입사귀 다시 사러나듯 프드득거리는 걸 느끼는 건 멀가.'

"여기 안젓지 말고 나가 차저봅시다."

철환은 짐짓 부장을 썻다.

"(쓸데없는 소리) 허마산천에 어딜 나가 차저요. 왜 심술을 부리세요? 내가 무얼 달라구 그래요?"

"내가 웨 심술을 부리우. 부러운 게 있어야 심술을 부리잔우."

"아 난 부러운 게 만트라―."

"길 가는 사람이 차고 가는 염낭이 부럽단 말요. 실컨 울고 십흔 사람 실컨 우는 게 부럽단 말요."

"그런 건 몰라요. 왜 쉬운 말을 그럿케 어렵게 허세요. 부러운 게 부럽지요. 잘 사는 사람두 부러구 그리구."

"그리구."

철환은 기숙의 생각을 곱노아 주었다.

"몰라요 난."

"몰으건 갑시다. 죽은 사람 조상 온 것두 아니구 청승맞게 안저 서루 눈 가리구 아웅 그만하구."

철환은 일어섯다. 파적 겸 캉에 구으르는 사과를 한 개 부러 대견스리 집어 깨물어 뜨덧다.

"전 안 가요. 기다려 보겟어요."

기숙은 나진 목소리로 말하였다. 철환은 놀랏다. 어색하였다. 불쾌하였다. 신기하였다. '기숙이란 사람이 그러케 멀를 압서서 걸었든가 몰으겟다 몰으겟다.'

철환은 한참이나 더 안저 있었다. 길 모를 돌아가는 전차 소리가 다시 들려왔다. 철환은 더 안저 있을 수가 없었다. 그는 아모 말도 없이 박그로 나왓다. 갑자기 날이 흐렷는가 어둠에라도 무거운 구름이 드리운 것을 알 수 있었다. 오래간만에 비가 오랴나 철환은 자기도 모르게 밧분 거름으로 숙소로 향하였다.

「청춘」 15, 『한성일보』,
1946.5.23.
조선 식민지 (六)

철환이 나간 뒤 두수는 철환이를 불쾌하게 보낸 것이 후회가 되었다. 도대체 천진 온 것을 후회햇다. 북경으로 가 볼가, 상해로 가 볼가. 그러나 그런 생각도 정신적 피로를 이기지 못하엿다. 봉천으로 다시 돌아갈가, 그중 가능한 일이었다. 그러나 중국이면서 중국 땅 같지 안은 봉천은 실었다.

집으로 가? 집으로 가서 분수대로 살어? 역시 이것이 자기 가운데 허리를 꺼대리는 자력(磁力)이었다. 그러나 익여 봐야 할 것 아닌가. 기외무학 부친의 수찰[60]에 씨었든 문구가 비로소 의미를 가지고 크게 소리조차 내면서 닥어선다. 힘은 다 일코 강기로만 겨우 꼿꼿하게 그어 내려간 묵흔(墨痕), 로년 병마 등심이 생기자 뿔뿔이 날러 흐터지는 자식들, 어언 간에 목도할 생명의 교체. 피는 과연 연면하게 이어저 가는 건가—들어누어 하는 생각이란 갈피가 없었다. 두수는 아모 결론도 짓지 못하고 이러나 나가 저녁을 사 먹었다. 숙소로 도로 갈가 하다가 발길을 돌려 철환의 집으로 갓다. 혼자 신기숙의 집으로 갓을 것 같지도 안코 화를 내고 나갓으니 곳장 집으로 도라갓으리라고 생각하였기 때문이었다. 풍원 후통[61]이 꺽키는 곳에 공동변소가 있고 거기서 다시 오른손 쪽으로 접어들어 몃 발작 더 가서 철환이 집 압헤 온즉 어떤 사람이 문이 열리기를 기다리고 섯다. 외등이 없는 골목이라 얼골 모습은 분명치 안어도 억개 버러진 체격과 양복 입음새로 보아 또 남자

60 수찰: 손수 쓴 편지.
61 후통: 후통(胡同). 좁은 골목길.

없는 이 집에 와서 밤에 차질 사람이란 철환이박게 없을 것 같은 점으로 직각적으로 조선 사람이라고 생각하였다. 아니나다를가 문이 안으로 막 열리자 가까이 온 철환[62]에게 모자도 벗지 안코 그러나 은근한 말투로

"김철환 씨를 차저오섯슴니까."

한다. 두수는 그러하다고 대답하였다. 집주인 과부가 문을 반즘 열고 얼골만 내밀었다.

"김 선생 게시오."

하고 조선 사람은 서투른 중국말로 물었다.

"아직 안 도라왓오."

하면서 과부는 겟테 섯는 두수를 알어보고 함께 온 사람들인 줄 아는 모양인지

"드러오서서 올라가 기다리시지오."

한다.

"들어가 기다려 봅시다."

하고 조선 사람은 서슴지 않고 들어섯다. 두수는 철환이가 없다면 물론 들어갈 필요가 없있지만 무슨 엉문에 끌녓는지 또 무슨 호기심으론지 얼결에 따라 들어가고 말었다. 철환의 친구가 그러치 안으면 끄나풀인가 신기숙이 집에 갓든 사람 중의 하나일가—마당에 들어서서야 비로소 두수는 불안한 의심이 생겻다. 그러나 누구냐고 물어볼 용기는 나지 안었다. 도리혀 그는 압흘 서서 이층으로 올라갓다.

불을 켜고 두 사람은 의자에 안젓다. 조선 사람은 방안을 두리번거렷다. 그러나 조곰도 생소한 눈치가 아니었다. 한 사십 되었을가. 목대가 굵고 다

---

62 철환: '두수'.

부지게 생긴 얼골이엇다. 살비츤 홍조조차 띠우고 이마가 좁고 눈이 작은 것이 매짜보였다. 어색한 것은 도리혀 두수였다. 그는 갑작이 겁도 낫다. '앗 불사.' 그러나 조선 사람은 여전히 태연하였다. 담배도 피웟다. 붉으레한 얼골에 미소조차 흘리면서

"봉천서 오시잖었읍니까."

하고 쿡 찔럿다. 두수는 손끗이 자릿하였다.

「청춘」15,[63]『한성일보』,
1946.5.25.
조선 식민지 (七)

이게 촉탁이라든 자로구나 대답을 무에라고 할 겐가 하는 것도 지나가는 생각뿐
"그럿읍니다."
하고 두수는 무슨 까닭인지 당연이 심문 밧어야 할 처지에 있는 사람같이 공순히 대답하였다. 피차 통성명이 없어도 서로 누가 누군지 그만하면 알겟고 또 안다는 사실을 알기 때문에 대화는 조금도 부자연하지 안었다. 하기야 두수가 가사 끄나풀인 줄 알고도 대체 댁이 누구요 하고 물어본다면 못 무러볼 것도 없지만 그런 시비에 가까운 용기를 부릴 박력도 없었고 그럴 필요도 늣기지 안었다.
"학교에는 전학이 되섯나요."
"아직 모르겟읍니다."
"아직 몰라요. 네 봉천 같흔 데시도 학생덜이—신인(鮮人)들이 밀이 조—거 무어라구 그리나. 정치 운동 만이 하조? 일테면 해외로 단이는 사람들 심부림 한다든지 심부림이란 말은 어페가 있지만 연락을 한다든지 돈 같흔 거 뺏기구 한다든지 거 무어라구 하나. 하여간 공분 잘 안 되조."
"글세요."
"글세요. 네, 잘 안 되겟조. 안 될 검니다. 그런데 천진엔 누구 잘 아시는 분 게신가요. 아 참 김철환 씨 아시겟군—. 더러 여기 가는 이들 맛나보섯나

---

63 15회로 표기되어 있지만 연재 순서로는 16회이다.

요. 『반도신문』 지국장 맛나보섯나요ㅡ. 학생덜 주선 잘하조."

"아직 맛나본 일 없읍니다."

"아 그러실 테지. 오신 지 멧힐 안 됏으니까 안동현서 떠 가섯조? 지루하섯겟조. 신의주 안동 쪽은 꽤 소란하겟조. 아 참 북대영(北大營)선 날마다 장학량(張學良)⁶⁴이가 대연습(大演習)을 한다조. 한번 구경하섯나요."

"가본 일 없읍니다."

"그럿겟조. 밧부실 테니까. 여기선 공불 허실랴면 잘 될 껌니다. 학생들두 구주군하구요. 참 공학생(孔學生)이란 사람 맛나보섯나요. 철환 씨허구 갓가울 걸요. 폐병이라조. 아마 아심니까?"

"모름니다."

"모르실 거야. 이 근처에 살지 안으니까 또 사람이 괴팍스러워서 누구 잘 맛나랴구도 안 한다조. 지금 어디 잇는지 몰라."

"……."

"자 실례하겟읍니다. 철환 씨 느즈실 모양이구요. 또 종종 맛나 뵙지요."

조선 사람은 비로소 모자를 벗고 작별 인사를 하고 역시 우습지도 안은 우슴을 눈가로 흘리면서 나갓다.

두수는 섯다가 다시 않은 채 위태로운 칭게를 곱게 굴르고 내려가는 발소리 동안이 몃닷 문 닷기는 소리를 끗가지 들었다. 잡노(雜鬧)가 다시 멀리 들리는 것은 막이 내린 무대와 같이 주위가 고요해지기 때문이었다.

불빛이 갑자기 더 밝어진 것같이 방안이 유난이 환하엿다. 철환이를 차저 오기는 왓으나 방에까지 들어온 건 나를 딸어온 것은 나를 알라고 그런

---

64 장학량: 장쉐량(張學良, 1898~2001). 중국 둥베이 군벌 장쭤린의 장남으로 1928년 부친 사후 장제스의 국민정부를 지지하며 공산당 공격에 주력했다. 그러나 1936년 시안사건을 일으켜 국공내전의 중지와 항일을 주장했다.

것보다 자기를 내게 알려 두랴는 게다. '이놈 꼼적 마라. 내 손가락은 게발 같이 움직인다—. 선인들 종종 맛나 뵙지요—. 아 종종새 올개미 하나 일 대일—이게 철환이가 뭐라구 그리든 주구(走狗)가.'

이때 박게 대문 두드리는 소리가 낫다.

「청춘」 16,[65] 『한성일보』, 1946.5.26.
조선 식민지 (八)

주인 여자 끌고 나가는 신발 소리. 드러오며 주고밧는 대화. 잘 들리지는 안어도 분명 철환의 음성이었다.

"인제 오나."

두수는 퇴란간에 나서서 칭게를 올라오는 철환을 마젓다.

"불이 환하드라니 자네 여기 온 줄 알었네."

하며 들어와 안진 철환은 담담하다고 할까 어찌 보면 귀찮어하는 것 같은 표정이었다. '신기숙이 집에 갓치 안 갓다고 그러든가.'

"들오는 길에 누구 맛나잔었나?"

하고 두수는 우울해 보이는 철환의 동정을 살피면서 물었다.

"누구."

"형사 같은 사람이 와서 여직 있다 방금 나갓는데."

"목대 굵고 뱀이 눈 같은 자."

철환은 의외에도 태연하게 이러케 물었다. 그러면서 잠겻든 표정은 새로운 소식을 들으면서 실이를 펴기 시작햇다.

"그래."

하고 두수는 대답햇다.

"잘 알어."

"자주 오나."

---

[65] 16회로 표기되어 있지만 연재 순서로는 17회이다.

"자주? 두구 지내보게."

하면서 철환은 침대 다리로 자리를 옴겻다.

"날 다 알구 있든데."

"신기한가. 대련서 걸렷드라멘? 신기할 거 없지. 조선 사람 움직이는 데 쉬파리가 한 마리만 날라쓰겟나."

철환은 담배를 꺼내 물었다. 잠시 두 사람은 침묵하엇다.

무죽하게 무엇이 해결●지 안을 때마다 철환은 마른 담배를 잘근잘근 입으로 구을렷다. '기숙이가 두수를 기다리고 있다. 그 눅눅한 한약국 뒷방에 문을 안으로 닷고 철에 일로 양장을 하고 얼골은 발각튼가. 비가 내리면 밤이 들어서 으슬으슬할 턴데 신기숙이가 저 사람을 기다리고 있다. 참 알 수 없다. 알 수 없는 것도 아니지. 그러나 이걸 캐 멀하나. 갈 사람이 떠나면 다 그만일 게 아닌가. 그런데 웨 손맥시 들리랴 하나 정이란 눈이 머럿는가. 아니지 눈으로만 보는 건가 보면 그래 알 수 있는 건가. 알었다면 그럿게 빠른 건가?'

"빠르긴 하군. 어느새 열낙을 햇을구."

하면서 두수는 멍하니 안젓는 철환이는 초대언에서 배불리 먹● 피로라고 생각햇다으.[66]

"참 빨러."

하면서 철환은 훌적 몸을 이르키다 무엇에다 대고 한 소린가십히 쓰게 웃는 양 다시 몸을 포기하다십히 던지면서

"여보게, 자네 일직 가 보게. 신기숙이가 자넬 기다리고 있네."

하고 석냥을 차젓다.

---

66 먹● 피로라고 생각햇다으: '먹은 피로라고 생각햇다'.

"어디서."

"자네 방에서."

"웨."

"내가 어떠케 아나."

"어떠케 알다니."

해 노코 두수는 영문을 알 수가 없어서,

"자네 어디서 오는 길인가."

하고 물었다.

"자네 숙소에서."

"어떠케."

철환은 한참 가만있었다. 일어나 안젓다. 그리고는 천천히 신기숙이 집에 갓다가 같이 차저갓든 이야기를 하고 나서

"어서 가보게. 비가 올 것 같흐니."

하면서 비로소 머리속이 가라안젓는지 커다란 손가락을 움직이면서 불을 그어 '하다던'[67]에 대었다.

---

67 '하다던': '하따원'.

「청춘」 18, 『한성일보』,
1946.5.27.
조선 식민지 (九)

아지 못하는 젊은 여자가 자기를 기다리고 있다는 것은 무슨 곡절이 따로 있다면 몰으거니와 상식으로는 도모지 이해할 수 없었다. 수상한 철환의 거동과 말투. 거기 와서 어른거리다 획 사라지는 촉탁이란 무의미한 존재. 그것을 다시 멀리 조명등같이 밝히는 여자의 거리(距離). 그것은 내게보다 차라리 철환에게 갓가운 것이 아닌가 하는 것은 대체로 두수의 옥생각[68]이었다. 그만하면 독자도 대개 짐작하겟지만 신기숙은 철환이가 견우고 있는 촉탁(그 사람 일흠은 현영섭(玄永燮)[69]인데)이 어느 날 피거품을 물고 죽을 사실과는 아모 관개가 없는 것이었다. 신기숙은 초상난 집웅 우에 와서 명랑한 오월을 질겨히 노래하는 암비닭이와 갓다고나 생각해 두는 것이 우리의 이야기의 전개를 위하야 필요하겟다. 그러라면 철환은 속 시원하게 왜 나는 이 거머리 같은 이 거자리 같은 이 왕지네 같은 현영섭의 굵은 목털미를 앵돼지 멱을 따듯 선지를 짜내고 너의들의 압해 압흐로 해와 달을 두고두고 아릿다웁게 그러나 평범하게 버러질 사람이라는 화레(花輿)의 '부레익' 빠적 하는 소리를 아라들은 듯도 하고 나는 기왕 멀리 정신의 순래클로 해서 더 멀리 로서아로 가 버리겟다고 선선하게 터러놋치 못하였는가. 그러

68 옥생각: 옹졸한 생각.
69 현영섭(玄永燮): 내선일체의 이론화를 시도한 실존 인물 현영섭(玄永燮, 1907~?)을 염두에 둔 작명으로 생각된다. 경성제대 출신인 현영섭은 무정부주의자로 활동하다가 전향하여 『조선인의 나아갈 길(朝鮮人の進むべき道)』, 『신생 조선의 출발(新生朝鮮の出發)』 등을 출판했다. 일본 제국주의를 예찬하고 조선어 전폐론을 주장하는 등 철저한 황도주의자로 활동했던 그는 해방 이후 일본으로 도피한 것으로 알려져 있다.

기 때문에 두수는

"자네 암만해도 수상하이. 자네 무슨 음모를 하고 있나? 말이 상스럽구만서두 하여간 심상찮은 계획을 허구 있는 것 같은데 내가 이러케 말하는 게 당돌한가."

하고 물었다. 철환은 대답이 없었다. 어찌 들으면 제 할 대답은 하지 않고 되레 어색한 장면을 박구기 위하야 멱을 멕이는 군수 갈기도 하였으니

"당돌할 까닭이 먼가. 자네 멀 알고 하는 소린지 모르지만 알었대도 무방하지. 또 알앗다면 구태 내가 설명할 필요가 있나. 알고만 있게나. 내가 얘길 하가 실혀서 그리는 것두 안나. 얘길 어떠케 하나. ● 또드라지게 인과적으로 됏서야지. 일테면 이놈은 내 애비 죽인 원순데 이놈이 또 내 자식을 요러케 요러케 잡어먹었다. 그러니 지금 나는 이놈이 저기 있는데 마침 기회가 조니 이러케 이러케 목을 비틀어 죽이겟다—하는 말하자면 인과율(因果律)로 그어 내린다면 거기 숨맥히는 대목도 있고 흥분도 날 테지만—이건 전혀 어—일종 바람이야 머릿속에서 이러난 바람이야 그러니 뭘 어떠케 얘기하나. 그러타고 해서 언제든지 못을 내릴 수 있는냐면 그건 그러찮어. 인제 별수 없이 끗장을 봐야지, 또 한가진 알드래도 알었단 사람이 어렴풋하게 알어 두는 게 후환을 막기 위해 조흔 일이구 해서 가만 있었든 게야. 한데 어서 가 보게. 정말야 그 사람 성질에 기다린다면 밤새면서래도 기달일 테니까. 웨 기다리는지는 정말 모르겟네. 큰 비밀이 아니거든 래일이래두 와서 도리혀 나헌테 경과를 보고해 주게." 하면서 철환은 다정한 표정으로 두수를 처다보앗다. 두수는 말이 없었다. 일어날 생각도 없었다.

「청춘」 19, 『한성일보』, 1946. 5. 28.
조선 식민지 (十)

몇 시나 되었을가. 갑자기 바람이 이럿는지 유리창이 덜그럿거렷다. 이윽고 멀리서 우뢰 소리가 구으러 왓다. 우뢰 소리는 멀리 갓가히 연다러 나다가 한참 집중하드니 굴근 비방울이 별안간에 북창을 때리기 시작햇다.

"어서 가 보게."

철환은 다시 제첫다. 두수는 일어섯다. 삽시간에 억수로 퍼붓는 비소리를 들었다.

"시원한 매질같이 비가 오는구나."

철환은 혼자말을 하면서 두수를 위해 우비를 가추었다.

'사람을 죽이랴나.'

하는 것을 두수는

"자네 어디 멀리 가 버릴랴고 허나."

하고 물었다.

"그래 그리 알었건 뭇지 말어. 담에 얘기할게. 그만 어서 가게. 쏘다지는 이 비에 자네 기숙일 어떠헐랴고 그리는가?"

하면서 철환은 두수를 뛰여밀다십히 하였다. 박게 나오자 두수는 갑자기 신기숙의 일이 궁금하여젓다. 아직두 기다리구 있을가. 비를 마지면서 양차래도 타고 집으로 도라갓슬가. 밧분 거름으로 숙소 대문에 들어서서 자기 방을 보니 불빛이 비첫다. 아직 가지 않었구나 생각하면서 중청 대돌에 발을 언즈면서 우산을 접다가 마침 억세게 치는 바람에 열렸든 널문짝이 절컥 닷기는 바람에[70] 에서 귀를 재그●고 잇든 기숙은 철석하는 물건 소리와 함께 쿵 하는 사람 목소리를 듯고 뛰처나왓다. 두수는 좌반신이 직끈 불어지는 것 같은 감각과 역시 왼편 손끗이 심줄을 당기드시 압흔 것을 깨다럿다. 그러나 머리속으로는 히미한 자기 방에서 흘러나오는 불빛과 거기 안젓슬 신기숙을 생각하고 있었다. 누가 와서 억개를 안으랴고 할 때에는 벌서 몸을 솟기처서 온전한 사람같이 이러나고 잇을 때였다.

닷기는 널문에 끼엇든가 왼손가락이 응크러저 가지고 피가 흐르는 것이 눈에 보엿다.

"애구 이걸 어쩌나?"

하면서 기숙은 당황하게 커취프를 꺼내서 두수의 손을 싸매려고 하였으나 엽고 깔깔한 헌겁은 피를 막기는 고사하고 상처에 압흐게 쓰리울 뿐이었다.

"괜찬습니다. 괜찬습니다."

두수는 압뒤로 따르면서 황망해하는 기숙에게 치사하면서 방으로 들어왓다. 사틴 헌겁을 벳기고 불 미테 보니 새기 손가락이 살이 좀 떨어젓을 뿐 그리 대단하지 안었다. 압흔 것은 왼편 억개서부터 팔뒤꿈치었다. 모으로 깔고 넘어지면서 풀친 모양이었다.

몸이 젓은 까닭일가 등어리가 옷삭하고 춥기도 헷다. 기숙은 캉에 걸터 안즌 두수에게 갓가이 닥어서서 어느새 바섯는지 자기 '케입' 한 구텡이로 두수의 손가락을 싸쥐고 징근이 누르고 있었다. 두수는 무엇이라고 말하여야 조을넌지 몰랏다.

기숙이도 두수의 심사를 읽는 양 아모 말 없었다. 히미한 불빛에 윤기 있

---

[70] 이하 원문 2행 확인 불가. '발이 미끄러지면서 그는 앞으로 넘어겼다. 이때에 방 안에서'. 『전집』 참조.

는 두 눈이 반작였다. 자정이 가까운 박게서는 비가 여전히[71]

---

[71] 이하 원문 1행 확인 불가. '억수로 퍼부었다'. 『전집』 참조.

「청춘」 19,[72] 『한성일보』,
1946.5.29.
조선 식민지 (十一)

신 의사는 손님을 보내고 기숙이 돌아오기를 기다렷으나 종시 들어오지 안었다. 유학생회는 어듸서 모엿는지 어듸서 모엿든 간에 여직껏 끗이 나지 안을 수 없는데 무슨 사고가 생겻는가. 철환이 있는 데로 갓다가 비에 막혀 못 오는가. 철환이와 같이 있다면 걱정될 건 없지만 그래도 전에 없든 일이라 가만이 안저 있을 수 없어 집을 떠낫다. 비가 원악 장대로 퍼부으니 그런가 길에 마차도 눈에 띄이지 안었다. 할 수 없이 네거리에서 양차를 겨우 집어 타고 불조게(佛租界) 부근에 사는 공학생의 숙소로 향하엿다. 철환이는 최근에 숙소를 것는지라 남고루 뒤라는 말은 들었으나 향방을 알 수 없고 하야 제일 갓가이 래왕이 있는 공학생을 차즈려는 것이었다. 공학생 아파트에는 얼마 전에 그가 각혈을 하엿을 때 왕진 갓든 일이 있었다. 극장 모통이 거리에서 고물전으로 빠지는 샛길에 잇는 북양 아파트 출입구는 한밤중이건만 활작 열려 있었다. 양차를 보내고 그 대신 문 압폐 머무러 있는 마차를 맞춰 노코 삼 층으로 올라가 맨 구석 변소 엽헤 공학생의 방을 녹크 하엿다. 사람이 없는지 대답이 없었다. 다시 두드렷다. 그래도 응중으 없었다. 모두 유학생회에 갓나 하면서 돌아서랴니 획 약 다리는 내음새가 문틈에서 풍겨 나왓다.

"공 선생 나 신병휴요. 공 선생 게시오."

하고 다시 두드리자 한참 만에 문이 열리면서 힌 저고리에 검정 치마 길게

---

[72] 19회로 표기되어 있지만 연재 순서로는 20회이다.

입은 젊은 여자가 나왓다. 다시 보니 『반도신문』 지국장 족하 되는 사람이 엿다. 놀란 표정을 반색으로 감초면서 안으로 안내한다. 공학생은 침대에서 내려오면서

"선생님 웬일이심니까."

하고 무슨 큰일이 생겻는가 하는 어조로 물엿다.

"기숙이가 철환 군과 같이 유학생회에 간다고 나가선 여지 안 드러오는구만."

하고 신 의사는 철환의 주소를 몰라 차저오느라고 이러케 밤중에 공동[73]을 식히게 댓다고 설명하엿다.

"유학생회가 있엇다면 제가 모를 리 없을 텐데요."

하고 학생은 성큼성큼 걸어 단이면서 양복을 주서 입고 신발을 신엇다. 힌 조고리 입은 여자는 숫불에 다려 노은 약탕강을 디려다보면서 두 사람의 대화를 귀발이 들엇다.

"같이 갈 것 없이 번지만 가르쳐 주. 남루 어데라면?"

하고 신 의사는 몸 압흔 사람이 이 비 오는데 어떠케 나가느냐고 차려입은 학생의 후의를 사양하랴고 하엿다.

"번질 아서도 못 차즈심니다. 그러나 아니나 저도 김 군 볼 일이 있구 하니 갓치 가시조." 하고 겨울 외투를 내려 입고,

"소련(素蓮) 씨도 같이 가실나오."

하고 검게 쑥 디려 박인 그러나 광채 나는 눈으로 옷을 염이고 종긋하게 서 서 있는 여자를 마조보앗다.

"가겟어요."

---

[73] 공동: 위험한 말을 하여 두려워하게 하는 것(恐動).

하면서 소련이라는 여자는 약탕강을 내려노코 압서 나가는 두 사람을 따렷다.

세 사람이 탄 마차가 철환의 집 문 압헤 다엇을 때는 두수가 막 나간 뒤엇다. 비발치는 담 넘어로 불빗이 훤한 것은 철환이가 아직 자지 안는 것인가 학생은 문을 두드리며 열어 달라고 소리를 첫다.

「청춘」 20,[74] 『한성일보』,
1946.5.31.
조선 식민지 (十二)

내가 딸어가며 설명을 하지 않어도 신병휴(申秉休) 의사 일행의 마차가 김철환이까지 태워 가지고 박두수의 숙소로 갈 것은, 더 물어볼 일도 아니고 하니 우리는 압서 가서 박두수의 방문을 몬저 열어 보기로 하자—.

훅근하는 향기는 기숙의 옷과 머리에서 풍기는 '코티'나 '우비강'[75] 향료 내음새뿐에서만일가. 음산하든 예자기리 헛간 같흐든 이 방안. 냉멸(冷滅)을 차본이 가라안치는 것은 찬 빗발에 도리혀 은은히 이러나는 십 촉 전광뿐일가. 멀리 게절(秀節)을 알리는 흙 내음새같이 로영(盧)[76] 같흔 진흙 벽 돌담 안에 태양은 흙 내음새를 저바리지 안었다. 간호를 바든 두수는 한 팔을 떠러트린 채 광 구석에 기대앉었고 기숙은 두수의 고리짝을 풀고 있었다. 몃칠이 지나도 임자는 생각도 안 한 이부자리를 꺼내 주랴는 것이다. 가방을 뒤지면 손수건도 있겠고 구지 사양을 하엿드면 새로 맞처 입은 웃옷을 찌저 손을 싸매 줄 때까지에는 몃번 점잔은 사양으로 체모대로 차라리 어색하고나 마럿을 것인데 정갱이 심술 잘란 사슴이같이 뛰는 허파를 숨길로 싸면서 철환[77]은 과연 압흔 때문인가 에틸에 마쳐된 사람 같고 또 기숙이로 말하드라도 내가 참 엇저자고 이러는가 할 사이도 있었으련만 한 이랑 두 이랑 흙 내음새는 연달어 일어 모든 기운●●음새와 흐름은 삼시간에 골라도

---

74 20회로 표기되어 있지만 연재 순서로는 21회이다.
75 '코티'나 '우비강': 코티(Coty), 우비강(Houbigant). 모두 향수 상표의 일종.
76 로영(盧): '노영(盧營)'. 허술하게 지은 주둔지.
77 철환: '두수'.

라젓든지라. 그러는 사이 엇절 나위 없이 먼 조수는 밀물로 쓸물로 흐늑이는 바다에 다만 두 사람은 벌거케 피어 어대로 흘너나려 가는지도 모르고 등심 해파리의 의식(意識)을 안고 호흡할 뿐이었다.

두수는 왼팔이 떡 켄겨 가지고 좌반신 전체가 주리를 틀드시 압헛다. 그러나 이것은 또 짜디짠 소곰의 달게 살밋트로 배여드는 무한대(無限大)의 조수가 아니냐. 기숙이가 없데여 짐을 끌르는 동안 고행(苦行)을 나아가 사서 진이는 사람같이 발끗치 빗노이는 것조차 스스로 단속하도록까지 단정하게 몸을 가젓다. 밋물은 이 같튼 기숙의 손가락이 억세게 올매진 삼바 줄을 댕기고 그러면서 반듯한 이마에는 돌돌 땀조차 솟는 것을 처다보고 두수의 머리속은 아직도 혼몽하였다. 역시 압흔 때문인가.

나는 외로운가 어머니 생각이 난다. 아직도 어린앤가 모든 선과 악(惡)의 근원인 어머니여―어머니는 부드러운 어르만짐이로구나. 여성이란 결국 어머니었든가. 저 녀성은 대체 누군가. 부드러운 것은 어르만짐인가. 어머니에게서 떠러진 부드러운 것을 나는 다시 차즈려는가. 부드러운 것은 벌서 흙 내음새같이 내 겻헤 와 있는가. 그것은 나를 배곱흐게 하는 피가 역시 그 피가―차지하여 가는 것인가. 나는 피의 종인가. 그러면 부드러운 것을 차저 피의 수레를 끌고 가는 고기덩어린가―열이 나는 때문인가. 두수는 우정 입술을 중긋하여 가지고 코김을 불어보앗다. 열은 없엇다. 기숙은 간신이 바줄을 끌르고 고리짝을 열었다. 위선 책이 밀려나왓다. 호기심으로 손에 잡히는 대로 한 권 자그마한 것을 집어 들었다. 그것은 토마쓰 아 캠피쓰[78]의 『기독(基督)의 모방』이었다.

---

[78] 토마쓰 아 캠피쓰: 토마스 아 켐피스(Thomas a Kempis, 1380~1471)는 독일의 성직자·신비주의자로서 『그리스도를 본받아(De imitatione Christi)』를 썼다.

「청춘」 20,[79] 『한성일보』,
1946.6.1.
조선 식민지 (十三)

"예수를 미드세요?"
하고 기숙은 도라서면서 물었다. 서글서글하다기보다 또렷또렷한 기숙의 눈은 처음 두수의 질커진 손을 어르만질 때같이 반득였다. 기전할 수 있는 대화의 단서를 잡음으로 해서 지긋하게 눌리우든 두 억개로 갑부든 숨이 페이는 때문일가.

두수 역시 무엇이고 화제각 생긴 것이 더군다나 그것이 이 한증(汗蒸) 같흔 감정의 세계와는 전혀 절연(絶緣)된 말하자면 차거운 별에 더한 이야기같이 시작된 것을 반겨 하였다.

"미더 본 일 없읍니다."
하고 두수는 솔직이 대답햇다. 기숙은 책을 골라서 탁자에 싸코 이부자리를 안어다가 두수의 발취에 밀어 언고 아 캠피쓰를 다시 들고 캉 모에 간호부 모양 걸터안즈면서

"전 미더 본 일 있어오. 어릴 때요."
하고 구면같이 두수를 바라보앗다. 이런 때에 무에라고 대답하여야 올흔가. 이러케 단순하고 그리고 도저히 따러갈 수 없는 간단한 처리를 어떠케 바더야 올흔가. 혈관 세포 세포 충혈된 듯 부듯하든 착각은 잘삭 깨어지면서 신경이 바로잡히는 것 같았다. 흐늘흐늘 방안으로 하나 갓득 브등켜안었든 육체는 문득 꿋꿋하여지는 것 같고 다시 집흐레기에 동갱이가 나는 해삼(海

---

[79] 20회로 표기되어 있지만 연재 순서로는 22회이다.

蔘) 허리같이 믄득믄득 나가는 것 같었다. '내가 웨 이리 삿듯할가. 좀 더 어질지 못할가. 난생 처음 밧는 선물을 웨 발구락으로 끄러당기랴는가. 착하자. 착하여지자. 어린애같이 울자.' 숨 멧 번 쉴 동안에 획획 징검다리 건네듯 두수의 머리속에서는 착잡한 감정이 음게(音階)대로 타고 내려갓다 다시 솟아 올라왓다. 기숙은 두수가 말을 밧지 안는 까닭을 뭇드시 눈동자를 방끗 다시 조였다. '몹시 압허서 저런 희벌건 표정인가?'

"어데서요?"

이윽고 두수는 아모 뜻 없이 말을 꺼냇다. 숙은[80] 책을 놉고 선생 압헤 안즌 생도같이 양손을 얌전이 꺽지고

"승동 예배당에서요. 주일핵교[81] 수표다리 예배당에 갓구요.[82] 아세요? 수표다리, 동아부인상회 압흐로 가는."

"네."

하면서 두수는 웬일인지 가슴이 들컥하고 깃벗다.

"어때요 참. 서울은 언제 떠나셧조?"

"재작연에 떠다 낫읍니.[83]"

"언제 도루 조선 안 드러가새요?"

"글세요. 갈 수박게 없을런지 모르조."

"가시믄 언제 가세요. 래일이래두? 손가락이 나시믄 곳 가실래요?"

두수는 빙그레 우섯다. 기숙이도 따러 우섯다.

---

80 숙은: '기숙은'.
81 주일핵교: '주일학교'. 교회에서 주일마다 주로 아동에게 성서를 가르치기 위해 마련한 교육 프로그램.
82 여기서 언급되는 승동 예배당(현 승동교회)과 수표다리 예배당(현 수표교교회)은 3·1운동의 중심지였다는 공통성을 지닌다.
83 떠다 낫읍니: '떠낫읍니다'.

"손가락이야 가구 오는 것터구 상관 있읍니까."

"그러믄요?"

"그래요."

"그러지요."

이때 박께서 발자국 소리가 여러 겹 돌리드니 이어 녹크 소리가 조용하게 낫다. 기숙이가 깜작 놀나면서 일어나 문을 열었다. 철환이가 비물을 떨구며 드러서면서 박게 선 일행을 인도해 디렷다.

「청춘」 23, 『한성일보』,
1946.6.3.
조선 식민지 (十四)

두수는 억지로 몸을 ●기 세워 캉에서 내려와 벽을 기대고 섯다. 피를 보고 철환은 깜짝 놀랏다.

"웬일인가?"

"들어오다 닷쳣서. 대단찮어."

하고 영문 모를 불의의 래객들의 면전이라 이러케 대답햇다. 철환의 놀란 것과 동시해서 신 의사는

"너 웃전 일이냐 대체?"

하고 기막힌 표정으로 딸에게 닥어섯다. 기숙은 우득허니 선 생채로 대답이 없었다. 공학의 눈은 실험대(實驗台)를 응시하는 사람같이 낫낫의 대상과 ●●을 ●●●드시 ●고 있고 한소련(韓素蓮)은 느●한 키, 자기 키보다 항상 높흔 곳을 보는 버릇 있는 그 눈동자는 연극 같은 이 장면 속에서 무엇보다도 공학생을 지켯다.

"지금 어느 때냐 몇 시냐 말이야."

신 의사는 약간 화가 낫다.

"……"

"멀 허구 않었니 대체."

죽지를 비틀린 병아리같이 눈만 끔벅거리든 기숙은 이 말을 듯고 숙드렷든 고개를 천천이 쳐들드니 넙적하게 부친을 맛보면서 "뭐요?" 하고 소리를 첫다. 당하지 못할 욕을 당한 피고(被告)같이. 에미 없는 자식이라 일찍이 어성조차 놉혀 본 일이 없는 신 의사도 괘씸한 딸의 포드득거리는 말소

리에는 핏대가 일어섯다.

"뭐요가 뭐냐. 밤늦두룩 서예[84] 멀 허구 있느냐 말이야."

"이이가 손구락을 닷쳣으니깐 그러케 됏지요."

"이인 다 냐 이인. 이이가 누구냐 대체."

기가 맥히고 어처구니가 없어서 불숙 이러케 힐난하였으나 말해 노코 보니 역시 체모가 안 되었는지라

"가자. 어서 가자."

하고 신병휴는 어성을 떨구면서 두수에게 사의를 표하는 동시에 딸을 달랫다. 그러나 기숙은 부친의 말을 바더 듯기는 고사하고 도리어 천천이 캉 모로 걸어가서 않는다. 귀에 젓도록 잔소리를 들은 메누리같이 피장패장이라는 듯한 태도였다. 흥건하게 피가 배인 케입이 발길에 노힌 것을 물그럼이 내려다보면서 기숙의 관심은 딴 데 있었다.

'저 녀자가 누군가. 수녀(修女) 같흔 인상을 주는 저 녀자는 대체 누군가. 이 ●●● ●●● 남자들을 ●●[85] 여기 왔는가.'

기숙은 두수를 처다보앗다.

미리속 피로와 ●●저리는 고통에 님서 끼언신 모닥불을 ●● ● 어리눙절하고 섯다가 두수의 시선은 마침 외투를 버스랴고 하는 공학생을 말리는 한소련의 석고(石膏)와 같이 흰 얼골을 무심히 바라다보고 있었다. 비가 긋치고 ●●● 낙수물 소리가 쭈룩쭈룩 갓가히 들렷다.

입장이 곤란한 것은 철환이였다. '어쩌면 조흘가.' 망서리다가 방관하는 사람들과 부녀간의 긴장을 풀어보기 위하야 두수를 보고

---

84 서예: '예서'.
85 이 ●●● ●●● 남자들을 ●●: '이 밤중에 뭐하러 남자들을 따라'. 『전집』 참조.

"자네 인사하게. 공학생 씨. 이렷게 맛나게 하는 건 내 실수네마는."
하고 말을 꺽었다. 다시 한소련을 소개하랴고 할 때 기숙은 불쑥 이러서면서 한마듸
"갑시다."
하고 신 의사의 시선을 끌고 압흘 지나 걸어나갓다.

「청춘」 24, 『한성일보』, 1946.6.5.
조선 식민지 (十五)

"미안하오. 일이 그만 이러케 됏의다."

하고 신병휴은 두수에게 사과 겸 작별을 하였다.

두수는 몸을 굽혀 예를 다할 뿐 아모 말도 못하였다. 의사는 기숙을 따러 나가다가 문지방을 가로 타고 돌아서서,

"원, 이런 정신 봐. 공 선생 참 죄송하외다. 같이 가시지. 김 군은 더 안젓다 가려나."

하면서 두 청년과 한소련을 번가라 보앗다.

"천만에 말슴을. 먼저 가시지요."

하고 학생은 소련더러,

"같은 방향이니 소련 씬 선생님 차에 함께 가소."

하고 다시 의견을 물어보듯이 철환을 처다보앗다. 철환은 물논 자고 갈 생가이었다.

"저의들은 자든지 있다 가든지 할 테니 어서 가시조."

하면서 철환은 담배를 꺼내 피웟다. 아모리 딸의 일이 노여워서 그럿다고는 하지만 두수에게 대한 신병휴의 소행이 심히 불쾌햇다. '자긴 의사가 아닌가. 대단치는 않은 상처지만 뭐시 어찌 됏건 피가 흐르는 걸 보구 일언반사도 없다?' 게다가 기숙이가 자기를 거들떠보지도 않고 나가 버린 것도 철환의 말씨를 거츨게 한 이유의 하나였다.

공학생은 한소련을 어서 가라고 눈짓하였다.

"숫불이 다 사윗슬 텐데 약은 어떠커시나요?"

하고 소련은 걱정하였다.

"래일 대려 먹을 테니 염여 마소."

하고 학생은 긴치안타는 듯한 대답을 하고 겨울 외투를 버섯다. 희고 기름한 소련의 얼골에 일순 홍조가 피었다. 오면서 마차에서 철환이가 신 의사에게 하는 이야기를 대강 듣기는 하였으나 영문을 잘 모르는 소련은 다만 공학생이 식히는 대로 하였다. 특별이 두수에게 바치는 듯 갈른 머리 가름 흰 줄이 쪽 보이도록 허리를 깊이 숙으려 경례와 가튼 인사를 세 사람 압헤 남기고 신 의사를 딸어 나갓다. 나가기 전에 한소련은 피 무든 기숙의 옷을 보기 흉하지 않게 들어내다가 문 박게 치우처 놋코 갓다는 것을 여기 적어 둔다. 세 사람이 나간 뒤에 두수는 캉에 가서 벽을 기대고 풀석 주저안젓다.

"웨 그러나 손이 몹시 압흔가."

하고 철환은 물엇다. 두수는 고개를 흔들면서 창백한 얼골에 미소를 띄우고,

"팔을 닷쳤어. 쎄인 모양이야."

하고 숨을 길게 내쉬었다.

"뭐야. 그럼 진작 말할 게지 웨 가만 있었나? 자네두 하지 신딱 의사한테[86] 뵈일 걸 그러잔엇어."

"글세."

"맨손으로 온 의사에게 뵈인들 이 밤중에 웃덕허나."

하고 학생은 캉에 기대앉어 마진편 벽을 처다보앗다. 학생은 두수의 재난을 대소롭게 역이지 안는 모양이었다. 철환이가 두수의 팔을 거두고 보고 있을 때 그래도 무슨 생각이 나는지 공학생은 이러나서 두수의 요를 깔고,

"자 누어 보시오. 주물러나 봅시다."

---

86 자네두 하지 신딱 의사한테: '자네두 딱하지 신 의사한테'.

하고 세 사람 중의 맛형같이 신직하면서[87] 두수에게로 와서 억개에 더운 두 손을 언젓다. 젊었다는 것만으로 능히 서로 통할 수 있는 감정―두수는 고마운 생각에 가슴이 뻐근하였다. 철환이도 팔을 만젓다. 두수는 꿈틀하면서 다치게 못하였다. 증세가 더한 것 같었다. 그러나 그는 깃벗다. 성장한 젊은 사람들의 더운 손은 마른 뿌리를 적시는 풍부한 비와 같이 부드러운 것이었다. 두수는 또 하나의 새로운 부드러움을 알었다.

---

87 신직하면서: '신칙(申飭)하면서'. 단단히 타일러서 경계하면서.

「청춘」 25, 『한성일보』,
1946.6.7.
사랑과 사상 (一)

아침 늦게서야 일어난 신병휴는 일과대로 마당에 나려가 화분에 물을 주고 있다. 고개를 들어 이층을 처다보니 기숙의 방 유리창은 아직도 쉐드[88]가 내린 채다. 혼자 제수가 차려다 주는 조반을 대강 입질하고 병실로 나갓다. 힌 쉐드 가린 유리창 안에 기숙은 벌서 눈을 뜨고 있었다. 그러나 침대에서 일어날 생각은 하지 안었다. 광선이 즉사하지[89] 안어도 동서로 들창 난 조고만한 침실은 숨길 데 없이 환하였다. 너머 환한 것이 실어서 기숙은 다시 눈을 감어 봤다. 두 손을 가슴에 언고 조례(朝禮) 시간도 지낫겟지. 아―그깐 핵관가 뭘해 그양 들어누어 있자. 가슴에 젓는 웨 이리 웨 이리―.

아―나두 어듸 압펏으믄 차라리 내가 손가락을 닷첫드라믄. 피란 무서운 게건만 갓차이 보면 정말은 말할 수 없이 아름다운 게 아냐. 오직 압펏슬라구. 히멀건 얼굴, 웨 그리 사람이 인색할가. 혼자 그 차듸찬 캉에 누어 있을가? 내가 꺼내 준 그 이부자리에, 만주서 가지구 온 그 때무든 이부자리, 쿡 찔으든 사나이 냄새. 누가 빨아 줄 사람도 없었나. 그런데 그 눈이 뎅굴한 여자는 정말 누굴가. 그의가 얼빠진 사람처럼 그 여자를 처다보구 있었지? 공학생이란 사람 애인인가. 참 일흠두 벨스럽다. 학생이 뭐냐 공학이면 그냥 공학이지. 두수 두수 박두수 내가 압흐면 압허서 이러케 누어 있으면 그이가 올가 뭘 사 가지구? 오지 안을 거야! 아이구 철환 씨가 또 요전날 대만합

88 쉐드: 차양(shade).
89 즉사하지: '직사(直射)하지'. 광선이 바로 비치지.

방(臺灣合倂) 기렴일[90] 날 저녁처럼 삐루[91] 냅새를 피우면서 격문(檄文)에다가 꼿을 싸 쥐구 들어오믄 어떠커누. 아—일어나기두 실타. 기숙은 자짓빛 차겹이불을 거더차고 벌걱 일어낫다. 스립퍼를 신고 잠옷 우에 모본단 롤징 케입[92]을 길게 걸치고 체경 압헤 섯다. 흥커지지도 안은 머리를 만저도 보고 눈곱도 딱거 보고 힌 이빨도 여전히 아름다운가 열었다 다물고 그리고는 또 렷또렷한 두 눈을 심각하게 겨눠 보기도 햇다. 오늘은 참 의미 없는 날이다. 도라가면서 쉐드를 올리고 동창을 활작 열었다.

칠월도 갓가운 훈풍이다. 하늘은 언제 흐렷든가 십게 프르럿다. 기숙은 아래로 내려갓다. 세수를 하고 원피쓰로 갈어입었다. 고모는 장 보러 나갓는지 발발이만 부엌에서 나왓다. 입맛도 별로 없는지라 찬 우유를 두어 목음 마시고 중청에 들어와서 조간(朝刊)을 펠치고 않었다. 신 의사가 들어왓다. 기숙은 일어낫다 다시 안젓다.

"인제 일어낫냐?"

하면서 의사는 등의자에 딸과 마주안젓다.

"몸이 불편해서요."

어제밤 두수의 숙소를 나와서 지금 처음 주고밧는 대화였다. 신 의사는 딸을 한참 처다보다가

"너 글세 생각해 봐라. 네가 잘못햇나 내가 잘못햇나. 사람이란 게 지각이 있어야지 안니 그래야 유시오[93] 사람이 되는 거 안냐?"

---

90 대만합방(臺灣合倂) 기렴일: 청일전쟁에서 패배한 청나라는 1895년 4월 17일 시모노세키조약을 체결하고 자국 영토인 타이완을 일본에 할양했다.
91 삐루: 맥주를 일본어식으로 발음한 것(ビール).
92 롤링 케입: 롤링 케이프. 목에 두르는 상의(rolling cape).
93 유시오: 5회 연재분에서 기숙이 이 말을 쓸 때 '부친의 항용어'라는 서술자의 설명이 있었다.

"……."

"사람이 다 한번 격는 일이지만—내가 모르는 게 아니다. 나두 다 지내본 일이야. 허지만 콩인지 팟인지 분간을 못허는 것두 유만부동[94]이지그려. 어떠케 사람이 그러케 원 그러게 쉽단 말이냐?"

기숙은 아모 대답도 하지 안었다. 『익세보(益世報)』[95]를 펼친 대로 머리를 숙으리고 젊은 남녀가 끌어안고 있는 영화 광고에 눈을 떨구고 있었다.

---

94 유만부동: 類萬不同. 정도에 넘친다는 뜻.
95 『익세보(益世報)』: 중국에서 발행된 근대 일간지 중 하나. 1919년 3월 1일 독립선언서 중국어 번역본을 처음 게재하는 등 조선독립운동에 관한 내용을 많이 실었다.

「청춘」 26, 『한성일보』, 1946.6.8.
사랑과 사상 (二)

"늬가 애비가 돼서 생각해 봐라 머 있겟늬. 정성이라구 헌다면 딸뿐일 테지? 고시라니 자라서—넌 인제 그만하면 다 자랏다만—그래두 반반헌 데루 으젓한 사람헌테 가야 애비두 시름을 덜 거 아니냐."

설교가 항상 역효과를 내는 것을 잘 아는 신병휴는 이러케 애소하듯 들뜬 염소 색기 달래듯 딸의 반성을 구해 보앗다. 기숙이는 약간 흔들렷다. 쉽사리 일 수 있는 쪽감정이 잠간 물거품 일 듯하였으나 그것 역시 웬일인지 세상 떠난 모친에게 잠시 기대고 십흔 것 같은 감정으로 변햇든 것뿐이다. 그랫다가 부친이 불상한 생각이 낫다. 그러나 이것은 머리속에서 지나가는 생각이고 머리속보다 더 깁흔 먼 어느 살 속인지 뼈속에서 '그러니까 결국 나는 행복한 사람이다'하는 자기 배반의 신호를 들었다. '웨 내가 행북할스룩 아부지는 불상해 뵈일가. 배필이, 아니 엄마가 없어서?' 기숙은 잠잣코 있다가 일어서면서

"이저버리세여. 아마 전 조선 땅이 그리워서 그랫든가 봐요. 조선서 오신 분이라니까 아마 조선에 가구 퍼서 그랫든가 바요."

하면서 부친들 뎅그러케 안저 둔 채 갑븐갑븐 이칭 자기 방으로 올라갓다. 아랫입술을 지긋이 깨물고 썻다가 화장대로 가서 안젓다. 흐리운 구름을 햇치고 내리쏘는 태양에 달달 익은 초여름 도모도 같흔 두 뺨은 거울이 자주 이불을 반사하는 빗인가? 그러치 안타. 기숙은 경대 설합이란 설합은 다 열어제첫다. 그리고 거기 들어 있는 화장품은 가지 수대로 다 꺼넷다. 가진 정성을 다해서 화장을 하였다. 화장이란 얼골을 아름답게 하는 것이 아니라 감

정을 용기와 필적(匹敵)케 하는 거다. 가슴이 뛰었다. 가슴뿐 아니고라 전신이 쓴맛어 빠 단맛이 오르는 복숭아를 지[96] 질근질근 씹는 감각이었다. 그리고 나니 자기가 보아도 아름다운 얼골, 다른 원피쓰로 또 갈어입고 하이힐을 꺼내 신고 그리고 아래로 내려가 괄목하는 중국인 간호부를 본체만체 생문으로 해서 빠저나갔다. 비에 저즌 가로수는 지르게 푸르고 하로 밤새 우북하게 더 자란 것 갓텃다. 중원공사에 가서 컷 그라쓰 화병 한 개와 아스파라가스를 포갠 카네순 한 묵금을 사서 들고 두수의 숙소로 갓다. 빈지[97] 대문을 밀고 들어서니 겻방 노파가 퇴 아래 마대를 깔고 조고마케 외방자를 틀고 않저 호신 바닥을 맨드느라고 풀칠을 하고 있다. 필요가 있어 그리니 보다. 인사 겸 "박 선생 게심니까?"하고 물었다. 칠십도 넘어 뵈는 작은 노파는 귀는 밝어서 흘적 고개를 처들면서 "쇄 즈모니(누가 아오?)"하고는 다시 헌겁 쪼각을 풀로 부하기 시작햇다. 기숙은 웃으면서 숭청으로 들어가 두수 방문을 또닥였다. 아모 대답이 없다. 잠이 들었나?

난생 처음 경험하는 아름다운 모험을 조여 안고 문을 열었다. 탱 버었다. 웬일일가? 처맨 그 손을 들고 벌서 나가야 할 무슨 일이 생겻는가. 어제밤 그 안색을 봐서는 종일이래두 누어 있을 사람 같흔데—갑작이 기숙은 다리가 휘청거리면서 몃십 리 행보를 한 사람같이 맥이 없었다. 박게서 해는 점점 놉히 솟건만 방 속은 승강기로 내려간 지하실 갓었다. 사소리[98]래도 기어 나올 것 같흔 구석구석—기숙은 가지고 온 꽃과 화병을 책이 싸인 탁자 우에 기운 없이 치우듯이 노앗다. 놉고 돌아설 새도 없이 잘각하는 소리에 홱 도라보니 하병이 구을러 떠러저서 산산이 부서젓다. 유리 파편이 날카롭게

---

96 쓴맛어 빠 단맛이 오르는 복숭아를 지: '쓴맛이 빠지고 단맛이 오르는 복숭아를'.
97 빈지: 한 짝씩 끼웠다 떼었다 할 수 있게 만든 문.
98 사소리: 일본어로 '전갈(さそり)'을 뜻함.

반작였다. 기숙은 물그램이 반짝이는 파편을 굽어보앗다. 상스럽지[99] 못한 징조(徵兆)를 말하는 것 같흔 파편들이었다.

99 상스럽지: '상서롭지'

「청춘」 27, 『한성일보』, 1946.6.10.
사랑과 사상 (三)

두수는 밤새 열을 내고 앓았다. 비는 머젓으나 새날을 잡어든 한밤중에 어듸 가서 의사를 부를 수도 없고 하야 철환과 학생은 찬물을 떠다가 두수의 팔을 식혀도 보고 머리에 저즌 수건을 갈어대기도 하면서 날을 밝켯다. 물장수 구루마 소리가 들릴 때쯤해서 철환은 박그로 나섯다. 신 의사에게로 가랴다가 그만두고 상반가(常瀋街)에 있는 강기(岡崎) 외과로 갓다. 엇전지 병원만은 중국 사람에게 갈 생각이 나지 않었다. 세 시간 이상을 대합실에서 기다려서 조반을 먹고 이를 쑤시며 나오는 의사를 데리고 왓다. 두수의 팔을 탈구(脫臼) 가트나 너머 부어서 잘 모르겟스니 렌도겐[100]을 찍어봐야 뇌겟다는 것이다. 그리고 간밤 신열은 염증에서 온 것이니 염여할 것 없다는 것이며 찬물로 찜질햇다는 것은 안할 짓을 햇다고 하면서 당돌한 웃수염을 도려 부친 일본 사람은 우섯다.

두수는 학생과 철환이 부축을 밧어 가면서 마차를 타고 병원에 갓다. 사진을 찍어본 결과 역시 탈구였다. 그러나 대단치 안으니 곳 정복(整復)[101]을 식히고 일주일만 입원을 하면 나으리라는 것이다. 일주일 입원—두수는 압흔 것보다도 돈 돌 일이리 걱정이었다. 이 눈치를 챈 철환은

"입원비 걱정 같흔 건 하지 말게. 어서 편이 들어누어 빨리 낫도록이나 하게. 움직이지 안는 게 좃타니까."

---

100 렌도겐: 뢴트겐(roentgen). 물체가 받는 엑스선의 양 또는 세기를 나타내는 단위. 여기서는 엑스선 촬영을 의미함.
101 정복(整復): 골절이나 탈구로 어긋난 뼈를 본디대로 돌리는 일.

하고 수술실로 들어가는 두수를 안심식혓다. 부목(副木)을 대고 붕대를 칭칭 감고 나오는 두수는 완전한 환자였다. 간호부는 세 사람을 이층 입원실로 안내햇다. 두수는 침대에 눕자니 속이 멀정한 사람이 청승마진 노릇이나 입원이란 드러눕는 것이라 친구들이 식히는 대로 하였다.

"뒷네. 그러케 한동안 누어 명상이나 하게. 누군 목욕탕 속에 들어 안젓다 묘리를 개쳣드라데만[102] 자네도 이런 기회에 한번 물리[103]나 터 보게. 가령 고통에 대해서라든가 우연(偶然)에 관하야라든가 몃시구 하나 파봐. 그래야 압흔 것두 이저요."

철환은 이런 농담이랑 하고 간호부에게 전후 신칙을 식히고 학생과 같이 돌아갓다. 두수는 혼자 남자 사지를 풀어헷치고 누어서 눈을 감었다. 마치 의유 없는 악(惡)으로 행위한 사람이 혼자서 가지는 자분 분만(憤懣)과도 같흔 무위(無爲)에서 온 정신적 파탄을 늣겻다. 엇전 셈인가 대체 나는 무슨 이유로 이러케 되엿는가. 생활이란 결국 이러케 아모 의미 없은 우연의 연쇄(連鎖)인가. 눈을 떠 봣다. 마즌 편에 노인 빈 침대에 힌 쉿[104]을 덥허 노은 것조차 불길(不吉)해 보였다. 저 침대에도 나같이 아모 이유 없이 마치 지나가는 그난이라는 우연한 바휘에 깔린 개고리 같흔 인괴를 밧은 사람이 또 들것에 메여 들어오겟지. 다시 눈을 감었다.

우연—육체적 고통—이제 철환이 한 말은 그냥 우수깨 농담일가. 기숙이란 여자를 내게 덧노코 또 그리고 스스로는 자조(自嘲)하는 반어(反語)가 안일가. 억울한 연쇄다. 철환 군은 나를 어느새 자기 세계의 한 개 침입자(闖

---

102 목욕탕에서 '유레카'를 외쳤던 고대 그리스의 자연 과학자 아르키메데스의 일화를 말함.
103 물리: 모든 사물의 이치.
104 쉿: 침대에 덧씌우는 흰 천(sheet).

入者)¹⁰⁵를 맨드러 노치 안엇는가. 그리곤 스스로 자조하는 반등으로 박그로 향해 내게 대해서 배가(倍加)의 기사도(騎士道)를 보이는 것이 아닌가. 자기 안에 있는 영웅을 만족식히기 위해—. 그날 밤 면회 시간도 지난 아홉 시경에 간호부는 래객임을 알엿다. 간호부가 대답을 바더 가지고 나갈 새도 없이 뒤따라 누가 들어왔다. 그것은 신기숙이엿다.

---

105 침입자(闖入者): '침입자(侵入者)'.

「청춘」 28, 『한성일보』,
1946.6.11.
사랑과 사상 (四)

환자는 언제나 래객을 반기거니와 두수는 기숙을 보자 마치 오래 기다리든 사람이 온 것같이 반거워서 자기도 모르게 벌덕 반신을 이르킨다. 무슨 말이고 입을 연다는 것이 자기의 기쁨을 깰 것만 같아서 아모 말 못하고 가차이 걸어오는 기숙을 웃는 낫트로 마저볼 뿐이었다. 그러나 두수의 얼굴에서는 곳 우슴이 것첫다. 기숙의 두 눈에서 눈물이 떨어지고 있는 것이다. '웬일일가. 싼 동정을 파는 건가.' 그러나 기숙의 표정은 멀리 두수와는 상관없는데 물러안은 것 같었다. 웨 우는가.

"울지 안으랴면 안을 수 있에요. 혼자래도 실컷 울 수 있에요. 그러나 웨 여기 와서 울음이 나오는 걸 어쨋다고 참어요."

기숙은 뭇지도 안는 혼자말을 하면서 약병 탁자 압헤 철환이 안젓든 의자에 주저안었다. 동정을 파는 것이 아니엇다. 기숙이 얼골은 조용하게 몸부림젓다. 몸부림치는 신폭(振幅)을 너군다나 예민해진 두수의 신경은 김응할 수 있었다. 아모 응수를 못하고 있다가

"어떠케 알구 왓습니까."

두수는 겨우 이러케 입을 열었다.

"김 선생님한테서 알구 왓에요. 팔 다치섯단 걸 전 몰랏어요."

두수는 기숙의 감정을 알 수 있었다. 그러나 웬일인지 알었다는 것을 표시하고 십지 않었다. 그는 조용히 드러누었다. 그리고 자기 바위에 와서 몸부림치고 부디처 흐터지는 파도 소리 같은 것을 책임 없이 듯고만 있었다. 기숙의 눈물은 차차 차젓다. '아 사나이란 모두 이러케 숨어 사는 것인가. 사

나이의 세계란 이러케 깁흔 것인가. 이러케 말이 없는 것인가. 이러케 무시 무시하고 이러케 식커면 밤 같은 것인가.' 이런 생각이 들어갈스록 기숙은 이 순간에도 자기 자신이 두수에게로 식커면 밤 속으로 끌려가는 것을 깨달었다. 그는 속으로 기뻣다. 끌려가는 것이 조왔다. '웨 아닌 체해? 내가 누구안테 죄를 지었다구. 죄 없는 나를 죄를 짓게 해. 왜 내가 아부지 딸의 신용만을 해. 콩이구 팟치구 반반허구 으젓허구 웃잿다구 내가 아부지 정신적 흥정에 보선짝 모양으루 구을러야 돼? 그러케 쉽단 말이냐구요. 아, 아부지 그게 얼마나 존 일이얘요. 왜 모두들 쉰 일을 일부러 어렵게 맨드러요.'

"아부지께서 그날 밤 대단 노여하섯지오."

하고 두수는 물었다. 기숙은 두수의 손가락을 처매든 것과 같흔 사렌[106] 손수건을 꺼내 눈물을 딱그면서

"그게 그러케 궁금하세요. 징말 걱징이 돼서 물으시는 거얘요? 그러찬으면 그냥 인사로 하시는 거얘요. 전 인사엔 흥미가 없에요."

라고는 그래도 다시 자기 한 말에 대해서 용서를 구하듯 하는 눈으로 두수를 내려다보앗다. 두수는 아모 말 못하엿다. 울고 톡톡 쏘고 그리고 혼자 부르고 쓰고 하는 기숙은 자기도 모르는 사이에 벌서 오랜 관습을 뛰어넘어 담 넘어로 들어온 피차의 교섭이라는 것을 깨달었다. 기숙은 벌떡 이러낫다. 감정의 원류와는 왕청한[107] 데로 빗나간 말의 타동(他動)을 고처 끄러댕길 수가 없는 까닭일가?

"일즉 주무세요. 그리고 나시건던 빨리 조선으루 가세요―."

하고 나가다가 돌아서서

---

106 사렌: '새틴'. 여성복에 사용되는 견직물(satin).
107 왕청한: 차이가 엄청난.

"참 김 선생님 래일 밤에 복경[108] 가신다죠. 아마 또 무슨 정치(政治)인가 봐요."

하고 기숙은 나가 버렷다. 두수는 팔이 다시 압퍼낫다. 그 압흔 피는 머리속으로도 흘러 올라왓다.

108 복경: '북경'.

「청춘」 28,[109] 『한성일보』,
1946.6.13.
사랑과 사상 (五)

이튿날 철환은 두수를 차저왔다. 막차로 북경으로 가게 되어서 자기 없는 동안은 공학생이 들늘 것이니 무에고 아신 게 있거든 그에게 말하라는 것이다.

"무슨 일루 가나. 가거든 거기 학교 형편이나 좀 알어 가지구 오게. 멋하믄 북경이나 가 보게."

하고 두수는 부탁하였다. 철환은 고개를 끄덕였다. 자기와는 멀어진 학교라는 관심을 다시금 이르키는 두수가 어린애같이 보이면서 웬일인지 이런 때에 자기 자신과 자신의 매인 환경에 대해서 한번 설명하고 십흔 충동을 늣것다.

"여적 자네한태 조용이 얘기할 기회가 없어서—기회야 있엇지만 자넨 온 지두 멧칠 안 되구 나는 또 육십운동(六十運動)[110] 오주년 기렴 사건 이후에—이건 차차 얘기함세 난—도무지 경황이 없어셔 실상 잠잣고 있었네. 간혹 농담이나 객담한 건 다 그런 때문이란 건 자네두 짐작할 줄 아네."

하고 철환은 쥐고 온 잡지를 둘둘 말면서 한참 있다가 대략 아래와 같튼 조선 청년들 정치 활동에 관한 설명붓터 하였다. 첫재 천진, 북경을 중심으로 연전부터 세 가지 파별이 있어 와서 현재까지도 그 확집(確執)이 계속되는데 그 하나는 중국본부한인한인청년동맹(中國本部韓人靑年同盟)[111]이고, 둘

109　28회로 표기되어 있지만 연재 순서로는 29회이다.
110　육십운동(六十運動): 1926년 6월 10일 순종의 장례식 날에 일어난 민족독립운동인 6·10 만세운동을 가리킴.
111　중국본부한인한인청년동맹: '중국본부한인청년동맹'. 1927년 11월 중국 상하이에서 조직된 애국

재는 재중조선청년동맹(在中朝鮮靑年同盟)[112]이고, 또 하나는 재중국무정부주의자련맹(無政府主義者聯盟)[113]이라는 것. 한청(韓靑)은 一九二五년 상해에서 조직된 민족주의자의 단체요, 조청(朝靑)은 원래 길림성(吉林省) 반석현(盤石縣)에서 一九二八년 조직되었든 좌익 단챈데 그 후로 조선공산당 만주총국(滿洲總局)으로 들어갓다가 다시 지역적으로 발전하여 나왓다는 것, 이 사이에 무련(無聯)은 지금껏은 유격대의 임무를 하여 왓는대 셋이 다 대개 다시 두 파로 분립이 되어서 일테면 한청 안에도 좌경파가 잇어 그들은 소위 여기서 '일쿠쿠'파[114]라고 자칭하는 '트로츠키아잇'[115]을 저의한 조과청는[116] 언제든지 제휴하라고 하고 조청 중에서도 소위 국내파(國內派)라고 하는 사람들은 '볼세비키'와는 철천지원같이 아는 '아나키스트'들과 손을 잡으라고 하는가 하면, 아나키스트들은 목적을 위해선 한청에 석기고 조청에도 접근한다는 것, 아모리 서로 싸우다가도 투쟁 목표가 항일(抗日)無라는 데[117] 가서는 공동 전선을 펼 때가 있다는 것, 그리고 세 단체의 목전의 적(敵)은 교민단(僑民團)이라는 친일파와 및 그 부류들이라는 것, 그것을 조성하는 동시에 정치 단체의 활동을 음으로 양으로 마비식히고 잠식하고 말살식히는 임부를 맛흔 것이 령사관에 드나드는 소위 촉탁이라는 끄나풀들인데 그중 악질이 현영섭이라는 자라는 것, 이 자가 지난 육십만세 기렴 시

청년운동단체.
112 재중조선청년동맹(在中朝鮮靑年同盟): 1928년 만주에서 조직된 독립운동단체 '재중국한인청년동맹'에서 유래한 명칭이라 생각됨.
113 재중국무정부주의자련맹(無政府主義者聯盟): 1924년 중국 베이징에서 이회영, 신채호, 유자명 등이 조직한 무정부주의 운동단체.
114 '일쿠쿠'파: 이르쿠츠크파. 1921년 고려공산당 내 '상해파'와 대립한 분파.
115 '트로츠키아잇': 트로츠키주의자(Trotskyist).
116 조과청는: '조청과는'.
117 항일(抗日)無라는 데: '항일(抗日)이라는 데'.

위에 동지 여섯 사람을 잡어 너었구 그동안 조선에 갓다 왓다 등 이애기를 하였다.

「청춘」 29,[118]「한성일보」,
1946.6.18.
사랑과 사상 (七)[119]

"북경 가는 건 역시 그런 운동인가."
하고 두수는 물었다.
"말하자면? 그래."
하고 철환은
"팔월 일일은 국제투쟁(國際鬪爭) 기념일이고 이십구(二十九) 일은 국치(國恥) 기념일[120]이고. 지난번 육십(六十) 시위는 선풍이 이러나 유야무야 해산되고 만 모양이어서—오는 날자를 기렴하는 것보다도 나는 또 내 필요한 청사진에마저 그려 너치 못한 련락선(連絡線)을 그어 놀랴구."
하고 담배를 피워 가면서 계속햇다.
"우리 계획 얘기보다—우리라구 하구 보니 우리란 게 굉장한 수사 같은데 알구 보면 사실은 기막히네. 한청이란 것은 북경, 천진 모두 해서 한 열아문 될가 대개 학생이구. 또 학생 출신이지만—그리고 무련이란 건 천진엔 공학생 하나야. 『탈환(奪還)』이란 걸 부정기루 편집해 내지."
하고 철환은 계속하야 만보산 사건 이삼(二三) 개월 전부터 일본 주둔군 행동이 활발해진 동시에 로골화해서 일테면 일군 병영에서 로서개(老西開)에 있는 영군(英軍) 병영은 상거가 얼마 안 되건만 이 근자에는 들어 봐란 듯키

---

118 29회로 표기되어 있지만 연재 순서로는 30회이다.
119 7로 표기되어 있지만 6이다.
120 국치(國恥) 기념일: 1910년 8월 22일 대한제국과 일본 제국은 한일병합조약을 체결했으며 같은 달 29일 공포되었다.

관동 파견군 대포를 터트리고 시가로 행군하고 간혹 또 당고에서 해병대까지 풀어 올 때가 있는데 전하는 말에 의하면 당고에는 새로 포대가 여러 군데 구축되여 간다는 등 이야기, 신문을 가만이 보면 매진(梅津)의 태도가 장학량이를 달래는 것 같흔 것이 화북에 뜻이 연연하든 장작림(張作霖)[121]의 유지를 계승하라는 학량이 속을 넴겨잡고 작전적으로 동북을 뷔워 노토록 하자는 게책이 뵈인다는 이야기. 그리고 제일 또드라지게는 전에 없든 총독부 경무국 즉속 파견 촉탁이 생겨 가지구 일종의 예비 검속을 하고 있다는 것. 이것이 전번 시위 준비 때에도 일본 병영에 수류탄 사건이 생긴 것을 기회로 두 사람은 총살햇다는 것. 교민단이 상당한 금전 원조를 밧고 있는 눈치가 있다는 이야기랑 하여였다.

두수도 봉천 있을 때 막연하게나마 사태가 급박해 가는 것 같흔 것을 짐작할 수 있었다. 그러나 그것은 다분이 자기 신변 중심의 것이었다. 철환의 긴 이야기를 듯고 두수는 저윽이 놀랏다. 이야기 내용보다도 철환이가 그동안 사상적으로 저만큼 성숙하였든가 하는 경의엿다. '나는 그런데 뭘 허구 있는가. 공부? 철환은 벌서 그런 종류의 추구 방법은 날근 법율같이 내버리고 심상한 현실 속에 들어갓지 안엇는가.' 갑자기 웅크리고 안저 담배를 피고 있는 철환이란 존재가 커 보엿다.

"압흐로 서루 어떠케들 될 걸 몰라서."

하고 철환은 말을 이었다.

"이런 얘길 하는 겔세만은 난 로서아로 가랴네. 갓다 그야 오지. 도루 오지. 하지만 하여튼 한번 가 보구 십허. 한데 지금 로서아로 가는 게 문제가

---

[121] 장작림: 장쥐린(張作霖, 1875~1928). 중국 펑톈 군벌의 총수로서 동북 지방의 실권을 장악한 후 중앙 정계로 진출했다. 그러나 장제스의 북벌군에 패해 퇴각하던 중 일본 관동군이 기획한 기차 폭파사건(황구툰사건)으로 사망했다.

아니라 가기 전에 해치울 일이 어려워. 하긴 아주 쉬울는지두 모르지만. 어째껀 이 가을엔 내가 낙엽을 몬저 볼 갤세."

두수는 한참 잠잣고 있다가

"자네 그럼 볼세버낀가."

하고 물었다. 철환은 벙그레 우스면서 일어낫다.

"아무 게믄 어떤가. 꿩만 잡었으믄 됏지. 이거나 보게. 그리고 조섭 잘 하구."

하고 철환은 가지고 있든 잡지를 두수의 가슴 우에 언저 노쿠 나갓다. 두수는 잡지를 들었다. 그것은 『계급투쟁』 제四호였다.

「청춘」 32,[122] 『한성일보』, 1946.6.19.
사랑과 사상 (八)[123]

안으로 빗장을 내린 공학생의 방에서—철환은 북경 염사(焰社) 동지로부터 곤총(拳銃)이 입수되였다는 전보가 왓다는 소식을 전하고 현영섭 암살에 대한 프런을 피력하엿다.

"잘됏네. 무슨 식인진 모르겟지오."

하고 학생은 물었다. 철환은 고개를 흔들면서

"가 봐야 알겟서."

하고 한참 있다가

"무슨 식이든 간에 방아쇠가 내 손가락에 걸니는 게믄 조켓네."

하고 건너편 벽에 검정 외투가 축 내리걸린 것을 물그림이 처다보앗다.

"헛방이 나갈가봐?"

하고 학생은 우슴 절반에 냉낸한 조소를 석것다. 철환의 시선은 식검언 외투 자락을 흘러 오르내렷다. 정식(靜息)—그것은 혼이 금시 떠난 형해(形骸)다. 학생은 방안을 왓다갓다 하면서 웅크리고 안젓는 철환을 심판하듯 음미하다가 발길을 멈추고 돌아서서

"나는 바둑을 둘 때두 늘 그러케 생각하지만 항상 탕 하는 소리를 몬저 들을랴구 안 하네. 사자는 쥐를 잡아두 혼신의 힘을 쏟는다지만 난 거기 이의가 있어. 웨 쥐를 잡을 때 내가 빗자루를 따러가야 되나. 나는 나구 빗자

---

[122] 32회로 표기되어 있지만 연재 순서로는 31회이다.
[123] 8로 표기되어 있지만 7이다.

루는 빗자루지. 빗자루루 쥐 잡는 건 힘이 아니야 간단한 일—자네 손톱으루 이 죽일 때 송편 먹었을 때 힘꺼지 내나? 우리의 실패는 위선 관역을 크게 잡는 데 있었구—."
하고 말을 끊어 버렷다. 막연한 말이나 학생의 이야기는 긴절한 대목을 때와 주는 것 같고 말보다도 그 말하는 학생의 냉정한 투가 철환의 혼란한 생각을 만이 시정하면 주는 것 같엇다.

"알겟네. 헌데 이건 어떨가. 이번 북경 가는 기회에 조청, 무련, 한청을 종용해서 투쟁일 기렴 대회는 통주(通州)서 열두룩, 그래가지구 이십구(二十九) 일엔 놈들의 시선이 전부 그리 집중하두룩, 그런다면 현(玄)은 반듯이 그리 갈 게구, 나는 나대루 예정한 코쓰에 갓가운 데루 가게 되구."
하고 철환은 물었다. 학생을 침대에 걸터안젓다. 전보다 심각한 표정이다. 한참 시컴한 눈을 껌벅어리다가

"글세—. 그러나 그 자가 그리 안 가면 어떠컬 테야. 또 시골서 총소릴 내노쿠 빤한 데에서 어떠케 희생을 주릴 건가?"
하고 물었다. 철환은 담배를 꺼내 피우면서

"희생이야 전체가 입을 택시 있나. 내 일흠을 덥흘 방법이야 얼마든지 있지—그리구 현이 안 간다면? 그건—기숙일—기숙일 말이야 어떠케 움직이면 될 것 같해."

철환의 시선은 학생과 마조첫다. 학생은 눈살을 찝흐렷다. '새침땍이 신기숙이가 들을 말이 없어서, 더군다나 탑탁찬케 생각하는 자네 말을 들어? 자네 하리는결국소는[124] 소련이가 나서서 미인계를 쓰면 된단 말이지? 그러

---

[124] 하리는결국소는: '하는 소리는 결국'.

케 증상스런[125] 사람이 어떠케 일을 하나?'

"글세, 하여간 단여오게. 단여온 뒤에 다시 얘길 듯세."

하고 학생은 일어낫다. 이때 누가 문을 또닥엿다. 두 사람은 다시 서로 마조 보앗다. 다시 녹크―침묵이 게속되엇다. '누군가. 누가 엿듯지 안엇든가.' 학생은 철환이가 갑자기 불상한 생각이 낫다. 그러면서 불안하엿다. 다시 녹크―에 따러 움직이는 구두 소리를 듯드니 학생은

"없어―. 아무두 없어."

하고 벽력 같흔 소리를 첫다. 철환은 깜작 놀랏다.

논크 소리는 더 나지 안코 멀어저 가는 발자국 소리가 들렷다.

"비러먹을 년―."

하고 학생은 중얼거렷다.

---

125 증상스런: 생김새나 행동이 징그러울 정도로 밉살맞은 데가 있는.

「청춘」 33,[126] 『한성일보』,
1946.6.20.
사랑과 사상 (八)

공학생을 차저온 소련은 학생이 치는 고함 소리에 자즈러지게 놀라 깜짝 한 발 물러섯다. 고함 소리를 다시 울리는 것 같흔 푸른 문짝이 장식인가 사개를 돌럇나 철걱 잠기고 다시는 열리지 않을 옥문같이 네 귀 번듯하고 ●●이 막혓다. 쌍맹이[127]로 바위돌을 올려노은 소(沼)에 죽어 떠오른 고기 눈같이 빗을 일흔 소련의 시선은 그다음엔 허공에 무얼 보앗기 실소(失笑)가 그러잔으면 실루(失淚)가 실색한 얼골을 구지 가리자는 것도 아니건만 노히는 대로 복도를 거러나가는 그림자는 아모도 안 보앗기 아 마츰 당행이었다. 그래도 층게를 내려올 때는 뚜걱뚜걱 웨 그러면서 약탕관이 업질러지는 것 같해 걱정걱정하다가 아 약탕관이 아니라 각혈이 세수수건으론 안 돼서 대야를 차저도 없고 그것도 내가 엽해 직히고 있었으니 그러치만 내라니 아 내라니 빠라먹고 내어던진 달걀 껍질이 절컥하고 깨어지는 것인데 그러나 긴 겨울밤 그 이층(二層) 방에서 끌어 ●안고 하늘인가인가 유월 동산 골짝에 밤나무 느러져 구리배배한 내음새 풍기는 바람을 안고 취하든 것은 숫불 냄새든가 그르믄 현관에 사람들이 드나드는 북향 아파트로 선생님 아니 당신이 삼춘과 싸우구 이사해 들어올 때 나는 가즈런이 따라 들어오면서 나는 더 당신 곁으로 가차히 나서 들구 십흐지 안었에요? 그러지 않었드믄 저는 그새 벌서 서울루 갓샛슬 게 아니에요? 이런 가로수 밑으로 그땐 나무

126 33회로 표기되어 있지만 연재 순서로는 32회이다.
127 쌍맹이: '쌍망이'. 쇠망치.

●●●●●●●[128]지만 백하(白河) 께서 밤늦두룩 선생님 아니 당신은 모든 사람이 가장 행복하게 살 수 있는 사회 얘기를 하시면서 혹은 별을 가르치시기두 하구 씨자[129]의 건 씨자에게다 돌리구 아비의 건 아비에게다 돌리구[130] 그리구 이런 네거리루 그날 밤엔 비켜서면서 거를 필요두 없이 후청후청 억개를 겨르고 집에 도라왓을 때 신문을 한창 바더서 발송하느라고 밧분 삼춘이 어듸 갓다 인제 오느냐고 저더러 한 말인지 당신더러 한 말인지 그래도 우리는 그냥 밤 지우도록 새 사회 얘기를 계속하고, 마침 정전(停電)이 되어서 제가 초불을 켜 노코 북그러워하니까 또 당신은 초가 다 녹두룩 불이 타서 없어지는 건 마치 생명(生命) 같다구 아니 ●육체라구 하셧든가. 어째든 정말 선생님처럼 말씀이 고르다가도 별안간 저를 끌어안으시군 하여튼 이러케 양차 비키고 마차를 피하고 이러케 질느고 이러케 자동차 소리 요란하든 동마로 극장에 둘이 들어가서 처다보앗드니 천정은 하늘같이 맨드럿는데서 별들이 또 반짝였지요ㅡ. 한소련은 한참 것다 보니 대화공원(大和公園) 압헤 왓다. 한 손에는 학생을 주랴고 삿든 과일를 보재기에 싼 것을 그냥 들고. 그는 공원 안으로 들어갓다. 중국인 남녀들이 주렁주렁 안젓고 유희장에서 일본 아해들이 썰매를 타고 그네를 뛰었다. 그는 나무 그늘에 가서 널 의자에 털석 주저안젓다. 시게를 보니 여섯 신데 여름 해라 아직 낫밤 같은 하늘이다. 갑작이 목이 말럿다. 그는 무심이 보재기를 끌르고 밀감을 하나 꺼내 힘을 디려 벅게 씹었다. 몹시 시었다. 이가 저렷다. 그래서 그의 눈에서는 눈물이 흘럿다ㅡ. 학생과 철환이가 이야기를 맛추고 같이 나와서 신 의

---

128 ●●●●●●●: '잎이 떨어질 때엿'. 『전집』 참조.
129 씨자: 줄리어스 시저(Julius Caesar, B.C. 100.~B.C. 44.). 로마의 군인 및 정치가.
130 마가복음 12장 17절 "이에 예수께서 이르시되 가이사의 것은 가이사에게, 하나님의 것은 하나님께 바치라 하시니"를 가리킨다.

사 집으로 간 것은 대개 이때쯤이었다. 철환의 북경행을 위해 차린 식탁에는 북경 다녀온 소련의 삼촌 한걸이도 있었고 기숙이가 하품을 하고 안젓섯다.

「청춘」 34,[131] 『한성일보』, 1946.6.22.
사랑과 사상 (九)

단재(丹齋) 조선사 원고를 찾지 못하고 온 이유가 북경 있는 『시대신문(時代新聞)』 지국장의 손에 드러가 버린 때문이라는 한걸의 이야기를 듯고 잇든 신병휴는 철환과 두수[132]를 반겨 마저 안첫다. 기숙은 주인격이진만 마지못해 자리에 나온 손님처럼 되러 두 사람에게 답례하는 정도에 예의와 다홍이 머젓다. 한걸은 학생이에 들어서면서부터 빗걸렷다. 한걸과 합석을 하게 된다는 말은 들었지만 만나서 이러케 불쾌할 게면 애당초 오지 안을걸 하고 속으로 후회보다 분하게 생각햇다. 하나 철환이 모처럼 떠나는 저녁상인데 눈에 가시래도 할 수 없는 일이고 또 사실 한걸이 그래도 반허리를 이르켜 저쪽에서 먼저 아는 양을 하고 은근하게 안젓는데 무슨 까닭 없는 악의를 고집하는가 하면서 나프킨을 폇으나 역시 배알이 틀리고 아니꼬앗다.

'비러먹을●—비러먹을 자식—쉬파리처럼 댕기면서 저녁이나 어더먹구 바로 공분(公忿)에만 움직이는 것처럼 큰소리나 텡텡 하구—.' 하는 건 대체 소련의 부드러운 손이 지나간 자리를 바로 어떠케 잘짐생에게 물린 것처럼 착각을 이르키고서 내친 아만(我慢)이라 독(毒)을 올리는 것인가는 자기 스스로는 알 바이 없었다.

"열한 시 막차라?"

하고 신병휴는 학생에게 맥주를 파러 주면서 철환에게 물었다. 알고도 뭇는

---

131 34회로 표기되어 있지만 연재 순서로는 33회이다.
132 두수: '공학생'.

말인 것은 대개 신병휴는 젊은 사람들을 대하니 심히 마음이 유쾌한 까닭이고 특히 철환을 만날 때마다 웬일인지 조왓다. "네." 하고 철환은 대답햇다.

"가면 언제 돌아오나."

"글세요. 가봐야 알겟읍니다."

"머라. 화북 유학생 대회를 연다?"

"네, 그러케 해 볼랴구―."

하고 철환은 대답을 흐렷다.

"조심하게. 매사에 조심들 해. 온통 난 웃잰 샘판이 되는 걸 모르겟서. 전번 소동 같흔 것두 일테면 말이야."

하고 신은 마시다 남은 맥주를 디리키고 다시 부었다. 철환은 잠잣고 있다.

"참 자네 친군 어찌 됏나. 좀 난가."

"네 삼사(三四) 일 래루 부목을 떼은다니까 곳 퇴원하게 될 겁니다."

"안비러먹을● 됏미 그거 원. 먼 데 모처럼 왓다가 그나저나 으떠커믄 탈구가 되두룩 너머저. 으째 사람이 얼듯 봐두 맺친 데가 없는 것 갓태. 따분한 사람이 원."

하고 신 의사는 혼자 말을 맨드러 버리고 힐긋 기숙을 처다보앗다. 기숙은 못 드른 체하고 시선을 피햇다. 맥주가 어지간이 돌아갈 때까지 잔시중을 들면서 안저 있었으나 식사들을 시작하기에 자기도 삼지창을 쥐고 이것저것 찍어 밧드나 도모지 입맛이 나지 안었다. 서로 주고밧는 이야기에도 흥미가 없어젓다. '따분한 사람이 원―날더러 우정 드르라구 사람이 늙어가믄 다 미련해지는가. 저 양반은 또 그래 친구가 압해 드르누엇는데 싸움판 치닥거리하러 댕기구. 이이는 웬 페병이라면서 맥줄 저렇게 마실가.' 식사가 절반이나 지낫을 때 간호부가 드르와서 급한 병자가 왕진을 청한다고 전하였다. 신 의사는 한참 생각하다가 일어서면서 "잠시 단녀올 테니 천천이들 놀아요. 열한 시믄 아직 두 시간이나 있군 그래." 하고 괘종을 처다보면서 나갓다. 부친이 나간 뒤 기숙은 한참 더 안젓다가 일어낫다.

"머리가 압허 잠시 실레허겟에요."

하고 나가서 이층으로 올라갓다. 손님만 남은 식탁에 억색한 눈들이 마조첫다. 그러나 학생은 한걸을 유유하게 넌네다 볼 수 있는 것을 다행하게 생각햇다. '제 하를 파라먹드라구 드는 돼지 같은 놈—.' 학생은 곱부[133]를 다시 당겨 한 목음에 디리 그엇다.

---

[133] 곱부: 컵(cup).

「청춘」 35,[134] 『한성일보』, 1946.6.23.

사랑과 사상 (十一)[135]

●●연유로 학생이 한걸●● ●어지게 노려보는지 ●● 잘 모른다. 또 무슨 ●●로 내가 이렇게 압두를 ●●고 학생의 압헤서 수세●●●지 안으면 안 되는가 하●●● 한걸 자신이 정직하●●● 보라고 하지 안었다. ●●● 자기 합리화를 잘하는 ●●●의 가지는 유일의 안●●●법[136]이었다. 공학생 ●●● 상해(上海) 무정부주의총련맹 화북(華北) 파견 유학으로 천진 남경대학[137]에 왓을 때 물론 누구에게든지 조선서 곳장 온 사람이라고 하였고 자기 집 형편은 사실 경상도 안동(安東) 땅에서는 그래도 노적을 가려 놓고 지내는 터라 그리 남 보기 초라하지 안었고 또 원래 성격이 하로에 다 먹어 치우고 올 열흘 굶자는 편이라 누구나 맛나면 술 한 순배고 저녁 한 끼래도 자기가 내믄 냇지 몬저 어더먹길 즐기지 안었든지라. 이러한 점과 또 한 가지 한두 마듸 말에도 만만찬은 뼈가 들어 백인 것 같흔 것이 그 당시 천진 조선인 사교게의 거간 격인 한걸[138]이 눈에 들어 결국 학생이 그의 집 이층에 류숙하게 된 동기었다. 돈 있는 집 자식 같고 게다가 생각도 올게 백인 듯십고 조선서 갓 온 사람이라 잘 구슬러 자기 사람을 맨들면 꿩 먹고 알 먹을 수 있다고 의식적으로는 안이겟지만 어째든 더 곰곰이 생각도 안 헷기 한걸

---

134 35회로 표기되어 있지만 연재 순서로는 34회이다.
135 11로 표기되어 있지만 10이다.
136 ●● 자기 합리화를 잘하는 ●●●의 가지는 유일의 안●●●법: '그것은 자기 합리화를 잘하는 인간들이 가지는 유일의 안이한 방법'. 『전집』 참조.
137 남경대학: '남개대학'.
138 한결: '한걸'.

은 마침 내지에서 실연을 하고 소풍 차로 왓다는 소련과 학생이 갓가이 지내는 것을 시인한 것일 게다. 그러다가 학생이 머리 깜는 도수가 느●●● ●●●●●●● ●석까지[139] 있이 뵈고 형색이 차차 달러지는 눈치를 보앗을 뿐 아니라 다루기 만만치 안코 덕을 보기는커녕 되려 거저 먹으랴 드는 것 같해서 어느 날 학생이 내던지는 의자에 발을 찍히고는 책생 위에 노헛든 파리통을 들어메치면서 학생을 내어쪼친 것이었다. 그러나 한걸의 집에서 나올 때 학생은 소련의 상하였든 사랑이라는 정의를 완전히 살려 노앗섯다. 그러나 다시 생각해 보면 소련과 같이 지낸 지나간 긴 겨울밤들이 한걸이가 부자집 자식에게 제공한 산 제물같이 생고이 들어가는 것을 또한 억제할 수 없이 오늘까지에 이르럿다. 노력 없이 뜨든 열매에 대한 실망―과 한걸에 대한 인간적 분노―로 학생이 눈동자는 식컴언 무쇠 총알같이 한걸을 연방 쏘고 있을 때 한걸이 일종의 허장성세로

"북경 가신다니 말슴이지만 가시건 학생칭더러 그 『시대신문』 지국장인가 한 자 좀 혼내 노투록 해보세요. 이재두 신 선생허구 얘기햇지만 이 자가 글세 생활빌 댄다구 허구선 단재 조선사 원고를 송두리채 빼아서단 서울루 보낸단구려."

하고 학생의 시선을 피하면서 철환을 처다보앗다. 철환은 별로 요령이 있는 말 갓지 안은지라 의미 없이 고개를 끄덕였다. '비러먹을 자식, 뭣시 어쩌구 어째. 도라가면 남의 오해 중상이나 하구.' 한창 맥주를 드러 마시든 학생은 아지도 못하는 이야기건만 비열하게 남을 깜는 한걸의 말에 발끈 피가 궤주를 흐르는 것 같흔 흥분을 늣긴 것은 빈 유리 곱부를 와직근 깨물어 탁 한걸의 얼골에 대고 배앗튼 것과 거이 동시었다. 철환은 놀라 벌떡 이러낫다. 학

---

[139] 도수가 느●●● ●●●●●●● ●석까지: '도수가 줄어가고 출출한 표에 병색까지'. 『전집』 참조.

생의 입에서는 피가 주루륵 흘러내렷다. '개자식―.' 하고 다시 한번 한걸을 노려본 학생은 의자를 거더차면서 박그로 나가 버렷다.

「청춘」 36,[140] 『한성일보』, 1946.6.24.
사랑과 사상 (十二)[141]

이층에 올라갓든 기숙은 옷을 가러입고 박그로 나섯다. 병원으로 두수를 차저갈가 하다가 나제 단녀오고 또 간다는 것은 가고는 십헛으나 자기 자신에 대하여 염체 없는 노릇 같어서 그만두고 어디라 없이 번화한 길만 따라 거럿다. 가다가 엽흘 처다보니 푸른 나무가 욱어진 숩이 건물 사이로 보엿다. 그것이 물론 공원인 줄은 아럿지만 기숙은 역시 어느 깁흔 산속을 차저가는 것 같흔 기분으로 대화공원 변죽을 빙 돌아 정문으로 해서 잇갈나무, 불두화나무, 그리고 벗나무랑 둘러 심어 노흔 정자 뒤로 해서 등시렁 밋트로 빠저나와 유히장 근처로 갓다. 다 부부 같흔 중국인 남녀……. 유가다를 걸친 일본인 남녀들이 오락가락하는데 유히장엔 일본 아해들박게 눈에 띠이지 안었다. 모기떼가 이러케 웅웅하고 뎀비는 데서 아해들이 무얼 하는가. 같이 놀아라도 보고 십흔 생각이 나서 모래밧 가까히 가다가 기숙은 거름을 멈첫다. 비 오든 날 밤 두수의 방에서 맛낫든 여자가 벤취에 안저 있는 것이다. 긴가민가하고 다시 보앗으나 역시 틀림없는 구면이다. 다소곳이 숙인 머리는 여전히 얌전하게 가렷고 입음새도 곱게 치마저고리를 갓든하게 채려입은 그 여자엿다. '저 사람이 웬일일가. 소풍 삼아 나왓나.' 생각하면서 기숙은 소련이 압흐로 닥아서서 알림장을 하였다. 여덜 시라 하지만 여름밤이라

---

140 36회로 표기되어 있지만 연재 순서로는 35회이다.
141 12로 표기되어 있지만 11이다.

새벽녘같이 훤하여 온자한[142] 소련의 코마루에 콜팍트[143]가 힌 분을 바르고 지나간 자최조차 역력히 보였다. 무슨 버러지 기어가는 것을 디려다보고 안젓는 사람같이 물그럼이 발 압흘 네려다보고 있든 소련은 압해 서서 움직이지 안는 사람이 누군가 하고 고개를 처들었다. 기숙의 얼골을 몰라볼 리 없었다. 소련이 고흔 얼골에 히미한 미소가 떳다. 그러나 소련은 일어나지는 안었다. 한참 기숙의 얼골을 처다보다가 치마폭을 거두면서 비켜 안젓다. 기숙을 위하야 자리를 내여주는 것이다.

"우연이 여기서 다시 뵈게 됩니다."

하고 기숙은 선 채로 말을 건넛다. 소련은 이러낫다 다시 안즈면서

"안즈시지오."

하고 가이없는 사람의 착한 말세로 다정하게 권햇다. '참 이상도 한 여자로구나.' 생각하면서 기숙은 소련이 엽해 가서 조심스럽게 옹송그리고 안젓다.

"무더위가 시작하랴는군요."

하고 소련은 속으로 설레는 무슨 생각을 흩터 버리랴고 짐짓 이러케 그러나 사뭇 동떠러지지도 안는 인사말을 한다.

"그러쿤요. 조선 같으면 벌서 참외도 첫물[144]은 지낫을 땔 걸요."

하고 기숙은 응중하였다.

"참 이것 좀 잡숫겟어요."

하고 소련은 자기가 울면서 먹든 아니 먹으면서 울든 여름 밀감을 손바닥에 곱게 바더들었다. 기숙은 웬일인지 우슴이 나왔다. 그러나 다음 순간 또 웬일인지 주는 대로 밀감을 바더 힘을 딜여 베껴 한쪽을 씨벗다. 몹시 시엇

---

142 온자한: 포용력이 크고 점잖은.
143 콜팍트: 휴대용 화장 도구 콤팩트(compact).
144 첫물: 과일, 푸성귀, 해산물 따위에서 그해의 맨 처음에 나는 것.

다. 이가 저렷다.

"이러케 더운 밤에 압흔 사람들은 좀 갑갑하겟서요?"

하고 소련은 구지 닷친 북양 아파트에 힌 벽을 컹컹 울리면서 기침도 할 것 같은 학생을 생각했다. 기숙은 아모 말도 없다.

"물을 마시구 십흔 사람두 있을 거예요."

하고 소련은 다시 입을 열었다. 듯기 퍽 부드러운 음성이었다. 그러나 웬일인지 기숙은 갑자기 몸이 옷삭하였다. 치마저고리를 그림같이 쪽 대려 입은 이 여자가 무서운 생각이 낫다. '무당의 딸—판수의 딸—.' 누가 일러준 일도 없이 이런 황당한 련상이 떠올랏다. 오랜 침묵이 계속되었다. 이따금 소련은 쓴 밀감 쪽을 입에 너코 씸을 뿐이다. 차차 주위가 어두어지면서 아해들은 집에 돌아가고 부부 같지 않은 국적도 불분명한 남녀들이 서로 허리를 끼다심히 삼삼 오류나무 그늘 사이로 건니르는 것이 만이 눈이 띄이기 시작하였다.

「청춘」 37,[145] 『한성일보』, 1946.6.26.

사랑과 사상 (十三)[146]

실신(失神)한 사람의 잠고대 같은 한소련의 말에 가위눌리듯 한 기숙은 더 앉어 있지 못하고 삽분 일어낫다.

"몬저 실레하겟어요."

하고 어듬 속에 힌 박꼿처럼 뿌여케 핀 소련의 취여든 얼골을 내려다보면서 말햇다.

"저두 가지오."

하고 소련은 대답햇으나 자리에서 이러나지는 안었다. 기숙은 한참 기다려 보았으나 이러나지 않키에

"다시 맛나 빕지오."

하고 돌아섯다.

"맛나 빕지오."

하고 소련은 히미하게 우스면서 날신날신 사라저 가는 기숙의 뒷모양을 바라 보냇다. 공원 속은 갑작이 조용해진 것 같었다. 히미한 전등불은 욱어진 숩에 막혀 그 아래 저기 보이는 것은 끌어안은 젊은 남녀가 그러찬으면 부대한 사람이 술에 취해 일어 못 나고 조을고 있든 뒷모습인가ㅡ. 그이는 술이 취햇든가 그러찬으면 죽어가는 사람이 정을 떼느라고 젓가슴을 떼느라고 고함을 첫든가. 젓가슴 아 내 젓가슴ㅡ전에 보면 호박닙 이랑은 비를 마

---

145 37회로 표기되어 있지만 연재 순서로는 36회이다.
146 13으로 표기되어 있지만 12이다.

저도 물방울을 구을리든데―아―해가 뜨면 낫겟지. 기침도 그 파도 소리, 멀미도 가러않겟지. 그러면 누가 그 무거운 창문을 열어 줄구? 가야지. 가 바야지. 가서 창문을 열어 디려야지―.

공학생은 신 의사의 집에서 나와 술집을 차저가랴고 큰길에 섯다가 뒤밋처 쪼차나온 철환에게 붓들렷다.

"어서 집으로 도라가게. 자네 취햇네. 난 이 길로 정거장으로 곳장 가려네."

하고 철환은 학생을 달랫다. 학생은 입술에 흐르는 피를 삼키면서 철환을 따라 조심스럽게 걸으면서 아모 말 없다가

"같이 가세. 나두 정거장까지 갈 테야. 벌서 집에 가면 멀 하나."

하고 되레 압흘 서서 거럿다. 한번 펴면 꾸부리지 안는 학생의 성미를 잘 아는지라 철환은 더 잔소리를 못하고 지나가는 마차를 불러 같이 타고 총참(總站)으로 갓다. 정거장의 헌노와 잡도에 휩쓸려 드러가 서자 학생은 이때까지 글어온 사사로운 감정의 타성이 자연이 사라저 가고 술도 깨는 것 같었다. 그러나 추하게 상한 입술을 새삼 열어 무슨 말이고 하고는 십지 안어 철환이가 개찰구로 나가버릴 때까지 우둑허니 섯다가 천태만상으로 욱실거리는 군중의 파도가 자기만을 빼어노코 어데론가 같이 흘러가는 것 같흔 새로운 고독감(孤獨感)을 안고 구내를 나왓다.

사면에서 양차[147]군들이 달려들엇다. 학생은 고개를 저었다. 그리고 호젓한 길로 해서 걸었다. '인간을 스스로 끄려내려 고기덩어리를 맨드는 즘생들―이러하게 두 다리를 옴겨 노으면 다 인간이라고 할 게냐. 그러게 아름답지도 못한 넙적다리 삐걱거리는 소리를 그여코 나는 듯기를 원하느냐.

---

[147] 양차: '서양에서 들어온 차(洋車)'라는 뜻으로 자동차를 이르던 말.

즘생 갓튼 놈들—허리가 진녀 내려온 억만년, 허리로 흘러내려 온 아름다운 생의 기름을 진액을 의미 없이 구렁창에 흘려 너호고 뻣적 마른 두 정갱이로만 겨우 인간이란 허울을 지탕해 가는 즘생 같흔 것들. 그리곤 힌 잇발을 기탄도 없이 드러내는 비열한 고기덩어리들—나는 과연 허리에 매암 치는 일엇든 검은 피의 샘 줄기를 차즐 수 있느냐. 잇발이 시린 개 같흔 놈—나는 한걸이와 언제붓터 같흔 태반(胎盤)에서 커가면서 분열(分裂)을 해 왓든가. 형님—아니 한걸 씨 잘못햇소. 예 이 자식, 용기가 있건 내게로 와서 내 입에 입을 맛추랴느냐. 소련이, 련이, 련이. 아 왜 내가 련을 내좃찻든고. 왜 고함을 질럿든고. 가자 련이 집으로. 가자 어서 틀자. 련의 집으로 더운 내 허리가 식기 전에 이 더운 혀리를 칭칭 감어줄 더운 배암이 붉은 혀바닥 꼬리를 처든 굴속으로 가자.

    공학생은 자기 방으로 돌아왓다. 불을 켜지도 않고 침대에 가서 너머지듯 누었다. 혼몽한 날을 북시 지나가고 다시 지나오기 얼마 동안이나 되엇든지 절걱하는 바디집[148] 소리엔가 비몽사몽간에 눈을 뜨니 소련이가 들어와 서 있다.

---

148 바디집: 바디를 끼우는 테.

「청춘」 38,[149] 『한성일보』, 1946.7.8.

사랑과 사상 (十四)[150]

들창이 중정(中庭)으로 난 방이라 외광이 겨우 재를 턴 숯불에 깜깜한 부엌이 비취는 정도로 어른거리는 모습이 보일 뿐이다. 허연 소련의 얼골이 힌 탈같이 암흑 속에 떳다. 학생은 이러나 침대에 걸터앉었다.

"어떻게 왔오?"

하고 그는 물었다.

"……."

"어떻게 들어왔오."

하고 다시 물었다.

"문으루 들어왔여요."

"문으로 들어와―."

하고 학생은 소련의 말을 되번젓다.

"오지 안을 걸 왔을까요."

"……."

학생은 기침을 한다. 파쇠 소래 같흔 것이 소련의 가슴을 울렷다.

"문이 쟁겻나 볼라구 왔었여요."

"문을 웨 장굴 것이오?"

"그러치요?"

---

[149] 38회로 표기되어 있지만 연재 순서로는 37회이다.
[150] 14로 표기되어 있지만 13이다.

"……."

"그러믄 웨 쪼즈섯서요."

"내가 왜 쪼즐 것이요?"

침묵이 네려않는다. 이윽고 소련은

"아 그럼 즈므시다 바람 소리에 놀라섯드랫군요?"

나즌 목소리로 말하면서 조용이 학생의 무릅 압헤 닥어섯다. 열린 골자구니로 치올리 부는 봄바람은 치맛자락과 함께 부러와서 잠들었든 산도야지 정갱이를 뛰게 하는 게 아니면 강으로 내닷는 불길이든가—화닥 그은 부싯돌에 타서 끌키 시작한 식컴언 피 흐르는 깁픈 강물이 옛날부터 굽이첫다. 학생은 벌덕 이러나 두 손으로 덥석 느러진 억개를 웅켜잡고 소련을 들려 침대에 안치면서

"그래. 그래. 바람인 줄 알었어. 바람이 바람이 불어서 비가 퍼부으랴구 문짝이 북처럼 우는 줄 알었잔소. 북을 두드리랴? 응. 련아—련아, 잘 왓다 잘 왓지? 응. 내가 잘 왓지? 내가."

하면서 소련의 억개를 흔들었다. 학생의 더운 손바닥에서 흘러오는 체온을 억개에서 가슴으로 가슴에서 아래배로 더운 비같이 흘리면서 소련은 눈을 감었다. 눈을 감고 몸이 흔들리는 대로 또 보이지 안케 흔들었다. 학생은 소련을 끌어안었다. 부등켜안고 앗질하면서 어딘가 풀석하고 넘어지는 것을 깨달었다. 소련의 정신은 떨었다. 그리고 몸은 몸대로 풀어젓다. 풀어저서 언덕에서 구을럿다. 네, 네, 잘 왓네요. 잘 왓으니까 다신 쫏지 마세요. 네? 참 잘 오셋세요. 네, 이 숩홀 속으로 들어오세요. 아 어쩌나. 집에 못 가요. 어쩌나. 아이구 이러케 미지믄 어떠케 해요. 모르겟네. 어떠케 되는 건지 모르겟네. 이러케 숩속이 더워서 어떠케 해요. 전 혼자에요. 혼자 왓스니깐 죽이지 마세요. 혼자네? 혼자 가시지 안초? 인잰 혼자 가시진 못하조. 혼자 가시

믄 이러케 떨리겟조. 아 가만 게세요. 저기 산돼지가 곤두박질을 치면서 다라나는군요. 피를 흘리면서. 어듸에요, 여기가. 네, 네? 알겟세요. 아 그러지 마세요. 혼자 왓으니까 죽이지 마세요. 네? 멀리 갓다 왓여요. 멀리 가지 마세요. 네, 어듸루 가요. 아이구 이러케 가만 있어두 작구만 떠나가조. 내리듸듸세요. 물속이 웨 이리 깁퍼요. 허리에 찻다. 이그 어깨에 차네. 아이구 빠지믄 어떠케나. 아—숨이 맥히네. 이게 화산 속에서 흘러온 유황(硫黃) 물이조. 아 어떠케나. 헤염을 처봐야조. 저 언덕으로 가봐야조. 아 언덕이 아득하게 바라다 뵈네. 저기가 백하 강변이조? 이러게 반듯하게 누어 있으면 눈을 감어도 별들이 반짝이는 게 보이는군뇨. 밤중에 별들 사람을 호려 간대조. 그래서 애들이 놀다가 참 모두 집에 가드군노. 나무 밋에서 밀감을 먹었드니 어찌나 시든지요. 그래 그맛은엇에요.[151] 아이구 어쩌믄 조와요. 그래 소리를 첫조. 소리—소, 소, 소리, 아 내가 이게 무슨 소린가. 아 그러면서 별들이 희미하게 빗을 일코 그 드놉흔 언덕흘 넘어로 밋그러지듯 넘어가는구만—.

---

[151] 그맛은엇에요: '그만 울었어요'. 『전집』 참조.

「청춘」 39,[152] 『한성일보』,
1946.7.9.
사랑과 사상 (十五)[153]

타락(墮落)을 계획적으로 한 인간은 없었을 게다. 타락이란 타락하는 사람이 일정한 생각을 쓰기 전에 타력에 의하야 그 행동이 압서 버리는 것으로 타락하엿다는 자각은 행동에 대한 판단이 뒤미처 왓을 때 성립하는 게 안인가. 행동이 압서 버리는 이유는 행동을 뒤바치하는 생각이 박약한 데서 오는 것이 아닐가. 뒷바치할 생각이 능히 있으면서도 우정 행동을 압서게 하는 것은 타락이 아니라 도리혀 악(惡)이 아닐까. 그럼으로 타락이란 다 악한 것이라고 하는 것은 그릇된 삼단론법(三段論法)의 공식 론리가 아닐가. 다만 타락이자 곳 악에 부합되는 행위라는 것은 행위자가 "내가 올타"고 할 때에만 성립되는 것이오, 그와 반대로 타락이 무력에서 왓을 때에는 구원(救願)[154]이라는 것이 도리혀 그 타락 속에 내포되어 있는 것이 아닐가. 인간이란 마치 중병 환자가 오히려 그 얼골에 날러와 안진 파리를 쪼차 달라고 애원하는 것같이 어주리 없이 무력한 것이라고 해도 무방하다면 또 인간이 그 육체와 정신의 완전한 균형에서 쪼개여 내인 절대치(絶對値)를 생활화할 수 없이 지리멸열한 상태에서 우왕좌래한다면 생각과는 전혀 동떠러진 행동을 하게 될넌지도 모르고 행동과는 또한 전혀 달은 생각을 할런지도 모른다.

이런 의미로 본다면 한걸의 행위는 그것은 결국—장차 올 공학생과 김철환과 그 외에 여러 사람의 생활 코쓰를 뒤번저 노쿠야 말었지만—후자에 속

---

152 39회로 표기되어 있지만 연재 순서로는 38회이다.
153 15로 표기되어 있지만 14이다.
154 구원(救願): '구원(救援)'.

하는 것이 아닌가 하여 반듯이 한걸을 동정해서가 아니라 자초지종을 잘 아는 나로서는 뒷날 공학생이라도 이 점은 알어주기를 바라는 데서 이런 군소리를 하고 한걸이 현영섭을 맛나는 데로 가랴고 한다.

어느 날 한걸은 금강양행으로 놀러갓다가 거기서 현영섭을 맛낫다. 사실은 놀러간 것이 아니라 돈이 아수어 주인 강한식에게 구간을 갓든 것이다. 현영섭은 출출만 하면 이 금강양행에 갓다. 해륙물산무역이란 간판을 걸고 아편을 파는 이 양행은 사오십 명 조선인 아편 장사 중에서 유수한 상점 중의 하나였다. 상점이라고 하나 그것은 서울서 보는 차집 비젓하게 된 긱연실을 겸한 아파—트와 같은 처소였다. 곁방으로 난 문이 열린 채론데 아편 태우는 노린내가 흘러나오는 방이 둘. 안에는 침대 디방 소파가 이리저리 노힌 데 종국인[155] 남녀가 편한 대로 혹 들어눕기도 하고 혹 서로 기대기도 하고서 아편대나 힌 것을 담은 권연을 피우고 있다.

여름이 봄새들인지라 역할 정도의 풍경인데 그래도 뉘 아랑곳이란 듯키 눈을 반쯤 감고 느러진 채 백일몽을 꾸고 있었다. 반 벗다십히 한 십수 명 아편쟁이 중에 한 젊은 사나이가 겨을 외투를 입고 있었다. 팔랴고 가지고 나섯다가 작자가 없어서 들고 단이기도 구찬으니 걸처 입었는지도 모른다. 하여간 이 청년 까닭으로 현영섭과 한걸의 화제는 공학생에게로 돌아갓다. 여름에 겨을 외투를 입고 단이는 폐병 환자, 폐병이란 건 양광(佯狂)[156]인지 모르겟다는 현영섭의 말을 들으면서 자기가 당한 괄세를 생각하면 한걸은 밋친개에게 뒷다리 물린 기억이 새삼스럽게 복수의 념으로 불연듯 변하여지는 것을 깨달었다.

155 종국인: '중국인'.
156 양광(佯狂): 거짓으로 미친 체함. 또는 그런 행동.

"공학생 어디 있는지 모른다고 그랫죠. 간 상."

하고 마침 현영섭은 무슨 심산인지 었지 알고 냉겨 잡는 요량인지 혹은 우연이 말끗이 돌다 제물에 나왓는지 이러케 물으면서 빙그래 우섯다. 가려운 데를 극는 듯이 들었는가. 창졸간에 한결은

"웨 몰라요. 아 내 북양 아파트에 있다구 그리잔습데까."

하고 말었다. 본심과는 왕청한 대답이었다. 그러나 해는 도라가고 말었다. 복수의 신(神)이 접한 사람은 벌서 그 혀를 제 마음대로 움직이지 못하는 것이었다.

「청춘」 40,[157] 『한성일보』, 1946.7.10.
일대일 (一)

현영섭이가 공학생을 노리는 이유는 두 가지 있다. 첫재 육십운동 기렴 때 음모가 공학생의 조종한 것이라는 추측과 그것은 일본 병영 수류탄 투척 사진과 련관이었으며 총살한 두 사람 취조 결과로 밀우어 보면 무정부주의자들이 관련되어 있는 것이 확실하다는 것에서 학생이 반듯이 가담하고 있었을 것이라는 추측이었다. 혐의도 혐의려니와 무슨 탈을 잡아서든지 합방 기렴일 같은 날을 압둔 때라 후환을 없애기 위하야 페일언하고 공학생을 치어버리랴는 것이었다, 한마듸로 하면 이것은 군부(軍部)에서 내려온 특명이었다. 현은 사탐[158]을 보내서 북양 아파트를 직혓다. 어떤 조선 여자가 드나들드라는 부하의 보고를 듯고 확증을 엇고 겸하야 몃 호실에 들어있는 것을 탐지하기 위하야 어느 날 아침 일즉 아파트로 즉접 가서 사무실 접대구에 팔을 괴이고 서서 중국인 주인에게 수작을 붙이고 있었다.

바로 그날 아침 북경 갓든 철환이가 밤차로 돌아온 날이었다. 그는 물론 약속한 대로 가지 안코 양차를 타고 곳장 학생에게로 왓든 것이다. 손가방과 과일 상자—그 속에는 사과와 물병과 불란서식 면보(麵包)[159]가 들어 있었다. 양차에서 내리자 큰 유리문 안에서 고개를 돌리고 몃 거름 나오면서 은근한 인사를 하는 것은 현영섭이었다.

---

[157] 40회로 표기되어 있지만 연재 순서로는 39회이다.
[158] 사탐: 알려지지 않은 사물이나 사실 따위를 샅샅이 더듬어 조사함(查探).
[159] 면보(麵包): 중국어로 '빵'을 의미함.

"조동160이심니다그려."

하고 현영섭은 쓰게 우섯다. 철환은 가슴이 선듯하였다. 간신이 당황한 표정을 가리고

"오래간만이올시다. 어떠케 이럿케 오섯읍니까."

하면서 어색하게 반색을 하였다. 현영섭은 물론 철환이가 들고 있는 과일 상자에 들어있는 불란서식 빵 속에 자기 생명을 노리는 낡은 모젤식 권총이 파라핀지에 싸여 들어 있다는 것은 몰랏다. 그러나 내음새를 맛는 것은 개의 본능인 것같이 사람의 표정을 점처 보는 것은 이 인간들의 제이 본능이었다. 그 코에 비린내가 질리지 안흘 리 없었다. 철환은 두 손에 짐을 든 채로 서서 아모 말도 없이 빙글빙글 웃는 현영섭을 갈팡질팡하는 눈으로 마주보다 말다 하였다.

어떠케 알고 왓을가. 공 군을 차저온 것인가. 그러찬으면 자기를 기다리는 것인가. 공 군의 소재를 알고 왓다면 현관에서 머뭇거리고 있을 리가 없는데, 결국은 밀정이 있었든가. 그래서 자기 돌아오기를 매복하고 기다리든 것인가. 그러타 해서는 현영섭의 표정이 너무도 태연하다. 자기 손에 든 것이 무었이라는 것을 바로 알었다면 혼자 왓을 것 갓지 안코 또 저럿게 한만하게 자기에게 시간 여유를 줄 리 없다. 역시 공 군을 차저왓구나 하는 결론은 내렷으나 역시 팔다리가 허청거렷다. 식은땀까지는 몰라도 입안이 깔깔하게 말으는 것을 깨달었다.

식전바람으로 이상한 행장을 하고 공학생을 차저오는 사람이 있을 때에는, 필야 공학생은 한가한 폐병 환자만은 아니다. 그리고 김철환도 역시 수상하지 안은가. 수상하지 안을 게면 나를 보자마자 얼골이 백지장같이 될가

---

160 조동(早動): 이른 시간에 움직임.

제4부 신문 연재소설 *225*

무엇이 들었는지는 모르지만은 가방을 든 팔이 떨지 안는가. 두 사람은 피차에 더 할 말을 생각할 수 없었다. 이러케 된 바에 현상을 예의 가튼 것으로 더 미봉을 한들 무슨 소용이랴. 그것은 자기를 더 비굴하게 맨들 뿐인 동시에 금이 실린 쇠부치를 뚜드려 조음(操音)¹⁶¹만을 더 내게 할 뿐이 아니냐 생각하면서 철환은 복도로 향해 걸었다. 현영섭은 철환이 숨을 곤아 일부러 태연하게 가다듬어 걸어가는 뒷모양을 한참 보다가 빙그래 웃고 따라섯다.

---

161 조음(操音): '조음(噪音)'. 진동이 불규칙하고 높이나 가락이 분명하지 않은 음.

「청춘」 41,[162] 『한성일보』,
1946.7.11.
일대일 (二)

철환은 현영섭이가 뒤에 딿어오는 것을 알었다. 안들 딿어오지 말라고도 할 수 없고 그러하다고 같이 들어가자고도 할 수 없는 형편이었다. 배수진이라 될 때로 되라는 생각을 하면서 걸어 올나갓다. 층게를 두 번 꺽거서 이층 다시 두 번 꺽거 올라가서 리노름[163]을 깐 서편 긴 복도 오른쪽 끗트로 두재 방으로 무어를 것는 사람 같은 철환이가 살어저 들어가는 것을 층게 손잽에 기대서 직혀보고 있든 현영섭은 무슨 생각을 하였는지 더 따라가지 않고 도로 내려와 거리로 나갓다. 해가 구름에 가렷써도 아침결부터 몹시 무더운 날이다. 그는 네거리 휘발유 스탄드[164] 엽헤 있는 공중전화실로 들어가서 문을 잠그고 수화기를 떼었다. 마침 열린 학생의 방으로 녹크도 없이 피하듯이 철환이가 들어섯슬 따 학생은 침대에 누어 있다가 일어나 반겨 마젓다. 누어서 무엇을 생각하고 있었는지 검은 수염이 푸시시한 수척한 얼골에 식김이케 듸리백인 두 눈은 왕왕하게 타고 있었다.

"단녀왓나. 아무 지장 없었나. 윤철 군 잘 있든가?"

하고 학생은 명랑한 어조로 물었다. 철환은 짐을 노코 의자에 조심스럽게 안즈면서 고개를 끄덕이고

"잘 있데. 긴 얘기는 못하고 왓지만."

---

[162] 41회로 표기되어 있지만 연재 순서로는 40회이다.
[163] 리노름: 리놀륨(linoleum). 리녹신에 나뭇진, 고무질 물질, 코르크 가루 따위를 섞어 삼베 같은 데에 발라서 두꺼운 종이 모양으로 눌러 편 물건. 서양식 건물의 바닥이나 벽에 붙임.
[164] 휘발유 스탄드: 주유소(gasoline stand).

하는 철환의 얼골을 디려다보고 있든 학생은

"자네 얼굴빗이 웨 그런가. 어디 압헛었나."

하고 물었다.

"막차라 사람이 만어서 더워서 자지 못하구 와서 그런가베."

하고 담배를 꺼내 피우면서

"여보게 큰일낫네. 현영섭이가 여기 와 있어."

하고 금시 피었든 담뱃불을 껏다.

"여기?"

"그냥 밖에 있는지는 모르지만 현관에서 맛낫는데 따라올 것 같해."

학생의 큰 눈이 크게 두어 번 껌뻑어렷다. 이윽고 그는 무슨 발작인지 기침이 나오는 것을 그대로 바더 침을 탁 방바닥에 배텃다. 그리고는 혼자말 같이

"방을 알고 갓겟지. 개 같은 색기, 한걸이 색기, 그여쿠 발광을 햇구나."

하면서 일어나 과일 상자로 가까이 갓다. 점방에서 물건 고르는 사람같이 허리를 굽히고 사과랑 꺼내고 면보를 집어 들면서

"이건가?"

하고 물었다. 철환은 고개를 끄덕였다.

"알은?"

"찻서."

"잘햇네."

"어떠컬 텐가. 여길—."

"옴기지."

"어떠케?"

"가만있게. 내 좀 나갓다 도로올 거시니."

하고 학생은 들었든 면보를 침대 우에 놋코 와이샷쓰 바람으로 나가랴 하였다.

"여보게, 어쩔랴나. 박게 있으면?"

"상기 있을 리 없이 그놈은 우리만큼 밧부지 안을 줄 아나? 일이 이럿케 됏는데 우둑하니 복도에 서서 쇠불알 떨어지기를 기다릴 줄 아나? 기다리믄 또 어째 변소 가는 사람 잡을 테야?"

"이 집안에선 못 잡어!"

학생은 박그로 나와서 사무실에 내려갓다. 주인과 잠시 무슨 이야기를 수군거리드니 확실한 널골로 고개를 끄덕어리는 주인의 호이에 감사하면서 자기 방으로 다시 돌아왓다.

「청춘」 42,[165] 『한성일보』,
1946.7.12.

일대일 (三)

"박게 없든가."

하고 철환은 물었다.

"못 봣서. 있다면 문 박게 있겟지."

하고 학생은 대답햇다.

"어디 갓다 왓나."

"장궤[166]한테."

"웨?"

학생은 아모 대답도 하지 안었다. 그는 물그럼이 철환을 처다보다가

"대체 자네 웨 그리 신경을 쓰나."

하고 핀잔을 주었다. 철환은 외면을 하고 침묵을 직히다가 다시 담배를 꺼내 피웟다.

"시장할 테니 이걸루 조반이나 위선 먹새."

하고 능금을 씸으면서 탕관을 들고 다시 박그로 나갓다. 철환은 피우든 담배불을 다시 껏다. 그리고 침대 우에 노힌 빵을 들어 쪼갯다. 파라핀지를 벳기고 손바닥에 거이 싸 쥐이는 모젤[167]을 만저 보앗다. 부연 희색빗 뭇죽한 무기, 아모리 생각해 보아도 생명과는 아모 상관도 없어 보이는 조고마한 물건이었다. 반듯하게 마조대고 총알 나오는 구경을 듸려다보앗다. 두 치가

---

165 42회로 표기되어 있지만 연재 순서로는 41회이다.

166 장궤: 중국 사람을 속되게 이르는 말.

167 모젤: 모젤(Mauser) 권총.

옷이나 될가말가한 기리지만 깜아케 듸리 뜰린 그 구멍 속은 십 리 백 리 천리로 뻐든 나락(奈落) 속 같았다. 옷삭하면서 뒷머리가 켄것다. 극도의 시정끼를 느끼는 것 같은 것과 등시[168]해서 학생이 끌은 물을 사 들고 들어오면서 또어를 탕 하고 뒤로 다덧다.

"시험하나?"

하면서 학생은 빙그레 우섯다. 철환은 아모 말도 못 하였다. 학생은 류도쭨우 세 야를 끌은 물에 풀어서 보시기 두 개에 난웟다.

"차 마시게."

하고 학생은

"무인은 칼을 빼 보지 안는 법이야. 위선 배를 맨드는 거야. 흐뭇하게 위선 먹는다는 말이야. 농담이 아니라 참 그리구 보니 옛날 얘기 하나 생각나네. 옛날 얘기도 아니지. 문헌이지. 에픽티더쓰[169]란 사람이 사형 선고 바든 얘긴데 너 인저 죽는다 하니까 아 그러소 죽지오 하구 않것는데 이졸[170]이 와서 너 밥을 먹어라 하니까, 아 그러오 하고 위선 밥을 먹었단 얘기야. 숭거운가. 하하 하하—."

하고 학생은 류도쭨우 물을 다시 마섯다. 그리고 철환의 손에 든 권총을 물그럼이 내려다보앗다.

"잘 알었네. 어서 내 걱정은 말게. 기장지문테─볼 건 다 봣구 그리고 내 눈엔 인제 뵈는 게 없어."

"그럼 난 어떠커느냐 말인가. 뒷문으루 나갈 테야. 장궤하구 의론햇네.

---

168 등시: 똑같은 시간.
169 에픽티더쓰: 에픽테토스(Epictetus, 55~135 추정). 로마제정시대 후기 스토아학파를 대표하는 철학자. 공학생이 언급하듯 에픽테토스가 사형 선고를 받았다는 것은 사실이 아니다.
170 이졸: 낮은 벼슬아치(吏卒).

집은 숙소를 정하는 대루 알리면 보내두룩. 불조게가 맛당찬으면 영조게루 갈가 하네. 하여간 자네 압으루 나가게. 그건 위선 자네 처소에 갓다 두게. 침대 밋에 재여서 숙소를 정하는 대루 자네게루 가서 내가 말아둘 테니. 지금에야 그 외에 방법이 없지 안흔가.”

철환은 한참 무엇을 생각하다가

“그러커새. 그럼 옴긴 댐에 저녁에 들리두룩 하게. 내가 혹시 늣드래두 기다리게. 경우에 딸어서는 예정보다 일이 일러질런지도 모르겟네.”

하고 일어낫다. 철환은 권총을 양복 속주머니에 너코 가방을 들었다.

“마귀는 제 먹고 십흔 때에 먹으랴구 하겟지.”

하면서 학생은 철환을 보내고 불이나케 짐을 싸기 시작하였다.

「청춘」 43,[171] 『한성일보』,
1946.7.13.
일대일 (四)

탄환을 재여 권총을 요 밋헤 넛고 나서 철환은 그 우에 앉았다. 문은 열였으나 바람 한 점 없는 날이다. 지난밤 피로와 아침에 당한 시련과 공복에 언치는 무더위에 빈 구역질이 나도록 속이 허청거렷다. 웃통을 벗고 찬물로 씻고 두부국과 라조러두를 사다가 조반으로 먹고 마당에 내려가 건일며 몸을 펴보기도 하면서 기운을 내보려 하였다. 그러나 역시 몸을 익일 수가 없어서 도루 드러와 침대에 돌아누어 보앗다. 나는 역시 비겁한 인간인가. 되대체 주제넘은 착각을 한 것인가. 자기 합리화를 하기 위해서 력양이 미치지도 못하는 거창한 일을 할 수 있다고 한 것이 아닌가. 결국 내 자신을 속인 것이 아닌가. 설혹 자기 판단은 올타고 허드래도 사회는 과연 이런 종류의 행위를 인정할 것인가. 이런 행위는 자기중심, 자기만족에서 나오는 것이지, 결코 대의(大義)는 될 수 없지 안을까. 그러나 이제 와서 나는 무슨 쓸데없는 생각을 하고 있는 것인가. 모두가 약하기 때문이다.

'위선 배를 맨드는 것이야.' 하든 학생의 말이 귀에 다시 울렷다. 그러타. 내 자신를 시비하고 있을 때 지나갓다. 그러나 또다시 생각해 보면 나는 벌서 현영섭이를 죽이고 있지 안은가. 원래부터 현영섭이란 것은 내 머리속에 있든 존재가 아니든가. 그것은 결국 김철환의 속에 들어 있는 현영섭을 죽여 없애자는 일종의 자기부정이 아니든가. 그러찬으면 과연 자기와는 별개의 한 민족 반역자를 한 대상으로 생각한 것인가. 그러나 자기 박게 있는 민

---

[171] 43회로 표기되어 있지만 연재 순서로는 42회이다.

족 반역자가 한 개의 실재라면 그것은 자기가 구태여 손을 대지 않트라도 역사 법측에 따라 자멸할 것이 아닌가. 내가 누르지 않트라도 영양(榮養)[172] 의외의 피를 빠러먹는 빈대는 스스로 그 창자가 터지고 말 것이 아닌가. 그러나 또다시 생각하면 이런 생각은 결국 행동을 압해 두고 우유순준하는 나를 안의한 생활로 전환식히라는 센티맨타리즘이 아닌가. 다른 한 저의 합리화가 아일가. 빈대는 결국 포복된 피를 소화식히고 다시 여러 개의 민족 반역자를 번식할 것이 아닌가. 철환은 이러나서 옷을 갈어 입었다.

그러면서 다시 '배를 맨드러야 된다' 하든 학생의 말을 스스로 일러 물리면서 박그로 나섯다. 두수를 차저보랴고 생각하였다. 박두수—. 아직 완전이 무붕 지대에서 핍진한 생활의 날카로운 단면에 접촉하지 안코 있는 젊은 청년 아직도 급을부하고 천하로 소요하면서 스승을 찾는 어린 파우스트—. 차라리 박두수 같흔 인간이 남을 위해서나 자긔를 위해서나 행복스러울런지도 모르겟다. 이런 생각 저런 생각을 하면서 복도가대로까지 와서 그는 발길을 멈추었다. 갑작이 신긔숙을 먼저 차저보고 십헛다. 일이 예정같이 자긔 생각의 즉선상(直線上)에서 일이 날 것 갓지 안코 무괴도로 발전할 것 같흔 것 또는 어느 때에라도 일어날 것 같흔 작감은 웬일인지 그로 하여금 아름다운 신긔숙을 위선 맛나는 것이 순서인 것같이 인도하였다. 철환은 신긔숙의 집으로 갓다. 신 의사가 병원에 있었다. 그러나 긔숙은 집에 없었다.

---

172 영양(榮養): '영양(營養)'.

「청춘」 44,[173] 『한성일보』,
1946.7.17.
일대일 (五)

기숙은 방학이 되어서 이틀 전 학교 동무들과 같이 당고 해수욕장으로 놀러갓다는 신 의사의 이야기었다. 진찰실에 한참 안저 한담을 하다 생각하니 친구를 돌려노코 기숙이부터 차저왓다는 것이 두수에게 대하야 죄를 지은 것 같흔 생각이 낫다. 점심을 먹고 가라는 것은 사양하고 나와서 철환은 강기 외과로 갓다. 병실에 들어가 보앗으나 보이지 안었다. 간호부 말이 사오일 전에 퇴원하였다는 것이다.

입원비는 자기가 치러 주었지만 공 군이 그새 자주 단이며 보아주기나 햇는지 물어볼 것을 철환은 두수의 숙소로 향해 거러가면서 이런 생각하였다. 웃저쿠웃저쿠하드니 기숙은 인정머리 없이 톡톡 털구 일어나서 혼자 해수욕을 가? 하긴 원래 그런 사람이니까 그러나 나는 참 어데 의지할 것인가. 기숙이를 나는 은근이 사랑하지 안었든가. 그러나 이재야 사랑이 있으면 무얼 할 것인가. 멀리 떠나갈 사람이—같이 갈 수 있을까. 가치 가사고 해 볼가. 이런 생각은 내가 기숙일 사랑하기 때문일가. 그러찬으면 바람을 일으키랴는 영웅 심린가. 허장성새를 가장 위선적(僞善的)으로 표현하기 위하야 긴 치마자락 압해 무릅을 끌고 읍[174]을 하는 시늉을 하랴는 것이 아일가.

치마 속에 감초인 익은 육체를 요구하기 위하여서 사랑이란 결국 육체의 욕구인가. 그러타면 그 육체는 언제든지 박궈 노을 수 있는 물건이 아닐가.

---

173 44회로 표시되어 있지만 연재 순서로는 43회이다.
174 읍: '읍(揖)'. 인사하는 예(禮)의 하나. 두 손을 맞잡아 얼굴 앞으로 들어 올리고 허리를 앞으로 공손히 구부렸다가 몸을 펴면서 손을 내림.

이 복숭아를 놋쿠 저 복숭아를 골라 물어도 아모런 차의가 없을 것이 아닌
르. 역시 육체 외에 다른 무었이 있는 것 같다. 그것은 습관이다. 정신적 습
관일런지 모른다. 아해들이 우연히 손바닥에서 주물른 눈덩어리를 구을려
서 결국 커다란 눈사람을 맨드러내는 것 갓치 한 개의 상념(想念)이 정이라
는 눈벌판을 작고 구으르면서 맨드러낸 정신적 습관이 구을려 온 물건이 이
른바 사랑이라는 것이 아닌가. 이것은 육체하고 부합할 때도 있고 부합하지
안을 때도 있다. 나의 경우에는 부합하지 안는 경우에 해당하지 안는가. 정
신적 사랑ㅡ. 이런 게 도대체 가능할가. 이건 거짓말이다.

위선이 아니면 내시다. 내시ㅡ. 나는 내시냐ㅡ. 찌는 더위에 절어 배인 약성
가 풍기는 골목 언제 보아도 무긔미한 회색 벽 돌담을 끼고 돌아지면서 풀린 뒷
문. 여전히 음산한 뒤채 마당, 유리창은 닷겻으나 두수의 방문은 미는 대로 열였
다. 철환은 방안에 들어섯다. 오래 잠겨든 방이라 무겁고 탁한 공기가 코에 엉겨
들었다. 그러나 그는 유리창을 열 생각이 나지 안었다. 우둑커니 방 가운데 서
서 이것저것 의외의 물건을 두루 살피면서 갑작이 목구멍에서 괴여 오르는 슬
푼 분노를 누르고 있을 뿐이다. 책상 밋테 노힌 굽 놉흔 여자 구두. 그것은 기숙
이 신발이었다. 탁자에 노인 곁그라쓰 화병과 거기 꼿친 시드럿을망정 아름다
운 붉은 장미꽃, 이부자리를 덥흔 흰 쉬쪼 그리고 칼 우에 팽개친 여자 양말ㅡ.

만저 볼가. 골고루 만저 볼가. 그럴 게 아니라 나는 어서 이 자리를 피하
자. 피해서 이채피 멀리 갈 사람이니 친구에게서도 위선 멀어지자. 친구가
무었을 점유(占有)햇든지 그것을 내가 추궁할 것이 무었인가. 새가 날러갓
음으로 내 손이 비엇을 뿐이 아닌가. 두수는 기숙이와 같이 해수욕장에 갓
구나ㅡ. 내 마음은 퍽 고요하다. 아 사람은 이런 순간을 격글 때마다 아름다
운 인도주의자가 되는가 부다. 그러나 얼마나 현란한 순간들이냐. 획획 지
나가는 차창같이 현란한 것이 생활이라는 생태(生態)로구나.

「청춘」 45,[175] 『한성일보』,
1946. 7. 18.

일대일 (六)

날이 훤하게 밝자 시각을 같이하여 북양 아파트로 향하여 좌우 쪽 어구로 걸어오는 사람들이 있었다. 한 사람은 흰 여름 양복에 누른 파나마를 쓴 사십가량 되어 보이는 부대한 인물이고 또 한 사람은 회색 다부산를 입은 이십 전후의 청년이었다. 청년은 흘러내리는 머리를 여윈 손가락을 너어 훌터 올리면서 주위를 두리번거렷다. 이들은 현영섭이 오기를 기다리고 있는 것이었다.

현영섭과 아히들—.

해가 상당히 높히 솟을 때까지 통행인의 그림자가 드믄 것이 또한 유곽(遊廓) 거리의 특징이었다. 각광(脚光)을 받고 화려하게 시각(視覺)을 속이든 무대 장치가 대낮에 드러난 것과 방불한 적료감(寂廖感) 꺼버린 담배꽁초나 뜨더 먹고 내버린 닭의 뼈다구 같흔 것과 다름없는 이른 아츰 거리거리의 지난 밤의 잔재, 거기 드러찬 누기와 이상한 내음새—. 이런 것도 모르고 한 이린아히가 석탄재 식컴었케 배인 골목가 쓰레기통에 기대 자고 있었다.

입은 그리 남루하지 안었으나 다박머리 아래 해죽이 드러난 얼골은 핏기 하나 없고 깜박 감은 눈가에는 검은 티조차 서리었다. 신발은 쪼겨가다 벗겨젓든가 쫑그리고 누은 손발을 자라 배알은 아히 격련을 이르킨 때같이 가슴에 가다붓치다십히 하고 누었다.

---

[175] 45회로 표기되어 있지만 연재 순서로는 44회이다.

'공안가 중궁아힌가.'[176]

생각하면서 현영섭은 무심히 가까이 닥어섯다. 이 근처에 산 지 사오 삭이 되었지만은 이런 광경은 처음 보앗다. 해가 내리쪼이면 일어나 가겟지 현영섭은 다시 것기 시작하였다. 북양 아파트로 보낸 사람들이 기다릴 것이다. 열 아문 발작 가서 그는 웃둑 섯다.

'배가 곱하서 아주 지첫나?'

하고 도라섯다. 그는 다시 쓰레기통 있는 데로 갓다. 갓가히 서서 허리를 굽히고 아히 얼골을 다시 디려다 보앗다. 입술이 약간 열린 속으로는 하얀 아랫입발이 디려다 보였다. 쌔근쌔근하는 숨결은 골앗다.

'역시 배가 곱흔 게로구나.'

생각하면서 현영섭은 어린애 등을 어로만젓다. 아모 기동이 없다.

억개를 흔들었다. 아히는 곳 눈을 떳다. 웅크리고 섯는 낫선 사람이 무표정한 눈 얼굴로 내려다보는 것을 알자 아히는 소스라처 놀랏다. 놀라면서

"엄마."

하고 나즌 소리를 첫다.

'조선 아히가 여기 웬일일가.'

하면서 현영섭은 목소리를 보드럽게 하여 달랫다.

"너 조선 애냐."

하고 물었다. 조선 말을 듣드니 아히는 저윽히 안심한 듯이 야윈 눈을 깜박어렷다. 여덜 살이나 되었을가. 가는 목대를 압뒤로 흔들었다.

"너 일흠 머냐."

아히는 대답이 없다.

---

[176] '공안가 중궁아힌가': '고아인가, 중국 아인가'. 『전집』 참조.

"배가 곱흐냐."

아히는 고개를 떠러트리고 역시 머리를 흔들었다. 현영섭은 한참 망설이다가

"야, 너 아재씨허구 갈랸. 밥 먹으러."

하고 물었다. 아히는 한참 무죽거리다가 제 발로 일어낫다. 현영섭은 어린애 손을 잡고 나란히 걸었다. 큰 손에 쥐인 듯 만 듯한 가재 발 같흔 작은 손이 주는 촉감은 심이 불쾌하였다.

그러나 불쾌할스록 어린 것이 불상한 생각이 낫다.

"뭐—먹구 십흐냐. 밥이 먹구 십흐냐. 떡이 먹구 십흐냐."

"밥."

하고 아히는 외마디 대답을 하엿다.

"그래라. 그럼 밥 사주게."

현영섭은 아히를 데리고 금성탕지(金城湯池) 골목장 있는 허수룩한 관절에 들어가 쩡판 한 그릇과 지단탕[177] 한 그릇을 식혓다. 아히는 더위에 못 이겨서 그런가 음식이 나올 때까지 조을었다. 넉넉이 먹을 줄 알엇드니 아히는 국물만 드리마시고 밥에는 숫갈을 덜 댓다.

"밥을 먹어라. 국만 먹지 말고."

하고 현영섭은 충고하였다.

아히은 식히는 대로 밥도 반 그릇을 먹었다. 음식이 뜨거워서 그런가 아히는 창백한 이마에 땀을 주룩주룩 흘렷다.

"다 먹엇냐. 자 인제 시원한 대루 같이 가자."

하고 현영섭은 아히를 데리고 나와서 마차를 불러 타고 일본 령사관으로 갓다.

---

177 지단탕: 계란탕.

「청춘」 45, 『한성일보』,
1946.7.19.

일대일 (七)

"엄마는 잡혀가고 그짓말 아부지는 때리고 해서 무서워 달어나왓다."는 길준으라는 아해를 위선 잘 보아 달라고 관원에게 부탁하고 현영섭은 바쁜 거름으로 령사관을 나왓다. 마차를 잡어타고 북양 아파트 들어가는 어구 못밋처 큰길에서 내렷다. 야채 과일 장수가 억개짓을 휘청거리면서 지나가고 지나오는 시장 거리었다. 네거리를 가로질러 금시 물을 뿌려 노흔 포도로 해서 식료품 상점들이 가즈런한 압길을 걸어가다가 현영섭은 멈처섯다. 극장 어구에서 꽃 바구니를 들고 섯든 서양 게집 아해가 달려들기 때문이었다.

"꽃을 사 주세요. 세 묵금만 사세요. 네."

하고 중국말로 아양조차 부리면서 열서너 살 된 백게 로서[178] 이 소녀는 길을 막으면서 바구니를 현영섭의 가슴에 올려 댓다. 물을 뿌려 수북이 담은 따리아 그라지오라쓰 금잔화 옥잠화 그리고 붉은 나리꽃과 아스파라가쓰는 향기는 나지 않어도 싱싱한 것이 탐스러워 보엿다. 죽은깨 깜아잡잡한 소녀는 한 손으로 퀸틱를 뜨더 먹으면서 거름을 움겨 노흔 헌영섭에게 매여 달릴상 만이 따러왓다.

누른 머리에 꼬즌 빗날은 비로드 리봉이 심히 애처러워 보였다. 현영섭은 다시 거름을 멈추었다. 그는 빙글빙글 우스면서 속주머니에서 지갑을 꺼내여 대양 십 원을 내주었다. 소녀는 무르팍을 잘끔 움직여 인사하면서 돈을 밧어 바구니에 곳고 빵을 마저 입에 너코 씹으면서 붉은 나리 한 묵금을

---

178 백게 로서: '백계 러시아인'을 뜻함.

꺼내여 현영섭에게 주고 다라낫다. 꼿을 바들 생각은 업섯으나 얼결에 밧고 보니 길에 내여버리기도 앗가워 그냥 들고 아파트 길목에 들어섯다. 미리 신칙을 식혓든 두 사람은 이때까지 각자 제자리를 직히고 섯다가 눈치 인사를 하엿다. 아무 이상이 업다는 뜻을 알자—즉 공학생이 나가지 안헛다는 사실—현영섭은 뚜걱뚜걱 북양 아파트로 들어가 시침이를 떼고 삼층으로 올라갓다. 긴 북도 밋그러운 리노륨 장판이 끗난 데서 오른쪽 끗트로 둘재 방 꼿을 왼손에 박궈 쥐고 뒷주머니를 다시 한번 만저 보고 그리고 크게 녹크를 하엿다. 아모 응대가 업었다.

다시 뚜드렷다. 중정에서 누가 말다툼하는 소리가 들려왓다. 현영섭은 또어를 열어 보왓다. 문이 열엿다. 방안은 텡 비엇고 마즌편 유리창조차 열여 잇섯다. 훅근 찬바람이 약간 지나왓다. 침대하며 책상이며 깨끗이 치워노흔 것이 새로 들어올 손님을 기다리는 빈방이다.

'노첫구나.'

현영섭은 새가 날러간 조롱 속에 손을 너헛다 뺀 사람같이 풀이 꺽긴, 그러나 헷물엇든 이가 저리면서 더 독한 진액을 짜내는 배암이 같흔 심사로 이를 익믄 현영십은 붉은 나리꼿을 들고 박그로 나왓다. 기다리는 두 사람이 갓가히 왓다. 현영섭은 고개를 흔들었다. 안에서는 아파트 주인이 속으로 쓴우슴을 껄껄 웃고 있었다.

"다메다. 늬겟잣다."[179]

하고 현영섭을 오라가란 말없이 혼자 화원(花園) 로타리 쪽으로 걸었다. 더위는 완전히 아침 바람을 죽이고 사람의 살을 짜기 시작햇다. 현영섭은 더위를 이기려든이 분한 생각을 일부러 독기 이르키면서 속으로 중얼거

---

[179] 다메다. 늬겟잣다: 틀렸다. 도망쳐 버렸어(だめだ. にげちゃった).

렷다.

"네가 편이 자나 내가 편이 자나 어디 보자."

「청춘」 47,[180] 『한성일보』, 1946.7.20.

일대일 (八)

 영조계 만세가 교문 후통 二九호, 월성조상관(月星照像館) 二층―빅토리아 공원 정 서편 서태인서관(西太印書館) 골목―이런 안내가 적힌 원고지 쪽을 소련이가 북양 아파트 주인에게서 바더들고 나온 것은 현영섭의 일행이 다녀간 지 두 시간 후였다.
 '엇재서 숙소를 별아간 옴겻을가. 불편하다거나 나은 데가 있어서 옴겻다면 자기에게 아모 말 없었을 것 같지 안은데.'
 아파트 주인에 물어보면 각별히 보아 주든 사이라 물론 무슨 사연으로 올마갓는지 알 것이었으나 중국말을 모르기도 하고 또 중국 사람과는 도대체 대하기 실혀서 그양 나왓다. 그러나 다시 생각해 보면 갑자기 이사한 까닭을 짐작할 수 있는 것 같았다.
 '피신이다. 무슨 불길한 일이 생겻다.'
하고 소련은 직각적으로 판단을 내렷다. 그러고 보니 사기 행동노 학생에게 불리하여서는 안 되겠다. 내 몸이 아니라 공 선생님 신변을 위해서 조심해야 되겠다.
 '그럼은 차저가 뵈입지 말가.'
 길에 나선 소련은 잡도에 석겨 어디로 가는 것도 아니면서 다른 사람들의 발길을 따렷다. 목이 아린 콩기름 내음새 무연탄 불꽃치 태우는 무더운 공기는 갑작이 근심에 조인 심장의 고동을 도깟다.

---

[180] 47회로 표기되어 있지만 연재 순서로는 46회이다.

'내가 이러케 나오는 걸 누가 보지 않었을가. 선생님 뒤를 따르든 형사가 내 얼굴을 아는 사람임은 혹시 내 뒤를 쪼칠런지도 모르겟다.'

소련은 가든 방향을 바꾸어 오든 길을 도로 걸었다. 그러면서 주위를 유심히 살폇다. 그러나 수상한 그림자는 차저볼 수 없었다. 이런 잡도 속에서는 사실 차저보래야 불가능한 일이었다.

'그래도 가 뵈야지. 나야 가 뵈야지.'

소련은 길목에서 양차를 불러 타랴고 하였다. 그러나 조선 옷을 입은 것을 깨닷자 그만 겁이 털컥 낫다.

'눈에 뜨이면 어떠커나. 아 그런데 참 웨 나는 여적금 조선 옷을 입구 댕겻나. 아이구 웨 선생님은 내가 조선 옷 입구 댕기는 걸 가만 내버려 두섯댓나.'

양차를 타지 안코 한참 것다 생각하니 걸어가는 것이 더 사람들 눈에 띠우는 것 같었다.

지나가는 사람들이 자기만 유심히 처다보는 것 같었다. 그는 다시 양차를 불러 탓다. 타고 집으로 가서 양복으로 밧궈 입고 걸어서 교문 후통을 차저갓다. 월성 사진관은 곳 차즐 수 있었다. 달에 별을 포개 그린 유리 쌍창을 열면 분합문이 막히고 막힌 대로 도라가면 곳 촬영실에 통한 로비에 응접 테블과 소파와 이자가 곱게 노인 한적한 장소. 손님인가 하고 반기면서 일어서는 것은 런닝사쓰 바람에 부채질하든 중국 청년 다시 알어채린 듯이 은근히 인사를 하면서 소련을 안채로 통하는 랑하에서 꺽겨 올라간 이층으로 안내하였다. 층게 굴리는 소리를 듯고 암실 엽헤 방 열럿든 문으로 우통을 버슨 성큼 한 학생이 성큼 나섯다. 소련을 보고

"잘 왓소."

하고 학생은 다시 중국 청년에게 영어로 내려가지 말고 같이 들어오라고 하

엿다. 중국 청년은 우스면서 사양하고 아래 가개가 비엿으니 용서하라고 사양하고 내려갓다.

학생은 어째서 갑자기 이사를 하게 되엇다는 말은 하지 안코 사쓰를 입으면서 이제 내려간 청년은 왕류긔라는 광동 사람이라는 것 학교 단일 때 친한 무정부주의자란 것 그의 호의로 그의 집에서 당분간 묵게 되엇다는 것 원래 사진에 취미를 가젓다가 생활책 겸 사진관을 내엿다는 등 이야기를 하고

"이 방이 어떳소. 자그만한 게 안 좃오? 이층이라 좀 덥기는 하지만."
하고 소련의 의상한 몸단장을 자미로운 듯이 홀터보면서 물엇다.

"조쿤요. 그런데 침댄 없에요."
하고 소련은 방을 두리번거렷다. 간 반이나 될가. 벽에는 틀에 든 나체 사진이 두 개 구석에 갓다 놋코 풀지 안은 학생의 짐이 싸엿다.

"차차 사 오지. 오늘 어듸 가서 저녁이나 잘 먹두룩 합시다. 그런데 참 당신 철환 군안태 좀 가 주랴오. 내가 어제 저녁에 간다구 해 놋쿠 저 친구안테 끌려서 약속을 어겻어."

"가시요."

"가서 뭘 좀 가저와야 되겟는데."
하고 한참 무얼 생각드니

"그만두소. 내가 가지."
하고 학생은 이러나 더위도 이젓는지 또 그리고 무슨 생각에 지배되엇는지 땀을 흘리고 안젓는 소련이 억개를 끌어댕기면서 머리를 쓰다듬엇다.

「청춘」 48,[181] 『한성일보』, 1946.7.21.
일대일 (八)[182]

소련은 등의자에 안저 압흐로 끌린 채 물건 들어낸 자죽이 거친 마루 바닥을 내려다보면서 가슴 아래 크게 그러나 느리게 움직이는 학생의 배에 한쪽 귀를 파무든 채 말할 수 없는 평화를 늣겻다. 멀리 자기 이상 속에서
　'이이가 웨 이러실가. 버릇두 고약해라.'
하는 반항이 일어나는 것을 들엇으나 다시 제정신으로
　'내가 무슨 힘이 있다구 거역을 하우. 거역이라니 이럿게 행복스러운 풍부한 율동을 웨 포독스러운 뭇 여자들의 눈쌀 창쌀을 빌레 찔려 죽일 거시오―거시오. 아 이는 선생님 당신 말슴이에요.'
　학생은 소련을 이르켜 바로 안치고 다시 제자리에 가 안젓다.
　"아, 할일이 태산 같흔데 어떠커나."
하고 학생은 피로에서 나오는 한숨에 놉아 이런 말을 중얼댓다.
　'할일이 태산 같은데―.' 이 말을 듣고 생각하니 참 저 어른은 대채 무슨 일을 하는 양반인가 대체 어떤 사람인가 무슨 일을 할 작정을 하고 게신 분인가 알구 십다. 소련은 어린애 같흔 미소를 띄우고
　"참 선생님 멀 하세요."
하고 물었다.
　"멀 하세요?"

181　48회로 표기되어 있지만 연재 순서로는 47회이다.
182　8로 표기되어 있지만 9이다.

"네, 알구 싶허요."

학생은 따지는 듯한 시선을 얼릉거리는 소련의 두 눈 우에 둔 채 한참 침묵을 직히다가

"생각."

하고 정색을 하며 대답햇다. 무서운 것도 아니건만 개웃이 내밀었든 소련의 호기심은 털을 다 처 노은 버러지같이 쑥 들어가고 말었다.

"토론 토론 토론─."

하면서 학생은 벌떡 이러나서 의자 뒤로 왓다갓다 하엿다.

"쓸데없는 토론─. 아니 생각 말어요. 다 쓸데없는 거시오. 사람이 말이요. 소련─머리루 생각을 하지 말구 가슴으루 아니 배루 아니 허리루 아니 손으루 아니 발루 하게 되면 어떠케 될구?"

하고 돌아섯다. 소련은 우슴이 나오는 것을 학생의 얼골 모양처럼 억지로 깜거세우고 조용히 고개를 흔들면서 땀에 저젓는가 얼룽거리는 두 눈을 애원하듯 크게 떳다.

"몰라. 모르시겟오. 그래 모르는 게 제일 조와. 모르는 것두 조치만 모른다는 생각조차 없는 것. 늬힐─[183]. 아모 것도 아니─. 그게 조치."

하고 다시 계속해서

"그만둡시다. 그만두고 나갑시다. 나가서 서늘한 데루 갑시다. 당신 조와하는 폭찹[184]으루 저녁두 먹읍시다."

하고 옷을 입었다. 두 사람은 박그로 나갓다. 소련의 이견에 따라 백하로 갓다. 거기서 종일 배도 타고 언덕에 들어눕기도 하고 발을 물에 적시기도 하

---

183 늬힐: 니힐(nihil).
184 폭찹: 돼지 갈비살(porkchop).

엿다. 수박을 사서 점심을 에우고¹⁸⁵ 또 배를 타고 하엿다. 내내 형사에 들킬가 염여하엿다. 거리에 들어선 것은 어두어서엿다. 멀리 대화공원 쪽에서 불꽃노리 화진이 아름답게 검프론 중공¹⁸⁶에 피어올라 왓다.

두 사람은 토이기인¹⁸⁷ 식당에 들어가서 저녁을 먹었다. 사람들은 시장하엿고 음식은 풍부하엿다. 학생은 버무즈¹⁸⁸를 청하여 소련에게 전하고 자기는 세리¹⁸⁹를 따럿다. 느즌 저녁이라 그런가 식당 안에 다른 손님은 없었다. 학생은 처량한 우름을 찌는 레코드를 끄게 하고 포도주만을 서로 난호앗다. 웬일인지 학생은 별로 말이 없었다. 소련도 한사코 침묵을 깨트릴 필요를 늣기지 안었다. 말없이 서로 행복스러운 얼골을 처다보는 편이 훨신 나엿다. 식당에서 나오면서 학생은

"일즉 도라가소. 난 철환 군 집에 가야겟오."

하고 소련을 마차에 태워 보내고 一남고루 쪽으로 걸어갓다혼.

이때쯤 철환은 통주 대회 준비를 의론하기 위하여 방학이 되어 뷔인 남개대학 기숙사에 혼자 남아 있는 자기 친구를 차저 불빗 훤한 캠퍼쓰를 것고 있을여고 현영섭은 대화공원 벤취에 압해 이를 쑤시면서 불꽃노리 화전이 국화꼿처럼 별빗이 반짝이는 하늘에 피는 것을 처다보고 있다가 무슨 생각이 낫는지 김철환을 한번 차저보기 위하야 이러낫든 시각이었다.

---

185 에우고: 다른 음식으로 끼니를 때우고.
186 중공: 하늘의 한가운데(中空).
187 토이기인: 터키인.
188 버무즈: 주정 강화 와인 베르무트(vermouth).
189 세리: 스페인 남부 지방에서 생산되는 백포도주 셰리(sherry).

「청춘」 49,[190] 『한성일보』, 1946.7.23.
일대일 (十)

학생이 철환의 숙소 문을 두다린즉 열대여섯 되어 보이는 게집아히가 나와서 고리를 뵈겨 준다. 불꽃노리에들 나갓는지 아래우층이 다 비인 모양이었다. 철환도 물론 방에 없었다. 학생은 이층에 올라가서 불을 켯다. 그가 만일 불을 켜지만 안코 있었든들 현영설은[191] 오늘 밤에는 대문 박에서 그냥 도라갓을 것이고 또 도리갓드면 두 사람의 운명은 달리 열려젓을지 모른다. 의자를 툇마루에 내다 놓고 한참 앉았다가 다시 방에 들어가서 침대 매취리쓰를 들어 보앗다. 전총은 자기와 약속한 자리에 있었다. 편지나 써 놓고 가지고 갈가 하다가 늦드라도 기다리라든 철환의 말을 기억하였다. 권총에는 탄환이 들어 있었다. 그는 권총을 버서 노은 자기 양복 속주머니에 너고 퇴마루로 다시 나왓다. 훤한 불빗처 둥글앗케 벽돌 마당에 비취었다. 하인 게집아히가 머리를 감드니 한참 만에 박그로 나간다. 사람이 있으니 강 안심하고 등에 마실을 나가는 것일가.

'그러나 내가 누군 줄 알고 집을 비비워 놋구 나갈가.'

하고 부질없는 걱정을 하면서 다시 방으로 들어갓다. 더워서 견딜 수가 없었다. 그는 편지지를 꺼냇다. "가지고 가오. 월성조상관 생." 이럿케 써서 봉투에 너고 있을 때 층게로 걸어 올라오는 구두발 소리가 들럿다.

'철환이 들어오는구나.'

---

190 49회로 표기되어 있지만 연재 순서로는 48회이다.
191 현영설은: '현영섭은'.

하면서 책생 우에 노었동 편지를 봉투채 찌저 꾸겻다. 그리고 퇴마루로 나오면서

"인저 오나."

하면서 철환을 마지하랴 하였다. 그러나 올나오는 사람을 김철환이가 아니었다. 현영섭은 층게가 돌아지는 데 멈춰 섯다. 불빗을 등에 밧고 나오는 것은 김철환이가 아니라 공학생이었다. 현영섭인 것을 알자 학생은 깜작 놀랏다. 놀란 것과 동시해서 거이 본능적으로 양복저고리를 차저 방으로 드러가랴 하였다. 그러나 뒷거름을 치랴들 찰라에 도리혀 몸은 일종 반사적으로 압흐로 나섯다.

"오래간만이구료."

하고 현영섭은 입을 열었다.

"……."

"그리잔어도 꼭 좀 맛나 보랴구 그랫는데. 마침 잘 됏외다."

"……."

"이사하서느라구 얼마나 밧브섯오."

"……."

"아 그러케 흥분헐 거야 뭐 있소."

"……."

한동안 어름장 미트로 흐르는 물 같흔 침묵이 계속되었다.

"들어오시지오."

하고 학생은 비로소 입열을였다.[192]

"더운데 드러갈 거 뭐 있겟소."

---

192 입열을였다: '입을 열었다'.

"……."

'드러갈 거 없이 나갑시다. 이러케 된 바에 너무 밝은 데서 서루 얼굴을 처다보구 안젓슬 것두 언잔오? 나는 또 담 일이 밧보구—.'

하고 학생은 속으로 중얼거렷다.

"갑시다 어서."

하고 현영섭은 노기 띠인 목청을 울렷다.

"그럽시다."

하고 학생은 방으로 드러가서 양복저고리를 팔에 걸고 나왓다. 나오면서 권총을 내어 양복 가린 손에 쥐었다. 학생은 현영섭이 압헤까지 닥어섯다. 갓가이 와서야 비로소 현영섭의 손에 권총이 든 것을 알었다.

"먼저 내려가시지오."

하고 학생은 전햇다. 어느 하늘이 도앗든지 현영섭은 군소리 없이 그러나 학생의 겻헤 가지런이 서서 내려간다. 서너 층게 내려디덧슬가 햇슬 때 학생은 휙 한두 거름 뒤로 올라 디디면서 한 손으로 손잡이를 붓잡고 도라서랴고 하는 현영섭의 엽구리를 있는 힘을 다해서 찻다. 채인 현영섭은 "응." 한 마니 시르면서 석구로 허궁 떠러섯다.

「청춘」 50,[193] 『한성일보』, 1946.7.24.
파도가 지나간 뒤 (一)[194]

거리로 소풍하러 나갓든 하인 게집애가 피가 흥건한 현영섭의 시체를 발견하고 혼비백산하여 순경에게 달려간 것은 공학생이 자최를 감춘 지 한 시간 뒤였다. 이층에 조선 사람이 들어 있다는 말, 현영섭의 시체 엽헤 떠러져 있는 커다란 일본제 권총, 그리고 현영섭의 웃주머니에서 나오는 명함들과 증명서 등속을 조사해 보고 중국 순경은 이 범행은 조선 사람의 소위라고 단정하였다. 그는 나가서 일본 령사관에 전화를 걸었다. 일본 령사관에서 무장을 가춘 관원들과 헌병 두 사람이 현장에 불자동차와 모타 싸이렌을 몰아 가지고 온 것은 현영섭이가 이십여 척 되는 데서 꺽구로 떠러져 즉사한 후 약 두 시간 뒤였다.

그들은 위선 시체를 치었다. 멧 시간 전까지 같이 마주안어 이야기하든 상대라 손을 대여 뒤저보고 조사할 필요도 없었다.

머리가 깨어진 것이 분명한 이상 새삼스러히 검사를 하기 위하여 위치를 흔들어 노흐면 안 될 것도 없었다. 도리혀 그들의 한 사람은 현영섭의 엉뎅이 쪽을 발로 미러 시체를 잿켜 보라구 하였다. 마치 죽은 개나 도야지의 무게를 촉감으로 아라보랴는 사람같이ㅡ. 흐르는 피를 박기 위하야 그들은 현영섭의 양복저고리를 벳겨서 시체의 머리를 둘둘 말었다. 사지를 이르켜 들고 나간 사람들은 현영섭의 동료 조선 사람들이었다. 헌병 두 사람 중에 키

---

193 50회로 표기되어 있지만 연재 순서로는 49회이다.
194 여기서는 '파도가 지나간 뒤'라고 표기되어 있지만, 연재분마다 '파도 지나간 뒤', '파도가 지난 뒤' 등 상이하게 표기되어 있다. 모두 원문 그대로 기입했다.

작고 칼을 차지 않은 사람은 불꽃노리 구경을 하고 들어오는 중국 여자 식구들을 중국 순경을 식혀 공등을 하지 안토록 일러 안으로 디려 보내고 문들을 잠그게 하고 발발 떠는 게집애 하인만을 데리고 다시 이층 철환의 방에 올라가서 썩애 훌듯 삿삿이 뒤젓다. 잡지, 불온 서적, 왕래 편지, 원고를 한데 묵것와. 그리고 방바닥에서 공학생이 찌저 내버린 조히쪽을 주서 모아 가지고 조선인 관원에게 해독을 식형다. "가지고 가오. 월성조상관 생." 이라 연필로 갓 적인 글발이 무난하게 나왔다. 키 작은 헌병은 불을 끄고 일행을 데리고 내려왔다. 그는 다른 헌병에게 월성조상관을 조사하여 밤 안으로 수배하도록 식혀 다른 사람들과 함께 보내고 중국 순경 한 사람과 조선인 촉탁—방금 현영섭을 들고 나가 자동차에 실어 노고 드러오는 사람이었다—만 남겻다. 김철환이 도라오기를 기다리는 것이었다.

중국 게집애는 여전히 덜덜 떨었다. 헌병은 주머니에서 인단[195]을 꺼넷다. 과자십도 있었으면 주고 십었으나 몸에 가진 것은 인단박게 없었다. 게집애는 헌병이 주는 인단을 사양하고 밧지 안었다. 헌병은 내밀었든 손을 홀죽한 허리에 넓은 가죽띄를 띤 중국 순경에게 가저다. 중국 순경은 고맙게 인난을 밧너 입에 닛코 심있다. 헌병은 조선인 관원을 식혀 물을 떠다기 피를 씻게 하였다. 조선 사람은 게집애가 날어오는 바켓을 바더 쓴곤 비자루로 피를 닥었다. 히미한 등불이 안에서 새어 나오는 정도라 잘 닥겻는지는 모를겟으나 비린내가 풍기는 것이 물내가 나는 것을 보면 어지간이 닥긴 것을 알 수 있었다. 이럭저럭 자정이 넘었다. 그러나 철환은 도라오지 않었다. 키 큰 헌병은 할 수 없이 중국 순경과 조선인 관원을 보내고 혼자 철환이 방에 올라갓다. 게집애는 쫓기듯이 안으로 들어가드니 소리를 내어 울었다.

---

195 인단: 은단(銀丹). 향기로운 맛과 시원한 느낌이 나는 작은 알약.

「청춘」 51,[196] 『한성일보』, 1946.7.26.

파도 지나간 뒤 (二)

당고(唐沽) 역전 큰길에 나와 서북으로 삼 마장가령 되는 데 가서 해안이 민듯하게 모래벌을 들어내고 그 몰애벌이 다시 수수밧테 다은 데가 해수욕장인데 해수욕장이래야 일흠이 해수욕장이지 이럿타고 할 만한 설비가 있는 것도 아니고 경치가 조흔 곳도 아니었다. 다만 이 근방이 원천(遠淺)하고 갓가히 어촌이 있기 때문에 며칠 숙박하기 편할 뿐이었다. 그래도 여름 복지간[197]이 되면 당고 시내 사람들은 날로 멀리 천진 혹은 바다가 그리운 북경인들까지도 이곳을 차저와선 더위를 피햇다. 소나무 한 그루 그럴듯한 게 있는 게 아니오 기암괴석이 점철된 곳도 없것만 그래도 해가 지고 으스름 달밤 같흔 때 수박이나 한 통 따개 가지고 수수밧 고랑으로 해서 모래밧테 나와 안즈면 바람도 조커니와 먼 등대가 명멸하는 게며 검푸른 파도(波濤)가 철석철석 밀려오는 압바다에 지부(芝罘)[198] 등지에서 오는 정긔 항로선의 긔적 소리랑 들으면 이는 호화로운 피서지에 간 건만 못하지 안은 만족과 정취를 가질 수 있었다.

시간으로 따저본다면 김철환이가 한창 남개대학 기숙사 빈반에서 친구와 함께 통주(通州)에서 거행할 행사에 대해서 이야기할 때요 공학생이 현영섭이가 올나오는 것을 철환인 줄 알고 박그로 나갈 때즘 되어서 두수와 기숙이는 모래밧을 걸어 나와 물까에 마른자리를 잡고 나란히 않었다. 나제

---

196 51회로 표기되어 있지만 연재 순서로는 50회이다.
197 복지간: 삼복(三伏) 기간.
198 지부(芝罘): 중국 산둥성 동북부에 위치한 항구 도시 옌타이의 옛 이름.

보든 것과는 다른 바다였다. 별도 없는 밤이다. 수평선이 보이지 안코 바다와 하늘이 한데 검게 풀였다. 기적 소리도 들리지 안었다. 다만 일정한 리줌으로 밀어다간 쏘다 노흔 파도 소리가 꾸준하게 계속할 뿐이었다. 나제 본 바다는 허무하게 아득하기는 하나 그래도 해면 우으로 시선을 뺏으면 차저갈 수 있는 것 같헛다. 그러나 어두운 속에서 죽었다간 또 이어 사러오는 파도 소리만 나는 바다는 도리혀 사람을 차저서 작구만 깁흔 데서 헤어 나오는 저승 인간들의 유혹 소리 같헛다. 낫에 보든 것과 다를 뿐 아니라 어제밤에 보든 바다와도 달럿다. 달은 없어도 별이 그야말로 바다 밋헤 진주와도 같이 저마다 반작였었다. 칠석이 갓가운 은하는 유달리 흰하게 흘러내려 갓섯다. 파도는 잔물결에 힌 꽃을 피우기도 하고 그 고랑에 별빗을 그대로 심그기도 하였다. 불역[199]에 와서 풀어노코 단가서 한아름 굵은 선율을 묵거오곤 하는 것은 아름다운 삶의 향연을 위한 반주(伴奏) 같기도 하였다. 바다는 별이 뜨고 안 뜨는 것에 따라서 삶과 죽엄의 차의를 가저오는 것일가. 그러케 바다는 별빗 하나에 왕청한 착각을 일으킬가. 왕청한 것은 마음이었다. 병아리 뒤다리같이 약한 마음들의 소치었다. 바다는 무심하였고 사람은 생각하였다. 결국 바다는 사람의 마음을 짐첫다. 결국 사람의 마음은 바다를 익이지 못하였다. 결국 무심한 것이 생각을 익였다. 두수와 기숙은 바다가에 앉아서 불으는 소리 같은 파도 속에 파무처 헤여나지 못하고 있다. 그러는 동안 먼 데서 공학생은 무심하게 발길로 현영섭을 찾다. 현영섭은 피를 쏜고 죽었다. 바다와는 아모 상관없는 일이었다. 다못 바다 우에는 아름다운 유성(流星)이 흘럿다.

---

199 불역: 큰 강이나 바닷가의 모래벌판 또는 그 언저리.

「청춘」 52,[200] 『한성일보』, 1946.7.27.

파도가 지나간 뒤 (六)[201]

"무슨 생각을 그러케 허세요."

오레동안 아모 말 없이 모래에 아모 의미 없는 글자를 쓰고 있든 기숙은 손을 털면서 그러나 바다 쪽을 향한 채 이러케 물었다.

"생각요? 글세―. 인전 그만 가 봣으믄―."

하다가 두수는 말을 중단햇다. 기숙이 뭇는 말에 대답이 되는 것 갓지 안었기 때믄이다.

"여관으루요?"

하고 기숙은 머리를 들엿다.

"안요."

"그럼 조선으루 말얘요?"

"천진으루 인전 그만 돌아갓슴은 허구―."

"아이 원, 참 천진으루 뭘 도라가구 안 가구가 어디에요. 요기서 조긴데."

"그야 그럿초."

"그럼 멀 그리세요. 그걸 멀 다 깁히 생각허구 기세요."

"깁히야 머, 하나 온지도 여러 날 됏구."

"오신 걸 후회허세요, 속아서 왓다구? 제가 속이긴 또 멀 속여요. 정말 안예요. 배가 들어오잔었에요. 온다든 동무 오잔었에요?"

---

[200] 52회로 표기되어 있지만 연재 순서로는 51회이다.
[201] 6으로 표기되어 있지만 3이다.

"누가 속였대요."

하고 두수는 기숙이 하는 모양으로 이미 없는 글자를 모래에 쓰다가는 그림으로 맨돌고 그림을 다시 글자로 돌려보군 햇다. 그러나 아모것도 보이지는 안었다. 바람이 었지 흔들일 때마다 짤븐 홋옷을 입은 기숙이 몸에서 향그러운 분(粉) 살내음새가 중기고 또 어찌하다가는 역시 바람에 날린 기숙이 머리칼이 자기 얼골에 닷기도 하았다.

"속이긴 속엿에요. 그검 사실에요. 그러나 더 심허게 속이기보다는 훨신 나요. 제 자신을 속이는 것보단 말에요. 날 억지루 속여 다치구 전 혼자 여기 와서 이러케 혼자 앉어 작구만 저를 속이느라구 애를 썻슬 수 있었에요. 그러나 웨 누가 무서워서 우정 그러케 군색시러운 짓을 해요. 갑싼 연극이라믄 그것두 아주 불건전한 사람들이라믄 혼자 애를 태우구 간을 말리구 눈물을 흘리면서 가장 고상허구 가장 깨끗헌 체할는지 모르지만 전 그러케 어렵게 생각할 게 하나두 없다구 생각해요. 목이 말너서 물 좀 달라는 게 천헌 거애요? 속이구 천헌 건 체면 채리느라구 그 우물을 그냥 지나가는 사람이조. 그러찬어요?"

하고 기숙은 대딥이 있을 때싸지 돌닌 머리를 기우듬이 처들고 있었다. 두수는 기숙이 말을 듯기는 들었으나 밀리 또 갓가히 첩첩이 포개 들리는 파도 소리를 물리치고까지 기숙이 말을 깁히 이해해서 들어보랴는 열는 없었다. 기숙의 자신을 위한 말이거나 자기를 위한 말이거나 혹은 두 사람을 위한 말이거나 간에 말이 길어지면 길어질수록 더욱이 상대가 여자인 경우에는 특히 그것은 배속에서 울어나오는 아이 가슴 속에서 제어로 나오는 것이 아니라 재치 있는 머리속에 볫겨 두었든 칠판에 지혜를 복습하는 정도이 피나루기 아니면 역시 머리속에서 잔재주를 피어 맨드러내는 요설(饒說)로박게 들리지 안었다. 그러나 어떤 경우에든지 반듯이 그러타 하고 단정할 만한 용기는 물논 없었고 도리혀 이러케 생각하는 것은 자기 심지가 꾸븐 때문이라고 다음 순간에는 재착하는 두수는

"난 그런 것 저런 것 다 생각헌 일 없읍니다. 그저 지금찜 철환 군두 북경 갓다 왓을 것 갓구 하니까 그러탄 말이조."

하면서 천천이 이러나 섯다.

「청춘」 53,[202] 『한성일보』,
1946.7.30.
파도가 지나간 뒤 (四)

젊은 사람이 생각을 더지고 육체로만 돌아갓을 때에는 완전이 어린아히같이 된다.

이튼날은 구름 한 점 없는 프른 하늘이었다. 파도 빗도 새로 다시 유록을 퍼부은 듯하였고 파도 소리도 아모 괴로운 의미를 가지지 안흔 대조화음(大朝和音)으로만 들렷다. 두수와 기숙은 다시 해변가에 나와서 없드렸다.

"밤에 소낙이 자나간 거 아세요."

하고 기숙은 더운 모래에 없드려 자주벗, 양털 수영복을 통해 올라오는 지열과 반사하는 태양열이 무럭무럭 창자에 배여드는 것을 징굿이 눌러 받으면서 이러케 물었다.

"몰랏습니다."

하고 두수는 대답햇다.

"그것도 모르시너서 뭘 생각허시다구 그래요. 전 한잠 못 자구 생각햇는데."

"무슨 생각요."

"별생각 다 햇조. 여름이 가몬 가을이 오는 생각 가을이 가먼 어떠케 되나—그런 생각두 허구요. 그리구—."

"그리구?"

"아이참 말을 해야 아서요. 말 안 허믄 영 모르세요. 머 세레 문답에요?"

---

[202] 53회로 표기되어 있지만 연재 순서로는 52회이다.

두수는 기숙이 표정이 자미있어서 소리를 내어 우섯다. 오래가만에 우서 보는 홍소였다. 실로 오래간만이었다. 일 년 만인지 이 년 만인지 모르다. 처음에는 기숙이 말투가 우수워서 웃기 시작하였으나 나중에는 자기 우슴 소리가 얼마나 계속되는가 보느라고 우정 소리를 처 우섯다. 기숙이도 따라 우섯다. 영문도 모르는 우슴이었다. 그러나 조왓다. 해는 놉고 바다는 프르고 모래밧흔 더웟다. 그리고 그들은 다시금 젊었다는 것을 알었다. 지나가는 아히들도 따러 우섯다. 불역케서 뛰고 드러눕고 물장구를 지는 사람들이 늙은이 젊은이 할 것 없이 모두 웃고 살물 질기는 것 같었다. 저들 중에는 정치가도 있으리라. 돈 만흔 사람도 있으리라. 돈 없는 사람도 있으리라. 망명객도 있으리라. 그러나 다 웃는 것 같고 행복스러운 것 같었다.

"자 물 속으루 드러가십시다."

하고 기숙은 흘러내리는 머리를 고개짓을 하면 올려치키면서 두수의 팔을 끌어당겻다.

"그럽시다."

하고 두수는 선선이 일어낫다. 두 사람은 다름질을 하여 물속으로 헤어 들어갓다. 한 구비 놉흔 파도에 걸려 두 사람은 같이 넘어젓다. 눈을 감고 입으로 물을 뽑고 머리를 다듬어 올리면서 두 사람은 또 우섯다. 두수는 바다 물 속에 들어온 것도 오래간만이었다. 몃 해 만인가, 오 년 만일가. 육 년 만일가. 지난 며칠 물속에 들어섯대야 발을 잠그는 정도였다. 몸을 잠거도 목욕탕에 들어 앉저 몸을 씻는 사람같이 가릴 데를 다 가리고 주위를 두리번 두리번 살피는 정도였다. 그리고 세상 맛난 소학생같이 헤어 가고 헤여 오는 기숙이를 도리혀 붓그러운 눈으로 처다보든 그였다. 물속에 잠겨 있으면서도 늘 생각을 하였다. 바다는 그대로 내버려두고 십헛다. 이러케 뛰어

들어와 매닥질[203]을 처서 바다의 현실(現實)을 깨트리고 십지 안헛다. 멀리 프른 전체(全體)를 바라보면서 바다의 여실(如實)을 되려다보고 십퍼섯다.

그러나 오늘은 하늘에 구름 한 점 없고 육체는 젊엇다 것을 다시 깨달었다. 바다의 현실을 여지없이 깨트려서 그 속에 잠긴 비밀을 여지없이 알고 십흔 충동을 늣겻다.

"몰으세요. 멀 노치시는지 모르세요." 하든 기숙이 말 그제 밤엔가 그그제 밤엔가 자리에 누어 수수꺽기 갓흔 말을 중얼거리든 기숙이가 무었을 의미하였든지 알 수 있는 것 같었다.

"여보 나 따러와 봐요."

하고 두수는 물을 휙 잭겨 반듯하게 누어 발길로 프른 물결을 차면서 그리고 우스면서 깁흔 데로 깁흔 데로 밋그러저 다라낫다. '여보—.' 기숙은 속으로 한마디 두수의 한 말을 반복해 보고 모래바닥을 디고 한참 서서 새로운 발견을 한 사람같이 멍하니 헤염처 다라나는 두수를 바라다보고 있다가 만족한 미소를 붉은 입술로 깨물었다. 그리고는 밋근한 두 팔을 가즈런이 내갈르고 두수를 따러 같흔 대로 헤염처 드러갓다.

---

[203] 매닥질: 반죽이나 진흙 따위를 아무 데나 함부로 뒤바름.

「청춘」 53, 『한성일보』,
1946.8.2.
파도 지나간 뒤 (五)

두수는 물결을 휘여 안으면서 몸을 뜨게 하였다. 그리고 헤염처 나오는 기숙을 기다렷다. 기숙은 모으로 누어 머리를 들었다 노앗다 하며 간혹 힌 팔을 내젓기도 하였다. 헤어 나오다가는 큰 물결의 랑을 맛나면 도로 해조같이 밀려가기도 하면서 그래도 여전이 한 곳을 향해 오는 것을 보고 두수는 바다는 반듯이 허무한 것만으로만 역일 수 없도록 밋어운 생각이 들었다.

'나를 따러온다. 팔을 내저으면서 구원을 찻는 손―. 고독만이 유일한 것이 아니라는 것을 유일한 것만이 현실이 아니라는 것을 알려주기 위한 상증(象徵)―. 언어(言語) 박게 있으면서 언어까지 구축해 버리고 완전한 의해의 섬리(攝理)를 다스리는 손―. 기숙은 손을 저으면서 내게로 온다. 내게로 오랴구 한다. 쭉지 부러진 날새가 나뭇가지를 찻듯 목마른 다람쥐가 포도송이를 차저 올라가듯 기숙은 나를 차저오고 있다. 얼마나 애처러운 상증이냐. 그러나 또 얼마나 아름다운 손짓이냐―.'

기숙은 갓가히 왓다. 억개로 숨을 쉬도록 갑버하는 것을 알 수 있었다. 그러나 얼골에는 조금도 피로한 빗이 업다. 도리혀 오디 따먹은 어린애 입술같이 질린 입을 크게 버리고 힌 잇발을 기운 수평선에 햇볏에 나란히 반사식히면서 우섯다. 두수도 우섯다. 서로 조롱을 하는 것이 아니었다. 서로 이만한 거리를 정복하고 깃븜을―혼자로서는 도저히 이루기 어려운―성취한 것을 축하하는 우슴이었다.

"인전 그만 가세요. 못 따러 가겟어요."

하고 기숙은 맥이 빠진 목소리로 애원하였다. 그러면서도 밧삭밧삭 닥어 해여 들면서 우섯다. 마치 어미 품 밋흐로 기여드는 병아리같이―. 두수는 갑작이 오래 살 속에 묵었든 자기 시험의 긔회를 어든 것 같흔 생각이 낫다. 그 것은 심술구진 반응(反應)이었는지도 모른다. 하여간 두수는

"더 가지 말고 그럼 여기서 작난이나 해 봅시다."

하고 숨을 크게 쉬어 잡고 양손으로 물결을 끌어댕기면서 동시에 후반신을 들고 물속으로 숨박꼭질을 하여 들어갓다. 꺽구로 자세를 잡은 채 일즉선으로 내려가 보려고 하였으나 엽흐로 밀리는 수압 때문에 뜻대로 되지 안었다. 파동은 심하지 안어도 은은이 비틀리고 꼬이는 저류는 고무같이 반발하였다. 그러나 두수는 반발이 심한 단층을 맛날 때마다 힘을 드려 발로 물결을 차고 머리를 내리박었다. 눈을 떠 보앗다. 고기도 해초도 없는, 물론 박닥도 디려다보이지 안는 멀둑멀둑한 검프른 물결이 반투명한 유리 속같치 벗이고 눈에 걸일 뿐이다.

'기숙이가 따러 들어오는가.'

하고 주위를 살폇으나 자기 팔박게 움직이는 것이 없었다.

기숙은 숨을 돌려 쉬는 새에 바다 밋흐로 들어가 버린 두수가 괘심하엿나.

'모처럼 곱게 헤여 온 바다에서 작난이 뭐야 작난이.'

라고 기운 없이 몸을 놀렷으나 다음 순간

'역시 가 보자. 물 밋흐로 들어가 보자. 그러다가 빠저 죽으면? 알 수 있나 그거야 내가 알 수 있나.'

기숙은 두수가 하든 모양으로 꺽구로 헤여 나려갓다. 그러나 두수는 눈에 뜨고 두수로 차젓다. 그러나 두수는 눈에 띠이지 안었다. 물속에 들어가 십 초 되었을가. 기운이 파한 몸덩어리는 도루 해면으로 뜨고 만다. 뜬 것이 아니라 견딜 수가 없어서 나왔다. 나와서 그냥 머물러 있은 수도 없어 기숙

은 해안을 향해 나오기 시작하였다. 그러면서 뒤를 도라다보왓다. 그러나 두 수는 보이지 안었다.

「청춘」 54, 『한성일보』, 1946.8.4.
파도가 지난 뒤 (六)

기숙은 고개를 돌리고 한 구비 높흔 물결 이랑에 올라탄 채 밀리는 데까지 몸을 그양 내여 맷겻다가 다시 오른팔로 물결을 거더 댕기랴고 할 때 두수가 불숙 엽헤 떠올라왓다. 그는 저즌 머리를 흔들면서 울음소리 같흔 숨을 내여쉬였다. 쪽 빠러 내린 거믄 머리며 눈을 떳다 감었다 하는 게며 한 손으로 코를 푸는 모양이 볼 만하였다. 괘심한 데다가 기운이 없는지라 아모 경황도 없었지만 하도 꼴이 우수워서 기숙은 깔깔대고 우섯다. 두수도 우스면서 기숙이와 나란이 물을 공가 놀럿다.

"무슨 작난이 그래요."

"웨요."

"난 물속에 따러 드러갓다 혼낫에요."

기숙의 목소리는 할닥거렷다.

"근데 웨 내가 못 밧슬까. 눈을 뜨구 한참 있었는데."

하고 두수는 고지식하게 대답햇다.

"아이참 눈을 뜨군 다 뭐에요. 사람을 그럿게 골리믄 어떠케 해요."

하면서 기숙은 고개를 재트리고 다시 밀어밧히는 물결에 몸을 놋고 내려갓다.

"오래간만이라 숨박곡질하든 생각이 나서 그랫조."

하고 두수는 변명햇다. 기숙은 꽁한 생각을 유지할 수 없었다. 그는 도리혀 될 수 있는 대로 두수 곁흐로 갓가히 헤였다. 갓가워지는 것을 알면 두수는 몸을 될 수 있는 대로 비켯다. 그럿게 하는 것이 반 벌거버슨 사람으로의 예의 갓었다. 그런 눈치를 알았는지 기숙은 소리를 빽 집햇다.

"아이 전 더 못 가겟어요. 맘대루 하세요."

하고 물우에 누었다. 두수는 아므 말 없이 성큼 몸을 빼어 가지고 기숙의 겨드랑에 손을 너었다.

"정말 위험한 작난하네."

하고 두수는 기숙을 끌었다.

"장난할 기운두 없여요."

하고 기숙은 다시 다리를 놀리기 시작햇다. 기숙은 사실 기운이 파라엿었다. 혼자엿드면 사실 가라안젓을넌지 모른다. 두수는 기숙의 몸 반응으로 그가 정말 표정 이상으로 지친 것을 알었다. 그제야 그는

"큰일날 번햇네. 그러면서 뭣하러 따라드러 오섯오."

하고 모으로 누어 헤면서 기숙의 초점을 일은 눈을 디려다보앗다.

"지가 알이로. 웨 그렷는지."

두수는 더 입을 열지 안해다. 다만 기숙이 겨드랑에 왼팔을 너었다 손을 잡었다 하면서 기숙에게 힘을 빌려주었다. 처음에는 팔이 서로 꺽기고 다리가 감겨서 도리혀 힘이 드럿스나 차츰 율동이 골나지고 힘이 안 들뿐더러 밀물을 탓는지라 다리를 뻣는 대로 죽죽 나갓다. 기숙은 해볏이 시른지 눈조차 감었다. 차차 기운이 회복되었다. 물속에서는 잠시만 쉬여도 피로가 회복되었다. 쉬기도 하였거니와 든든한 두수의 팔에 안기며 끌리며 하는 동안에 새로운 저항력이 몸에 생기는 것을 알었다. 이제는 혼자래도 넉넉히 마저 해여 갈 것 같텃다. 그러나 그는 두수의 손에 당기는 대로 눈을 감고 몸의 율동을 두수에게 내어 맛길 뿐이었다. 한참 만에 눈을 떳다. 두수도 차차 피로한 모양이었다.

"다친 팔을 이러케 써서 어떠커세요."

하고 기숙은 물었다.

"아프진 안치만 그리잔으면 어떠케 해요."

하고 두수는 도리혀 기숙에게 물었다. 기숙은 정색을 하고 뭇는 두수의 표정이 우수워서 다시 깔깔거리고 우섯다.

"기운이 나는 게로군요."

하는, 두수의 말에

"네, 기운이 나요. 인제 그만 노세요."

하고 기숙은 두수의 손을 풀었다. 올니밧치는 물결을 타고 다시 내리밀렷을 때 해변까에는 아해들이 싸었든 모래성을 허물고 있었다.

「청춘」 55, 『한성일보』, 1946.8.7.[204]

모래밧헤 나와서 두 사람은 누었다. 기숙은 거친 뒤끗이라 완전이 몸을 버리고 반듯하게 누었다. 누가 와서 힐란을 한대도 일어날 생각이 없었다. 쪼이든 해는 수평선에 피하였고 모래는 여전히 더웟고 그리고 엽헤는 젊은 사나이가 있었다. 아모 조심할 필요가 없었다. 시장끼가 낫으나 그러타고 일어날 생각은 없었다. 눈을 감은 채 가슴 우를 서늘하게 슷치는 바람을 될 수 있는 대로 더 바드랴고 도리혀 사지를 시원히 폇다.

얼마나 한 시간이 지나갓을가. 눈을 폇을 대는 해가 수평선에 잠긴 뒤었다. 차차 사람들의 흐터저 돌아갓다. 두수는 반듯하게 누어 탈구되었든 왼팔을 만지고 있다.

"압흐세요."

하고 기숙은 물었다.

두수는 고개를 흔들었다.

"배 안 곱하요."

하고 두수는 물었다.

"곱하요."

"그럼 드러갑시다."

기숙은 고개를 흔들엇다. 그리고 긴 한숨을 내쉬었다. 두수는 더 입을 열지 안코 모래를 글어다간 배와 가슴을 덥헛다.

---

[204] 소제목 '파도가 지나간 뒤(七)'이 표기되어 있지 않다.

"보세요."

"네?"

"지가 그냥 물에 빠저 죽었드라믄 으떠케 됏을가요."

"왜 죽어요."

"왠. 왜 죽어요. 혼재드랫으믄 죽엇죠."

"……."

"죽엇을 태죠?"

"글세요."

하고 두수는 가슴에 언즌 모래를 털고 다시 더운 새 모래를 끌어다간 덥었다. 기숙은 속으로 기가 맥혓다. 기가 멕힌데 웨 그럴가. 그는 도라누으면서 힘없이 한 팔을 두수의 허리에 언젓다. 맛치 잠결에 도라눕는 사람 갓이 아모러한 의미 없이ㅡ.

"모두 장난이군요 모두."

하면서 기숙은 이득고 손으로 두수의 배 우에 덥힌 모래를 밀어내렷다. 그리고는 가슴 우에 있는 모래도 쓸어내렷다. 두수의 몸은 볕에 쪼인 조개살 같이 조여들었다. 그러면서 역역히 알 수 있는 흥분을 늣겻다. 흥분아는 자기 머리를 이깨우듯이 그는

"장난요? 어릴 때 장난하든 생각이 나믄 장난하게 되지오."

라면서 벌떡 이러낫다. 기숙이는 얼결에 따라 이러낫다. 그리고 두 사람의 시선은 멀리 초점을 일은 채 뿌엿케 마주첫다. 바람이 한결 서늘하게 일이 왓다. 그것은 바다바람이 아니라 멀리 고량 바테서 오는 뭇바람이었다. 서늘하면서도 농도(濃度)가 있는 바람이었다. 주위가 차차 하늘과 바다빗츨 닮어갓다. 두수는 그대로 안저 있을 수가 없었다. 무슨 필는 구태래여 이러게 숨갑흔 시련을 마더야 하는 것인지 알 수 없었다. 잘못하면 자기 자신에

대해서 책임을 질 수 없게 되는지도 모를 것 같았다.

"자 들어갑시다. 배가 몹시 곱흐군요."

하고 두수는 이러나서 것기 시작하였다. 그는 다시 물속에 뛰어드러가고 십흔 기숙이는 한참흔 충동을 늣겻다. 무릅을 안고 있다가 일어낫다.

"같이 가세요."

하면서 캐입과 양산을 거더 들고 두수의 뒤를 딸었다.

항구 쪽에서 굵은 기적 소리가 들려왔다. 그것이 수수밧흘 지나가는 바람 소리에 걸려서 산골 속에서 우는 짐승 소리같이 들렷다. 깁흔 산속으로 들어오라는 소리 같었다.

그날 밤차로 떠낫을 때 기차 기적 소리도 두수에겐 약시 산짐승이 질으는 비명같이 들렷다. 일본 군인들의 구두 발소리와 창가 소리를 뚤코 길게 뽑히는 기적 소리는 구원을 찾는 비명같이 들렷다. 차간에 몸을 서로 기대고 흔들리면서 바다속의 율동을 다시 기억하였다. 그리고 역역한 흥분에서 도망질하랴고 하는 것은 어느 짐승의 비명이었을가—하냐 몃칠 동안 들렷다 쪼그려젓다 한 육체를 정신은 다시 이전 자세(姿勢)대로 바로잡었다. 바로잡을 뿐 아니라 현실은 바다의 것보다 더 생생하고 핍진햇다—. 이튿날 아침 천진에 내렷을 때 조간(朝刊)은 전 시가에 계엄령(戒嚴令)이 내렷다는 것을 보도하고 있었다.

「청춘」 56, 『한성일보』,
1946.8.8.
파도가 지나간 뒤 (九)[205]

철환이가 북경에 가서 학교 형편을 알어가지고 왔을가. 가을 새 학기에는 북경으로 가게 되는가. 그러치 않으면 봉천으로 도루 가는가. 그러케도 안 되면 그만 서울로 갈가. 이런 생각만을 하면서 천진으로 돌아온 두수에게 게엄령이라는 현실은 편주(扁舟)를 때리는 태풍과 같흔 것이었다. 신문을 날마다 읽지 안은 배 아니지만은 목각(木刻) 특호 활자를 물 쓰듯 하는 중국 신문 보도에 흥미를 일헛다는 것까지는 몰라도 어느 정도 에누리하게 되는 습관을 길러온 것이 사실인 터라 또 자기 자신 이식적으로 시사에 관심을 가저 보랴고 노력하면 노력할수록 사회적으로는 일종 불구자와 같은 자신의 무기력한 천성이 슬프기도 하여 그만 관중의 한 사람으로 말석(末席)에 스스로 안처 둔 채 현실을 멀리 좁혀 바라다보고 있었다. 그러타고 자기가 이 현실이라는 물을 떠나서 호흡을 할 수 없는 어족의 하나라는 것을 또한 깨달었다. 그것이 더구나 자기가 놀리는 지네미를 제한하고 또 지배하는 조류(潮流)일 때는 누구보다 몬저 반사적으로 반응을 일으키기도 하였다. 물론 그것은 구름으 나즉이 느리우면 비 올 것을 알고 미리 마루 밑으로 기어드는 길버러지같이 육체적으로 엇는 반응이 아니고 머리속에서 이러나는 판단이기는 하지만은—하여간 게엄령이라는 것은 족히 놀라도 조흘 사실이었다.

게엄령의 래력—.[206]

---

205 9로 표기되어 있지만 8이다.
206 '계엄령의 내력'으로 이하 서술되고 있는 내용은 1930년에 전개된 중원대전(中原大戰)에 기반한 것이다. 1931년 중국의 반장(反蔣)운동은 2월 탕산사건(국민당의 광동파 수장 후한민을 장제스가

강절파(江浙派) 중심의 남경 정부를 부정하는 광동 정부에 호응하여 산서(山西) 이북에서 기회만 보고 있는 염석산[207]은 유유순준하든 풍옥산[208]과의 제휴에 성공하였고 이보다 압서 동북군의 관내 진출 도모는 과연 장개석과 합류하자는 것인가 그러치 안으면 북지에 딴 야심을 가진 장학량이가 도리혀 부친의 유지를 계승하여 수행하랴는 의도인가 하고 적지 안은 의혹을 들고 있든 석우삼(石友三)[209]은 미리 손전방(孫殿方)[210]과 합류하여 가지고 근자에 와서 반장반봉(反蔣反奉)[211]을 선언하고 이어 군사 행동을 이르켯다. 장개석은 즉접 중앙군을 이끌고 북상할 수 없는 처지였고 또 자신 출마하기보다 북지에 관심을 가지고 있는 장학량이를 움지기는 것이 득책이라 생각하였다. 이러한 결론은 얼마 전에 봉천에서 돌아온 사절 장군(張群) 소력자(邵方子)[212]의 진언에 의한 바 적지 안었다. 이리하야 구경에 장개석은 장학량에게 반장군 토벌을 명하였다. 사십만 대군을 거느린 장학량은 만복린(萬福麟)[213]을 토역군 총사령으로 임명하고 자신 진두에 서서 관내로 진군하였

난징 인근 탕산에 감금한 사건) 이후 제1차 양광사변으로 치달았다.
207 염석산: 옌시산(閻錫山, 1883~1960). 중원대전 당시 장제스에게 맞서다가 패배 후 다렌으로 퇴각했다. 이후 장제스와의 타협 아래 고향인 산시로 복귀하여 이곳을 통치하는 데 심혈을 기울였다.
208 풍옥산: '풍옥상'. 이에 대해서는 각주 44번 참조.
209 석우삼: 스여우싼(石友三, 1891~1940). 펑위샹의 부하였으나 1929년 장제스와 펑위샹이 대립하게 되자 장제스에게 투항하고, 옌시산과 장제스가 대립하자 옌시산에게 투항했으며, 1931년 반장 세력이 모여 결성한 광저우 국민정부에 가담하는 등의 변신을 꾀했다.
210 손전방: 쑨촨팡(孫傳芳, 1885~1935). 중국의 군인 겸 정치가. 신문의 한자 표기는 오기임.
211 반장반봉(反蔣反奉): '반장제스 반봉군'을 의미한다. 봉군(奉軍)은 장쭤린의 군대였으나 그가 암살당한 이후 아들 장쉐량이 사령관을 맡았다. 장쉐량이 장제스에게 충성을 맹세하면서 1929년 국민혁명군에 편입되었다.
212 소력자: 사오리쯔(邵方子, 1881~1967). 중국의 정치가. 중국 공산당에서 탈퇴한 후 장제스의 국민혁명군에 가담했다.
213 만복린: 만푸린(萬福麟, 1880~1951). 중국의 군인 겸 정치가. 장쉐량의 부하.

었다. 석우삼 군은 산서 군과 합류하여 가지고 석가장(石家莊) 선에서 동북군과 충돌하게 되었다. 수세를 취하게 된 동북군은 북평을 직히면서 덕하(德河)로 해서 천진으로 나갈라고 하였다.

한쪽으로는 조선 사건[214] 중촌 대위 사건을 게기로 하여 일어난 배일 운동은 각지 반일회가 주동이 되어 일화배척(日貨排斥)[215]을 실행하였다. 천진에서도 일본 화물 등급제 검사 등기를 실시하고 대량의 일인 물건을 태우고 일본 상인을 쪼차내는 등 물정이 소요하였다. 조선 사건이나 염석산 석우삼 반동이나 모다 일본군의 사촉[216]이라는 결론을 내린 장개석은 엄중한 단속을 게속해 오던 민중 운동 금지 해재령을 내리고 일방 전투가 버러진 지역에는 게엄령을 내렷든 것이다.

214 조선 사건: 만보산 사건 이후 일어난 조선의 중국인 배척 사건을 의미한다.
215 일화배척(日貨排斥): 일본의 경제적·군사적 침략에 대항하여 펼친 중국 국민의 일본 상품 불매 운동.
216 사촉: 남을 부추겨 좋지 않은 일을 시킴.

「청춘」 57, 『한성일보』,
1946.8.10.
파도가 지나간 뒤 (十)[217]

남경 정부가 산발적인 민중 운동을 묵인한 결과는 급기야 민중 운동을 한 커다란 국민 운동으로 전개식히고 말었다. 장개석으로 볼 때에는 한창 들석 거리는 군벌들의 반장 기운을 일본이라는 공동의 적을 내어밀므로 해서 국민 여론의 통일을 꾀하랴고 한 것도 있겠지만은 사실 배일(排日) 운동은 벌서부터 시●작 것이 이번 만보산 사건 이후에 조선 각지에서의 중국인 학살 사건과 중촌 대위 사건을 게기로 해서 포면화한 데 지나지 안었다. 배일 운동 일화 배척에만 끝치지 않코 각지에서 점차로 실제 투쟁으로 버러젓다.

결국 청도(青島)에서 삼천여 명 군중이 일본 국수회(國粹會)를 습격하여 육십여 명 사상자를 내인 사건에 빙자하야 거류민 보호라는 명목으로 동경 정부는 군함 구마(玖摩)를 청도로 급파하고 남육상(南陸相)[218]은 바로 새삼스럽게 긴급 사태에 처하는 응급수단●이 기정방침대로 위선 관동군(關東軍)에 대하야 소위 긴장령(緊張令)이라는 것을 내렷고 각지 육전대(陸戰隊) 경게 구역 확정을 지시하였다. 그러나 실제로 조사 행동 준비를 하기 시작한 것은 벌서 그 이전부터였음은 말할 것도 없다. 천진에 이개 사단 병력이 당고 방면으로부터 새로 집결된 것 같은 것은 게엄령이 실시되기 전 일이였고 자경단(自警團)이 반일회(反日會)와 충돌하게 된 것을 방관하고 내버려 둔 것도 역시 그들의 기정방침 중의 하나였다.

217 10으로 표기되어 있지만 9이다.
218 남육상(南陸相): 미나미 지로(南次郎, 1874~1955)를 가리킨다. 1931년 당시 일본 육군대신이었으며 1936년부터 1942년까지 제7대 조선 총독으로 재임했다.

일일히 예증을 들 것 없이 일본 내각이 군부의 힘에 눌려 군제(軍制) 개혁안을 통과●● 것 한 가지만 보아도 알 수 있는 일이었다. 일본으로 보아서은 남경 정부가 한창 공군(共軍)의 협공을 밧다가 이제 다시 반장군을 남북으로 상대하지 안으면 안 되게 된 이때에 더구나 동북 육군 병력의 태반이 북지로 이동이 된 이 기회를 노처서는 안 될 것이라고 생각하고 있었다는 것은 페원(幣原)[219] 외상의 강경한 태도만 보아도 넉넉히 알 수가 있었다.

이리하야 북지 일대는 때마침 장강(長江) 일대를 흙바다를 만든 수십 년래의 홍수 여파에 덥처 동란은 시작되었고 일본의 마수는 도처에 펴젓다. 무기미한 긴장을 앓고 도시는 불길한 말굽 소리에 숨을 죽이고 다만 오고야 말 것을 기다리고 있었다. 말 탄 순경들이 길목을 직히고 서서 질서정연하게 행군하는 일본 육전대의 대오를 타는 눈초리로 쏘아보고 있었다. '만몽리권[220] 회수', '타도 일본제국주의', '일화배척' 등의 포스타가 먹물을 흘리고 대일(對日) 무력 항쟁을 절규하는 붉고 ●● 그림이 끄으려 댕기는 느러진 억개들이 첩첩이 몰리는 파도―.

'이러한 파도에 올라 안저서 공부를 게속해 보겟다는 것은 어리석은 일이다. 공부할 때가 아니다. 역시 집으로 가야 될가 부다―.'

두수는 중원공사 압페서 기숙이와 헤어젓다. 자기 숙소로 갈가 하다가 위선 철환을 차저 보기 위하여 남고루 쪽으로 발길을 옴겻다.

---

219 페원(幣原): 시데하라 키쥬로(幣原喜重郎, 1872~1951). 일본의 외교관 겸 정치가. 도쿄제국대학 법학부를 졸업한 후 외무성에 들어갔다.
220 만몽리권: 만몽 지역에서 일본(관동군)이 누리던 이권. 여기서 '만몽(滿蒙)'은 남만주와 내몽골의 동부 지역을 가리킨다.

「청춘」 58, 『한성일보』,
1946.8.11.
이별 (一)

두수는 철환의 숙소 문을 뚜드럿다. 그러나 아무 대답이 없었다. 밀어 보앗으나 문은 안으로 잠겻다. 안으로 잠겻으면 안에 사람이 있을 터인데 웨 열리지 안을까. 소리를 쳐서
"김 군. 김 군."
하고 불러 보앗다.
'혹 늦잠을 자는가.'
조반이 지낫을 시간인데 한 사람도 일어나지 않고 늦잠을 잘가. 두수는 한참 더 두드려 보다가 그만 자기 숙소로 왓다. 로파가 바줄에 이부자리를 내걸고 있었다, 집을 직혀 준 치사를 하고 방에 들어갓다. 날 때와 한 모양이엇다.
화병에 꼿이 시들다 못해 썩고 있는 것이 다를 뿐이었다. 옷을 가러 입고 박그르 다시 나왔다. 나와서 생각하니 갈 곳이 없다. 식당에 들어가서 요기를 하고 다시 들어와 옷을 벗고 방을 소제하기 시작햇다. 무슨 까닭으로 여기다가 버서 노쿠 갓는지 기숙이 구두와 양말을 어떠케 처치하였으면 조흘넌지 몰랏다. 결국 양말을 구두 속에 너어서 가방 속에 너코 화평에 꼿을 들창 박게 썩은 물과 함께 쏘다 버리고 이부자리를 들어내다가 널고 들어와 방을 쓰러내고 집에 편지를 쓰랴고 업디렷다.
붓을 들게 될 때는 대개 돈이 떠러젓을 때었다. 항상 괴로운 편지었다. 아무리 괴로워도 이 편지는 쓰지 않을 수 없었다. 공부를 계속할 형편이 못 되어서 혹 집으로 도라가게 될넌지 모르니 돈을 보내 달라고 할 수밧게 없었

다. 무슨 짓인지 알 수가 없다. 병신처럼 넘어저 가지고 친구에게 폐를 끼치고 그리고 저는 또 병신같이 여자에게 끌여 해수욕하러 가서 돈을 쓰고, 남은 제 생각보다도 다른 사람들을 위해 다러 다니는데 나는 싱거운 돈이나 쓰고 쥐쥐하게²²¹ 여자의 뒤나 따러다니면서 철없는 여자의 심심파적²²² 거리나 되고—철환이가 알면 얼마나 우슬가. 얼마나 조소할 것인가. 두수는 쓰든 편지를 북북 찟고 한참 안젓다가 다시 펜을 들고 같흔 말을 쓰기 시작햇다. 그때 기숙이가 차저왓다.

"뭔 일임니까."

하고 두수는 황망하게 옷을 주서 입으면서 물었다.

"더운데 멀 입으세요. 그런데 큰일난 모양이군요."

하고 기숙은 손수건으로 코에 땀을 씨셋다.

"웨요."

"아부지가 그리시는데 아부지가 들으신 얘기라는데 공 선생이 현영섭이를 죽였다는군요. 한걸 씨가 그리드래요. 그 족한가 먼가 된다는 여자 있잔어요. 공 선생이 그 여자안태 밤에 왓드라는군요. 철환 씨 집에서 현영섭를 총으루 쏘아 죽이구."

하고 기숙은 요령 없이 드른 대로 두서없는 이야기를 하였다. 두수는 놀랏다. 그러나 이야기를 듯고 생각하면 그럴 법도 하였다. 그러나 어떠케 되어서 철환이 집에서 공학생이 현영섭이를 총살하게 되었을가.

'아―. 그래서 문이 열리지 않었구나.'

"그래 철환 군은 지금 어디 있대요."

---

221 쥐쥐하다: 지저분하고 초라하다는 뜻.
222 심심파적: 심심함을 잊고 시간을 보내기 위해 어떤 일을 함.

하고 두수는 물었다.

"철환 씨가 아부지한태 와서 그런 얘기 저런 얘기 없이 그저 북경 가서 운동 자금으로 쓸 일이 있으니 돈을 좀 취해 달라구 그리드라다요. 그래 아부지가 가만 보시니까 얼굴빛치 식험어케 된 게 아무래도 무슨 딱한 일이 생긴 것 같해서 대양(大洋) 천 원을 주셧다는군요. 그리군 어떠케 됏는지 모르신대요."

하고 기숙은 자미있는 놀이에 흥이 난 사람 같은 어조로 계속하며

"보세요. 우리 신문지국에 가 보십시다. 그 여자 있는 데."

하고 다시 땀을 씨섯다.

「청춘」 60,[223] 『한성일보』, 1946.8.13.
이별 (二)

두수는 쓰다만 편지를 구겨 버리고 대강 거더 입고 기숙이 하자는 대로 한소련을 차저보기 위하야 급한 거름으로 집을 나섯다.

'가만있자. 혹 내 집을 뒤지면? 내겐 뭐 걸릴 게 없는가.'
하고 멈칫하고 생각해 보앗다. 그리고는 다음 순간 어째서 나는 요렇게 조랴지게 작고 비겁한가 하고 자책하였다. 철환이가 지금 어디 있는지 그의 압헤 머리가 숙으러젓다. 그는 마차를 불러 기숙이와 같이 올라탓다.

'당하세. 환란이건 나두 같이 당허세. 내게 환란을 감내할 용기가 없거든 자네들이 내 목덜미를 끌고 같이 가 주게.'
하고 센치멘탈한 감정을 짜내기도 하였다. 그리고 생각하니 자기가 천진 오면서부터 철환이가 늘 뭐라고 중얼거리든 것이 무엇을 의미하였든 것인지 알 수 있었다.

그러나 뭔가 죽인 것은 철환이가 아니라 공학생이라는 것을 무슨 이야긴가. 잘못 전한 말인가. 혹 두 사람이 공모인가. 도대체 철환이는 웨 내게 한마디도 이 일에 대해서 구체적으는 알려주지 안었을까. 미들 수 없다고 생가하기 때무이었든가. 그러찬으면 설토할 기회가 없었든가. 기회야 얼마든지 있었지 안었는가. 병원에 들러서 잡지를 던지고 갈 때에도 뭔가 얘기를 할가 말가 망서사다가 그냥 나가 버리지 안었든가. 역시 나를 미들 수가 없다고 생각한 게다. 그러찬으면 도대체 유치하여서 그런 종류의 설토를 할

---

[223] 60회로 표기되어 있으나 연재 순서로는 59회이다.

만한 상대가 되지 안는다고 생각하엿든지도 모른다. 섭섭하다. 철환이 일이 섭섭하다고 생각하면 할스록 자기 자신의 존재한 것이 슬펏다.

이러게 기숙이란 여자와 함께 궁뎅이를 들석거리면서 이제 와서야 일이 다 끗난 뒤에 그들 친구의 뒤자최를 따러 달려간다는 일이 한없이 붓그럽고 또 슬헛다.

'도대체 언제 일어난 일일가.'

공학생이 소련에게 왓드라면 그리고 철환이가 돈 구간하러 신 의사에게 갓다면 처사 후에 두 사람이 만난 것이 분명하다. 잡히지 않고 지금 어디 두 사람이 같이 있는 모양이다. 무사할가. 모두 같이 조선으루 들어갈 방법이 없을가. 눈이 벌거케 뒤집혀 가지고 또 한쪽으론 깐죽깐죽 디리 덤비는 이 왜놈의 종자들이 그양 잇을가. 그러나 죽은 것이 조선 사람이니까 대단찬케 역일넌지도 모르겟다. 속으로는 이런 생각 저런 생각 하면서도 눈으로는 한 가지박게 볼 수 없었다. 그것은 사면에 나붓는 배일 운동 포스타와 기마 순경대의 수효가 붓적 는 것이다.

『반도신문』지국 사무실, 사무실이라고 해야 거리 바닥 가개방 한쪽을 빌려 책상 두 개 마주 노흔 봉당에 두 사람이 들어서자 병원에 신문 배달하든 낫익은 아회가 기숙을 보고 아는 체하는

"저 게시냐. 아씨 게시냐."

하고 기숙은 물었다. 런닝사쓰만 입은 두 억개가 색깜어케 탄 조선 소년은 아씨란 말에 잠깐 눈을 껌박이다가 곳

"네, 이층에 게신데 알으세요. 자금 주무시나 봐요."

하고 대답한다.

"좀 맛날 수 있겟늬?"

하고 기숙은 다시 물었다.

"글세요. 어름 찜질해 듸렷드니 잠이 드섯나 보어요. 깨 듸릴까요."

하고 소년은 되려 기숙의 의견을 뭇는다.

"대단허시냐."

"대단허셋세요. 헷소릴 작구 허시구, 영사관 가서 하루밤 주므시구 오시드니 열을 내시군 들어누었에요."

하면서 소년은 책상 우에 노힌 주판을 절그락거리면서 낫선 청년과 기숙을 번가라 처다보앗다.

「청춘」 16,[224] 『한성일보』, 1946.8.15.[225]

이별 (三)

"언제 영사관 갓다오셧냐."

하고 두수가 물었다. 소년은 한참 생각하다가

"나흘 전이조 아마. 아니 형사가 와서 데루구 간 건 닷새 전이루군요."

하고 대답한다.

"무슨 다른 얘기 못 들었냐."

하고 두수는 다시 물었다.

"무슨 얘기요?"

하고 소년은 반문한다.

"누가 차치 재펴가지 않었냐. 그런 건 넌 모르니?"

"우리 집에서요? 아뇨, 쥔 이른 얘기하시는 걸 드르니깐 누구라든가 정거장에서 재폇는데 그래서 괘니 불러갓드라구 허드구먼요."

하면서 그는 이층을 처다보앗다.

"쥔어른 어디 가섯니."

하고 기숙이가 물었다.

"몰으겟서요. 날마당 어딜 그러케 가시는지."

하는 소년의 어투와 표정은 확실이 누어 있는 병자에게 대한 한걸의 냉대를 나물하는 것이었다.

---

224 16회로 표기되어 있지만 연재 순서로는 60회이다.
225 60회 연재본은 3면에서 시작되어 2면에서 일부 이어지다가 3면에서 마무리된다.

"올라가 뵈두 괜찬켓지 응?"

하고 기숙은 따젓다.

"괜찬켓조."

하고 소년은 두 사람을 안으로 난 좁은 문 쪽으로 인도하였다. 두수는 올라갈 생각이 없었다. 아무리 급한 일이라도 알는다는 사람에게 이것저것 무러본다는 것이 예가 아니라 생각햇다. 또 공학생의 일홈을 건드리기 싫었다. 기숙이와 같이 한소련의 눈압에 기숙이와 같이 나란이 안고 십지 안었다. '혼자 왓드면' 하면서도 결국 한마디 의견도 내지 못하고 좁은 판자 빈지문[226]으로 따라가나 일단 마당에 내캐섯다기 층게로 올라갓다. 소년이 안내하는 방은 원래 상점 창고 같흔 것으로 썻든 넓은 인데 두터운 마분지로 칸살을 막고 다다미를 깔었다. 한소련은 얄븐 무명 요를 깔고 머리를 문 어구에 두고 반듯하게 누었다.

잠이 그냥 들었는지 탈진[227] 아름다운 것이란 저런 것을 두고 하는 말인가 십게 묘하게 생긴 턱이었다. 머리는 언제 비석는지 단정하게 쪽진 대로 물끼가 없을 뿐 차음 최경례[228] 가튼 인사를 할 때 보든 것과 꼭 같흔 힌 가름이 코마루와 같이 곳게 갈렷다. 다못 구겨진 모시 적삼을 풀어혀친 것이 의외였다. 시원히 들어난 젓가슴 검붉은 젓꼭지로 도두어 올은 아름다운 음영(陰影)을 그리는 나즘 숨결. 두수는 눈을 돌려 소년을 쳐다보왔다. 억색하고 엄숙한 장면이었다. 나라와 민족을 위하여 청춘을 내어걸고 어디런가 바람같이 살어진 사랑하는 사람의 곁태서 멀리 떠러저 이러케 누어서 구으르는

---

226 빈지문: 한 짝씩 끼웠다 떼었다 하게 만든 문.
227 이하 원문 2~3행 확인 불가. '탈진이 되어 눈을 감았는지 원래 석고와 같이 흰 얼굴에 긴 눈썹이 유달리 검어 보였다'. 『전집』 참조.
228 최경례: 가장 존경하는 뜻으로 정중히 경례함.

육체. 사랑이 떠나간 젓가슴은 영혼이 떠나간 육체와 달을 것이 없었다. 두 수가 차저다니는 대상은 공학생도 아니고 김철환도 아니고 여기 들어누어 있는 아름다운 육체인 것 같었다. 그 육체에 더 어려운 문제가 엉겨 있는 것 같었다. 청춘과 사상이 버리고 간 육체 그것은 희생이 되지 않으면 안 될 다른 한 개의 청춘이었다.

"주무시니?"

하고 기숙은 소년에게 물었다. 소년은 기숙을 마주보다가 머리를 돌리고 소리를 놉혀

"손님 오섯에오."

하면서 소련이 발취로 돌아갓다. 한소련은 눈을 조용히 떳다.

「청춘」 62,[229] 『한성일보』, 1946.8.17.
이별 (四)

머리 맛해 섯는 사람들이 눈에 뜨이자 소련은 반사적으로 저고리를 염여 가슴을 가렷다. 그리고 머리를 들고 일어나랴고 햇다.

"그냥 두어 기세요."

하면서 기숙은 소련이 엽해 앉것다. 두수도 한참 기숙이 뒤에 서서 망서리다가 멀직이 한구석에 안젓다. 소련은 구지 이러나랴고 하지 안코 다만 베 홋이불을 당겨 가슴까지 덥흐면서 두 사람 쪽을 향해 모으로 도라누었다. 입술에 핏기가 없을 뿐 소련의 얼골은 병인 갓지는 안었다. 그러나 다시 보면 감었다 뜨는 눈초리에 정긔가 하나도 없는 것이 역시 학질을 여러 직 알코 난 사람이 어찌다가는 손끗을 바르륵 떨기도 햇다.

"애매하게 욕을 봐서 그리시는군요."

하고 기숙은 인사말을 건넷다. 무슨 말인지 알어들를 수가 없어서 그러는가 소련은 대답이 없다. 다만 재빗으로 변한 입시울에 미소를 그럿나. 이러한 불의의 방문 이러한 긴치 안은 회화에도 아모런 실증이 나지 안는다는 것을 표시할 뿐이다. 그 이상 아모 흥도 없고 기운도 없었다. 소년이 대야를 들고 나갓다.

"공 선생이 현영섭이를 죽이섯따죠."

하고 기숙은 물었다. 소련은 고개를 약간 끄덕였다. 그러면서 두수를 멀거니 바라다 보았다. 무슨 생각이 도라가는 것일가. 기숙은 두수의 반응을 살

---

[229] 62회로 표기되어 있지만 연재 순서로는 61회이다.

폇다. 두수는 시선을 다다미에 떨어트렷다.

"그래 잡히섯나요."

라고 기숙은 계속해 질문한다. 소련은 고개를 크게 흔들었다.

"그럼 철환 씨가 잡히섯나요. 정거장에서?"

소련은 그러타고 역시 고개로만 대답한다. 두수의 머리속에서는 쪼각쪼각으로 된 그림이 지나갓다. 일즉이 상상하여 보지 못한 그림폭들이다. 다다미 발이 죽죽 간 데 그대로 떠러저 있는 그 눈에 철창(鐵窓)이 보였다.

'철환이가 잡혓다.'

"그럼 공 선생님은 지금 어듸 기세요. 아세요. 어디 기신지?"

하고 기숙은 또 물엇다. 소련은 모른다고 고개를 흔들엇다. 그리고는 다시 두수의 이마를 쳐다본다.

"그 뒤루 통 맛나지 못하섯나요."

하고 기숙은 또 물었다.

"누구요?"

하고 소련은 비로소 입을 열었다.

"공 선생님요."

"맛낫서요."

"만나섯는데 어디 가섯는지 모르세요."

"네."

하고 소련은 눌린 쪽 가슴이 괴로운지 반대 방향으로 돌아누었다. 두수는 일어낫다. 도라누은 소련의 뒷목이 가는 머리털 밋해 허여케 길이 보이는 것이 역시 중병을 치르고 난 사람 같았다. 압흐로 쏠린 억개로 긴 한숨이 한번 크게 오르내렷다. 기숙이도 일어낫다. 더 안저 있어야 문병도 되지 안고 도리혀 실어하는 것 갓기에.

"조섭 잘허세요. 저이들이 무슨 소식 든는 대조 와서 알려드리죠."
하고 돌아섯다. 두 사람은 소련이 도라눕는 것도 보지 못하엿고 인사말도 듯지 못하엿다. 창박그로 멀리 맑게 개인 하늘을 바라다보면서 찬 눈물이 소련의 두 눈에서 흘러내린 것도 물론 몰랏다. 소련 자신도 엇재서 눈물이 흐르는지 몰랏다. 압흔 것도 슬픈 것도 원통한 것도 아닌 눈물이었다. 그것은 소련의 살 속에 흐르는 피의 일부분이었는지도 모른다. 그 자신 아모런 슬픔도 압픔도 모르는 피―다만 생명을 흘리고 있을 뿐인 피―. 그 피가 이제 또 하나의 다른 생명을 흘리기 위하여 싸호고 있다는 것을 소련 자신 몰랏다. 공학생은 사랑을 아서 갓을 뿐 아니라 아서버린 소련의 육체 속에 괴로운 씨를 심그고 갓었다.

「청춘」 63,[230] 『한성일보』, 1946.8.18.
이별 (五)

머리가 무겁고 마음이 괴로운 날이 가고 날이 왓다. 장강 일대에는 홍수가 젓다는대 하늘은 누린내 나게 날마다 탓다. 바람 한 점 없는 날이 몃칠식 게속되었다. 흙으로 만든 벽돌로 첩첩이 싸허 느려 감어 노흔 도시에서 도피할 수 있는 것이라고는 죽엄박게 없었다. 언제나 끗날지 알 수 없는 복더위는 만주에서 견딜 수 있든 것과는 또 다른 불이었다. 잠이 곤히 들어도 짧은 여름밤은 거이 그양 밝어버리다십히 하는 괴로운 어둠이엿다. (철환이가) 잡혓다. 머라구 늘 중얼중얼하든 철환이는 소원대로 로서아로 가지도 못하고 잡혓다.

피를 토한다는 그 식컴언 눈동자를 잘 구을리지도 안으면서 딱 버리고 섯든 공학생이 어디로 바람같이 도망하여 버리고 말었다. 소련이라는 여자는 돌아누었다.

'그는 누굴가.'

두수는 자긔 이식 박게서 들리는 자리의 목소리를 들었다. 친구들의 환란 박게서 백 도의 수은주 뒤에서 머리털이 환 줌씩 빠지는 괴로운 학문에 대한 번민 박게서 자긔를 부르는 소리 소련이라는 여자를 부르는 자긔 목소리를 들었다.

'미련한 인간, 나는 별수 없이 미련하기 때문에 눈아페 보이는 신긔루를 믿고 따러가랴고 하는. 위선 도라가자. 조선으로 가자. 백 리를 내릴 수 없는

---

[230] 63회로 표기되어 있지만 연재 순서로는 62회이다.

이 초토에서는 도저히 박약한 내 정신으로는 그날그날도 견딜 수 없다. 돌아가서 다시 흙내음새도 맡고 물도 마시자.'

하고 땀이 듣지도 못하는 새벽 거리를 헤매기도 하였다. 거리는 날마다 더 라드러 갓다. 사람들의 짜는 땀이 안이면 이제라도 어디서 성냥 한 개피만 그어 대면 불이 일어날 것 같었다. 봉군(奉軍)과 반장군의 교화 무엇을 실어 가지고 어디로 가는 비행긴지 날마다 도시 상공을 들복가 노앗다. 반일운동은 완전이 폭동화되어 갓다. 어느 날 아침 조간은 만철(滿鐵) 해성(海城) 부근에서 열차 전복을 계획하였다는 구실로 일본 수비대 대종(大宗)이라는 군인이 중국인을 총살하였다는 기사가 실렷다. 이것이 만주사변 첫 막을 든 전주곡이였다.

동북이 사태는 점점 위태하여 가는 것이 신문지상에 역역히 들어낫다. 결국 동북 수비를 혼자 맛고 있든 장작상(張作相)[231]은 북경에서 반장군 토벌을 지휘하고 있든 장학량에게 곳 심양(瀋陽)으로 귀환하라는 급전을 친 것은 일본군의 은근한 압력이 얼마나 드세어 갓다는 것을 말하는 것이엇다.

결국 두수는 집에서 돈이 오기만 하면 곳 서울로 도라갈 작정을 해였다. 이 말을 어느 날 들은 기숙은

"생각 잘 허셋세요. 저두 가요."

하고 집에 돌아가서 그는 신 의사를 졸르기 시작하였다.

---

[231] 장작상: 장쭤샹(張作相, 1881~1949). 근대 중국의 군인으로 동북 군벌의 일원이다.

「청춘」 63, 『한성일보』,
1946.8.21.
이별 (六)

기숙은 개학이 되었는데도 학교에 나가지 안었다. 머리가 압프다는 핑계로 드러누엇다. 조선으로 가게 하여 달라고 몇 번 애걸하여 보앗으나 신병휴는 선선이 대답하지 안었다. 대답을 하지 안는 정도가 아니라 조선으로 간다는 데는 절대 반대었다. 조선으로 가는 일에 반대하는 것보다 자기을 떠나가는 일을 즐기지 안었다. 간다면 같이 갈 생각이었다. 또 한 가지는 김철환이가 잡혀 들어갓는데 그 하회를 기다려 보지 않고 가겟다는 노염이 생긴 까닭이었다.

젊은 사람에게 대하야 자기 딸의 배반을 자기가 스스로 책임지고 십흔 생각에서 나온 심리적 반응이었다. 나이가 차등 무릅 압에서 떠나지 못하게 하는 부친의 심사도 맛당치 안커니와 김철환이가 큰 욕을 보게 된 일이 마치 자기 잘못으로 된 것같이 생각하는 것을 기숙은 속으로 코우슴을 첫다. 그런 눈치를 알고 더욱 못맛당한 표정으로 점점 강경한 태도를 취하는 부친이 한없이 미웠다. 그러타고 별 방법이 있는 것도 안었히다. 몇칠을 대면하지 않고 자기 방에 드러백엿다. 압흐지 안튼 머리도 자연이 압헛다.

"대체 너는 애비 말을 듯는 거냐 먹는 거냐."
하고 신 의사는 무더운 이층에서 일부러 트집을 쓰고 누었는 딸에게 다시 말을 부첫다.
"몰라요. 전 그만두세요. 조선 안 가요. 안 갈 테니 그만두세요."
하고 기숙은 도라누은 채 내쏘앗다.
"그게 애비 말을 먹는 소리야. 그게 으쩌잔 말이냐 대체. 조선 가게 된다면 어련이 내가 갈 때 데리구 갈라구. 내가 여기서 죽겟니. 나두 가기야 가지. 허지만 일을 페논 사람이 어떠케 그러케 훌적 이러선단 말이냐."

"그리 누가 간대요. 지금?"

"그럼 학교에 가야 되지 안니?"

"학교 인제 안 댕겨교. 그까지 학교 댕겨 뭣해요"

"아니 조선 가믄 이화전문에 간다믄?"

"그건 조선 가믄 그런단 말이조."

하고 기숙은 자리에서 이러나 얌전하게 안젓다. 신병후[232]는 속으로 우슴이 나오는 것을 안경을 바로 잡으면서 가리고 여전한 어조로

"모르겟다. 네 하는 소린 타잔 말인지 막잔 말인지 정말 모르겟다."

하면서 딸의 엽헤 와서 같이 안즈면서 게속하였다.

"하긴 가는 게 올아. 그야 올치. 예서 멀허겟냐. 아무래도 평생 살 데 가서 살어야지. 허지만 인재 이태만, 더허믄 마즐 탠테 그걸 못 참구 별안간 전학을 한다니 그게 모를 일이란 말이다. 그러나 정 가구 십건 래년 봄에 가두룩 해 바라. 그때꺼정 대강 병원 일두 처리될 것 갓구 허니 잘하면 아주 어사를 해두 조치."

"어쨰든 학교엔 안 갈 테에요. 여기선 학교 안 댕겨요."

하고 일어나 화장대로 걸어갓다.

---

232 신병후: '신병휴'.

「청춘」 64, 『한성일보』, 1946.8.22.
이별 (七)

집에 편지를 한 지 보름이 지나도 돈이 오지 안었다. 두수는 다시 전보를 첫다. 그리고 라조러우나 면보 같은 것으로 두 개나 혹 한 개로 하로를 에우면서 거진 연일 드러누어 지냇다. 더읍기는 하나 그러타고 나댕길 데도 없고 나댕길래야 사실 기운이 없었다. 배가 곱흐면 도망하여 간 공학생이나 잡혀 들어간 철환이 생각을 하였다. 면보 같은 것을 국물도 없이 부질부질 먹고 있으면 처량도 하거니와 한편 스스로 궁상스러운 생각이 낫스나 다시 생각하면 철환에서 죄송스러운 생각이 불연듯 나곤 하였다. 기숙이가 가끔 차저와서 자기도 조선 가게 될 것이라고 뭇지도 안는 광고를 하곤 하였다. 그러나 두수의 귀에는 구경 간다는 이야기를 하는 아히들 말같이박게 들리지 안었다.

두수의 표정이 무딘 것을 알아채리면 기숙은
"사람이 가구 오는 게 쉬운 일인 줄 아세요?"
하고 일종 힐난을 하였다.
"그게 무슨 소립니까?"
하고 두수는 정색을 하고 물었다.
"그게 무슨 소린지두 모르세요? 그럼 여직 얘기한 건 다 잠고대였댓군요."
하고 기숙의 목소리는 약간 떨었다. 두수는 가늘게 떨리는 기숙의 말소리에 풀이 족고 말었다.
"웨 아무 대답두 않으세요."
"무슨 대답을—."

하는 두수의 말을 채 바더 듯지도 않고 기숙은

"가치 가자구 못 허세요. 저허구 같이 서울 가자구 못 허세요?"

하고 일어나서 두수에게로 밧작 닥아섯다. 두수는 당황하였다. 그러나 무엇이라고 대답하여야 올흘는지 몰랏다. 다만 쌔근거리는 기숙의 숨소리가 가차이 들일 뿐이다. 별안간 기숙은 너머지듯 두수의 억개에 두 팔을 던지면서 쓸어젓다. 그리고 소리를 내어 울었다.

두수는 조용 기숙을 이끌어 안았다. 기숙이 울음소리는 차츰 어린아희 울음소리같이 변하였다. 그리고 드세지도 못한 두수의 팔에 그래도 차분이 안긴 채 실컨 몸을 풀었다. 울음을 고치고 빈 억개로 이따금 흐늑겻다. 차차 잠이 들 것 같았다. 그러나 기숙은 두수의 팔이 그러케 힘이 세지 못한 것을 알었다. 그는 한숨을 내쉬고 두수의 가슴에서 오는 호흡을 바덧다. 먼바다에 파도 같었다. 파도를 타고 헤엄치는 것 같었다. 그다지 널지도 못한 두수의 가슴은 그래도 바다같이 널분 것 같었다. 그리고 이러케 널분 가슴에 의지하고 있는 것은 헤엄치기보다 나었다.

「청춘」 65, 『한성일보』, 1946.8.24.[233]

자즌 공복과 더위와 요란한 거리 그리고 다시 맛날 수 있을 것 같지 안은 친구의 생각 그리고 자기 자신을 매질하면 할스록 커지는 도로감(徒勞感)—이러한 무거운 기압에 눌린 채 끄러안었든 기숙이란 여자의 더운 몸 덩어리가 물러간 뒤에 다시 이것든 새로운 공허를 늣기기 시작햇다. 역시 모든 것의 외에 또 하나, 또 하나의 다른 태양이 축이고 이기고 비저내고 끌이는 피와 살의 세게가 자기 안에도 있는 것을 깨달었다. 모든 것의 외의 하나가 아니라 차라리 하나의 외의 모든 것이 있었는지도 모른다.

 이것이 정욕인가. 이것이 자연인가. 이것이 아름다운 것이며 이것이 생활인가. 나는 이 문으로 들어가야 되는가. 들어가면 과연 그 하나는 아름다울까. 무서운 것 슬픈 것이 안일가. 돌아갓다가는 도로혀 다시 나오지 못할 세게가 안일까. 아주 일허버리는 길이 안일까. 다시 혼자 나올 수 있을까. 아니 같이 나올 수 있을까. 아니 같이 들어갈 수 있는 문일까. 문은 확실이 식커머케 열린 것 같었다. 그 물은 기숙이의 육체로 통하였는가. 기숙이의 육체는 영혼으로 통하였는가. 영혼은 과연 육체와 같이 명백한가. 영혼이란 육체의 부담을 지지 않으려고 하는 도피가 아닌가. 하여간 도피건 무에건 육체의 길은 육체 이외의 다른 길로 뚤렷는가. 내 상상이 사실이 아니면 결국 기슬[234]은 부드러운 육챈가. 사랑이라는 것이 이것인가. 사랑 사랑 아 그러타.

---

233 소제목이 없으나 연재 순서로는 '이별 (八)'이다.
234 기슬: '기숙'.

그 여자 도라누은 한소련이라는 여자가 있다. 그 사람의 육체는 아니 몸은 아니 얼굴은 었더케 생겻든가. 아름다웁든가. 었더케 아름답든가. 다시 보앗스면 멀리서 보고야 알 수 있나. 갓가히 보아야 할 것인가. 갓가히 만저 보아야 할 것 안인가. 아니 들어가 봐야 할 것 아닌가. 어데로—. 기숙이가 열어 노흔 문으로. 아 기숙이가 열어 노흔 문은 기숙에게로 들어가는 문이 안섯었구나. 그리를 들어가면 그 여자가 기다리고 있다는 얘기로구나. 얘기가 아니라 그게 사실이다.

두수는 저녁 거리에 나이다. 약간 서늘한 기운이 도는 거리었다. 그는 아모 작정도 없이 『반도신문』 지국으로 갓다.

'나는 결국 한소련을 맛나라 왔구나.'

그러나 문을 열 용기가 나지 않었다. 한참 길가에서 서성거렷다. 길 가는 사람들의 시선이 자기만을 쏘아보는 것 같었다. 그는 용기를 내어 문을 열었다. 전일 이층으로 안내하든 소년이 반색을 하고 마저 준다. 두수는 짐짓

"주인어른 게시냐."

하고 물었다. 소년은 주인은 나간 지 이틀채 되는데 아직 들어오지 않었다고 대답한다.

"그럼 저 아즈머니 저 이층에 게신 분 게시냐."

하고 두수는 떠듬거리면서 물었다. 소년은 고개를 흔들면서

"안 게서요. 조선으루 가섯세요."

하고 대답한다. '조선으루?' 하고 두수는 속으로 놀랏다. 더 할말이 없었다. 그는 인사를 하고 박그로 나왓다. 한참 것다가 주춤하고 생각해 보앗다. 다시 돌아서서 걸었다. 소년이 문을 열고 내다보고 있었다. 그는 소년의 압해 선득 닥아서면서 태연하게

"조선 어디루 가섯는지 아니."

하고 물었다. 소년은 고개를 흔들면서 모른다고 하다가

"쥔어른은 아실걸요. 알어봐 디려요?"

하고 뭇는다. 두수는 한참 대답을 못 햇다.

"들어오시는 데루 아러봐 디리조."

하고 소년은 재처 호의를 표한다.

"그래다우."

하고 두수는 돌아서서 바쁜 거름으로 걸었다. 거리로 중국 보안대가 행진하여 갓다. 그들이 지나간 뒤에 뿌연 몬지가 어두워 가는 처마 우으로 날아 올라 갓다.

「청춘」 66, 『한성일보』, 1946.8.27.[235]

기숙은 부친에게서 조선으로 가도 조타는 승락을 밧덧다. 승낙은 조건부 엿다. 신 의사도 같이 따라간다는 것이다. 전가족이 이사를 하게 되는 것이었다.

혼자 가거나 같이 가거나 기숙은 하여간 조왔다. 혼자 가기보다 모두 이사를 해 간다는 것이 차라리 조왔다. 기숙은 부친의 승락이 떠러지자 그 자리에서 곳 이러서 나와 두수를 차저갓다.

두수는 짐을 싸고 있었다. 기숙은 깜작 놀랏다.

'혼자 떠날 작정인가. 어쩌면 사람이 저럴가. 혹 다른 데루 가나?'

"웨 짐을 싸세요."

하고 기숙은 물었다.

"집으루 갈랴구요."

하는 두수의 목소리는 표정 없는 얼골빗과 같이 아무 감동이 없다.

"혼자 가세요?"

기숙은 어이없는 조로 또 물었다.

"네."

"그래요ㅡ."

라고 기숙은 어이없이 섯다가 일허지랴는 깃분을 끄으러 댕기드시

"저두 가게 됏에요. 아부지허구요. 모두 이사헌대요."

---

235 소제목이 없으나 연재 순서로는 '이별 (九)'이다.

하고 자긔의 깃분이 나누어질 것을 밋고 우스면서 말햇다. 그러나 두수의 표정에는 아모런 변화도 없었다. 뒤숭숭한 아니 섭섭한 꿈을 깬 사람의 일어선 표정이었다. 깃부지도 슬프지도 차지도 더웁지도 안흔 감정의 휴식이 계속하는 멀건 표정이었다.

"그래요."

하고 두수는 손에 일을 쥔 채 겨우 말대답을 할 뿐이다. 기숙은 어이가 없었다. 저 사람의 마음속에 무슨 측량할 수 없는 변화가 생겻는가. 집에서 무슨 상서롭지 못한 소식이 왓는가. 짐을 싸는 것을 보면 돈은 요 모양인데 땅 우에 따로 밀어 노흔 자긔 박궈 신은 구두와 양말이 한량없이 외롭게 보였다. 두수의 표정과 거동은 여전히 달라지는 것도 아니고 주겟다는 것도 아니었다. 설사 집에서 불길한 소식이 왓다 하자. 그것과 나와 무슨 상관이냐. 내가 웨 그런 비중(比重)에 놀아야 될 것이냐. 얼싸안고 깃붜하여 주어도 흡족하지 않을 터인데 저 사람은 등을 어디 대고 섯는가. 기숙은 달려들어 두수를 흔들어 놋고 십헛다. 제 자신 몸역림을 치고 십헛다. 그러나 참엇다. 참은 것이 아니라 자연히 참어젓다. 두수의 표정은 없으나 조용한 거동이 엄숙하게 보였기 때문에 몸부림을 할 엄두가 나지 안엇다. 기숙은 조용이 목소리를 떨구고 처음으로

"두수 씨."

하고 울음 석긴 목소리로 불럿다. 두수는 돌아섯다.

"제가 보기 실으세요?"

하면서 기숙은 두수의 압흐로 닥어섯다. 두수는 묶다 만 고리짝 우에 걸터안젓다. 무엇이라도 대답하여야 조흘넌지 알 수 없엇다. 그는 머리를 떠러트린 채 아모 말도 하지 안엇다. 오랜 침묵이 계속되엇다.

"잘 알엇여요. 제가 어리석엇에요. 안녕히 게세요."

하고 기숙은 캉 누에 외롭게 노힌 자기 구두를 집어 들고 나가버렷다. 두수는 기숙이가 나간 뒤에 천천히 일어나 다시 짐을 싸기 시작햇다.

「청춘」 66,[236] 『한성일보』, 1946.8.30.

이별 (十一)[237]

두수는 짐을 꾸리다 말고 우둑허니 섯다. 들친 팔이 압헛다. 잘못 눌럿든가 만저 보면 살이 올으지 못한 약한 팔이엇다. 바다 햇볕에 타지도 안엇드면 여름내 땀이 빠진 긴 팔뚝 끝에 앙상한 다섯 손가락이 자그 것이기에는 너무도 길어 뵈엿다. 두수는 긴 한숨을 지엇다. 들창 박그로 주인 노파가 하수구에 물을 버리는 모양이 내어다보엿다. 힌 머리털은 빠지다 말엇는지 짤럿는지 꿉으럿다 펴는 허리는 산허리를 넘는 앙상한 나귀 등같이 보엿다.

두수의 눈에서는 눈물이 흘러내렷다. 언제 흘려 보앗든 눈물인지 알 수 없다. 눈물이 흐르면 목구녕으로 슬픈 피가 괴여 올라왓다. 괴여 올랏든 슬픈 피가 내려가면 져리든 가슴속이 후련한 것 같텃다. 아등아등 바라 기여 올으랴든 쓸데없는 손, 따러가면 도라눕든 두둑한 한소련의 억개와 억개를 흔드는 숨소리 그리고 왜걸왜걸 짓거리든 신기숙의 타는 눈동자 속에 몃 번이고 팔려 드러갓다가는 나오든 자기의 속이지 못할 착한 육체에서 푸드득거리며 날러 나오든 부나비떼 그리고 배곱흔 것과 꿈속에서까지 중얼거리는 학문의 허다한 설법들―이러한 모든 것이 잠시 후련한 공허(空虛)만을 위하야 넓은 자리를 피하야 주는 것 같었다.

두수는 집에서 온 전보를 다시 펴 보앗다.

"부친 사거(死去) ○二백 안전은행에서 차저라."

---

[236] 66회로 표기되어 있지만 연재 순서로는 67회이다.
[237] 11로 표기되어 있지만 10이다.

부친은 세상을 떠났다. 다시 볼 수 없는 얼굴이 반듯하게 천정을 향하고 누은 것이 눈압헤 떠올랏다. 각혈을 하고 나서 소곰을 먹다 말고 반듯하게 누어서 천정을 처다보든 부친의 곱게 늙은 조흔 얼굴이었다.

"공동을 하지 말아."

하든 그 목소리는 대대로 굵은 박씨 집 목소리었다.

"너는 도척 같은 놈이다. 알는 애비 시탕을 안 하고 공부하러 간다고 떠나가는 너는 도척 같은 놈이다."

하고 농담도 진담도 안인 어머니 목소리도 다시 들렷다. 박씨네의 굵고 나진 목소리를 찌거 갈느든 안동 김씨의 놉고 날카로운 목소리었다. 그러나 자기의 귀에는 부드러운 목소리었다. 부친의 굵고 나진 목소리를 찟기도 하고 누르기도 하든 김씨네의 오래 세련된 목소리었다. 그러나 한 번도 익여 본 적이 없든 목소리었다. 한 번도 굵고 나진 박씨네의 기름과 같은 목소리를 익여 보지 못한 영원한 복종이었다. 이제 복종하는 목소리만 남었다. 모든 것에 판단을 내리든 목소리는 다시 들리지 않을 것이다.

모든 목소리 우에서 항상 노피 들리든 그 나즌 목소리는 이제 끝이 낫다.

"공동을 하지 말아―."

두수는 이 말이 선지[238]줄 몰랏다.

더위도 선득 가신 날 이상하게 뽀연 안개조차 흐르는 어느 날 아춤―아잣든가 머었든가 메칠 동안이었든가―. 두수는 다시 천진 특일구 대련 마터우(碼頭)[239]에서 인천(仁川) 즉학선이 떠날 동안 거리 바담 같은 부두에 서서 요란한 사람들의 굵고 나즌 그리고 날카롭고 부드러운 목소리를 듯고 섯었

---

238 선지: 선조가 남긴 뜻.
239 마터우(碼頭): 접안 시설, 부두.

다. 요란한 목소리는 구흘 속에서 미친 바람 소리같이 들리기도 하였다. 그것은 또 마지막 뼈다구까지 태워 버린 재를 날리는 골자구니 바람 소리 갓기도 하였다. 이 소리 속에 서서 두수는 여러 번 머리를 숙였다 여러 번 머리를 드는 기숙의 얼골이 안개 속에 먼 그림 같이 찍히는 것을 보고 있었다.

「청춘」 69,[240] 『한성일보』, 1946.9.1.

이별 (十二)[241]

일으등 손님이 다 올나가고 나서 구중 중국인 남녀들이 봇다리를 안고 혹은 어린 것들을 등에 걸메고 퉁촨으로 오르기 시작할 때 두수는 기숙이 압흐로 갓가히 섯다. 기숙은 목을 잘근 도려 감은 보라볏 지지미 부라우스에 쪽빗을 퍼트린 대마지 스커트를 전보다 훨씬 느춰 입었다. 부라우스의 가운데 총총하게 한 줄로 느려 단 보랏빗 단추 여러 개가 느려트린 두 어깨에서 가지런히 내려 드리운 불룩한 소매가 길게 손목까지 내려와 역시 잘근 화판(花瓣)같이 핀 것이 한가지로 두수의 눈에 몹시 의식적(意識的)인 의장(衣裝)같이 보였다.

나즌 샌달을 신고 손에 든 것은 쪽빗츨 풀어 드린 대마지 손수건박께 없는데 어째서 기숙은 균형을 일은 듯이 가끔 반듯하게 가라안즌 억개를 굽으렷다 폇다 할가. 몸을 쓱 펴서 고르잡고 짓튼 안개 연기를 피하랴는 눈방울일가. 가물가물 흐린 물결이며 식컴언 배허리며 오르내리는 사람들을 보다 말다 하다가

"배가 퍽 크구뇨."

하고 입을 열었다.

"네, 올 때 탓든 것보다 크구뇨."

하고 두수는 동이하였다.

---

[240] 69회로 표기되어 있지만 연재 순서로는 68회이다.
[241] 12로 표기되어 있지만 11이다.

"메칠 걸리죠? 인천까지."

하고 물으면서 기숙은 손수건으로 손등에 내려안진 안개 연기를 닥겄다. 마치 포물선으로 구은 도자기의 물끼를 닥드시—.

"이틀—. 풍낭을 맛나면 좀"[242]

"발해(渤海)에도 풍낭이 심헌가요."

하면서 기숙은 눈섭에 내려않은 안개 연기를 쪽빗 대마 손수건으로 닥것다.

"글세요. 알 수 없지요."

"가 봐야 하는군요."

"그러죠."

한참 침묵이 흘럿다. 이윽고 기적 소리가 낫다. 수수밭 고랑 뒤에서 멀리 프른 바다에서 들려오든 기적보다 훨신 불기운을 만이 품은 소리였다. 통찬으로 드러갈 사람들도 다 배에 올랏다. 두수는 모자를 버섯다. 그리고 가벼운 인사를 하였다.

"공부 만이 하십시오. 그리구 편지허세요—. 아 제가 편지 쓰지요."

하면서 두수는 몇 거름 뒤로 물러서다가 아주 도라서서 뷔인 깽웨이로 올라갓다. 기숙은 긴 한숨을 크게 내쉬었다. 코속에서 더웁고 또 찬 바람이 이럿다.

기숙은 배가 곳 떠나기를 바럿다. 그러나 배는 곳 떠나지 않었다. 두수는 모자를 버서든 채 배전에 섯다. 한참만에 기적이 다시 울렷다. 배가 강벽(江壁)에서 떠러져 나갓다. 흐린 백하(白河) 동남쪽으로 움즉여 내려갓다. 기숙은 다시 눈섭에 내려안진 안개 연기를 손수건으로 닥것다.

멀어지는 배 모양은 그리 아름답지 못한 화물선 종류였다. 그러나 갑판

---

[242] 이하 원문 1행 확인 불가. "늦어질는지 모르지요." 『전집』 참조.

우애 힌 양복을 입고 선 사람은 검은 배와 조화가 잘 되었다. 기숙은 두 눈 속으로 흘러드는 안개 물방울을 작고작고 쪽빗 손수건으로 씨섯다. 그래도 두 눈은 마르지 않었다. 기숙은 작고작고 손수건으로 눈을 닥것다.

「청춘」 70,[243] 『한성일보』, 1946.9.4.
어머니와 아들 (一)

배는 풍랑 없는 바다를 건넛다. 밤에도 날은 흐렷으나 바다는 비교적 고요하였다. 두수는 밤낫을 거의 갑판에서 보냇다. 아모 히망도 없는 시간이었다. 몸 둘 데를 차즐 수 없는 시간이었다. 한참씩 안젓다가 이러나 걸어다니기도 하여 보앗다. 암만 걸어도 십여 평박게 되지 안는 갑판 속이었다. 풍랑이라도 놉피 일었으면 하고 기다리고 십흔 충동도 바든 것잡을 수 없는 무료(無聊)한 시간이었다. 하늘빗도 바다빗도 해아랄 수 없는 칠흑 속을 풀어가는 시간과 시간에 시시각각으로 부디치는 물결 소리를 것잡을 수 없는 무료감은 작고작고 시간 박그로 뛰어넘어 가랴고 하였다.

그럴 때마다 이 배었으면 하기도 생각햇다. 그러나 바다는 여전히 고요하였다. 고요한 바다에 누은 사람들은 대개 어지럽지 안흔 평화스러운 잠을 이룰 수 있었다. 쫓겨나온 조선 땅으로 저 중국인 남녀들은 무었하러 또 돌어갈가. 조선이 그러케 조흔가. 거기에 묻어 주지 못하고 온 뼈가 있는가—.

아모러한 생각을 하여도 울음은 나지 안었다. 생각이 지리멸열하기 때문일가. 아모러케 생각을 몰려쳐도 죽엄을 뚝뚝이 생각할 수가 없었다. 죽엄, 부친의 죽엄 다시 모든 죽엄이라는 것을 아모리 생각해도 알 수가 없었다. 어떠케 되면 죽엄이 오는가—.

그러다가도 그는 부친의 목소리를 들었다. 확실이 아는 목소리었다. 아이 목소리가 이제 더 들리지 안을 것이구나. 목소리가 다시 들리지 안는다

---

[243] 70회로 표기되어 있지만 연재 순서로는 69회이다.

는 것. 두수는 죽엄이 무엇인지 알 수가 있었다.

그래도 울음은 나오지 안었다. 슬픔이란 얼마든지 있을 수 있는 것이 아니다. 슬픔이 있다 하면 그것은 저기 시시각각으로 물결을 밀고 나가는 시간같이 내 박게서 내 깃븜을 시시각각으로 물리치고 나가는 시간이 아닐가. 다른 데 잇는 나의 리로운 것 이것이 슬흔 것이 아닌가.

아 요망한 나는 죽엄을 압헤 놋코 무엇을 기다루고 있는가. 한마디 말도 들어가지 안어야 될 존엄한 죽엄을 놋코 나는 무슨 잡된 정신적 수음을 하고 있느냐.

두수는 캐빈 어주에 들어가서 세수를 하랴고 하였다. 그는 거울 속에 비최인 자기 얼골을 보고 깜짝 놀랏다. 거울 속에 비친 자기 얼골은 알어볼 수 없으리만치 변하였다.

시커머케 죽은 살빗. 눈은 쑥 드러가고 눈동자는 죽은 생선 눈깔 같었다. 코구녕이 편이 들리고 입술을 놀리면 삐뚜러지는 살점, 오래 면도를 대지 안은 동안에 자란 수염이 시커머케 도나난 것이 가시를 뽑는 황토 같었다. 황토와 같이 죽은 얼골 그러나 다시 어찌 보면 휙 비치는 부친의 모습이 거올 속에 지니갓다. 두수는 다시 자기 일골을 서나보는 섯이 두려워서 세수도 하지 안코 다시 갑판으로 나왔다.

「청춘」 71,[244] 『한성일보』, 1946.9.7.
어머니와 아들 (二)

인천에 올른 것은 해가 저므러 이슥해서 언덕 우에 전등불이 총총이 들어나기 시작하여서였다. 두 팔을 버리고 마저 줄 아모런 까닭도 없는 고향 언덕이었다. 그러나 결국 돌아올 수박게 없는 땅이었다. 이래 반 만에 듯는 고향사람들의 말소리 부두에서 주고받는 욕지거리 놉고 나즌 억양 그리고 전보다 훨신 부피가 크게 들리는 일본말 소리의 파도. 두수는 기차 속에서 어듸로 끄을려가는 사람같이 빠른 속력을 정신적으로 저항하고 있었다.

저항한다는 것은 의미 없는 일이었다. 그것은 비겁한 정신을 더욱 비겁하게 할 뿐이었다.

왜 내 발길은 선듯선듯 내키지 안을까. 어두운 박석고개를 넘어가면서 그는 피로하지도 안엇것만 맷 번이고 길 복판에 한참씩 우둑하니 서곤 하였다. 죽엄이 들러 나간 집 다시 들리지 안는 음성을 찻지 안으면 안 될 어머니의 집으로 들어가는 것이 웨 두려울까. 그러나 아모리 저항하여도 그것은 의미 없는 일이었다. 그는 결국 어머니의 집으로 오고 말었다. 대학병원 뒷담 막다른 골목에 잇는 자기 집 널대문[245]은 잠겨 있었다. 희미한 외등(外燈) 아래에 걸린 하숙옥(下宿屋) 영업 목페가 여전이 부터 있었다. 몇 해를 두고 비에 씻기운 목패었다. 세상 떠난 부친의 성명 석 자가 흐리다 말고 그대로 낫었다. 두수는 들가방을 땅에 노코 한참 목패 압헤 섯다. 비에 씻기우고 해

---

244 71회로 표기되어 있지만 연재 순서로는 70회이다.
245 널대문: 널빤지로 만든 대문.

빗에 날근 역역한 부친의 필적이었다.

점잔코 활날한 필적이었다. 목패 우에도 부친의 성명 석 자가 부터 있었다. 형사들이 늘 따러다니든 문패었다. 역시 잠잔코 활달한 필적이었다. 문패 염헤는 숭사동 몇 번지 '의' 몇 호라고 쓴 또 하나의 문패가 있었다. 거두낡은 문패었다. 국문으로 집어 너흔 '의'자 토도 예전대로 고집하고 있었다. 함방(合倂) 이후 내내 적혀 내려온 고집이었다. 그러나 아모 쓸데없는 고집이있다. 부친은 세상을 떠나고 말았다. '의'자 토를 직히고 하숙옥 영업 목패를 남기고 부친은 갓다.

두수는 주먹으로 널판지 문을 뚜드렷다. 문간방에서 늦게까지 안저 공부하든 학생이 누구냐고 소리를 치면서 나왔다. 두수는 갑작이 슬펏다. 그러나 조용하게 문을 열어 달라고 청하였다. 학생은 빗장을 끌럿다. 문간에선 젊은 손을 보고 직각적으로 이 집 아들이라는 것을 알었는지 두말없이 비켜섯다. 두수는 목례를 하고 안으로 들어갓다. 부엌에서 불빗이 새어 나왔다. 두수는 부엌문을 열었다. 부억 마루에서 노친이 콩나물을 다듬고 있었다. 두수는 더 걸음을 옴기지 못하였다. 모친은 부약 퇴마루 우에서 벌떡 이러낫다.

"명식 엄마―."

하고 딸의 일흠을 고함치듯 부르면서 붓두막으로 하여 아들에게로 달려왔다. 두수는 붓두막에 주저안젓다. 그리고 가차이 와선 모친의 작은 발등을 붓들었다.

「청춘」 72,[246] 『한성일보』,
1946.9.11.
어머니와 아들 (三)

모친의 부르는 소리를 듯고 두수의 누이는 안방에서 자다가 빈지문으로 해서 부억 퇴마루로 나왓다. 그는 부뚜막에 서로 붓들고 안저 목소리를 죽여 가면서 우는 모자를 보고 마루에 그냥 섯다. 죽은깨 도든 둥근 얼골이 전보다 건강한 탓인지 부은 까닭인지 두수의 눈에 훨신 도드러저 보였다. 두수는 모친의 작은 발을 놉고 두 손으로 얼골을 가렷다. 아직 그는 모친의 얼골을 똑똑이 쳐다보지 못하였다. 터저 나오는 울음을 죽이느라고 애를 쓰는 모친의 고민이 심줄을 당기듯 하였다. 맥히는 숨에 끄을려 나오는 울음소리를 죽이느라고 애를 쓰는 모친의 얼골을 처다볼 용기가 나지 안엇다. 두수는 얼골을 가리고 흘적 처다보앗든 누이의 둥근 얼골이 히미한 전등 불빗에 거울 속을 지나간 자기 얼골 같이 획 비친 것을 손바닥에 막어 가리우고 또 하나 우지 못하는 젊은 오인(嗚咽)[247]을 들었다. 멀리 시집을 가 버린 누이의 얼골에도 거울 속에 빗기는 부친의 모습이 지나갓다. 죽은깨가 나고 둥근 얼골이지만 거기 여윈 부친의 그림자가 비첫다.

"올라가자."

모친은 조용해진 두수의 억개를 어르만지면서 말햇다. 두수는 일어낫다. 마루에 올라서 비로소 과히 더 늙지 안은 모친의 얼골을 보왓다. 슬픔보다 익이랴는 의욕이 더 서린 얼골이었다. 다듬다 만 콩나물 담긴 함지를 치

---

246 72회로 표기되어 있지만 연재 순서로는 71회이다.
247 오인(嗚咽): '오열(嗚咽)'.

우는 여윈 팔과 손도 확실하였다. 머리를 풀고 찬장 압해 외면을 하고 서서 흑흑거리는 누이의 긴 광목 치마와 어느새 때물이 낀 광목 저고리에서 새 천에서 나는 이상한 내음새가 풍겻다.

　모친을 따라 두수는 방으로 들어갓다. 두수는 모친에게 절을 하였다. 모친 절을 받엇다. 슬픈 것을 익이는 심줄이 만이 서린 얼골에 굵은 눈물이 흘넛다. 그는 상복도 아닌 늘 입든 것 가튼 낡은 모시 치마 긋을 당개다가 눈물을 씨섯다. 누이가 들어와서 구석에 안젓다. 호올노 따로 슬픔이 잇는 젊은 여자의 모습이였다.

　자기 누이가 소박을 맛고 친정으로 와 있었다는 것을 두수는 꿈에도 생각할 수 없었다. 어찌 보면 어느 한구석이 천해진 것 같흔 늣김을 주는 것을 속일 수 없었다. 애비를 일흔 자식들이니 천하지 않을 수 있느냐—하고 다시 두수의 설음은 모친에게로 통하엿다.

　"저 방으루 가자."

하고 모친은 다시 일어낫다. 어쨰서 온 저 아들을 상청을 모신 방으로 데리고 들어가지 않고 내가 몬저 절을 바덧는지 두수의 모친은 알 수 없었다. 두수는 모친을 따러 웃방으로 들어 왓다. 잘 박혀지지도 못한 부친의 흐린 사진을 모서 노흔 간소한 령상이었다. 재가 소북한 보시기에 분향을 하고 두수는 술을 부었다. 평생에 입에 대지 안튼 부친에게 술을 부어 올리는 것이 이상하엿다. 그러나 두수는 법대로 하엿다. 죽은 사람에게 다할 수 있는 산 사람의 법은 술을 부어 올리는 것 외에 아모 방법도 없었다.

「청춘」 73,[248] 『한성일보』,
1946.9.12.
어머니와 아들 (四)

향을 피우고 술을 부어 올리는 것은 죽은 사람에게다 하는 산 사람의 인사인 동시에 대수를 이어밧는 맹세였다. 소박마저 온 누이와 동생들과 학생치기 하면서 늙어가는 모친에게 대하야 책임을 지겟다는 맹세를 하게 되는 분향과 헌작(獻酌)[249]이었다. 현실에 용납이 되지 안는 박씨네의 이질적(異質的)인 피를 이어가는 박휘를 또 한번 구울리기 시작한다는 아뢰옴이었다. 모친과 누이가 방에 들어가지 않고 유리창을 밀어 노코 퇴마루에 안첫다. 늣게 소슨 달이 앞채 집웅 우에 휘엉청 밝앗다. 두수는 오래동안 눈을 감고 풀내 새로운 돗자리에 주저앉어 있었다. 지지도 새지도 안는 몽롱한 머리속에는 슬픈 것도 아픈 것도 없었다. 아모 생각도 나지 않었다. 다만 무거운 것만을 알리는 피의 흐름을 드를 뿐이었다.

　조으름 같흔 피로가 몰려드럿다. 그러다가도 향내가 선듯 풍기면 부친의 죽엄보다도 자기 자신의 잡념에 사로잡혀 있는 것을 깨닷고 머리속을 터러 보랴고 애를 썻다. 천지의 종말(終末)에나 필적할 것만 같이 생각하였든 어버이의 죽엄이 다만 움즉이지 안는 목침(木枕) 한 개에 가슴이 놉다는 정도 박게 되지 안는 것을 두수는 정결치 못한 자기 습성(習性)에 돌리고 마럿다. 그러다가도 콩나물을 뜻고 안젓든 모친을 생각하고 뒷방에서 세상을 모르고 자고 있는 동생들을 생각하면 다시 무거운 조으름 속에서 깨어나서 우는

248　73회로 표기되어 있지만 연재 순서로는 72회이다.
249　헌작(獻酌): 제사 때 술잔을 올린다는 뜻.

어린아희의 설움 같흔 것이 복바쳐 올라왓다.

'어떠케 하면 조흔가?'

두수는 미다지를 열고 나왓다. 달빗이 모친이 희여 가는 머리와 푸러 드리운 누이의 거믄 머리 우에 흘럿다. 두수는 그들이 엽헤 안젓다.

"이제 어떠케 할 테냐."

하고 모친이 입을 열었다.

두수는 모친이 무엇을 의미하는 말인지 알 수 없었다.

"너 아프루 무얼 헐랴니."

고 모친은 아모 대답 없는 아들에게 다시 물었다.

"글세요."

하고 두수는 모호한 대답을 하였다.

"취직이나 하렴."

하면서 모친은 아들에게로 돌아안젓다. 두수는 아모 대답도 하지 못하였다. 일즉이 생각해 본 일이 없든 질문이었다. 취직—취직을 하여야 하는가. 무슨 일을 하여야 할 것인가. 두수는 자리에 누어 죽엄과는 아모 인연도 없는 취직이라는 것을 오래오래 생각해 보앗다. 그러나 아모 결론을 짓시 못하고 이튿날 아침 벤도[250]를 싸 가지고 남대문통 도서관으로 가서 종일을 보냇다.

---

250 벤도: 도시락(べんとう).

「청춘」 74, [251] 『한성일보』, 1946.9.18. [252]

도서관에 가서 안저 있어야 공부가 될 까닭이 없었다. 그러타고 다른 데 갈 데도 없고 하야 두수는 날마다 도서관에 가서 시간을 보냇다. 혹 길가에서나 도서관에서 아는 친구를 맛나서 같이 거리를 것기도 하고 차집 같은 데 들어가는 일이 있으나

"그래, 어때."

하고 저쪽에서 물으면 대개

"그저 그러치."

하는 판에 박은 대답을 하고 잠시 안젓다 서먹서먹한 발길을 도루 조용이 혼자 찻군 하였다.

개학이 된 후라 하숙옥인 자기 집은 활기를 띠였다. 슬픈 활기었다. 그래도 반찬이 조치 못하다는 뒷소리를 남기고 학생이 다른 데로 옴겨 나가면 섭섭하고 섭섭하다가 다시 처량하였다. 숙박부(宿泊簿)를 들고 파출소에 갈 때마다 두수는 래일부터는 도서관이고 공부고 다 그만두고 취직을 해야 되겟다고 마음을 먹어 보곤 하였다. 그러나 이튿날이면 또 비겁찬 전과자같이 길 가는 사람들의 눈을 피하야 도서관으로 드르가서 종일 백이다가 저물역케 다시 공동 숙박소 같은 자기 집으로 도라오군 하였다.

어느 날 저녁 모친이 안방에서 불럿다. 두수는 촉수 나진 상문방 향로상

---

[251] 74회로 표기되어 있지만 연재 순서로는 73회이다.
[252] 소제목이 없으나 연재 순서로는 '어머니와 아들(五)'이다.

압헤 부친이 머리때 무든 퇴침을 베고 누엇다가 안방으로 내려갓다.

"불르섯어요."

하고 두수는 모친 압헤 가차이 안젓다. 엽헤서 누이 옥순(玉順)이가 데리고 온 젓메기 기저귀를 가러 채우고 잇엇다. 늘 웃든 누이의 둥근 얼골이 친상을 당한 뒤 끝이라 그런가 핏기 하나 업시 멀둑하니 해산들 하고 난 산부 갓엇다.

"지금 네 누이허구두 얘기허든 중이다만 우리 형편에 삼 년을 뫼실 수 잇니. 너의 아부진 어찌 생각하실넌지 모르지만—생각하신들 어떠커겟니. 내 생각언 사십구 일에 재나 올리구 마럿으면 조켓다."

하고 모친은 아들의 의견을 물엇다. 두수는 한참 생각하다가

"글세요. 어머님 조실 대루 하시조."

하고 무슨 까닭에서 나온 이견인가 모친과 누이를 번가라 처다보앗다.

"그래야 네 책임두 가지 가벼위지구, 공부가 정 하구 십흐건 또 어듸루가 보든지 상문을 모셔 두구야 집을 떠나는 법이 잇늬."

"생각해 보십시다."

하고 두수는 부친의 방으로 도라와서 다시 때무는 부친의 퇴심에 누엇다. 생각을 해 본댓자 간단한 것이엇다. 사십구일 재을 올리고 만다는 것을 이 방을 하로래도 빨리 비워 학생 하나둘이래도 더 너흘 수박게 업는 박씨네의 집 생활을 잘 아는 모친의 뼈아픈 고민이엇다. 학생을 하나둘 더 처서 자식들 공부를 식히는 것이 역시 올흔 방법이라고 깨달은 모친의 생각이엇다. 커다란 아들이 오래 바다 박게 갓다가 도라오자 이제는 믿고 살 것이라고 생각하고 "취직이래두 하렴." 한가지 속단이 글럿다는 것을 깨달은 이야기엇다. 두수는 이러나서 부친의 쓰든 연상을 열고 먹을 갈엇다. 장만하여 주고 멧 번 쓰랴다가 그만둔 힌 문페에 자기 일흠을 썻다.

"역시 취직을 해야 되겟다."

두수는 문폐를 쓰면서 이러케 생각하였다.

「청춘」 75,[253] 『한성일보』,
1946.9.21.
어머니와 아들 (六)

취직을 하기로 결정은 하였으나 어떤 종류의 업에 종사하느냐는 것이 문제엇다. 품파리 노동은 할 수 업고 그러타고 입에 맞는 떡 같흔 일자리가 잇는 것도 아니엇다. 친면 잇는 사람을 차져가서 소개래도 어들가 하였으나 두문불출하든 부친의 친지들이란 대개가 답답하고 어려운 생활을 하는 사람들이라 차져간댓자 그들의 소개로서는 볼꼴 사납지 안흔 일자리를 어더 볼 가망은 하나도 없엇다.

체장이 버젓하게 잇는 것도 아니오 실사회의 경험이 잇는 것도 아니다. 취직이라는 것이 말이 쉽지 막상 차져 다녀보면 일을 해야 되겟다는 신념만 가지고도 곳 실현이 되지 안는 것을 깨달엇다. 도서관에 가서는 신문실에 들어가 날마다 광고명을 뒤져 보곤 하였으나 한 줄 광고도 자기를 총청하는 것이 없엇다. 생각이 궁해진 끝헤 두수는 한가지 상상을 하여 보앗다. 그것은 중국말을 안다는 것을 가지고 어떠케 취직의 재료를 삼어 볼가 하는 생각이었다.

그는 하로 아침 명치정 뒤 골목 중국 총령사관 문을 열었다. 오랜 주저 끝테 큰 용기를 가지고 차져간 것이다. 의외에도 총령사는 쉽사리 나와 주었다. 왕(王)이라는 총령사는 사십 전후의 상양한 신사었다. 맑게 개인 조그만한 눈, 얍삽하게 생긴 입술, 점여 부친 것 같흔 엷은 귀하고 선선이 내밀어 상대자의 손을 얌전하게 흔들고 천천히 소매길 속에 감초는 가극 손가

---

[253] 75회로 표기되어 있지만 연재 순서로는 74회이다.

락들―어디를 뜨더 보든지 외교관이라기보다 선비에 갓가운 풍모를 가진 사람이엇다. 두수가 중국 류학생이라는 것은 위선 반가워하엿다.

　두수는 령사관에서 일을 하고 십다는 뜻을 말햇다. 왕 령사는 젊은 조선 청년이 아무 소개도 없이 불숙 차저온 것에 대하여 놀라지 안엇거니와 다시 일자리를 달라는 요구에도 조곰도 당황하지 안엇다.

　"잘 알겟읍니다. 그러나 당신도 잘 아시겟지만 사정이 사정인 것만큼 여기 와서 날마다 일을 하시는 것은 서로 딱할 것 갓읍니다. 딱할 뿐 아니라 서로 재미없는 결과를 가저올지도 모르지요. 하기야 이 령사관 울타리 안은 완전이 독립된 나라와 갓기는 하지만―그래도 저 사람들이 당신을 오해할랴면 얼마든지 할 수 있으니까―그러지 말고 이러케 합시다. 멧칠에 한 번씩 들느시오. 들늘 때마다 댁에서 조선 신문을 죽궁[254] 말로 번역을 해다 주시오. 하면 내 어련이 보수는 아러 생각해 드릴 터이니."

하고 왕 령사는 친절하게 초면인 두수에게 생업의 방도를 열어 주엇다.

---

254 죽궁: '중국'.

「청춘」 76,[255] 『한성일보』,
1946. 9. 24.
어머니와 아들 (七)

두수는 집에 돌아와서 새로운 흥분으로 신문 번역을 시작하였다. 배운 지식이 돈으로 번지게 된다는 것은 신기한 일이었다. 부족한 중국에 지식으로 글이 되게 맨든다는 일은 쉬운 노릇이 아니였다. 쓴 것을 몇 번식 고처 가다가는 자전을 차저 보고 다시 고처 쓰고 하였다. 아모리 고처 써 보아도 마음에 흡족하지 않었다. 그래도 이것이 돈이 되는가 하면 더욱 신기하였다. 평생에 처음 늣어 보는 만족한 감정이었다. 저녁때까지 예정하였든 번역을 다 하고 동생들과 저녁상을 마조하였다. 래일 저 원고지를 갓다주면 그것이 돈이 된다는 생각을 하면 밥 먹는 것도 당연한 것 같햇다. 거저 먹지는 안는다 나도 소비만 하는 것이 아니라 생각을 할 수 있다 하는 생각이 자기 양심에 씨든 거믄 그림자를 백이는 것 같았다.

그러나 다시 생각하면 하구 만은 상업 가운데 할 수 잇는 일이라고 이런 것박게 없는가 하면 다시 우울한 생각이 낫다. 세상 떠난 부친의 문패를 나리고 새로 가러 부친 자긔의 일홈은 이 집의 주인이란 말이 아닌가 하고 가족이 사라나갈 압일을 생각해 보면 다시 암담하여젓다. 달리 조은 수가 없는가―. 두수는 하로 종일 헛수고한 사람의 늣기는 피로와 같은 사지를 내어던지고 누어 떠들석하는 학상들의 아모 책임 없는 젊은 자유를 부러워하엿다. 그러나 자고로 박씨네 집에서 돈을 벌어 잘살고 간 사람이 잇엇다는 이야기를 들어본 적이 없었다. 전에 없든 기적(奇蹟)이 어떠케 내 대수에 와

[255] 76회로 표기되어 있지만 연재 순서로는 75회이다.

서 생길 수 있으랴 분수(分數)대로 살자 두수는 이런 종류의 자기 합리화를 하는 것으로 겨우 우울한 감정을 속일 수 있엇다.

그리고 자기 자신을 달래는 의미로 그날그날에 충실하는 것이 사리가는 도리라고 타일느면서 이튿날도 드러안저 번역을 하고 그다음 날도 계속햇다. 령사와 약속한 번역이다. 된 날 아츰 두수는 일즉이 령사관으로 가기 위하여 집을 나섯다. 골목을 빠저나와 다리목에 왓을 때 갓가히 요란한 방울소리가 들엿다. 직각적으로 호외(號外)가 나온 것인 줄 알 수 잇엇다. 그는 배달에게로 쪼차가서 호외를 한 장 어덧다.

'일본군과 중국군 충돌. 봉천(奉天)서 목하 대격전.'
이라는 표제 아래 중국 병이 북대영(北大營)에서 만철선(滿鐵線)을 폭파하고 일본 수비대를 습격하엿기 때문에 일본군은 응전을 할 수박게 없이 되어 북대영을 포격하기 시작하였는데 격전은 아즉도 계속 중이라는 소식이엇다.[256]

---

[256] 1931년 9월 18일에 발발한 만주사변을 가리킨다. 일본 관동군이 스스로 만철 선로를 폭파한 것이나 중국 측 소행이라 발표했다. 이후 관동군은 철도 보호를 구실로 만주를 점령했으며, 1932년 3월 1일 만주국을 세웠다.

한류·난류

「장편연재소설『한류·난류』 시월 이십구 일부터 본지 2면에 게재」, 『민주일보』, 1948.10.28.

보라! 문단(文壇)의 이채(異彩)!
설정식(薛貞植) 씨의 회심작(會心作)

소개(紹介)의 말

주요섭[257] 씨의 중편소설『극진한 사랑』은 독자 여러분의 절찬 속에 끝납니다. 본보는 오십만 원의 상금을 걸어 명편 걸작의 장편소설을 천하에 널리 구하는 중에 있거니와 연재소설에 대한 독자의 지지가 큼에 비추어 이번에 다시 설정식 씨의 장편소설『한류·난류』를 내일부터 연재하기로 합니다. 설 씨는 시인으로서 독특한 시풍을 보여주어 문단에 한 이채로 되어 있을 뿐 아니라 소설가로서도 이미 여러 편의 명작을 내어 단연 중견 작가로서 공인하는 바입니다. 더구나 이번『한류·난류』는 씨로서도 더욱 자신만만한 회심의 붓을 잡는 것이며 이에 금상첨화로 삽화를 담당한 정현웅[258] 화백은 일찌기 신문 삽화계에 신기록을 만들어 낸 대가로서 새삼스러이 소개할 필요조차 없는 터인데 한동안 삽화의 붓을 놓았다가 이번에 본보를 위하여 화필을

---

[257] 주요섭(朱耀燮, 1902~1972): 평양 태생의 소설가이자 언론인이며 대학 교수로 활동했다. 「사랑손님과 어머니」(1935)로 잘 알려져 있으며, 중국 유학과 미국 유학 등의 해외 체험과 해방 이후의 현실을 바탕에 둔 다양한 작품을 창작했다.

[258] 정현웅(鄭玄雄, 1911~1976): 서울 태생의 서양화가이자 신문과 잡지에 수많은 삽화 및 표지화를 그린 당대 최고의 삽화가이다. 잡지『신천지』의 편집장으로 활동하며 여러 문인들의 책 장정을 맡았으며 한국 현대 만화의 선구자로도 평가받는다. 1950년에 월북한 이후 고구려 옛 무덤의 벽화를 모사하기도 했다.

다시 가다듬게 된 것은 본보의 자랑이 아닐 수 없습니다.

작자(作者)의 말

『한류·난류(寒流·暖流)』는 건강하고 아름답고 또 지혜로운 한 젊은 여자가 헤엄쳐 가는 세계를 그린 이야기다.

　그 세계는 우리들이 다 잘 알고 있는 사나이들의 육체와 정신과 또 그 육체와 정신을 한데 도맡아 가지고 있는 사회이기도 하다. 거기에는 가장 평범한 사실밖에는 아무것도 없다. 그러므로 이 소설도 한 개 평범한 사실일 것뿐이다. 다만 그것이 수고로운 사실일 것뿐이다. 나는 내 자신의 무자비한 냉혹(冷酷)과 타협할 수 없는 것과 같이 또한 무자비하게 냉혹한 현실의 똑똑한 사실을 ●●● 만들 수는 없다.

삽화(揷畫)는 사계(斯界)[259]의 권위(權威) 정현웅(鄭玄雄) 화백(畫伯)

---

[259] 사계(斯界): 해당하는 분야.

「한류·난류」 1, 『민주일보』,
1948.10.29.
찾아오는 사람 (一)

오늘은 조선서 진객이 오는 날이라고 하여서 은주(恩珠)의 집에서는 이른 아침부터 양주[260] 딸 세 식구가 저마끔 까닭 없이 초조한 흥분에 안절부절하였다. 찾아오는 젊은이가 은주의 부친 이동(李棟)이로 볼 때에는 기미년(己未年)[261]에 서로 헤어진 채 오래 음신[262]조차 막혔던 동지 최성원(崔成遠)의 막내아들이라, 이제 장성해서 해외로 유학을 더니오게쯤 되었다는 것이 신통하고 그렇게 생각하고 보면 자기 딸자식도 어느새 으젓하게 나이가 차서 뉘 집에 메누리감으로도 달릴 데 없이 이제는 아무 데 내어놓아도 좋으리만큼 숙성한 것이 또한 신통하였다. 새삼스러이 빠른 것이 세월이라고 생각하고 보면 사실은 짧지도 않았던 이십여 년 고생이기는 하였으나 그래도 이만침 일궈 놓은 살림이 그래 그만하면 남부럽지도 않아 낯선 손님이면 도리어 자랑스레 기다리기도 하는 시간이 근년에는 차자아서 오늘도

"은주야, 그 포―쉬[263]에 화분은 바꽈 노려부나."

하여도 보고,

"전번 폭좌프는 만만치 않드구나."

하고 아내에게 챙견하지 않아도 좋을 말을 공연스리 던져도 보는 것이고 이

---

260 양주: 바깥주인과 안주인이라는 뜻으로 '부부'를 이르는 말.
261 기미년(己未年): 3·1운동이 일어난 1919년을 가리킨다.
262 음신: 먼 곳에서 전하는 소식이나 편지.
263 포―쉬: 건물의 입구나 현관에 지붕을 갖추어 잠시 차를 대거나 사람들이 비바람을 피하도록 만든 곳(porch).

동의 아내는 아내대로 서성거릴 이유가 있는 것이 오늘 호놀룰루에 내리는 청년은 자기 맏올케 동생의 아들이다. 남이라면 물론 남이지마는 그래도 이십여 년을 해외에서만 지내노라면 그야말로 사둔의 팔촌이라도 가다가는 한동기같이 가까이하고 싶어 하는 것이 드물지 않은 인정이었다.

'어떻게 생겼을까?'
하는 모친의 호기심보다 큰 것은 사실 은주의 흥분이었다.

몇 해에 한 번씩 조선서 미주(美州)로 유학을 가는 청년들이 이곳을 지날 때 자기 집에 들러 혹 몇 시간씩 쉬고 가는 일이 없지 않아 있었다. 그러나 그들에게 대해서는 일찌기 호기심이나 관심은 준비할 이유나 여유도 없었고 또 그럴 때도 아니었다.

그러나 오늘 이곳에 도착하는 최성재(崔成宰)라는 청년은 자기 부모가 비록 얼굴은 몰라도 근거를 아는 사람이요, 또 이곳에 오면 본주(本州)로 가기 전에 한두 주일 자기 집에서 묵는다는 것이 아닌가. 칼리지를 마친 지 한 달 남짓된 오늘이라는 것은, 사실 무엇이고 이제로부터 일어날 것을 기다려만 보고 싶은 시간이었다. 와이키키 해수욕장 모래도 이제 와서는 미지근하여져 버린 육체요, 물썰 때의 아슬아슬하던 전율도 목마(木馬) 같은 반응밖에 가져오는 것이 없더라고 하면 그를 위하여 너무 과장한 말이라고는 하겠지마는 하여간 그는 아침에 제 손으로 포—드를 몰고 위선 꽃집에 갔다. 거리 백화점에 들어서면 안성마침으로 된 가지가지 화환(花環)이 있어 손쉽게 싼값으로 살 수 있건만 은주는 우정 물이 뚝뚝 떨어지는 화초를 꽃집에 있는 가지 수대로 걷어 사 가지고 와서 자기 손수 화환을 만들었다.

호놀룰루에 내리는 손님이 부두에서 나올 때 그의 목에 꽃다발을 걸어주는 것은 이곳의 오래고 또 아름다운 풍속이다. 로릴 앙꼬뉘(이름 없는 꽃다발)이라고 어디다가 써 붙이는 것도 아닌 이름을 지어 자기가 실에 꿰고 얽

어서 둥글게 튼 커다란 꽃다발을 모친에게 안기고 나서 은주는, 가위 예식에 참례하러 갈 때처럼 채린 부친과 모친이 들어앉은 자동차 브레이크를 힘있게 밟았다.

그들이 항구 제삼 부두에 닿았을 때 도크에는 만 톤(萬噸)급 태평양 항로선 프레지덴트 쿨―리지호[264]가 비스듬이 닿고 있었다.

---

[264] 프레지덴트 쿨―리지호: 1931년에 건조된 미국의 대형 호화 여객선 SS President Coolidge를 가리킨다.

「한류·난류」 2, 『민주일보』, 1948.10.30.
찾아오는 사람 (二)

부두로 들어가는 포도 못 미쳐 전차 길 건너 쪽에 자동차를 잠가 놓고 세 사람은 마중하러 나온 사람들이 드나드는 홀—에 들어섰다.

사람들은 많지 않았으나 저마다 손에는 아가샤꽃 레이[265]를 들었다.

"이런 걸 가지구 온 건 우리밖에 없구나."

하고 은주의 모친은 남의 눈에 나게 크고 또 혼란스런 꽃다발을 딸에게 흔들어 보이면서 주책이 있느냐고 묻는 표정이다.

"그럼 어때요. 엄마."

하고 은주는 아무 속없는 웃음으로 모친이 게면적어하는 것을 딱해 한다.

"어떻기야, 머이 어때. 남이 흉볼까봐 그러지."

하는 자기 아내더러 이동은,

"여보 저리들 가는구려. 우리도 저쪽으루 갑시다. 부끄럽긴, 가지구 나온 게 불찰이지 그려. 인제 부끄러우문 어떻구. 안 부끄러우문 어떻단 말이오? 주는 사람이 좋구 받는 사람이 좋문 됐지."

하고 느릿한 은주의 키대로 넌즛이 지켜주는 미소는, 딸을 전적으로 시인하는 늙어 가는 애비의 속없는 객기였다.

"주는 사람은 좋아서 주는 거겠지만 받는 사람이 좋아서 받을는지 누가 안다우?"

하는 것도 딸 편이 아닌 것은 아니지만 이동은 짐짓,

---

265 레이: 하와이에서 사용하는 화환(lei). 환영의 의미로 목에 걸어 준다.

"아따, 따지기두 한다. 아니 얘가 주는 걸 안 받는 고얀 놈이 있단 말이야. 싫거든 그만두라지. 제 놈의 분수가 도승지●시래두 안될 말이지."

하고 역시 타의 없는 넉두리 객기를 부리면서 모녀를 양쪽으로 걷게 하고 도크 출입구 층계 아래로 다가갈 때, 몇 사람의 쿨—리지호 승객들이 내려왔다. 모두 일본 사람들이었다.

"엄만, 손님 오는 게 싫우?"

하고 은주가 곧고 흰 잇발이 들어나도록 소리 없이 크게 웃으면,

"원, 넌, 별 잔소릴 다 하는구나."

모친 역시 살찐 얼굴에 주름이 가도록 풀어질 때,

"저기 내려온다!"

하고 이동이가 모녀의 시선을 한 젊은이에게로 집중시킨다.

누런 보스턴 배그[266]를 들고 징검징검 층계를 걸어 내려오는 청년은, 얼른 보아 한● 빠지는 풍모다. 키는 제 나이에 적은 편이고 흰 바탕에 회색 줄이 간 여름 양복을 받치는 몸은 여윈 편이고, 벗어드는 맥고모자[267] 다음에 똑똑이 들어나는 얼굴은 풍부한 면보다 깎인 모가 일어선 것 같은 속에, 푹 들여 박힌 검은 두 눈동자가 까딱없이 찾을 것을 찾고 있다. 누르고 또 거밋한 얼굴이 윤기조차 없는 것은 콧수염이 여러 날 길어진 때문인지, 하여간 같은 값이면 그냥 지나치는 행객이라도 내 눈에 흡족하였으면 하는 인지상정을 그대로 부정할 도리는 없어도 이동은 선듯 아내의 손에서 꽃다발을 옮겨 쥐고, 홈—바닥에 막 내다 서는 청년에게 다가서면서,

"서울서 오는 미스터 최 아니오?"

---

266 보스턴 배그: 바닥이 편평하고 네모졌으며 가운데 불룩하게 생긴 여행용 가방(boston bag).
267 맥고모자: 밀짚이나 보릿짚으로 만든 모자.

하고 묻는 것이다.

    편지 내왕이 여러 번 있었던지라 마중 나와 줄 것만 같은 이동이라는 사람으로 대강 짐작은 하였으나 그래도 긴가민가 망설이던 차에 상대방이 먼저 물어주는 인사에 감격한 최성재는,

    "그렇습니다. 이 박사시로군요."

하고 보스톤 배그를 땅에 내려놓고 절을 한다. 이동은 허리를 펴고 선 청년의 굵지도 못한 목에 꽃다발을 걸어 주고,

    "이 사람은 내 아내고 이 애는 내 딸이요."

하고 인사를 시키자 은주는 자기도 모르게 생전 굽혀 보지 못한 허리를 조용히 굽으리면서, 이것이 어찌 된 일인가 스스로 물어보는 것이다.

「한류·난류」 3, 『민주일보』, 1948.10.31.[268]

난데없는 꽃다발에 목을 감긴 최성재는 어리둥절할 사이도 없이 다시 은주의 인사를 받기 위하여 허리를 굽혔다. 이름 모를 꽃들이 풍기는 향기를 피할 길이 없어 아찔하게 황홀하였다가 굽혔던 머리를 다시 쳐들었을 때 눈앞에는 꽃다발 없이도 활짝 피고 또 타서 젊기보다 어린 여자의 얼굴이 오랫동안 공허(空虛)하였던 사나이의 시각(視覺)을 부듯하게 하였다.

반듯하게 갈라 빗은 검은 머리가 쭉 빗겨 내려와서 미끄럽게 돌아간 흰 목아지, 양쪽 활짝 들어난 어깨가 반지러운 백자기(白磁器), 천에 한번 용하게 밀어진 포물선(抛物線) 같은데 검은 꽃송이 너울거리듯 수북하다고 보면, 훨씬 도려낸 연분홍 크레뻬 여름옷도 육체의 한 부분으로 보이리만큼 착각을 주는 것은 벌써 부풀어 오른 젖가슴 음예(陰翳)[269]가 도두라지게 익은 살빛인데 넌즛이 다시 한번 쳐다보면 반반한 이마. 온자한 마루며, 유난스럽게 크고 검은 눈이며, 넓은 듯이 기름한 두 볼은, 다물은 입술이 약간 두터운 듯이 쫑긋한 까닭이라, 통틀어 두서너 간 멀직이서 보았을 마련이면 제일 쉬운 착각이 모나리자였을 게 분명하였다.

"그래 수질[270]이나 안 했나. 어르신넨 안녕하시고?"

하는 이동이 말에 성재를 고개를 돌려,

"네, 편히 왔습니다. 아부지께선 지금 평안도에 계십니다."

---

268 소제목이 없지만 연재 순서로는 '찾아오는 사람 (三)'이다.
269 음예(陰翳): 침침한 그늘.
270 수질: 뱃멀미.

하였다.

"편지에 그리 썼드군. 광산 경영을 하신다고?"

"글세, 경영이랄지요. 요샌 모두 광산을 한다니까요. 새면 왔다갔다하시죠."

"광산에 왔다갔다하신다? 재밌겠군. 집에 가서 천천히 더 듣세."

하고 이동이는 앞을 서서 홈—밖으로 걸어 나왔다. 성재는 목에 걸린 화환이 자꾸 유쾌하게 근심이 되었다. 눈치를 채린 은주 모친은 전차 길을 건늘 때,

"여기선 모두 그렇게 손님 환영을 한다우. 그 꽃다발은 은주가 손수 맨든 거라우."

하고 안심시키는 것이다. 성재는 무엇이라고 치사하면 좋을는지 몰라서 수체 잠자코 있을 때 은주가,

"엄만, 웨 저만 팔우?"

하고 곱게 웃으면서 자동차 운전대 문을 여는 것을, 이동이가 가끔 나오는 버릇대로 영어로,

"겟 유어셀프 인. 앤 렛 미 드라이브(먼저들 타라, 차는 내가 몰 테니)."

하고 세 사람을 태운 다음 문을 닫고 운전대에 올랐다.

차는 망고수(樹) 푸른 불바드를 돌아 로—얄 하와이안 호텔 앞 고층 건물 사이 넓은 길을 지나 공원같이 아름답고 조용한 누아누[271] 주택지를 달리기 십오 분, '이동 박사 치과 의원'이라는 흰 글자가 반타원형(半楕圓形)으로 박인 넓은 유리창이 시원하게 거리에 뚫린 아담스러운 코로니알풍(風) 건물 포—취 앞에 다달았다.

"이게 내 집이요."

---

271 누아누: 하와이 오아후 섬에 위치한 호놀룰루 시의 한 지역 이름(Nuuanu).

하고 이동이는 먼저 내려 자동차 문을 열고 성재의 가방을 들고 층계로 올라섰다.
 "훼어 웃듀 라이크 투 해브 더 게스트(손님은 어느 방으로 모실려요)?"
하고 뒤따라 서면서 은주가 모친의 귀에 대고 소군거리면,
 "넥스트 투 유어 룸, 오브 코—스(네 옆에 방이지 물론)."
하고 모친이 소리를 높이는 것은 하여간 세상만사가 모두 자미있고 유쾌하다는 어조였다.

「한류·난류」 4, 『민주일보』, 1948.11.2.
찾아오는 사람 (四)

안에서 중국인 아마[272]가 나와서 이동의 손에서 가방을 받아 가지고 서 있다가 네 사람이 리빙 룸에 들어서서 쇠그물 문을 닫고 이층으로 올라가자, 은주가 앞질러 가면서

"겟 더 쇠우워 크린드 올(목욕간을 깨끗이 치워 놔요)."

하고서는 어리둥절하고 섰는 성재더러,

"이리로 올라오세요."

하고 먼저 올라가 버리니 이동이가 어서 올라가서 목욕을 하라고, 모든 절차를 딸에게 맡기는 태도다.

성재는 그 사이 널리 뚫린 문 들창에 진초록 곱실거리는 커텐 하며 피아노, 전축(電蓄) 하며, 한구석을 다 차지하리 만큼 커다란 쉐이드가 푹 싸인 스탠드 하며, 그림에서 보던 대리석 맨틀피쓰[273] 아래, 매끈하게 거매기 한 점 없는 파이어 플레이스를 한눈에 두리번거리고 서서, 다시 식당으로 통한 시선에 들어오는 천연색 풍경 사진이 걸린 흰 벽이 끔직이도 깨끗하여 모든 것이 진열장 속에 들어 있는 값진 기성(旣成) 제품(製品)을 구경하는 것만 같다가 하라는 대로 이층으로 향하였다. 구두 바닥 밑에 발필히는 단단하고도 푹신거리는 화문(花紋) 깔개가 분수에 넘치는 사치였다.

이층 마루에 올라서 보니 맞은편과 왼편 모퉁이에 문이 있고 오른쪽으로

---

272 아마: 외국인이 고용한 하녀 혹은 유모(阿媽)를 가리키는 중국어.
273 맨틀피쓰: 벽난로의 윗면에 설치한 장식용 선반(mantelpiece).

돌아간 마루 끝에서 은주가 열어 놓은 방에서 오는 더운 바람이 풍겨 들어왔다. 닫힌 문 또 하나를 지나면서 이게 저 여자가 거처하는 방이로구나 생각하면서 성재는 열린 방에 들어서서 아마를 내어보내는 은주에게,

"죄송합니다."

하고 처음으로 말을 떼었다. 미안하다는 충정을 알아주는 것인지 그런 말은 이해할 수 없다는 뜻인지 은주는,

"인제 곧 목욕하시게 해 드릿게요. 목욕하시고 아래로 내려오세요. 점심이 늦었지만—."

하고 말었다. 손님이라는 청년을 그제사 여유 있게 쳐다보니 목석(木石)같은 표정이다. 더 말을 계속할 용기가 없어서 은주는

"감사합니다."

하는 굵지도 못한 고국 청년을 뎅그렇게 세워 두고 자기는 방문을 닫고 나왔다.

그는 아래로 내려가지 않고 맞은편 목욕탕 속에 아마가 준비하여 놓은 것이 잘되었는가 점검을 하고 그는 자기 방에 들어가서 화장대(化粧台) 스툴에 뒤로 돌아앉아 그물창 밖에 파파이아 오헤보 그늘 밑 울긋불긋한 꽃밭을 내려다보았다.

옆의 방에서 삐걱거리는 마루 소리를 들을 수가 있었다. 표정이 없는 젊은 고국 청년이 움직이고 있는 것이다. 이윽고 마루를 지나가는 발소리, 그리고 닫혀지는 욕실(浴室) 문소리, 은주는 신발만 바꾸어 신고 아래로 내려갔다.

부친은 진찰실(診察室) 쪽으로 잠시 나간 모양이고, 모친은 부엌에서 아마가 삶아 놓은 국수에 양념을 치고 있다가 딸이 들어오는 것을 듣고, 어깨 넘어로,

"하우 디 듀 파인드 더 게스트(손님이 어때)?"

하고 묻는다.

"웰, 아이 돈 노, 벋, 화이 이즈 히 소 스탁 앤 뮤으트(글세요, 전 모르겠어요. 그런데 왜 사람이 그렇게 뻣뻣하구 벙어리 같애요)?"

"조선 사람들은 대개 다 그렇단다."

하고서 모친은 다시 영어로,

"벋, 히 윌 겟잍 오버 애순애스 히, 게츠 힘셀프 어커스틈드 투 더 아메리칸 웨이 오브 라이프(그렇지만, 그 사람두 이곳 풍속에 익으면 그런 건 차차 없어질 거다)?"

하고 역시 손에 일을 쥔 채 말한다.

"글세 그렇게 될가요?"

하고 은주는 푸른 뺑기칠[274]한 나무 의자에 앉아 자기 비위에는 맞지 않는 찐 밀가루 냄새를 맡고 있었다.

"되든 안 되든 너헌테 무슨 상관이냐?"

하고 모친은 비로소 딸에게 고개를 돌렸을 때 은주는 모친의 시선을 피하고 일어서면서 혼잣말같이

"오브 코―스. 오브 코오스(물론 상관이야 없지요)."

하면서 부엌에서 나왔다.

---

274 뺑기칠: 페인트칠.

「한류·난류」 5, 『민주일보』,
1948.11.3.
찾아오는 사람 (五)

이윽고 늦은 점심상이 준비되자 은주 모친은 하인을 시켜 진찰실에서 남편을 들어오게 하고 이층 손님도 내려오게 하였다.

찬물 더운물이 마음대로 쏟아지는 목욕간에서 나온 성재는 어느 피한지(避寒地) 호텔 같은 방, 침대 기슭에 한참이나 쉬고 있으니 몽마(夢魔) 같던 수질(水疾)도 아득한 기억 같기만 하다가 아래서 부르는 이동의 목소리를 듣고 깜박 졸던 사람 모양으로 황급히 일어나 아래로 내려왔다. 배에서 수질을 하지 않았더라는 것은 거짓말이었다. 층계를 내려디디노라면 다시금 갑판에서 캐빈 들어가는 사람의 역기 같은 멀미를 느끼는 것이다.

음식은 돼지고기찜과 국수비빔과 김치 등속이었다. 여러 날 만에 먹어보라는 고향 음식이다. 이동이는 성재의 부친에 대하여 이것저것 물어보는 것이다. 부친이 광산 경영을 하는 줄 알는지 모르지마는 사실은 남의 광산으로 돌아다니면서 측량(測量)을 하고 가다가 광산 매매 숭매를 하여서 생세를 꾀하여 간다는 이야기를 하고, 자기가 공과(工科)를 한 것은 부친의 소원을 풀어 드리기 위하여서였다는 이야기를 하였다.

"너들러 목사(牧師)는 어떻게 알았오?"
하고 이동이가 물었다. 너들러는 성재에게 컬럼비아대학 전기공학과(電氣工學科) 장학금을 얻어준 미국 사람이었다.

"대유동(大楡洞) 광산[275]이라는 데 있는 아부지 친구인 미국 사람을 통해

---

[275] 대유동(大楡洞) 광산: 평안북도 창성군 청산면에 있는 금 광산으로 한반도의 최대 금광 중 하나.

서 알았습니다."

하고 성재는 대답하였다. 은주 모친이 자기 친척네 이야기를 물어보았으나, 성재는 오랫동안 고향인 해주(海州)에 가 본 일이 없어서 잘 모른다고 한 다음 식탁에서 이야기는 더 오고 가지 않았다.

은주가 한마디 말없이 앉아 있기 때문이기도 하였다. 은주는 식사가 끝날 때까지 아무 말이 없었다. 우정 그러는 것은 아니지마는 기대에 어글어진 데 대한 반발이 없지 않아 있었다. 또 반발을 하면서도 자기가 구차스럽도록 단순히 상대가 조선 청년이기 때문에 부지불식간에 시인하지 않고는 배길 수 없는 견인(牽引) 친화(親和)의 힘을 또한 어찌할 수 없어, 도대체 입을 열기 싫었다. 어째서 젊은 사람이 좀더 굵고 두텁게 생기지 못하였을까. 어째서 더 키가 크고 늠름하게 생기지 못하였을까. 얼굴빛은 어째서 서양 사람들같이 무르익게 타지 못하고 저렇게 누리까미할까 하는 생각이 앞지르는 것을 어찌할 수 없으며 바로 그다음에는 역시 저 흔하게 뛰어다니며 입에 껌이고 과자를 부질부질 씹으면서 토끼 모양 사는 서양 청년의 나이 갑절은 더 점잖아 보이는 품위와 느긋이 조였다 뜨는 두 눈이 쏘는 정기는 프르게 말고 또 잘생겨서만 가지고는 될 수 없는 오랜 수고에서 온 아름다움이었다. 그러나 그러니 어쩌란 말인가, 지나가는 행객에서 내가 도대체 어쩌자는 말인가—라고 보면 저렇게 깊이를 알 수 없는 눈들이 많은 세상에 가 보고 싶은 것이 말 없는 반발의 전부였는지도 모른다.

저녁에는 모두들 영화 구경을 갔다. 은주는 옆에 앉은 성재를 가끔 살펴보았다. 성재라는 청년은 영화를 재미있게 보는 것도 같고 재미없이 보는 것도 같아서 도무지 대중을 잡을 수 없었다.

극장에서 나올 때,

"영화 좋아하세요."

하고 은주는 물어보았다.

"글쎄요. 좋아하겠지요."

하고 누구 이야기를 누구에게 하는지 알 수 없는 대답을 하는 것이다.

집에 돌아와서 은주는 자리 속에 누워 또 한 번 요령부득한 청년 때문에 잠을 이루지 못하엿다.

옆엣방에서 성재라는 얌전한 청년 콧노래를 부르기 시작하는 것이다. 달이 밝은 때문일까.

「한류·난류」 6, 『민주일보』, 1948.11.4.
찾아오는 사람 (六)

'콧노래를 부르는 것은 달이 밝기 때문이 아니다. 나를 치지도외(置之度外)[276]하는 까닭이다. 나라는 사람에게 털끝 만한 관심도 없기 때문이다. 나를 완전히 무시하는 때문일는지도 모른다―.'

은주는 일어나서 창문을 닫았다. 옆엣방에서 들리도록 소리를 내어 닫았다. 창문 닫히는 소리에 핀잔을 맞았는지 흥청거리던 소리가 뚝 그쳤다.

은주는 한참 있다가 다시 창문을 조용히 열었다. 더워서 견딜 수가 없기 때문이었다.

더워서 견딜 수 없기보다도 긁어 부스럼 격으로 자기 자신을 못 견디게 굴고 있는 제 심사가 견딜 수 없었다.

오겠으면 오고 가겠으면 가는 것으로 내버려둘 일이지, 언제 안 사람도 아닌 처지인 것을 쓸데없이 가까이 견주어 보았다가는 또 멀직이 밀어 보았다 하는 제 자신이 미워 견딜 수 없었다.

이러한 감정에 지배되어 보기는 난생처음이었다. 이튿날도 그랬고 그다음 날도 마찬가지였다. 성재는 십여 일 같이 있는 동안 끝까지 무관심하였다. 어떤 때는 우정 그러는 것 같이 보이기도 하였다. 미국 청년은 말할 것도 없고 이곳에서 자라난 일본 청년이나 중국 청년이나 조선 청년들에게서는 약에 쓸래도 찾을 아주 없는 냉정한 태도로 시작하고 또 끝막아 버리는 몰인정(沒人情)이었다.

---

276 치지도외(置之度外): 마음에 두지 아니함.

자기가 아침 먹으러 식당에 들어와도 의자를 당겨 주는 일도 없고 집에서 같이 나갈 때에 문을 먼저 열어 주는 일도 없고, 떨어뜨린 물건을 집어 주는 일도 없었다. 한마디로 하면 눈치가 전혀 없는 사람이다.

말 한마디를 비인 인사로라도 먼저 걸어 주는 법이 없었다. 미국 유학을 오는 길이라면서 이곳 대학 생활이 알고 싶어 궁금도 하리마는, 한마디 물어보지도 않고 자기 이야기는 더군다나 수체 묻는 말대답도 곰상치 않았다. 조선이라는 고국 땅은 이렇게 천치 목석같은 사람만을 낳아 놓는 덴가, 하고 어처구니없어 하다가도 결국 자기 자신도 모르게 끌리는 데가 있어서, 은주는 움직이기를 입원 환자(患者)같이 부자연스러운 것으로 아는 것 같이 보이는 성재를 끌어내다싶이 하여 가지고 이곳저곳으로 구경시키러 태워 가지고 다니는 것이다.

누아누 파리 고전장(古戰場)[277]으로, 가즈리아나 숲 욱어진 바닷가로, 캬베의 푸른 골짝 언덕으로, 와이키키 해수욕장으로 같이 사뭇 데리고 돌아다녔다.

누아누 파리 절벽(絶壁), 태평양(太平洋) 위에서 바람이 가장 세다는 이 계곡(溪谷), 중천(中天)에 솟았다가 떨어지면서 넓어지는 숲과 들과 흐르는 물을 까마케 내려다보면서 성재는

"아, 좋다!"

하고 감탄하고, 은주가 바위에 새긴 전적비문(戰績碑文)을 읽으면서 이곳이 카메하메하가 스물네 살 때 오파우 추장(酋長) 가라니수무테를 一七九五년, 아리게다꽃이 한창일 때, 목을 비틀어 저 아래로 떨어뜨린 곳이라고

---

277 누아누 파리 고전장(古戰場): 하와이를 통일한 카메하메하 1세의 마지막 격전지인 누아누 팔리 (Nu'uanu Pali)를 가리킨다.

하면, 성재는 또,

 "아 좋다. 스물네 살이면 내 나이로군요."

하고, 와이키키 해수욕장 뜨거운 모래밭에 누워서, 발뒤꿈치를 들고 오는 듯하는 이상한 물결이 밀려오고 또 밀려오는 것을 보고는 역시,

 "아, 좋다."

하고 감탄하는 것이다.

 은주는 그럴 때마다 몰래 웃었다. 그럴 때마다 아무 말도 더하지 않고 빠빳한 성재의 목덜미를 만져 보듯 훑어보면서 저 등으로, 저 가슴으로 내려가는 꼳꼳한 심줄들이 투기는 힘은 대체 어떤 것인가, 다만 목석만 같지도 않은 이상한 사나이가 자꾸만 자기 관심을 사 가는 것을 어찌할 수 없어, 짐짓 그럴 때마다 몰래 웃어 보군 하는 것이다.

「한류·난류」 7, 『민주일보』, 1948.11.5.
찾아오는 사람 (七)

보기 좋은 경치를 만나면 동물원에 들어간 어린아이같이 좋아하는 성재는, 답답히 멋없는 사람뿐만 같지도 않은가 하면 좋아하고 감격하는 것이 또, 음계(音階)대로 울리는 허파가 아니라, 어붓자식[278] 눈치 보듯 뚝 그치고 마는 것이라, 대체 이런 얄구진 사람들이 사는 조선은 어떠한 곳일까, 은주의 관심은 전에 없이 고국으로 쏠렸다.

오후 볕에 푸리무레 타는 다이야몬드 헤드[279]가 바다 남쪽에 업드린 짐승같이 보이는, 매점(賣店) 테레스 양지를 피하여 데크 체어에 나란히 앉았을 때, 은주는,

"조선에두 경치 좋은 데가 많다지요?"

하고 물었다. 성재는 의자에 거진 들어누어서 일어선 채 들어오는 물결을 쳐다보고 있다가 반허리를 일으키고, 은주를 쳐다보았다. 고향에서는 경치도 경치려니와 이렇게 아름다운 여자를 본 일이 없었다.

"경치 좋은 데두 있죠."

하고 나서 성재는,

"그렇나 이렇게 좋은 경치는 보지 못했습니다."

하였다. 그는 스스로 이게 내가 경치 이야기를 하는 것인지, 아름다운 사람 이야기를 하는 것인지 분간을 할 수 없이 머리가 흐려 보기도 난생 첫 경험

---

[278] 어붓자식: 의붓자식. 개가하여 온 아내나 첩이 데리고 들어온 자식. 또는 자기가 낳지 아니한 남편의 자식.

[279] 다이야몬드 헤드: 하와이 오아후 섬 남동 해안에 있는 사화산(Diamond Head).

인 것을 부인도 할 수 없었다.

　바닷바람에 너울거리는 머리칼에 감추였다 들어나는 흰 목, 흰 샤쯔 짜른 소매에서 길게 자란 두 팔과 자그만하게 움직이는 손, 감았다 뜨는 눈은 역시 처음 만났을 때와 같이 커다랗게 서글서글한 것이 인상적이다. 스래그(여자가 입는 양복바지)를 입은 맵시가 눈에 거슬리기는 하나, 저 부풀어 오르는 가슴이며, 잘록하게 민둥그러진 허리를 어떻게 할 도리가 없다. 다만 이 사람은 나와 같은 사람들과는 아무 상관없이 먼 섬에 이를테면, 이런 곳에서 꽃과 같이 피고 과실과 같이 익어 가는 것이라고 성재는 생각하였다. 저 여자는 이력저럭하다가 저기 보이는 고층 건물 속에서 값지게 살게끔 마련인 사람들의 사회로 밀려들어 갈 것쯤으로 터문이없는 상상을 하고 있었다.

　"금강산이 그리 좋대죠?"

하고 은주가 묻는다.

　"금강산 구경을 못 했어요."

　"아니 금강산을 못 봤에요? 미국 사람들이 다 보구 와선 얘기를 하든데."

　"그렇죠. 외국 사람들이 많이 가죠. 외국 사람들이 조선 사람들보다 금강산 구경 가기가 더 쉬울 겁니다."

　"왜요?"

하고 은주는 신기한 표정이다.

　"돈이 있으니까."

하고 성재가 대답하니 은주는 한참 성재의 얼굴을 맞쳐다보다가,

　"참, 그렇겠군요."

하고 말았다. 설명하지 않아도 빤히 알 수 있는 진리가 빛깔 없는 그림같이 은주의 눈동자 속에 꽂꽂하게 박혔다.

　"살기가 퍽 어렵겠군요."

"대체로 사람 사는 거라고 할 수 없지요. 일본 놈과 붙어살기 전에는 살어갈 도리도 없구, 그래두 살긴 살아야 되겠구, 양심은 팔 수 없구, 하니까 악이 바치는 거지요. 그러니까 공부두 싸우는 것과 같은 거구, 노동하는 것두 싸우는 거죠."

하고 성재는 긴 이야기하기가 두루 귀찮해서, 이렇게 추상화시킨 결론을 짓고 말았다.

성재가 호놀룰루를 떠나기 전날이었다. 두 사람은 배 회사에 가서 예약했던 상항(桑港)[280] 배표를 사 가지고 오는 길에, 학교 시절에 은주가 여름방학마다 가서 일을 하였다는 돌[281] 파인애플 통조림 공장에 들렀다. 은주는, 기계같이 앉은 수백 명 직공이 기계같이 움직이는 사이를 거르면서,

"조선 사람 사는 게 아마 이럴 거예요. 일본 사람 밑에서―?"

하였다. 성재는 무엇이라고 대답하였으면 좋을는지 몰라서 웃었다. 조선 사람의 노예 같은 생활을 통조림 만드는 공장에서 품팔이하는 여직공들에게 비기는 것은 확실히 조선식(朝鮮式)은 아니나 알 수 있는 사고 방법이라고 생각했다.

280　상항(桑港): 샌프란시스코.
281　돌: 미국의 식품 회사(Dole).

「한류·난류」 8, 『민주일보』,
1948.11.6.
찾아오는 사람 (八)

성재가 떠나기 전날 밤이다. 은주는 저녁 후에 일찍 자기 방으로 들어가 버린 성재를 불러내어 함께 거기를 걸어 보자고 청하였다. 처음 만났던 날부터 오늘까지 자기 자신으로는 설명할 수 없는 이상한 감정에 사로잡혀 있는 것을 어찌할 수 없어서 그는 애정도 동정도, 우정도, 인사도 아닌, 미지(味知)의 친화력(親和力)을 체온으로 느끼는 것을 평범하게 조화시키기 위하여서 산보라도 같이 하자고 하였는지도 모른다. 성재는 군소리 없이 샤쯔 바람으로 따라섰다. 낮더위를 가신 바닷바람이 흥건하게 밀어 오는 풀 냄새 진한 공기에 까솔린 냄새가 약간 풍기는 듯한 포도로 지향도 없이 두 사람은 걸었다.

"어디루 가나요?"

하고 성재가 물었다.

"글쎄요……."

할 뿐, 한참 아무 말 없이 샌달을 끌다싶이 느리적거리며 걸어가다가

"호놀룰루 근처 구경은 대개 다 하셨구요. 저에겐 좁은 하와이구요. 글세요. 이렇게 자꾸 어디루든지 갈 생각을 하믄 결국 고국엔들 못 가겠어요?"

하고 성재의 여윈 얼굴 검은 그림자 속에서 은주는 찾았차게 매섭던 두 눈을 찾았다.

"조선에 가시고 싶으십니까?"

"……."

"가시드래도, 살아가기 힘드실 겁니다."

"왜요?"

하고 은주는 길바닥에 시선을 둔 채 물었다.

"여기서 이렇게 호사스런 생활을 하던 이가 어떻게!"

하고 적당한 말이 없어서 끝을 마물그지 못하는 것을 받아,

"무시하시는 거로군요?"

하고 은주는 들어나지 않는 웃음을 크게 웃었다.

"사실대로 말하는 겁니다."

성재는 어두운 속에서 정색을 한다. 은주는 한참 침묵을 지켰다. 허튼 농담이 통하지 않는 사람 앞에서는 침묵이 상책이다. 그러는 사이에 흐트러지는 자기 자신이 바로잡히는 것이다. 바로잡힌 정신으로는 솔직한 생각밖에 있을 수 없다. 그리고 보면 구경이고 산보고 다 객적어지는 것이었다. 은주는 길가 망고 나무 밑 벤취에 가서 먼저 앉으면서,

"그렇지만 정 가고 싶어두 갈 수 없을까요?"

하고 목소리를 낮추었다.

"그럴 리가 있어요, 정 가구 싶으면 가는 게죠. 가서 어떻게 될 것은 간 댐에 봐야 알 일이죠."

하고 성재는 한참 있다가,

"조선 가시면 뭘 하실랍니까? 취직? 결혼?"

하고 따졌다. 은주는 서슴지 않고 곧,

"실컷 살아보구 싶어요. 더웟다 추웟다 하는 흙 속에서 당굴어 보구 싶어요. 옳게, 곧장 한번 살아 보구 싶어요. 취직이요? 취직하게 되문 하죠. 결혼요? 글세 결혼하게 되문 결혼하죠. 옳게 곧장 결혼부터 해도 상관없죠."

하고 나오는 생각대로 딱딱 분질렀다.

은주는 이렇게 한번 지나가는 사나이에게 피력한 생각을 성재가 그 이튿

날 오후 배로 떠나간 뒤에도 고치지 않았다, 고치기는커녕 한번 우연히 불쑥 일어난 이 생각을 자꾸자꾸 다져 먹는 것이었다. 정말 어느 방향으로 가는 생각인가. 성재가 떠난 바로 그날 밤 은주는 저녁 후에 부친과 모친이 마조앉은 아래층에 내려와서 가차이 앉더니 불쑥

"엄마 나 뉴―욕 가구 싶어요."

하였다. 그야말로 아닌 밤중에 홍두깨 내밀듯 하는 딸의 말을 어떻게 받아야 좋을지 몰라서 이동이와 그 아내는 잠시 서로 쳐다보는 것이다. 서로 쳐다보는 사람을 까딱하지 않고 쳐다보는 은주의 머리속은 방맹이와 깨어처부스러질 유릿장밖에 없는 긴장이다. 그것은 당장에라도 땅 소리가 날 것 같은 것이었다. 힘의 질량(質量)이라는 것은 항상 일직선상(一直線上)에 놓인 것, 다만 그 방향(方向)만이 다를 뿐인 것이다. 조선에 가고 싶은 생각이 뉴―욕으로 바뀌어졌을 뿐 조선 사람의 속으로 들어가야 되겠다는 생각에는 다름이 없었다.

「한류·난류」 9, 『민주일보』, 1948.11.7.
찾아가는 사람 (一)

이동이와 그 아내는 일종의 발작(發作) 같은 딸의 결심을 반대할 도리가 없었다. 반대하기에는 은주는 벌써 너무 커 버린 자식이었다. 공부를 더 하겠다는데 구지 막 잡을 처지도 아니었다. 혼기(婚期)가 지났다든가, 경제적으로 곤난하다든가 하면 몰라도, 그렇지도 않은 처지인 것을 반대할 수도 없을뿐더러, 한편 생각하면, 기왕 사내자식도 없는데 딸이라도 제 소원껏 공부를 시켜주는 것이 오히려 마땅하고 자랑스러운 일도 같고 또 은주 말마따나 물론 호계룰루에서도 제가 하던 영문학(英文學)을 계속할 수는 있지마는 본주로 간다고 크게 돈이 더 드는 것도 아닌 바에 기왕 세상 구경을 시켜주고 또 넓은 세계를 한번 돌아다니게 하는 것이 남의 어시[282] 된 도리에도 가합할 것 같아서 구지 트집을 잡아 가면서 딸의 희망을 집뚜드려 부실 생각은 없었으나 한 가지 께름직한 것은 딸의 성화가 성재라는 청년이 이곳을 지나가자마자 시작된 터라 여러 가지로 미타하게[283] 생각해지는 것을 어찌할 수 없어서 이동이는 은주가 없을 때 아내에게,

"은주가 성재하구 좀 가차이 지내는 눈치였소?"
하고 물어보았다.

"아니, 당신은 뭐 눈이 없었소. 십여 일 동안, 그 애 집에서 밥이나 제대루 먹구 싸댕겼수? 글세, 제가 좋아하는 사람이 생겼다믄 내라구 어쩌자는

---

282 어시: '어버이'의 함남 방언.
283 미타하게: 든든하지 못하고 미심쩍게.

건 아니지만 허구많은 젊은 사람에, 글세, 모르겠쇠다. 제가 어려니 알어 할 테지만, 어찌 그렇게 모이 쪼아먹는 새 새끼같이 납신 빠르게 덤빈단 말인지—."

하였다.

"빠르구 안 빠르구는 제 성미대루 가는 거지만, 그렇다믄 공부란 건 헷소리 아니야?"

하고 말아버린 다음, 조용한 기회에 딸을 불러서,

"야 너 성재허구 무슨 약속을 했니?"

하고 물었다. 이것은 뉴—욕에 가도 좋겠다는 반승낙을 한 뒤 어느 날 따찐 말이었다.

"약속이 무슨 약속이에요?"

"아니 글세 말이야. 뉴—욕에 같이 가자든가 했느냐 말이야. 사람이 약속을 했으믄 약속을 지켜야짢어?"

이 말을 듣고 은주는 한참 커다란 눈을 방싯거리다가,

"약속 비슷한 거 했는지도 몰라요. 허지만 그 사람은 모를넌지도 몰라요. 그까진 약속이야 했으믄 어떻구 안 했으믄 어때요, 전 공부만 할 테에요."

하였다. 결심만이 중요하지, 어째서 그런 결심을 하였다든지, 결심한 뒤에는 어떻게 한다든지는 문제가 되지 않는 것이라는 표정이었다. 그는 커다란 눈을 잠시 감고, 지금쯤 한창 상항(桑港)에 가까워 가는 용전환(龍田丸)을 그려 보았다. 조촐하게[284] 생긴 최성재가 뱃전에 기대서서 호놀룰루 쪽을 바라다보는 것으로 상상도 하여 보았다.

"알겠다. 무슨 소린진 몰라두 알겠다. 가렴."

---

284 조촐하게: 아담하고 깨끗하게

하고 이동이는 최후 승낙을 하고서,

"가믄 몇 해나 있을 작정이냐?"

하고 물었다.

"가서 해봐야 알죠. 필수단위(必須單位)만 마치구 오죠. 구경이나 좀 허구."

하고 일어섰다. 돈만 좀 대주면 그 나머지는 제가 다 알아 할 테니 너무 챙견지 말아 달라는 표정이다. 이렇게 침착하고, 흥분하고 또 격렬한 심사에 사로잡혀 보기는 난생처음이었다. 은주는 지나친 자기감정이나 말투가, 오래지 않아 적적하게 될 부친에게 대해서 가여운 생각이 나도록 퉁명스러운 것을 뉘우치고,

"아부지, 아무 걱정 마세요. 제가 죄는 짓지 않을 테니요."

하였다. 그날부터 은주는 뉴―욕으로 떠나갈 준비를 시작하였다. 그날은 오래간만에 소낙비가 지나가고 유록빛285 프르게 거든 동쪽 바다에서 살을 씻는 듯한 바람이 자꼬자꼬 불어오는 오후였다.

---

285 유록빛: 봄날의 버들잎의 빛깔과 같이 노란빛을 띤 연한 초록색.

「한류·난류」 10, 『민주일보』, 1948.11.9.
찾아가는 사람 (二)

"뉴—욕 가거던 김시중(金時中) 씨를 찾아라. 학생 시대 때 내 신세도 적지 아니 진 사람이다. 네 일이라면 아무 마다않구 잘 봐줄 게다."
하고 이동이는 간단한 사연을 적어 넣은 봉투를 딸에게 주었다.
 팔월 상순 몹시 무더운 날 은주는 집을 떠났다.
 "내년 여름방학엔 집으로 오너라. 여빈 내 따루 붙여 줄게."
 딸이 유학을 떠나간다는 것을 탐탁치 않게 생각하던 모친도 막상 부두에까지 나오게 되고서는 이렇게 좋은 말을 하여서 좋은 낯으로 딸을 떠나보내는 도리 외에 다른 길이 없었다.
 "봐서 오지요. 그렇지만 지가 오는 대신 그 돈으루 엄마가 뉴—욕 구경 오시믄 어때요?"
 은주는 고맙고 또 만족하다는 자기 심정을 이러한 말로 바꿔 놓고 홈— 층계에 발을 올려놓는 것이다. 성재가 징검징검 초최하게 내려오던 곳이다. 한창 배가 떠날 임시다. 미리 오른 미국인 선객들이 높은 갑판 위에서 물속에다가 돈을 던지고 있는 것이 구름다리에 올라서면 건너다보인다. 은주는 손을 들고,
 "안녕히 계세요."
하고 영어로 소리를 쳤다. 노래와 같이 높이 뽑는 소리였다. 이동이와 그 아내도 따라서 손을 저으며 같은 소리를 쳤다. 훨훨 날아가는 푹 뜸북새 같이 떠나가는 딸이 모친의 눈에서 사라진 뒤 높은 구름다리 위에 보이는 것은 물기에 젖은 아지 못할 사람들의 그림자뿐이다.

은주는 슬프고 또 기뻤다. 깽웨이를 마저 올라가 배 안에 들어서면 스물 두 해 동안 아침저녁 걸어다니 하와이 땅에서 떠나는 것이다.

'이제부터 완전히 혼자다. 나는 정말 뉴―욕으로 공부하러 가는 것인가. 그것은 하와이라는 배양토(培養土)를 떠나가는 어린 뿌럭지[286]가 아닌가. 정말 어머님 땅에 내 어머니보다 더 큰 어머니인 고국(古國) 땅에 뿌리를 내리고 앞에서 우정 스스로 뽑은 실과나무 같은 것이 아닌가. 열매를 맺고 싶어서, 그런데 나는 웨 왕청한 데로 가는 것인가. 고국에는 그양 갈 도리가 없어서? 고국 땅에 내 뿌럭지를 심거 줄 사람이 없어서? 홀로는 어찌할 도리가 없어서?

누가 나를 지금 곧장 조선으로 데리고 가 주지 못하는가? 튼튼한 팔을 가진 사람이, 넓은 가슴을 가진 사람이, 커다란 목소리로 나를 불러서, 덥석 커다란 손에 내 팔을 꽉 쥐고 고국으로 데려다가 깊숙이 내 뿌리를 박아 주지 못하는가.

나는 결국 먼 길을 돌아가야 되는 것인가. 최성재의 크지 못한 육체를 내가 찾아가는 것은 물론 아니렷다. 그러나 그 사람의 눈이 한곳을 노리는 것은 정녕 나에게 똑바른 자리를 골라 줄 수 있는 사람만노 같나. 내가 내 뿌럭지를 내릴 똑바른 자리.'

갈피 없는 생각에 잠시는 부모도 집도 잊었다. 그는 선실에 짐을 놓고 다시 갑판으로 나왔다.

미국인 남녀들이 역시 물속에 돈을 던지고 있었다. 오 전짜리 백동전(白銅錢)이 아니면 십 전짜리 은전이었다. 이것들을 높이 또 멀리 던지면 하와이 토인(土人)들이 여기저기에 있는 배 갑판이나 마스트 위에서 물속으로

---

286 뿌럭지: '뿌리'를 뜻함.

뛰어 들어가서 돈을 따라 숨바꼭질을 하는 것이다. 들어가서 재빠르게 돈을 잡아 물고 나오기도 하고 물속에서 숨이 막히도록 오래 헷고생만 하고 떠올라 와서는 높은 갑판에서 내려다보는 미국인 남녀만 쳐다보며 비루한 웃음을 짓기도 하는 것이다. 한 번만 더 돈을 던져 달라는 표정이었다. 그러면 미국인들은 껄껄 웃으면서 마치 동물원 원숭이에게 왜콩을 던져 주듯이 다시 백동전을 멀리 또 높이 던지는 재미를 보는 것이다.

이런 꼴은 그전에도 부두에서 보지 않았던 배는 아니다. 그러나 전에는 오늘과 같이 의식적인 반발을 느껴보지 못하였었다. 도리어 야만(野蠻)으로밖에 보이지 않는 것이다.

"돈이 있으니까 조선 사람들보다 그들이 오히려 금강산 구경하기가 쉽지요."

하던 성재의 범연한 말이 다시 생각나는 것이다.

「한류·난류」 11, 『민주일보』,
1948. 11. 10.
찾아가는 사람 (三)

엠프레스 오브 카나다호(號) 튜레스트 캐빈으로 떠난 은주의 첫 여행은 처음부터 불유쾌한 것이었다.

두 사람이 차지하게 마련인 선실의 동행은, 낸씨 박이라는 조선 여자인데, 이 여자를 찾아 여러 남자가 드나드는 것이다. 그는 중국 청도(靑島)에서 자랐다고 하는데 고향을 모르기는 은주 자신의 처지와 다를 것이 없어도, 옆구리까지 올려 찢어 입은 다부사하며 지진 머리하며, 하루도 두세 번씩 공들이는 짙은 화장 끝에 돌리는 얼굴은, 도무지 가까이하고 싶지 않은 ●●였다. 그도 역시 뉴—욕으로 가는 길인데, 쭐리야드 음악 학교에 가서 피아노 전공을 한다는 것이다. 가끔 로비에 은주를 끌고 들어가서, '푸른 다뉴—브', '붉은 장미꽃이 질 무렵이면' 등속을 치군 하였다. 그럴 때마다, 미국 청년이 소파에 와서 앉아 턱을 고이고 듣기도 하고 어떤 때는 인도인(印度人)의 탁한 웃음을 받으면서, '니그로 블루'를 뜯으며 콧노래조차 같이 부르고, 그러다가 둘이서 휙 어느 구석으로 사라지기도 하는 것이었다.

더욱 불쾌한 것은 딴쓰가 있을 때다. 악사(樂士)들은 전부 비률빈[287] 사람들인데 그들의 비굴한 표정이 정떨어질 노릇이고, 이 비굴한 표정이 비굴할수록 만족감을 가지는 것 같은 미국 사람들의 행세가 아니꼬와 견딜 수 없는데, 게다가 낸씨를 찾아오던 외국 청년들 중 하나가 혹 슬그머니 와서,

"함께 춤 안 추렵니까?"

---

287 비률빈: 필리핀.

할 때에도 배멀미보다 더 메슥메슥한 것을 느끼군 하였다.

낸씨라는 조선 처녀는 은주보다 두세 살 더 먹어 보이는 미인인데, 이 사람 저 사람과 휘뚜룩맛뚜룩 춤을 추고 나서는 사나이들과 반 어깨를 걸다싶이 하고 코카 병을 들이키면서 갑판으로 휑휑 걸어 다니군 하는 것이었다.

자기도 학교 시절에는 저렇게 춤을 추고 노래를 부르고 마시고 하였었다. 그러던 자기가 어째서 이렇게 한구석에 떡 물러서 있어도 능히 외롭지 않은 것인지, 어떻게 한마디로, 혈색 좋고 잘생긴 미국 청년의 청을 거절하면서 도리어 음악에 취한 춤의 율동보다 더 미끄러운 감촉을 바다바람과 더불어 나눌 수 있는지 알 수 없기도 하다가 불현듯이 귀에 익은 목소리를 가까이 듣듯,

'아 좋다. 아 참 좋다!' 하고 뇌까리던 성재를 보는 것 같으면 의식적인 상상(想像)이나, 계획적인 논란(論難) 없이도 아름다운 것은 자기도 모르는 사이 사이에 자기 전 육신과 정신의 모든 구석을 미리 점령하여 버리고 있는 것을 뒤미처 느끼고 또 깨닫는 것이다. 훌륭한 경치를 보면, 한마디로 깨끗하게

"아, 좋다!"

하던 사람의 눈과 가슴은 깨끗한 것이리라. 그 사람을 만나서 좋다는 것이 가지고 있는 모든 구체적(具體的)인 내용을 알기 전에는, 꿈에라도 내 손은 내 손바닥만을 쥐고 있으리라—.

며칠 뒤에 배가 황금문(黃金門) 밖, 이상하게도 거친 파도를 가르고 상항(桑港)에 닿았을 때, 은주는 또다시 불쾌한 것을 만났다.

그것은 세관(稅關) 밖에 걸려 있는 크고 흰 게시판(揭示板)이었다. 게시판에서는 무정부주의자(無政府主義者) 도라홈[288] 환자 등등은 입국(入國)을

---

[288] 도라홈: 트라코마(Trachoma). 눈의 결막 질환.

허락하지 않는다고 씨어 있었다.

    은주는 무정부주의가 무엇인지 잘 몰랐다. 그러나 그것이 강도(强盜)가 아니라는 것만은 알 수 있는 것이다. 무정부주의도 사상의 하나이리라. 그러면 신앙과 신념의 자유를 향유할 수 있는 유일한 국가라고 배워 온 미국에서 사상(思想)을 거부하는 까닭은 무엇 때문일까. 그러나저러나 나는 미국에 오는 것이 아니다. 나는 고국 땅 조선으로 가는 길이다. 다만 어찌할 수 없는 지꾸진 편력(遍歷)을 거칠 수밖에 없어서 나는 다만 이 나라를 거치는 것뿐이다.

「한류·난류」 12, 『민주일보』, 1948.11.11.
찾아가는 사람 (四)

은주는 YMCA 호텔에서 하룻밤을 자고 이튿날 아침 급행으로 상항을 떠났다. 배에서 같이 내린 낸씨 박이라는 여자는 그 전날 오후에 미국 청년의 자가용을 함께 타고 떠났었다. 미국 청년은 자동차를 상항에 맡기구 일본과 중국 구경을 하고, 자기 고향인 쉬카고로 돌아가는 길이라고, 내리던 날 어떤 음식점에서, 조개요리(●●)을 함께 먹으면서 이야기하였던 것이다.

일찍 알지도 못하는 외국 청년의 자동차를 같이 타고, 지금쯤은 한참, 자기보다 앞서, 로키 산맥(山脈)을 넘어갔을 명랑한 낸씨라는 여자를 신통하게도 생각하면서, 달리는 차 속에서, 은주는 자기 역시 이렇게 오라는 사람도 없는 데를 흔들리며 달려가는 것이 이상하고 또 신기하게만 생각이 들어갔다.

"뉴욕서 자주 만납시다."

한마디 유쾌하게 던지고 그 여자는 회오리바람 가닥에 휩싸이듯, 아지 못하는 외국 사람의 차를 타고 가 버렷다. 누가 와서 휩싸서 채가는 것도 아닌 자기 길은 어찌 생각하면 외롭고 서글픈 것 같기도 하였다.

가고 또 가는 여행이 재미있는 것도 아니었다. 지나가고 또 지나치는 도시(都市)며 풍경이 그대로 하와이의 연장인 미국 땅이, 그다지 신기로울 것도 없었다. 밤이라도 으슥해서 남녀가 머리를 맞대고 이야기하고, 혹 서로 끌어안고 하는 것을 본다든지 하면 어둠 속을 뚫기만 하는 무료감(無聊感)은 때로 초조하고 때로 조바심치는 반발이 자존(自尊)과 자조(自嘲)를 겹친 데 덥쳐 가지고 와서는 일종의 패부(敗北)와 같은 수면(睡眠) 속에 집어넣고 마는 것이었다.

날이 밝으면 마치 약에 쓸 어떤 열매 하나를 구하기 위하여서 산을 넘고 물을 건느면서 요란(搖亂)을 꽃사대도 그냥 밟고 지나고 안식(安息) 그것과 같은 녹음(綠陰)도 그냥 지나치고 목을 적시기를 기다리는 청루(靑樓)도 그냥 건너가 버리는 지성(至誠)과 같은 것을 느끼기도 하는 것이다.

이틀 후 뉴―욕 컬럼비아 정류장에 내린 것은 아침 일곱 시 조금 지나서였다.

나와 준 사람이 있을 리 없는 큰 도시의[289] 쓸데없이 차디차게 굳어가는 고독(孤獨)을 은주는 생전 처음으로 맛보았다.

'이것은 다 내게 상관없는 것이다. 나는 내 조국, 내 조국에 가는 길에 잠시 들린 것뿐이다. 나는 이제 곧 최성재를 만날 것이다' 하고 생각한 다음 순간에는 커다란 박력(迫力)이 생기고 덥고 또 찬 물살을 스르거는 것 같은 흥분을 느끼는 것이다.

은주는 간단하게 요기를 하고 거리로 한참 걷다가 누런 택시를 불러 타고 위선 매디슨 애비뉴 三―四번지에 있다는 김시종을 찾아갔다.

택시는 바로 찾아가는 사무실이 있는 칠층 건물 검푸른 대리석 현관 앞에 곧장 닿았다.

사층에서 승강기를 버리고, 부친의 주던 봉투에 씨인 대로 一〇二호실을 찾아가니 반유리창 또어에, '시드니 김 박사 북미주조선유학생회 총무'라고 씨어 있다. 시계를 보니, 아홉 시 반, 너무 이르지나 않은가 생각하면서 노크를 하니, 들어오라는 매끈한 영어가 안에서 들렸다.

은주는 손잡이를 돌려 밀고 선뜻 들어섰다. 들어선 그는 방 주인의 책상에 마주앉았다가 고개를 돌리는 사람의 얼굴을 보고 깜짝 놀랐다.

---

[289] 이하 원문 18행 이상 확인 불가.

「한류·난류」 13, 『민주일보』, 1948.11.12.
찾아가는 사람 (五)

고개를 돌린 사람은 최성재였다.

"이게 웬일입니까."

하면서 성재는 벌떡 일어섰다. 은주는 놀란 것만큼 반가웠다. 그렇다고 소리를 친다든지, 닥아설 자리가 아니었다.

"공부하러 왔에요."

하는 것은 은주의 반가운 웃음에 섞은 말, 어리둥절한 것은 김시중이었다. 짐작은 가나 어찌 된 영문인지 모르는 그는,

"이리 앉으십시오."

하고 자리에서 일어나서 의자를 내어놓았다. 설흔 대여섯 되어 보이는 청년, 아침걸이라고는 하나 아직도 가시지 않은 더위가 열린 유리창 안팎이 일반인데, 빈틈없이 차려입은 양복은 주름쌀 하나 없고, 옷 주머니에는 힌 수건을 반듯하게 접어 꽂은 몸매 하며, 혈색 좋은 얼굴이 생활의 너그러운 것을 표시하는 것 같았다. 기름 바른 검은 머리 아래, 훤한 이마, 약간 낮은 코가 파[290]라 할까, 다시 보면 코뿐 아니라, 크도 작도 않은 눈에는 연기가 낀 것 같이 정기가 없다. 다만 두 볼이 원만하게 브드럽게 보이고, 열었다 다무는 입이 점잖아 보였다.

은주는 성재와 더 이야기하는 것이 김시중에게 실례가 될 것 같아서 위선 내어주는 의자 옆에 서서 미리 손에 들고 있던 편지를 내어 김시중에게

---

290 파: 사람의 결점.

주었다.

"하와이에서 온 이은주올시다. 아부지께서 전해 드리라고 해서 가지구 온 편지올시다."

하고 의자에 앉았다. 김시중은 편지를 뜯으면서

"저, 이동 박사 따님이신가요."

하였다.

"그렇습니다."

"아이고 참 몰라보게 되셨군요. 한 십 년 전에 저도 한번 댁에 갔던 일이 있습니다."

하고 편지를 읽고 난 김시중은,

"아, 봐 드리고 말고 여부 있어요. 무슨 일이고 저의 힘자라는 대로 애써 보구 말구요. 그럼 지금 묵고 계신 데는?"

하고 물었다.

"지금 기차에서 내린 길이예요."

은주는 건너편에 의자를 돌려놓고 앉은 성재를 쳐다보고 웃었다. 성재는 웃음을 받다가,

"편지래도 하고 오시지."

하니

"주소를 알아야 편질 하죠. 언제 편지하셨어요?"

하고 또 웃었다. 성재는 입만 벌리다 말고 한참 있다가,

"하여간 잘 오셨읍니다."

하니,

"글세요. 그럴까요?"

하고 나서 은주는

"그런데 여긴 어떻게 오셨어요?"

하고 물었다.

"일자리를 구할랴구요. 아니, 일자리는 구했습니다. 김 선생 덕택에, 지금 롱 아일랜드로 가는 길인데 김 선생이 보증서(保證書)를 하나 써 주시겠다구 해서, 오늘 아침 들렸드랬읍니다."

"개학이 며칠 안 남았는데요?"

"아니, 통학할 수 있는 집입니다."

하고 김시중이가 대신 대답하였다.

"지금은 어디 계신데요?"

"백십육 번가(街), 대학 가까운 데."

"그럼 그 집을 저를 주시믄 되갰구뇨."

하고 은주는 물었다.

"드시기 마땅할는지, 그야 대신 쓸 수는 있겠죠."

"마땅찮으면 저두 취직이나 할까요."

하고 웃으면서 김시중을 쳐다보았다.

여지껏 자기를 쑥 빼놓고 저의들끼리만 주고받는 이야기를, 그럴 법도 하다고 생각한 김시중은 구태여 두 사람의 관계를 알려고 한다든지, 자기도 이야기에 끼여 보겠다든지, 하는 생각이 물러가 버린 차제라, 다만

"미쓰 이라야 뭘 취직을 해요."

하고 말았다.

"그럴까요? 하여간 앞으루 취직을 할넌지두 모르구 또 다른 폐두 끼칠넌지 모르니까 잘 지도해 주세요."

하고 일어서서 성재를 보고

"롱 아일랜드룬 모레쯤 가시면 안 돼요?"

하고 물었다. 성재는 김시중의 낯빛을 살폈다.

"그야 그래도 좋지요. 내가 주인한테 전화를 걸고 그렇게 말할 테니까요."

하고, 어서 두 사람이 좋도록 하라고 어디까지 관대하다.

"그럼 자주 오겠읍니다."

은주는 일어서서 성재더러 같이 나가자는 표정이다.

「한류·난류」 14, 『민주일보』, 1948.11.13.
찾아가는 사람 (六)

성재와 은주는 택시를 타고 성재가 있는 아파—트로 왔다. 허드슨 강(江)을 건너 뉴—져—지— 쪽 푸른 숲과 숲에 감추인 시가지가 멀니 바라다보이는 팔층 건물 구석진 남향 방이었다. 침대와 낮 침대와 남자용 화장대가 있고 자리까지 깐 방인데 좁은 대로 전기스탠드쯤은 제 구석을 차지하여도 여유 있게 보이는 넓이다.

"훌륭한 데로군요."

하고, 은주는 성재가 열어 올니는 남향 창밖, 강으로 오르내리는 발동선이며 뉴—욕 시가 쪽보다 훨씬 트이는 남쪽 하늘을 내어다보았다.

"별안간 적당한 데가 없어서 위선 아무 데나 한 일주일 있을 예정을 했는데, 싼 방이 좀처럼 구해지질 않아서 그냥 눌러 있는 중입니다. 일자리가 생기잖었으면 같이 있을 사람을 하나 구할랴구 그랬죠. 마침 침대가 둘이나 있는 방이기에—."

"한 주일에 얼마예요?"

"五불(佛)."

"그리 비싸지도 않군요. 싼 방은 얼마나 간대요?"

"대학 아래루 내려가서 구하면 삼 불짜리 방두 있다드군요."

"그러나저러나 일하러 가신다면서 인제 옮겨선 뭘 해요?"

"글세, 그러게, 필요하건 그냥 은주 씨가 쓰시라니까."

은주는 의자에 앉아서 한참 침대에 앉은 성재를 쳐다보다가,

"방이 필요하대요?"

하고 나서 한참 있다가, 시선을 그냥 성재의 눈에 둔 채,

"공연한 말이애요."

하고 눈을 떨어뜨렸다. 성재는 그러지 않아도 이상한 흥분을 이기기 힘들어 우정 강작[291]을 하여, 택시 안에서도 한쪽으로 비켜 앉아서 바깥 구경에 몰두한 것처럼 자꼬 창밖을 내어다보군 하면서 별에별 생각을 다 하던 차였다.

'그럼, 그 방은 저를 주시죠.'

하고 또 은주는 지금 다시,

'방이 필요하대요.'

하고 혼자 부르고 쓰는 것이다. 그보다도 저 홍조된 볼, 타는 눈, 둘 데 없어 죄짓듯 하는 두 손이다. 모든 거동을 성재는, 자기가 받아야 될 것으로 느끼고, 자기가 책임을 져야 될 것으로 지금 받게 되는 것이다. 그것은, 의식(意識) 밖에 바꿔 놓고, 무한정 무책임하려면 순간이라도 타 버릴 어떤 가연체(可燃體)에 인화(引火)가 벌써 시작된 것 같은 본능을 이길 바이 없는 것을 만드는 것이었다.

"정말 공부하러 왔어요?"

성재는 우정 사무적으로 은주를 다시 상대하는 것이다.

"네."

"어디 장학금은 어드셨나요?"

"아니요."

"그럼 제 돈으로 여긋 공불 헌단 말예요?"

"네."

"그럼, 어느 대학엘 가실 작정인데?"

---

[291] 강작: 억지로 함.

"아무 데나 가죠. 기왕 여기 왔으니까 컬럼비아에 가는 게 좋잖어요?"

"글세요, 나쁠 건 없겠죠―. 제 돈 써 가면서 미국을 공불 할 필요가 있을까?"

"그럼 어딜 가요?"

"글세요."

"조선으루요?"

성재는 웃었다. 은주는 웬 영문인지 따라서 웃었다. 은주는 여태까지 자기감정을 리―드하여 왔고 또 상대되는 성재란 사람까지 제 방식으로 리―드하여 왔다고 생각하였다. 그러던 것이 여기 앉아 이렇게 질문을 당하고 또 저, 보기에는 초최한 청년의 다부지게 분지르는 마디마디를 이기기에는 힘이 벅찬 것을 느끼고 웃고 말았다. 그는 다시 침착한 시침이를 떼고,

"그럼 성재 씨는 미국 뭣허러 왔어요? 장학금이 생겨서?"

"그렇죠. 학교는 거저 댕길 수 있구, 일만 하면 살아갈 수 있다기에 왔죠."

"그래 공분 잘될 것 같애요?"

"해 봐야 알죠. 위선 일부터 해 보게 됐지만―."

"일은 무슨 일이래요?"

"접시 닦구 풀 베구 소제허구―."

"그만두세요―."

하고 은주는 성재의 말을 막았다. 한참 있다가 그는,

"그런 일 그만두세요. 차라리 저한테 돈을 꾸세요. 거저라믄 마다허실 테니까―."

"이담에 갚긴 어떻게 갚구요?"

"돈으로 갚죠."

"돈으로 못 갚을 땐?"

성재는 일어나서 걸었다. 은주는 한동안 침묵을 지키다가,

"몸으루 갚으시죠."

하고 낯을 붉히면서 창밖을 내다보았다. 구름 한 점 없이 맑은 하늘이다.

강에서는 스쳐 올라가는 발동선 기적 소리가 들려왔다.

「한류·난류」15, 『민주일보』,
1948.11.14.
찾아가는 사람 (七)

방안은 갑자기 더워지는 것 같았다. 강렬하게 발효(醱酵)하는 누룩 냄새를 마시는 것 같기도 하고 금시 터질 고무풍선같이 부풀어 오르는 체적(體積)이 가슴에 들이밀리는 것도 같은 순간이었다.

의식적으로 그런 것도 아닌데, 왔다갔다 거닐던 성재는 머리를 떨구고 앉은 은주의 바로 옆에 와 서 있는 자신을 발견하고 이것은 일찍 내어디디어 보지 못한 지역(地域)이라고, 일종 형언할 수 없는 금제(禁制)의 유혹을 느끼는 것이다.

'몸으로 갚으시죠.'

불쑥 한마디 입 밖에 낸 말은 적어도 십 년을 앞질러서 먼저 달아나 버린 감정이었다. 은주는 그것은 스스로 책임지기가 어려운 것만큼 또 스스로 견디기가 벅찬 감정의 장난이라고 생각하였다.

은주는 머리를 치어들고 성재를 보았다. 알겠다, 알겠다고 대답을 하는 것 같은 눈, 낚시같이 걸리면 다시 빠지기가 힘든 눈초리었다. 그러나 은주는 두려울 것도 괴로울 것도 없었다. 다만 피로에 가까운 이 긴장 속에서 잠시 벗어나기 위해서,

"짐을 찾어와야겠는데 같이 안 가주시겠어요?"

하고 물었다.

"갑시다."

하고 성재는 밖으로 먼저 나왔다.

나이가 찬 한 사나이에게 응당 찾아올 것이 온 것을 당연히 받아야 할 것

같이, 두 손을 두 가슴을 벌써 벌리고 있는 것을 깨달았다.

두 사람은 구경삼아 걸어서 정거장까지 갔다. 점심을 먹고 두 사람은 짐을 찾아가지고 왔다. 정신을 빼어먹게 어지럽고 복잡하던 뉴—욕이 한 사람의 것이나 혹 두 사람의 것이 되어버리는 단순한 순간, 순간, 성재는 그것을 가장 귀한 한 개 우정으로 물러 앉히기를 또한 노력하였다.

짐을 갖다 놓고 나서 은주는,

"인젠 제가 주인이에요. 네?"

하고 웃었다. 성재는 웃으면서 고개를 끄덕였다. 그리고 방 열쇠를 내어주었다. 은주는 납작한 니켈 열쇠를 받아들고 웃으면서,

"생전 처음 책임을 져 보게 되는군요."

하였다.

"무슨 책임?"

은주는 한참 웃기만 하다가,

"좋은 것과 싫은 것에 대한 책임—."

"그런 건 선택(撰擇)이라구 하잖어요?"

"책임과 선택이 다를까요?"

"책임은 목숨을 내어놓는 노릇이구, 선택은 목숨을 빼앗어 오는 거 아닌가?"

"목숨을 내어놓구 목숨을 빼앗어 오는 건 무어라구 그래요?"

"글세—."

"아시는 건 대답 안 허시기루 작정이시군요?"

성재는 다시 은주를 쳐다보았다. 서로 웃지 않는 더운 얼굴이다. 은주는 한숨을 쉬고 나서,

"부엌이랑 구경이나 하겠어요."

하고 문을 열고 나갔다. 그는 목욕간이며 키치네트(적은 부엌)에 들어가 보고 나서

"저, 잠간만 밖에 댕겨와요."

하고 나가서, 접시, 번철,[292] 기름, 야채, 고기 등속을 사 가지고 들어왔다.

"완전히 살림을 시작하실 작정이시로군요?"

하고 성재는 물었다.

"언제든지 한번은 시작하고야 말 바에 오늘부터 시작하게—공부 시작하는 기렴이 되지 않겠어요?"

하고 부엌에서 저녁 준비다. 성재는 오분 앞에 서서 음식을 만드는 은주의 뒷모습을 물끄럼히 쳐다보고 있었다.

그것은 음식을 만들고 있는 것이 아니라, 자기가 가지고 있는 정성을 쏟아 놓고 있는 것으로 보이는 아름다운 뒷모습이었다.

---

292 번철: 전을 부치거나 고기 따위를 볶을 때 쓰는 무쇠 그릇.

「한류·난류」 16, 『민주일보』,
1948.11.16.
찾아가는 사람 (八)

은주는 스테이크를 지지고 살라—드를 만들고 커피를 끓여 들여다가 성재가 책상으로 쓰는 원탁(圓卓) 위에 놓았다.

"기왕 집에서 해 먹는 걸, 밥이드랬으면 좋을 걸 그랬군요."

성재는 새로 사온 삼지창을 들고서 이렇게 말하였다.

"참 그렇군요."

하고 한참 손을 놓고 앉았다가,

"어리석은 생각이로군요. 이 주제를 해 가지구 고국에 가서 살구 싶다는 게—."

하였다.

"고국을 오랫동안 버린 사람이 진정으로 고국을 찾기가 정말 힘이 들 겁니다. 흔히들 조국(祖國)을 떠나서 비로소 조국을 안다구 하지만 그건 괜한 감상적 여행객(旅行客)이나 제가 좋아 떠돌아다니는 사이비(似而非) 망명객들의 소리지, 정말 조국 사람이 될랴면 조국을 떠나지 말어야죠."

"그럼, 성재 씬 왜 미국으루 오셨어요?"

"오래 있을 생각은 없습니다. 접시 닦으러 이렇게 멀리 올 필요는 없었든 겁니다. 학문의 존엄(尊嚴)이 위대한 것은 나도 알지만—."

"듣든 중 반가운 말이군요."

하고 은주는 포—크를 들어서 고기를 찍고 칼로 썰었다.

"무슨 뜻으로 하시는 말씀인지—?"

"저두 모르겠어요. 아마 제가 조선 가구 싶다는 말을 그렇게 했나 봐요.

제4부 신문 연재소설 369

가서 실컷, 쌀밥을 지어 보게요. 저두 비프 스테이크 맨들러 여꺼정 온 건 아니애요."

하고 비프 스테이크를 못마땅하듯이 입에 넣고 씹으면서 웃었다.

저녁 후에 두 사람은 강변으로 산보를 나갔다가 다시 들어왔다.

그때까지 두 사람은 추상적으로는 조국이라는 것, 구체적으로는 일제(日帝)의 폭압 밑에 기식(氣息)이 엄엄한 조선에 대하여서 이야기를 주고받았다. 성재가 웃지도 않고 농담도 섞지 않으니 은주는 따라서 정숙하게 응수할 뿐이었다.

밤이 짙어가나, 성재는 별로 다른 데 나가서 잘 데도 없었으려니와, 정숙한 거리가 생겨쳐 버린 이 분위기는 그대로 내버려두어도 별로 양심상 가책이 있을 것 같지 않아, 그냥 주저앉아 있었고 은주는 은주대로 우정 객적게 오늘 밤만은 호텔에 나가서 자고 오겠다고 하지 않아도 좋으리만치 서로로 흥분이나 수치나, 괘념(掛念)을 물리치고도 남으리 만큼 진지하고 엄숙한 조국의 운명에 대한 성재의 토로(吐露)를 그냥 듣고 또 그 자리에 누어 자도 부끄러울 것이 없이 깨끗하게 통하는 공통한 진리를 눈앞에 내어다보는 것만 같았다.

"사람은 밥으로만 살 것이 아니라 하나님의 말씀으로 살라구 한 성결 이야기가 무슨 뜻인지 은주 씨는 아십니까?"

성재는 데이 베드에 걸터앉아 물었다. 은주는 성재가 하라는 대로 성재의 침대에 들어가 등을 기대고 창밖에 자욱한 불빛을 내어다보다가, 성재가 묻는 말에,

"글세요, 공부를 많이 해야 된다는 말일까요."

하고 성재를 돌아다보았다.

"그렇기도 하지요. 그렇기도 한 그 공부는 어디 가서 끝이 나는지, 공부

를 위해서 공부를 하라는 것일까요?"

"그렇게 자꾸 묻지 마시구, 아시는 건 아시는 대루 말해 보세요."

은주는 몸을 일으키고 바루 앉아 가슴을 여미었다.

"가장 존귀한 것을, 그라스프[293]— 파악할랴구 공부두 하는 게 아닐까요?"

"가장 존귀한 건 무엇일까요?"

성재는 한참 침묵을 지켰다.

"제가 엄청나게 대담한 대답을 해 볼까요?"

하고 은주는 웃으면서 물었다.

"말해 보세요."

"사랑?"

성재는 고개를 옆으로 흔들었다. 은주는 부끄럽고 계면적어서 다시 성재를 쳐다보지 못하고 창밖을 내어다보았다. 그러면서 성재가 생각하는 가장 존귀한 것이 무엇인가 상상하여 보는 것이다.

---

293 그라스프: 파악하다(grasp).

「한류·난류」 17, 『민주일보』, 1948.11.17.
찾아가는 사람 (九)

은주는 아무리 생각해 보아도 성재가 한 말이 무엇을 의미하는지 알 수가 없었다.

"모르겠어요."

하는 그는 다시 침대 모에 상반신을 기대었다.

"모를 때가 자기 자신을 위해선 행복스러울는지도 모르지요."

하고 나서 성재는 이렇게 솔직하지 못한 말투가 나오는 것은, 저렇게 숨을 쉴 때마다 오르내리는 은주의 탐스럽고 또 깊은 가슴을 그대로 평화롭게 내버려두고 싶은 생각에서였다는 것을 자백하여도 좋으리만큼, 자기 생각이 너무 다급하였던 것을 늦추는 것이라고 생각하였다.

"그 말씀은, 저 같은 사람이 돼지같이 먹기만 하구 들어누웠단 말씀이겠죠?"

은주가 이렇게 바닥을 치는 소리를 어떻게 받아 당해야 좋을 것인지 성재는 몰랐다.

은주는 자기가 한 말이 쓸데없이, 지나친 조전(挑戰)이 되어버린 것이 후회가 나서,

"말이란 게 참 생각하군 달라지는군요. 생각대루 잘 안 되는 거로군요."

하고 성재를 바라다보았다. 그 얼굴은 어쩔 수 없어서 모든 솔직한 감정을 토로하는 표정이었다. 푸른 쉐이드 불빛에 서글서글 크게 뜨는 눈에는 더운 윤기조차 서렸다. 성재는 가슴속에서 물컥 하고 별안간 피어올라 오는 탁한 취기(醉) 같은 것을 느끼었다.

그렇다고 그대로 감정에 취해 버리는 것은, 양심이 허락하지 않았다. 이제 겨우 인생 렌즈의 초점(焦点)을 맞추기 시작한 때, 그것에 미동(微動)이라도 있어서는 안 되겠다고, 누가 타이르는 것도 아닌 계명을, 스스로 고집하여 온 것이 감정보다 못하지 않은 그의 판단력이었다. 판단력의 적(敵)은 타협(妥協)이었다. 성재는,

"옳습니다. 바로 그겁니다. 생각한다는 거요. 말보다 앞서서 되는 것, 가장 존귀한 것은 이제 말씀한 생각한다는 거라구 생각합니다. 생각, 사상(思想), 자기만 잘 살려구 하는 것은 궁리가 될지언정, 사상은 되지 않겠지요."

하고 일어나서 유리창 쉐이드를 내렸다. 은주는 담요를 당겨서 가슴을 덮었다. 자기가 예상하고 기다리던 것은 오지 않고, 그 대신 왕청나게, 생각하지도 않았던 어렵고, 추상적이고, 찬 것만이 쏠려 드는 것 같은 데서, 육체까지 식어가는 것 같은 착각을 느꼈다.

"조선이 망해 가는 걸 아까 위선 통계수자(統計數字)적으로 알어 놔야 된다구 하신 것이 이를테면 사상일까요."

은주는 산보를 하면서 듣던 성재의 말 중에서 가장 이상하게 들리던 이 말을 끄집어 내서 붙었다. 성재는 다시 제자리로 가서 전등불을 끄고 침대 속으로 들어가 아주 누워 버리면서,

"글쎄요."

하고 더 말을 계속하지 않았다.

"참 상항(桑港)에 내리셨을 때 세관 앞에 있는 게시판 보셨에요."

"봤습니다. 그러나 난 정부주의자[294]가 아니니까 미국에 들어올 자격은

---

294 정부주의자: '무정부주의자'. 11회 연재분에 무정부주의자(無政府主義者)와 안질환 환자는 입국을 허락하지 않는다는 내용이 있음.

있는가 봐요."

하고 성재는 보이지 않는 웃음을 웃었다. 은주도 보이지 않는 웃음을 웃으면서,

"아니, 그런 사상을 가지구래야 조선이 다시 살아나는 건지 물어보려던 거애요."

하고 돌아누웠다.

"조선이 다시 살아나려면 조선에 꼭 필요한 사상이래야 되겠지요. 마치 우리가 내일 아침 일쯕 일어나려면 빨리 자야 되는 것 같이―."

은주는 다시 웃다가 말고 껌껌한 속에 성재의 얼굴을 한참 찾다가 반대편 벽을 향해 돌아누워 버리면서,

"사상이란 건 그럼 일쯕 자는 거로군요?"

하고 가벼운 힐난을 하여 보는 것이다.

"아니라면 또 얘기가 길어질 테니까 그렇다고 해 둬두 큰일날 건 없겠죠."

은주는 다시 묻지 않았다. 다시 올 것이 오지 않는 어둠 속에서 오래오래 무엇이고 기다려 보다가 성재의 가는 코 고는 소리를 부럽고 섭섭한 것으로 듣다가 잠이 들고 말았다.

이튿날 아침 성재가 가서 일하게 된 집 주인이 자동차를 가지고 성재를 데리러 왔다.

"오는 일요일 저녁에 예배당에서 학생회가 있다니까 그때 만나 뵈입지요."

한마디 남기고 성재는 차를 타고 롱 아일랜드로 가 버렸다.

「한류·난류」 18, 『민주일보』, 1948.11.18.
찾아가는 사람 (十)

성재는 자기 방값을 치르고, 쉬 한번 만나자고 한마디 하고는, 일자리로 가 버렸다. 자기가 멀니 찾아온 상대자가 이렇게 냉정하고 이렇게 데면데면 할 수가 있을까. 자기가 그처럼 호의를 표시하려고 노력을 하였건만, 알고도 모른 체하는 것인지, 사람이 워낙 기질이 다른지, 혹 그가 말하듯이 어떤 사상(思想)의 지배를 받았기 때문인지, 애가 타는 자기를 내어버려두고 훌쩍 어디론가, 가 버린 성재를 은주는 어떻게 이해하여야 좋을 것인지 알 수가 없었다.

농담 삼아, 일자리를 구하기보다 차라리 돈을 꾸라고 하여도 보았고, 이 담에 몸으로 갚아 달라고 생전 입 밖에 내어보지도 못하였던 대담한 고백도 하여 보았건만, 성재는 무슨 기정방침[295]대로 움직이는 사람같이 일방적인 행동을 취하기만 하는 것 같아, 이 이상 따라가는 하은 자기 자존심을 상것는[296] 것만도 같아, 그날부터 은주는 완전히 자기 자신을 포기하고 되는대로 그날그날을 기계적으로 보냈다. 그러면서도 더러운 미련을 어찌할 도리가 없어 성재가 온다는 다음 일요일을 은근히 기다리는 것이었다.

은주는 컬럼비아대학에 가서 입학 수속을 하고 수험표를 받아 가지고 왔다. 동부(東部) 사대학(四大學)에서 일률적으로 시행하는 입학시험은 구월 초에 있다고 하는데 이제 며칠 남지도 않았거니와, 머리를 싸매고 새삼스럽

---

295 기정방침: 이미 결정되어 있는 방침.
296 따라가는 하은 자기 자존심을 상것는: '따라가는 것은 자기 자존심을 상하는'.

게 시험 준비를 할 생각도 나지 않아, 그냥 들어앉아 허드슨 강물만 내려다보고 있었다.

구경 나갈 생각도 없었고 김시중이를 다시 찾아갈 생각도 없었다. 기대에서 어그러진 환멸에서 오는 일종 타성(惰性) 같은 것에 몸과 정신을 내어 맡기고 있던 어느 날 오후, 그는 자기 방에 노크 소리가 나는 것을 들었다.

혹시나, 하고, 기다리던 조바심으로 문을 열었다. 찾아온 사람은 성재가 아니고 김시중이와, 어떤 낯선 청년이었다.

김시중이가 혼자 왔으면 물론 예의로라도 반겨 맞아들여야 하였다. 그러나 은주는 자기가 청하지도 않은 낯선 청년을 자기 방에 들여놓고 싶지는 않아,

"아이구, 김 박사님이시로군요. 난 누구라구. 어떻게 제가 여기 있는 걸 아시구 오셨에요?"

하고 문설주를 손으로 잡고 인사는 하였으나 길을 비키지 않았다.

"안녕하셨습니까. 어떻게 알다니요. 요전에 최성재 씨더러 이곳을 쓰게 해 달라고 말씀하시는 걸 듣고 여기 계실 줄 알았지요."

김시중은 차근차근 이렇게 설명하는 것이다.

"참 그랬군요."

하고 나서 은주는 낯선 청년을 음미해 보았다. 키는 김시중이보다 약간 작은 편이나, 몸집은 더 다부지고 얼굴은 이마가 넓은 탓인지 기름하게 준수해 보이는 깨끗한 살결이다. 안경을 쓴 것이 거슬리면서도 호의를 가질 수 있는 눈은 자신보다 수집은 시선이요, 높지 못한 콧마루는 특색이 없어도 다문 입술은 단단하게 헤푸상스럽지[297] 않았다. 입음새는 수수하게 차린 청회

---

[297] 헤푸상스럽지: '헤프지'. 강원 지역의 방언.

색 양복인데 아침에 새로 갈아입은 듯한 푸른 줄 간 와이셔츠에 칙칙하고 굵은 화판을 짜개 맨 넥타이가 나이에도 테이스트에도 맞지 않게 어색하였다.

"다른 게 아니라 좀 뵈입고 말씀드릴 것이 있어서ㅡ."

하고 김시중이가 다시 말을 꺼냈다. 물론 할 말이 있어서 온 것이고 왔으니 들어앉아 이야기를 해 보려고 하였던 것이나, 이렇게 주인이 문지방을 가루타고[298] 섰는지라,

"오늘 저녁때 예배당에 좀 오실 수 있을까요 여섯 시쯤? 오신다면 저녁은 준비해 놓을 터이니까요."

하고 벗었던 모자를 다시 썼다.

"그러지요."

은주는 선선히 대답을 하였다. 김시중이는 같이 온 윤영우(尹永宇)를 소개할 작정이었으나 자리가 마땅치 않아서 그만두고 있었고 윤영우가 가벼운 인사를 하고 물러설 때 은주가 역시 가벼이 인사를 받는 것을 보고 기왕 와서 서로 만난 것을 인사나 시킬 것을, 하고 후회하였으나, 벌써 발길을 돌린 뒤인지라 그냥 나오고 말았다.

그날 저녁 은주는 옷을 갈아입고 예배당으로 갔다. 예배당 안에서는 풍금 치는 소리가 울려 나왔다.

---

298 가루타고: 몸을 모로 해서 타고.

「한류·난류」 19, 『민주일보』, 1948.11.19.
고국으로 돌아가는 사람 (一)

김시중이와 함께 은주를 찾아왔던 윤영우라는 청년은 뉴—욕대학 영문과를 나온 서울 사람이었다. 나이는 갓 설흔, 지난 유월 졸업식 때까지에 마저 채우지 못하였던 몇 개 단위(單位)를 하기학교(夏期學校)에서 금시 치르고 나서 학위를 받은 지 며칠 되지 않았거니와, 그는 이제 해외 유학 오 년에 뜻하였던 형설(螢雪[299])의 공을 이루고 서서히 고향으로 돌아갈 차비를 하던 중이었다. 오랜 선배자 친구인, 김시중에게서 우연히 은주 이야기를 듣고 어쩐 일인지 한번 만나보고 싶어서 이날 김시중을 앞세우고 찾아왔던 것이었다.

하와이 유복한 집 무남독녀라는 것, 나이가 스물 두셋 되었을 거라는 것, 드물게 보는 미인이라는 것, 거기다가 자기 전공인 영문학을 하러 왔다는 이야기를 듣고, 윤영우는

"선심 좀 써요."

한마디로 김시중을 졸라 대었던 것이다.

"중맬 들어도 좋지만 저의 부모가 날 믿구 공부시키려고 보냈는데 남자 인사부터 시켜서 괜찮을까 몰라."

김시중이가 이렇게 회피하면,

"모르는 건 내가 알아 할 테니 염려 마오."

하고 윤영우가 우겼다.

"길 떠난 사람이, 그여쿠 그 여자를 만나서는 뭘 하는 거야."

---

[299] 형설: '螢雪'.

"길 떠날 일보다 더 큰일이 있으면 천천히 떠나기루 낭패될 거 없잖겠소."

"글세, 그야, 내가 알 배 아니지만, 아니야. 틀렸어. 벌써 그 여자하고 가까운 사람이 있대—."

"누구?"

윤영우의 급한 질문은 가빴다.

"최성재라는 사람."

"최성재가 누구요?"

김시중이는 간단하게 최성재가 누구라는 것을 설명하고 나서,

"퍽 믿음직한 사람 같더군. 이은주하곤, 화와이 들렸을 적에 첨 알게 된 모양이고."

하였다.

이 말을 들은 윤영우는 자기도 조선 들어가는 길에 화와이에 들리고 싶다는 것을 서두로, 기어코 한번 이은주를 만나게 하여 달라고 떼를 썼었다.

김시중이는 물론 어려운 일이 아닌 터에 좋은 친구의 간곡한 소청을 거절할 이치가 없었다. 그러자, 마침 윤영우의 후배 몇 사람이 자기들 선배의 필업(畢業)을 축하하는 의미로 예배당에서 조선 음식으로 한턱낸다는 자리를 좋은 기회로 삼아 은주를 초대하여 겸해 환영의 뜻을 표하기로 하고, 그날 오후 은주를 찾아갔던 것이다.

은주에게 김시중이가 이야기할 것이 있다고 한 것은 별다른 것이 아니라, 윤영우를 소개시키려 든 것뿐이고, 모처럼 찾아갔는데 방에 들여놓지 않으니, 복도에 서서 인사만 고하고 물러나오기도 창피한 노릇이고 해서, 얼결에 무슨 긱긴한 일이나 있는 것처럼 한 말이었다.

은주가 예배당 안에 들어서자 김시중이가 어떻게 알았는지, 문어구에 가까운 회의실에서 나와,

"이리 들어오시지요."

하고, 여러 청년들이 서 있는 데로 인도하였다. 은주가 들어서자, 김시중이는 위선,

"인사들 하시지, 하와이대학에서 오신, 이은주 씨."

하고, 위선 자기 맡았던 책임을 이행하였다.

"윤영우올시다. 아까 실례가 많았습니다. 용서하십시오."

하고 윤영우는 반허리를 굽혓다. 은주는 자기 방에서 하던 모양으로 가벼이 답례를 하고 나서 또 김시중이가 인사를 하라는 대로 잘 들리지 않는 네 사람의 성명 소리를 듣고 섰었다.

"자, 모두들 곧 내려가시지."

김시중이는 식당으로 쓰는 지하실로 여러 사람을 인도하였다.

은주와 윤영우를 마조 앉힌 주빈석 옆에 서서 여러 사람이 다 자리에 앉기를 기다려서, 김시중이는,

"오늘 이 자리는—."

하고 사회를 시작하였다.

「한류·난류」 20, 『민주일보』,
1948.11.20.
고국으로 돌아가는 사람 (二)

김시중의 인사는 은주를 소개하는 말로 시종하였다.
 할 말이 있다고 부른 자리가 이렇게 자기를 주빈(主賓)같이 대접하는 것이 저으기 당혹하였으나 모처럼 모인 사람들의 체면을 보아서도, 불유쾌하다든가, 못마땅한 내색을 보일 필요도 없어, 그들의 주고받는 말에 자기도 참여하기를 끄리지 않았다. 윤영우가 귀국하게 되면 C 전문학교에서 교편을 잡게 된다는 이야기, 가거던, 조선 사정을 자세하게 자기들이 발행하는 『태평양』지(誌)에 소개하라는 부탁, 중국 학생들의 근자에 촤이나타운에서 일으킨 배일시위(排日示威)에 대한 시비로 화제가 옮아가다가, 거기에 참가한, 일본 청년 이야기가 나왔는데 윤영우 옆에 앉았던, 이마가 좁고 나이 먹어 보이는 사람이,
 "손일록(孫一錄)이가 주동이란 말이 들리던데."
하는 소리를 듣고, 은주는,
 "그이가 중국 사람이에요?"
하고 물었다. 은주는 여태까지 여러 사람들의 이야기를 들으면서 어디론가 훌쩍 가버린 성재의 모습을 잊을 수가 없었던 차인데, 어쩐 일인지, 무슨 일이 터진 데 누가 관련을 가졌다는 말을 듣자 그것이 두루 얼키설키한 새로운 관심사가 되어 버려서 이렇게 물어본 것이다.
 "아니올시다. 조선 사람입니다."
하고 이마가 좁은 사람이 대답하자, 그러지 않아도, 속으로 조선 사람 이야기인가 보다 하고 추측하고 있던 그는,

"중국 사람덜 하는 일에 일본 사람, 조선 사람이 한데 꺼요?"
하고 혼자말같이 물어보았다.

"사상(思想)이 같으면 그럴 수도 있죠."
하고 윤영우가 한마디 하였다. 은주는 입에 가져가던 숟가락을 든 채 윤영우를 그제사 똑똑히 쳐다보았다. 미끈하게 생긴 호남아다. 문뜩 쳐든 얼굴은 기다렸던 시선이었다. 윤영우는 계속하여,

"손일록 씨는 미국서 고생 많이 한 친구죠. 좋은 친구입니다."
하고 은주 표정의 하회를 기다리고 있었다.

윤영우를 쳐다본 것은 윤영우에게 불연간에 관심이 가서 그런 것보다도 일찍 성재에게서 듣던 사상(思想)이라는 말을 다른 사람에게서도 듣는 것이, 어쩐지 마음에 흡족하였기 때문이었다.

그다음 순간에는 그런 말을 꺼낸 윤영우에게도 속일 수 없는 호감이 가는 것을 은주는 스스로 깨달았다.

"중국 사람덜은 그런 일 하는데, 왜 조선 사람덜은 가만있나요. 당하긴 우리가 더 당하구 있잖어요?"
하고 은주는 다시 윤영우에게 물었다.

"가만있지야 않지요. 방법이 다르지요."
하고 김시중이가 가로채서 대답하였다.

"조선 사람덜은 어떤 방법으로 배일 운동을 하나요?"

"글세요. 그렇게 물어보시면 따져서 대답하기가 곤난하군요."
하고 김시중이가, 웃으니, 윤영우가,

"하긴 무얼 해요. 집안싸움이나 하지."
하고 은주를 쳐다보았다.

"하와이에서하구 마챤가지로군요?"

"그렇죠. 늘 그렇진 않겠지만."

하고 윤영우는 자기와 잘 맞아가는 은주의 대화에 심기가 유쾌하여, 헤어져 나올 때

"중국 사람, 일본 사람, 모두 한데 사는 데 잠시 들러보시지 않으시렵니까. 국제회관(國際會舘), 제가 사는 덴데요, 바로 이 근처에 있습니다. 김 박사도 가실 텐데."

하고 용기를 내어 청하여 보았다.

"가 보죠."

은주는 선선히 대답을 하였다.

「한류·난류」 21, 『민주일보』, 1948.11.23.
고국으로 돌아가는 사람 (三)

국제회관(國際會舘)은 허드슨 강변 그랜쯔 기렴관(記念舘)에서 멀지 않은 곳에 있는 호텔식 건물이다. 이곳은 세계 각국에서 모인 삼십여 이민족(異民族)이 한 가족과 같이 살아가는 데 있었다. 그들의 대부분은 학생들이었다.

은주 일행이 회관 홀—에 들어섰을 때 때마침 무도회(舞踏會)에 모여드는 젊은 남녀들이 홀— 안팍에 가득하였다.

어깨에서부터 한 가닥 흰 천을 감은 인도 여자들이며 수놓은 다부사를 길게 입은 중국 여자들이며 성장을 한 일본 여자들이 수십 명 젊은 남자들 사이 여기저기 끼어 서서 서로 이야기를 하며, 카운터 앞에서 혹 같이 사이다를 마시고들 있는데, 이들 사이에 조선 여자도 한 사람 끼어 있는 것이 눈에 띠었다.

옥색 저고리, 약간 드리우는 소맷길에 자주 끝동을 달고, 높은 구두 뒤축에 끌리다싶이 하는 보라빛 치마, 뒷모습이 빠질 데 없는 내 고향 자랑거리었다.

"아, 미쓰 박이 왔군."

하고 윤영우는 잠간 실례하겠다고, 은주와 김시중이를 응접실에 앉혀 두고, 연린 문으로 해서 내어다 보이는 홀— 끝에 돌아서서, 어떤 중국 청년과 이야기를 하고 섰는 여자 있는 데로 갔다.

"이렇게 오실 수 있는 줄 알았드면 제가 모시러 갈 걸 그랬죠?"

하고 윤영우가, 웃으니,

"누구하구 오든지 그야 무슨 상관이 있에요. 여기서 만나 뵈입게만 되었으면 춤은 얼마든지 출 수 있는 거지요."

하고 조선 여자도 웃는다.

"잠간, 저리 같이 가실까. 좋은 친구들 소개해 드리구 싶은데."

하고 윤영우는 중국 청년에게 양해를 구하니, 여자는 깜작 잊었던 듯이,

"두 분 인사하세요. 윤영우 씨, 그리고 주작룡(周作龍) 씨."

하고 영어로 두 사람을 인사시켰다. 서로 인사를 한 다음 윤영우는 주작룡과 여자와 함께 응접실로 왔다. 은주와 김시중은 윤영우가 소개하는 대로 자리에서 일어섰다. 은주는 자기 앞에 닥아서는 여자를 보고 깜작 놀랐다. 그것은 상항에 내렸을 때 배안에서 친한 미국 청년과 함께 자동차를 타고 가던 낸씨 박이었다. 낸씨 박도 은주를 보고 곧 알아채리고 덥석 은주의 손을 쥐고 흘들면서 영어로

"아이구 반가워라. 그래 지금 어디 계셔요? 만나게 될 줄은 알었지만, 참 반갑구만요."

하고 윤영우를 보고,

"같은 배를 타고 왔에요. 이분하구."

하고 설명을 시작아었나.

은주도 물론 반가웠다. 비단 낸씨 박이라는 여자를 만나서 그런 것이 아니라, 이렇게 떠들석하고 유쾌한 분위기 속에 들어와 있으니, 자연히 심기가 좋아지는 것이었다. 며칠 동안 성재 때문에 울적하던 기분을 떨어 버리고, 웃고 떠들고, 마시고 윤영우가 춤을 추자고 청하였을 때에는,

"이런 옷을 입구 어떻게 춤을 춰요. 이렇게 될 줄 알았다면 차려입구 올 걸 그러잖았에요?"

하면서도, 선선히 손을 내어주었다. 그는 김시중과도 춤을 추고 주작룡이라는 중국 청년과도 춤을 추고 웃고 이야기하고 떠들었다.

사상이 같으면 시위운동(示威運動)을 같이할 수도 있다는 것을 이해하고 나서 이렇게 이국(異國) 남자와 춤을 추는 것은 그전에 아무 생각 없이 학교시절에 추던 춤과는 다른 것 같은 것을 깨달았다. 그러면서 더욱, 자기 자신의 감정의 세계가 몹시 의식적으로 넓어가고 또 깊어지는 것 같은 것을 깨달았다. 그리고 이렇게 되어가는 자신의 감정의 뒤에는 성재라는 사나이가 있기 때문이라는 것을 또한 솔직하게 시인하는 것이었다.

다시 윤영우와 춤을 추게 되었을 때,

"내일 학생회가 끝난 다음 저는 보스톤에 갔다 올까 하는데, 개학 전이구 하니 같이 가시지 않으시렵니까?"

하고 묻는 것을, 은주는 한참 가만히 돌아만 가다가

"못 가겠어요. 누구 만날 사람이 있어서요. 끊 하고 때마침 음악이" 어지는지라[300] 조용히 윤영우의 손에서 자기 손을 빼는 것이었다.

---

[300] 끊 하고 때마침 음악이" 어지는지라: '"하고 때마침 음악이 끊어지는지라'.

「한류·난류」 22, 『민주일보』,
1948.11.24.
고국으로 돌아가는 사람 (四)

춤이 끝난 뒤에 은주는 잠시 바람을 쏘이러 밖으로 나갔다. 갑자기 더위를 가시는 시원한 바람이다. 강 건너 뉴저지 쪽, 파리쓰데일 유원지(遊園地) 이 류미네션 광고판이 언제나 다름없이 갖은 유혹을 돌리고 있고, 거슬러 올라가는 발동선들이 어둠 속에 명멸(明滅)하는 허드슨강은 바른쪽 멀리 와싱톤 교(橋)까지 뿌연 안개 속에 자욱이 생각 있는 사람의 유혹을 더하였다.

'나는 완전히 유혹을 당한 사람이다.'

은주는 비탈길까지 걸어 나왔다.

강안(江岸) 차도(車道)는 빗발치는 자동차의 사태요 또 꾸준하게 연 닿아 꿈틀거리며 타는 뿌연 불빛이다. 자꾸자꾸 유혹을 받아서 따라가는 귀화(鬼火)의 홀리는 골짜구니요 또 동굴(同窟)[301] 속 같은 착각이다.

머리를 돌이킨 다운타운 쪽 하늘은 동화(童話) 속 그림이 살아 나온 것 같은 불야성(不夜京)[302]의 마천루(摩天樓)가 어두운 중공(中空)을 선(線)과 각(角)으로 재단(裁斷)한다.

'이것은 엄청나게 틀리는 곳이다. 나는 왕청한 곳으로 와 버리고 만 것이다. 나는 흙 속에 묻히려고 떠난 것이 아니냐. 그런데 이것은 웬 돌과 바위냐. 타는 바위냐. 타는 바위 속에서 어떻게 사람이 살 수 있는 것이냐. 성재는 전기공학(電氣工學)을 한다고 하였다. 바위를 불로 쪼앗고 태우고 녹이

---

301 동굴(同窟): '동굴(洞窟)'.
302 불야성(不夜京): '불야성(不夜城)'.

는 수단을 목도하러 왔는지도 모른다. 그렇다면 그 사람은 기계(機械)지 피가 있는 사람은 아닐 것이다. 피가 있고 또 그 피를 흙 속에 흘릴 수 있는 사람이 아니다. 나는 잘못하였다. 나는 피와 불을 혼동하여 버렸다. 성재를 쫓아 여기까지 온 것은 확실히 귀화(鬼火)에 홀리었기 때문이다. 사람들이 낮에 사상(思想)이라고도 하는 귀화—. 그러나 성재가 무슨 사상을 가졌는지 내가 알기나 하는 것인가. 그것은 다 그만두고 대체 내가 성재가 어떤 사람인지 똑똑이 알기나 하는가. 나는 어리석은 물고기다. 땅으로 기어 올라와서는 안 될 사람이 신기루(辱氣樓)[303]를 보고 따라온 셈이다. 가야 되겠다. 물속으로 도로 가야 되겠다. 고국이란 조국(祖國)이란 영원히 가 보지 않으면서 기도(祈禱)하고 또 그리워하는 땅을 이름인가 보다—.'

은주가 이렇게 혼자 묻고 대답하면서 그랜쯔 틈 가까이 와서 나무 밑 벤취에 앉으려고 할 때

"자리가 축축할년지 모릅니다."

하고 뒤에서 나서는 사람이 있었다. 약간 놀라 쳐다보니 그것은 윤영우였다.

"혼자 몰래 나와서 실례했읍니다."

하고 은주가 도로 일어서자 윤영우는 손수건을 꺼내서 벤취 위에 깔아주면서

"나오시는 줄 알았읍니다. 알고 따라와서 되레 실례되는지 모르겠읍니다."

하였다. 은주는 앉지 않았다.

"실례된 거 없지요."

하는 은주의 말에 윤영우는 저으기 안심을 하는 동시에 용기를 내었다. 윤

---

303 신기루(辱氣樓): '신기루(蜃氣樓).'

영우가 은주를 따라 나온 것은, 은주를 부르러 온 것이다. 김시중이와 주작룡이와 낸씨 박이 자기 방에서 기다리고 있었기 때문에.

 그러나 윤영우는 잠시라도 이렇게 은주와 단둘이 있게 되는 기회를 천행으로 생각하였을 뿐만 아니라, 곰상곰상 목소리조차 낮은 듯이 휘어드는 은주의 태도를 실로 다행한 것으로 받아 가지고,

 "기왕 산보를 나오셨으니, 함께 좀 걸으실까요."
하고 물어보았다.

 은주는 모든 것이 자기 힘에 벅차고, 귀찮은 순간이었고, 잠시라도 심신이 편할 대로 포기하고 싶었던 차라, 선선하게,

 "그러십시다."
하고, 윤영우의 옆에 가차이 서서 걷기 시작하였다.

「한류·난류」 23, 『민주일보』, 1948.11.25.
고국으로 돌아가는 사람 (五)

불빛과 어둠이 교차하는 리버사이드 드라이브로 두 사람은 나란히 걸어 내려갔다.

"고단하십니까."

윤영우의 은근한 근심이다.

"아니요."

은주는 갑자기 커다랗고 튼튼한 팔 안에 육신을 맡기고 싶어지는 충동을 느끼었다. 그리고 생각하면 성재라는 사람은 꼬챙이 같은 존재로밖에 생각되지 않았다.

강언덕 공원, 듬성듬성 굵은 나무 밑에 와 풀밭에 젊은 남녀들이 혹 나란히 벤취에 앉아 끌어안기도 하고, 혹 가즈런히 누어 별빛 희미한 하늘을 치어다보기도 하는 것이 자꾸 눈에 띠었다.

'사람은 서로 필요하기 때문에 살아 있는 것이다. 내가 필요한 사람은 과연 누굴까. 또 나를 꼭 가져야 되겠다고 할 사람은 누굴까?'

은주는 고국에 가고 싶었다는 것은 머리속에서 만들어진 조작인가, 생각하여 보았다.

그렇지 않았다. 정말 가고 싶었다. 그렇다면 이곳에 바로 자기 옆에 당장 고국으로 떠나가는 사나이가 있지 않은가. 그가 자기를 좋아하는 것은 빤히 알 수 있지 않은가.

'위선 따라가 보자.'

이날 밤 은주는 윤영우가 가자는 대로 따라갔다. 브로드웨이로 차를 몰고, 타임 스퀘어, 한 대낮 같은 불빛 속, 벅적거리는 술집에서 윤영우가 딸아 주는 대로 버무즈를 실컷 마시고, 취기를 느끼면서, 다시 차를 타고 윤영우가 가자는 대로 센튜랄 파—크로 들어갔다. 은주는 학생 시대 때의 가벼운 우정으로 돌아갔다. 그러므로, 윤영우의 팔을 자진 끼었어도 대수로울 것이 없었다. 물론 발 앞이 어두워서 낮은 데를 잘못 디디었을 때 자동적으로 저지른 일이기는 하였지마는—.

모든 거동이 능난하고 은근한 윤영우에게서 낯익은 것을 찾어 내일 수 있었다. 그것은 조선에서 갓 온 사람에게서는 찾을 수 없는 세련(洗鍊)이요 예법이었다. 그것은 우정(友情) 같은 것을 순식간에 만들어 버리는 윤활유(潤滑油) 같은 것이었다.

은주가 이 윤활유 같은 우정 속에서 매끄럽게 앉으며, 이야기하며, 일어서며, 걸어가는 동안 윤영우는 시(詩)를 이야기하고, 그림을 기야기하고 그리고 자꼬 정말 하고 싶은 말의 변주리를 울렸다.

은주는 그것도 알 수 있었다. 알았다고 해서 해괴할 것도 아무것도 없었다.

'지금은 깊은 밤이다. 그리고 우리는 청춘이 아니냐.'

은주는 스스로, 예찬(禮讚)을 할지언정 조금도 부끄러울 것이 없었다. 다만 모든 것을 좀더 구체적으로 이해하고 싶었다.

"언제 떠나십니까?"

센튜랄 파—크에서 나와서 다시 차를 탔을 때 은주는 윤영우에게 이렇게 물었다. 윤영우는 물론 내일이라도 뉴—욕을 떠날 수 있는 사람이다.

"글세요. 아직 모르겠어요."

이렇게 그는 거짓말을 하였다. 이 거짓말을 참말로 만들기 위해서는 그는 은주와 더 가차이 사괴고 싶었다. 더 오래오래 같이 있고 싶었다. 시계를 보았다. 새로 한 시.

"하렘(黑人街)으로 갑시다."

하고 윤영우는 다시 택시 운전수에게 이를 때

"인제 그만 돌아갑시다."

하고 은주가 반대하자,

"아, 깜박 잊어버리고 있었네. 김 박사랑 모두들 내 방에서 은주 씨 오기를 기다리고 있을 텐데, 그럼 잠간 들러가시믄 좋을 텐데."

하고 또다시 거짓말을 하였다. 한 시가 지나도록 친구들이 자기 방에서 기다릴 이치가 없다고 생각하였기 때문이었다.

"그럼, 그러죠."

은주는 끝가지 선선하였다.

"인테내쇼날 하우스 리버사이드 드라이브."

하고 윤영우는 운전수에게 소리를 쳤다. 그는 푸른 불빛이 조용한 자기 방안이 이제 새로운 흥분을 기다리는 것을 상상하면서 눈을 감았다.

「한류·난류」 24, 『민주일보』,
1948.11.26.
고국으로 돌아가는 사람 (六)

새날을 잡아든 국제회관 안팎은 불빛만 여전히 황황하게 밝을 뿐 괴괴하니 조용하였다.

바람끼 없는 홀 속에 들어서자 은주는 새로운 취기(醉氣)를 다시 느끼는 것 같은 걸음으로 어찌 되어 가는지도 모르는 층계를 밟아, 바로 우층인 윤영우의 방까지 따라 올라갔다.

윤영우는 문고리를 잡았다. 비록 자기 방이건만 순간(瞬間) 후에 완전히 내용이 달라질 방안을 생각하면 금단(禁斷)의 잠을쇠를 돌리는 원죄(原罪)의 인간 같은 자신을 두려워하고 또 자랑하는 시간이었다.

문을 열었다. 뜻밖에도 방안에는 낸씨가 앉아 있다가 벌떡 일어나는 것이다. 영우는 어찌할 바를 몰랐다. 그것은 낸씨에게 대해서보다도 은주에게 대한 어색한 감정이었다. 따라 들어온 은주는 낸씨가 있다고 해서 별로 면구할 것이 없었나. 동시에 영우를 기다리고 있는 여자가 조금도 해괴할 것이 없었고, 또 기다리게 한 영우가 이상할 것도 없었다.

"미안합니다."

영우는 간신히 입을 열었다.

"그러실 겁니다."

하는 낸씨의 어투는 빈정거리는 것만 아니었다. 표독스러운 눈초리는 조으름조차 쫓아버린 가시었다. 영우는 이렇게 숨이 가쁘기보다 차라리 뺨이라도 시원히 맞고 싶었다. 그렇게 된다면 한가지 기대고 또 견딜 것이나 남을 것이 아닌가?

"앉으시지요."

영우는 또 한마디 붙여 보았다.

"실컷 앉어 있었으니까 그런 염려를 안 하시는 게 좋잖어요."

영우는 다시 할말이 없었다. 그는 속으로 낸씨가 어서 발끈 성을 내고, 후닥탁 나가 버렸으면 제일 고마울 것 같었다.

"후닥탁 성이라도 내고 제가 나가 버렸으면 속이 시언하시겠죠?"

하고 낸씨는 웃음을 지어 연지 바른 입을 다시 조여 도사렸다.

"천만에—."

하고 말을 마물구지 못한 영우는 이 장강한 공기를 타개할 길이 없어 은주를 보고

"좀 앉으세요."

하여 보았다. 은주는 차차 만만치 않어져 가는 공기를 깨닫고 있던 차였으나, 앉으라는 것을 굳이 사양하면 더 게면적어질 것 같어서 조용히 한쪽으로 걸어가서 넓은 소파에 옹송그리고 앉았다.

"말씀이 너무 빨르셨었군요?"

낸씨가 던지는 말이다.

"제가 무슨 말씀을?"

영우는 자기가 언제 무슨 말을 하였는지 알 수가 없었다. 낸씨 박이라는 여자를 만난 것은 예배당에서 처음이었고 함께 다른 학생들과 같이 코니아 일랜드 해수욕장에 놀러 갔던 일밖에 없었다.

"그래요? 그럼 제가 둔했었군요. 참 좋으시겠어요. 으젓하신 것이 참 부럽습니다. 안녕히 계세요."

하고 낸씨는 우정 사뿐사뿐 걸어 나가서 또 우정 조용히 문을 닫았다.

은주는 일어섰다.

"저두 그만 가겠어요."

영우는 아무 생각도 나지 않아서,

"가시겠어요?"

하고 말었다. 은주가 나간 다음 우두커니 방 한가운데 서 있다가 영우는 뛰쳐나갔다.

"바래나 드리고 싶은데 가시는 데까지 따라가도 상관없을까요?"

하고 영우가 물었다. 은주는 층계를 내려디디다가 돌아서서 영우를 쳐다보았다. 젊은 사람의 눈 속에는 아무런 음계가 없었다. 그것은 외로운 눈이었다. 멀리 고국을 떠나서 혼자 외로운 것 같은 눈동자였다.

"그러시오."

하고 은주는 사양하지 않었다. 그러는 것이 자기 자신에 만족하기 때문이었다.

「한류·난류」 25, 『민주일보』, 1948.11.27.
고국으로 돌아가는 사람 (七)

은주가 사는 아파—트 앞에까지 온 영우는

"보신 대로 생각하신다면 저는 구차스럽게 발명할 도리도 없읍니다마는 두고 보시면 아실 날도 있을 줄 압니다."

하고 층계 앞에 와서 멈춰 섰다.

"무슨 말씀인지 잘 모르겠어요. 제가 뭘 알구 모루구 할 거 있어요."

하고 은주는 웃었다. 말로는 모르겠다고 하였으나 은주는 영우의 심경을 모를 배가 아니었다. 구겨져 버린 일을 말끔하게 펴고 싶은 동시에 잘못이라면 무조건하고 사죄하고 싶어 하는 심경인 것을 알았다. 그러나 은주로 볼 때에는 이해하고 안 하고가 모두 주제넘는 짓 같이, 아직도 거리(距離)가 먼 남녀의 사이라, 수체 모르는 체하는 것이 가장 무난한 노릇이었다.

"말씀을 듣고 보니 제가 도리어 쑥스럽습니다. 하여간 모든 것을 용서하십시오. 잘못이 있다면 일의 잘못이지 사람 잘못은 아닐 겁니다. 그럼 그만 가겠읍니다. 내일이래도 또 뵈옵게 되면 혹 자세한 것을 아실 기회가 있을넌지—."

하고 영우는 아파—트 모퉁이로 사라져 버렸다.

은주는 자리에 들어가 누워 자기에게 극진한 호의를 가지고 있는 윤영우라는 청년을 다시 생각하여 보았다. 아무리 뜯어 생각해 보아도 흠잡을 데 없는 사람이었다. 교양이 있고, 건강하고 염치를 아는 사람 같았다. 다만 그것뿐이었다. 사진틀에 끼어 놓은 훌륭한 초상(肖像) 같을 뿐이었다. 사진틀 밖으로 꾸역꾸역 범람(汎濫)하는 육체로 자기 전체를 질식(窒息)시키도록 둘둘 말아 버릴 수 있는 더운 진흙 같지도 않고 쇠꼬챙이와 같은 성재와 같이 자기의 어림없이 연약한 가슴 나쁜 살에 못을 박아 버리는 달고 또 아픈 잔인성(殘忍性)도 없는 사람 같았다.

'모든 것을 훌훌 털어 버리고 혼자서 조선으로 가 볼까. 그곳에는 발가락, 아니, 다리, 허리까지 더운 진흙투성이가 되어 죽어가는 조국(祖國)을 위하여 씨름을 하고 있는 청년들이 무수하게 있을 것이 아닐까?'

이튿날 은주는 예배당에서 열리는 학생회에 갔었다. 윤영우도 왔고 김시중이도 와 있었다.

성재도 그곳에 와 있었다. 시내에 들어왔으면 자기부터 찾아왔어야 할 사람이라고 생각하니 섭섭하기 짝이 없었다.

"일하시는 재미가 어떠세요?"

은주는, 그래도 끝까지 착하고 싶은 것이 성재를 만난 순간에 우러나는 진심이었다. 우러나오는 진심을 속이는 것은 스스로 견디기 어려운 자기 모욕 같아서, 성재에게 가차이 갔다.

"일에 무슨 재미가 있겠어요. 할 수 없으니까 하는 노릇이지요."

성재는 여전히 꼬창꼬창하다.

은주는 더 이야기하고 싶지 않았다. 윤영우는 아무 말 없이 앉아 있었다. 그러나 그의 시선은 은주에게서 떠나지 않았다. 은주는 윤영우의 시선을 피하였다. 그는 낸시 박이 오는가 기다려 보았다. 그러나 회가 시작될 때까지 낸시는 나타나지 않았다. 은주는 어쩐 일인지 윤영우와 낸시가 마주친 것을 보고 거기서 자기의 위치(位置)를 다시 한번 찾아보고 싶은 충동을 느꼈다.

이렇게 자기중심에만 사로잡혀 있던 은주는 오늘 이 모듬에서 토의(討議)되는 일에 새로운 관심을 가지게 된 것을 다행하게 여겼다.

오늘 학생회가 소집된 것은 일본(日本) 침략전(侵略戰)에 대한 약소민족 공동투쟁(弱小民族共同鬪爭) 캄페인에 조선 학생회도 참가하느냐 하지 않느냐 하는 것이 그 중심 화제였다.

「한류·난류」 26, 『민주일보』,
1948. 11. 28.
고국으로 돌아가는 사람 (八)

사회를 맡은 김시중이가 오늘 모인 회합의 취지를 대략 이야기하고 나서,
"이제, 손일록 씨가, 우리로서 앞으로 어떻게 할 것인가에 대해서 구체적으로 말씀하시겠습니다."
하고 내려와서 앉았다.

다른 일은 몰라도 이런 정치적 색채를 띄인 모임, 사회에는 적임자가 아니라는 표정이었다. 김시중이뿐 아니라 이 자리에 모인 근 삼십 명 되는 남녀 학생들이 거개 김시중이와 비슷하게 자기들의 공동 토의 건에 대해서 맨숭맨숭한 태도 같은 것을 은주는 찾을 수가 있었다. 그러나 은주의 관심은 딴 데 있었다. 그것은 손일록이라는 청년이었다. 중국 학생들 배일(排日) 데모를 뒤에서 ●도했다던 손일록이라는 청년은 뒷자리에 앉아 있다가 단으로 갔다. 약간 앞으로 굽히는 듯하는 키는 큰 편이고, 거름거리는 침착하게 느렸다. 윤영우 나이나 되었을까. 단 위에 올라가서 돌아서면서 마구 쳐다보이는 그의 얼굴은 기름하게 턱이 ●고, 이마가 넓고 눈이 큰데 손길이 잘 가지 못한 숫 많은 머리가 아니면 목소리까지 조용한 것이 중학교 선생 타이프이다.

손일록이는 일본이 상해사변(上海事變)304 이래 중국(中國)을 침략하여 온 내력이 비단 중국민을 먹을려는 것이 아니라, 나아가서 전 아세아를 제 손아귀에 넣으르리는 야심이라는 전제하에서 앞으로 동양 사태의 귀추는

---

304 상해사변: 1932년과 1937년 상하이에서 두 차례 발생한 일본군과 중국군의 무력 충돌 사건.

미국의 태도 여하에 따라 얼마든지 달라질 것이라고 하고 나서,

"그럼에도 불구하고 미국은 지금 총수출 구십 퍼—센트 이상의 파쇠[305]를 일본으로 보내고 있습니다. 여러분이 다 아시다싶이 일본의 제강(製鋼) 능력은 전적으로 이 미국 파쇠에 의존되고 있는 것이며 또 기술적으로 미국은 집접으로 또 간접으로 일본을 보조하고 있는 세음입니다. 웨 그런고 하니 미국에서 보내는 파쇠는 양(量)으로만 아니라, 질(質)로 또한 일본 제강력을 증진시키고 있기 때문입니다. 다시 바꿔 말하면 아세아의 무고한 대중들의 등이나 허리나 배때기에 들어백히는 총알은 미국(美國) 제품(製品)이나 다를 것이 없다는 말입니다.

그러므로 우리는 이러한 사실을 밝혀 미국 정부에 항의를 하여야 될 것입니다.

구체적으로는 위선 오래지 않아 만긔(滿期)가 되는 미일통상조약(美日通商條約)[306]의 연장을 절대 반대하는 결의문을 아세아 전 민족의 이름으로 워싱톤 당국자들에게 보내야 될 것입니다. 워싱톤 자체도 작금 간에는 황포상에서 일어난 파나이호(號) 침몰(沈沒) 사건[307]으로 정신을 차리는 모양입니다. 우리는 이 기회를 놓치지 말고 이번 메디슨 스퀘어에서 열리는 대회에 전적으로 참가하여 우리가 맡은 아세아 제 민족해방운동의 일익을 철저하

---

305 파쇠: 녹이 슬거나 깨어져 못 쓰게 된 쇠붙이.
306 미일통상조약(美日通商條約): 소설에서 언급된 미일통상조약은 1911년 2월 21일 체결되어 1939년 7월 26일 미국 정부가 폐기한 미일통상항해조약을 가리킨다. 이 조약의 폐기는 동아신질서로 대표되는 일본의 대륙 확장 정책에 미국이 동의하지 않음을 선언한 것이라 이해될 수 있다. 안재익, 「미일통상항해조약의 폐지와 미 국무부의 극동 정책 전환」, 『미국사연구』 55(2022), 267~268쪽.
307 파나이호(號) 침몰(沈沒) 사건: 1937년 12월 12일 양쯔강을 운항하고 있던 미국 군함 파나이호가 일본군 비행부대의 공격으로 침몰한 사건.

게 부담해야 될 줄 압니다."

하고 손일록이는 일단 입을 다물었다.

"대회에 참가하면 어떻게 된단 말이요."

하고 한 사람이 질문을 하였다. 시비였다. 홍로점설[308]격이지 쥐꼬리만한 조선 사람의 힘으로 무엇을 할 수 있단 말이냐는 것이다.

"참가하는 것만큼 우리는 우리 자신을 훈련하는 것이 되는 줄 압니다. 설사 그것이 아무 의미가 없는 일이라고 치드래도—. 하물며 이번 일은 의미가 없는 것이 아닙니다. 어떤 의미가 있는가는 현명하신 여러분 자신이 나보다 더 잘 아실 게 아닙니까?"

손일록이는 침착하고 낮은 목소리로 이렇게 간절하게 토설하여 보았다. 그러나 별 반응이 없었다.

"중국 사람 일은 중국 사람들에게 맡기는 것이 어떻소?"

또 하나 다른 의견이었다. 이것도 시비였다. 손일록이는 다시 침착하고 낮은 목소리로 길게 조선의 운명을 근심하였다.

"유학생회를 소집해 놓고 이게 다 뭐요? 당신이 대체 우리를 소학교 학생으로 알고 딤비는 수작이 아니오?"

하고 앞에 앉았던 퉁퉁한 사람이 소리를 쳤다. 잠시 장내가 침묵하였다. 그러자 왼편 가운데 자리에 앉았던 성재가 벌떡 일어나서 퉁퉁한 사람 앞으로 가서 다가섰다. 아니, 다가서면서 곧장, 앉아 있는 사람의 뺨을 오른쪽 주먹으로 후려갈겼다.

---

308 홍로점설(紅爐點雪): 빨갛게 달아오른 화로 위에 한 송이의 눈을 뿌리면 순식간에 녹아 없어짐.

「한류·난류」 27, 『민주일보』, 1948.11.30.
고국으로 돌아가는 사람 (九)

얻어맞은 청년은 한순간 아찔한 표정에 눈만 컸다. 어두운 데서 전신주에 머리를 들이박은 것 같은 착각 다음에 오는 것은 형언할 수 없는 분노였다. 불덩이 같은 얼굴, 치밀어 올라오는 분노대로 벌떡 일어난 작은 키, 짧은 팔을 들어 쳤으나 성재는 비켜섰고 어느새 손일록이가 이 원통한 청년의 팔목을 징근이 비틀어 쥐고서, ●●● 있는 것이다.

"똥이나 먹어라."

비켜서서 팽팽한 성재는 푸르도록 해쓱한 얼굴, 입속 억굼이로 찢는 듯한 목소리로, 뚱뚱한 청년의 시뻘건 얼굴에 침을 뱉아 버리듯이 소리를 쳤다.

"무엇이 어찌고 어째?"

억울한 청년은 손일록의 손을 뿌리치고 성재에게 달려들었다. 또 하나 번개 같은 성재의 손이 살찐 얼굴을 때렸다. 뚱뚱한 청년은 다시 한번 아찔하였다. 그는 더 나서들지 못하였다. 부싯돌을 연방 쪼았는 듯하는 성재의 눈초리가 무서웠다.

벌컥 뒤집힌 장내는 극도로 긴장하였다. 은주는 웅성거리는 사람들의 사이를 비비고 앞으로 나갔다. 성재의 신변이 걱정이 되기 때문이었다. 그가 막 성재 옆으로 닥아서려고 할 때 한쪽 구석에서 달려 나와 성재의 어깨를 틀어쥐고 끌어 잡아다리는 사람이 있었다.

"당신 대체 누구요?"

하고 대어드는 품이 이제라도 주먹이 올라갈 것만 같았다. 은주는 와락 달려들어 성재를 가로막고

"왜 이래요?"

하고 소리를 치면서 부들부들 떨었다. 들썩거리던 장내는 일시에 조용하여졌다. 여자를 함부로 건드리지 못하는 미국풍을 눈 익혀 온 사람들이라 이렇게 당돌하게 나오는 여자건만 한마디 붙어 보는 사람이 없었다.

"갑시다."

은주는 성재의 팔을 잡아끌었다. 성재는 몇 걸음 걸어 나오다가, 손일록이를 쳐다보고,

"회의를 계속하십니까?"

하고 물었다.

"회의가 다 무어냐."

하는 소리가 어디선가 들렸다. 성재는 소리친 얼굴을 찾았으나 알 수가 없었다.

찾을 수 없는 대신 자기를 둘러싼 얼굴들이 비슷비슷하게 자기에 대하여 적의(敵意)를 띠고 있는 것을 찾아볼 수가 있었다. 다만 안경을 쓴 붉으레한 얼굴이 벽에 기대인 채 눈을 감고 섰는 것이 조용하게 눈에 띄었다.

"회의가 다 뭐냐구요?"

하고 소리를 높인 성재는,

"회의가 더 뭐냐구 그러지 마시고, 차라리 나라가 다 뭐냐구 하시지오."

하고 회장 밖그로 나오고 말았다. 은주는 따라 나와서, 떨리는 목소리로,

"어쩌자구 이러세요?"

하고 애걸하는 표정이었다. 성재는 아무 말도 하지 못하였다. 은주가 걷는 대로 따라 걸을 뿐이었다. 걷다가 보니 은주의 아파트 앞이었다.

"들어갈까요?"

하고 성재는 비로소 입을 열었다.

"들어 안 가시믄 어쩌실 작정이에요."

하고 다시 애걸하는 표정이다. 성재는 다시 아무 말 없이 은주를 따라 그의 방으로 들어갔다. 은주는 문을 잠그고 돌아서서 그냥 문에 기대섰다. 눈이 젖은 붉으레한 얼굴을 호놀룰루 부두에 꽃다발을 들고 나왔을 때와 같이 멀고 또 아름다운 것이었다.

은중는[309] 한숨을 짓고 문에 기대 채 잠시 눈을 감았다. 그리고 잠시 후에 더운 손이 자기 두 어깨 위에 놓이는 것을 알았다. 그 다음에는 단단한 가슴이 자기 가슴을 누르는 것을 알았다. 조여드는 자기 몸이 조이는 대로 부풀어 오르는 사나이의 품속에 그대로 눈을 감고 잠시 모든 것을 잊고 서서 있었다.

---

309 은중는: '은주는'.

「한류·난류」 28, 『민주일보』, 1948.12.1.

아메리카 (一)

사람을 때리고 난 반동으로 사람을 끌어안게 된 것은 스스로 생각지도 않았던 일이다. 성재는 은주에게 고맙다는 뜻을 그렇게 표시한 것인지도 모른다. 이러한 표시는 생전 처음이다. 생전 처음으로 품어 안은 여자의 육체는 또한 생전 처음으로 경험하는 이상한 감격의 세척(洗滌)을 가져왔다.

'내가 이제 큰 죄를 저지르는 것이 아닌●?'

성재는 은주를 안은 채 생각해 보았다. 그러나 죄를 짓고 있다는 생각이 들지 않았다.

이쪽에서 내어민 손을 저쪽에서 받지 않는 경우에는 이쪽 손이 부도덕(不道德)한 손이 되어 빈 채 돌아오는 법이다. 저쪽에서 흔연히 잡아 주는 손에는 손이 죄가 되기에는 죄보다 더 큰 아름다운 맹목(盲目)이 터뜨린 보(洑)물같이 흐르는 법이다.

흐르는 대로 성재는 자기감정의 세척을 내어버려 두었다. 그것은 녹매[310] 같이 자꼬 가라앉는 침전(沈澱)이 아니라, 불에는 비상(飛翔)이었다.

볼에 볼을 대인 사이가 젖었다. 그것은 은주의 눈물이었다.

슬플 까닭이 없는 눈물이었다. 소리를 내어 통곡을 하고 또 노래를 하고 싶은 눈물이었다.

슬플 수만 있으면 실컷 슬퍼라도 보고 싶은 순간이다. 어디 가서 떨어지든지 갈데없이 흙 속인 것, 은주는 그 속에서 몸을 풀고, 또 몸부림을 치고

---

[310] 녹매: '녹말'의 평북 방언.

싶도록 성재의 가슴이 넓은 것만 같았다.

　시간이 흘렀다. 두 개의 육체가 서로서로의 호흡을 내 것으로 할 때까지 서로서로의 염치와, 우정과, 미래(未來)가 분별할 수 없게 될 때까지 시간은 흘렀다.

　성재는 손을 놓았다. 그리고 두 손으로 은주의 어깨를 가벼이 쥔 채 아무 말 없이 햇볕에 미르는 이슬이 구으르는 은주의 커다란 눈을 들여다보았다.

　"제가 눈앞에 있어야만 된●●●군요."

하고 은주가 비로소 입을 열었다.

　"왜요?"

　"또 어디서 누굴 때리시믄 어떻게 해요?"[311]

　"아이구 왜 자꾸 이렇게 저를 거렁뱅이처럼 맨드세요?"

하고 성재의 가슴에 얼굴을 묻었다.

　"알겠에요. 다 잘 알겠에요. 몰랐던 것, 꿈에 생각지도 않았던 것, 다 잘 알겠어요."

　성재는 빌듯이, 달래듯이 하며 은주의 머리를 쓰다듬었다. 냄새 중에 가장 강렬한 여자의 머리털 냄새를 맡으면서—.

　"성재 씨!"

　얼굴을 파묻은 채 은주는 성재를 불렀다.

　"네—."

　"조선으루 가십시다."

　얼굴을 파묻은 채 은주는 성재에게 졸랐다.

　"……."

---

[311] 이하 원문 16행 확인 불가.

"공부를 많이 하는 건, 혼자만 뭘 잔뜩 알구 있자는 거 안에요? 좋은 자리를 얻을랴는게든지―."

"그럴넌지 모르죠."

하고 성재는 물러서면서 은주의 손을 잡고

"조선으루 간다면 같이 가시겠어요?"

하고 물었다.

"제 눈을 들여다보세요. 그래두 모르시겠건 때리세요. 때리시믄, 제가 빌겠어요. 빌구 조선으로 끌려가겠어요."

성재는 다시 한번 은주를 부스러지게 끌어안았다. 그리고 중얼거렸다.

"갑시다. 갑시다. 더러운 놈들 보기 싫어서 나두 또 가야 될까 보오."

「한류·난류」 29, 『민주일보』,
1948.12.2.

아메리카 (二)

더러운 놈들이 보기 싫어서 돌아가야 되겠다는 말을 남기고 은주와 헤어진 성재의 그 뒤—.

말라 가는 풀까지 깎아야 되는 노동으로 시작한 미국 유학은 성재에게 일찍 경험하지 못하였던 정신적 경험을 가져왔다.

아침부터 저녁까지 미국(米國)이라는 것은 그에게 견딜 수 없는 저열감(低劣感)을 강요(强要)하였다.

돈을 받고 몸으로 품을 파는 것은 얼마든지 좋았다. 그것은 유학을 떠날 때부터 각오하고 또 자취한 노릇이었다. 그러나 미국이라는 나라는 자짓하면 정신조차 사 버리려고 드는 것이다. 정신을 팔아먹지 않으려고 하면 그만큼 쓸데없는 힘이 더 들었다. 힘이 드는 대로 가져 보지도 못하였던 쓸데없는 우월감(優越感)이 명치끝까지 치밀어 올라오는 것을 또한 어찌할 수 없었다.

일찍이 고향에서도 이와 비슷한 것을 경험하지 않았던 것은 아니다. 일본 놈들의 거드럭어리는 우월감 밑에서 때로 분통이 터지도록 저열감을 느껴본 일도 있었고 그들의 북새질[312]에 더 참을 수 없을 때에는 스스로 물러앉는 우월감(優越感)도 가져 보았었다. 눈알맹이가 나오도록 못 당할 꼴을 당하기는 그놈들 밑에서였다. 그러나 차라리 그러한 직접적(直接的)인 괄쎄를 받는 것이 훨씬 나으리만큼 간접적으로 밀려들고 조여드는 냉혹(冷酷)

312 북새질: 많은 사람이 야단스럽게 부산을 떨며 법석이는 짓.

과 격리(隔離)와 무자비(無慈悲)는 미국이라는 나라가 몇 갑절 더하였다.

　지금 성재가 일을 하고 있는 집 주인 골드슈타인이라는 사람은 월 스튜리트에 있는 스로안 주식취인소(柱式取引所) 공동 출자인이었다. 유대 계통, 나이는 마흔넷, 독신인데 집은 롱그 아일랜드에 수영장이 달린 별장(別莊)이 있고 뉴—욕 시내 육십이 번가에 삼층 주택이 있었다.

　성재가 와 있는 곳은 그의 별장이었다.

프링크린이라는 흑인(黑人) 쿡이 있고 알이라는 애란인[313] 원정(園丁)이 있었다. 성재가 하는 일은 집안 소제를 하고 원정을 도와 풀을 깎고 그리고 아침마다 세 마리 개를 끄을고 나가서 산보를 시키고 또 밥을 주는 것이 중요한 일이었다.

　방 소제를 하고, 목욕탕, 변소 소제를 하고 골드슈타인의 열여섯 켜레 구두를 번갈아 닦고 풀을 깎는 것은 또 좋았다.

　아침마다 세 마리 개, 그것도 라리, 당고, 래쓰라고 제각금 이름을 붙여 끄을고 다니면서 일정한 시간 일정한 코—스로 산보를 시키고 똥을 뉘고 들어와서 통조림도 조반 점심 저녁으로 딴 것을 따서 일정한 불량을 먹이는 노릇이 무엇이라고 형언하기 어렵도록 처량한 슬픔을 가져다가 메어때리는 것이었다. 그중에도 세 마리 개가 저막금 똥을 눌 때면 걷던 길을 멈추고 서서 기다려야 하였거니와 그럴 때마다 하루 三불(弗)이라는 임금(賃金)에 이렇도록 인간이 어주리 없고, 또 일 같지도 않은 일에 아까운 시간을 보내는 것을 생각하면 조상이 부끄러웠다.

　이것이 모두 나라 없는 설음이라고 하면 그것은 또 제 분수대로 견디기가 수월한 것이나, 그보다도 황인종이기 때문에 백인들에게서 받지 않으면

313　애란인: 아일랜드 사람.

안 될 괄세라고 생각하면, 그것은 도저히 견디기 어려운 질곡(桎梏)이었다.

그러나 성재는 자기가 당하고 있는 이 굴욕이 나라나 민족의 앞서 나가고 뒤떨어지는 데서 오는 것이 아니라, 모든 것은 돈에서 오는 것, 돈으로 돌아가고 돈으로 달라지는 사회의 모순(矛盾) 틈배기에 끼어 삐뚤어지고 생채기가 나는 사회 질서에서 오는 것이라고 판단할 수밖에 없었다.

그렇게 생각하고 나면 스스로 위로되는 동시에 또한 꾸역꾸역 피어올라오는 분노를 삼키면서 주먹을 틀어쥐이게도 되는 것이었다.

「한류·난류」 30, 『민주일보』,
1948.12.3.
아메리카 (三)

구월 중순에 대학 강의(講議)가 시작되었다. 성재는 개학이 된 뒤에도 롱 아일랜드에서 주인이 오피스로 들어오는 길에 함께 차를 타고 통학을 하였다. 골드슈타인은 대학까지 위선 성재를 태워다 주고 갔다. 저녁때에는 버스를 타고 돌아가거나 골드슈타인에게 전화를 걸어 보아 길이 같으면 역시 그의 자동차를 얻어 타고 갔다.

자동차 편의를 잘 보아주는 것은 미국 사람들의 순수한 친절이었다. 자동차를 태워 줘서가 아니라 골드슈타인은 사실 무던히 친절한 사람이었다. 일할 때 입으라고 샤쓰며 헌 양복바지를 주기도 하였다. 그러나 그것은 어디까지든지 여유에서 오는 친절이 아니고 여유와 자기만족에서 오는 친절이었다. 처음 이곳에 왔을 때 골드슈타인은

"자 이곳에서 마음대로 책을 보시오."

하는 데까지는 좋있으나,

"두 가지 부탁할 게 있소. 첫째 풀에 들어가지 말 것과 목욕은 아래층에서 하시오."

하는 말을 들을 때 성재는 이런 곳에 오지 말고 차라리 길바닥에 앉아 흑인들같이 구두를 닦는 것이 나았을 것을 하고 생각하여 보도록 쓰렸다. 아래층에 있는 목욕간은 프랭클린과 알이 쓰는 욕실이었다. 들어가지 말라고 아니하더라도 제 염치로 수영장에 들어갈 까닭이 없었고 주인이 쓰는 이층 욕실을 쓸 이치가 없었다. 그러나 미국인은 어디까지 일은 일대로 냉정하게 끊고 맺는 것을 또한 담담하게 생각하고 태연자약하는 것이다.

키가 작고 머리가 훌떡 벗겨진데도 불구하고 건강은 우리 나이로 치면 삼십 대 청년에 못하지 않은 골드슈타인은 일주일에 한 번씩 토요일 저녁때면 언제든지 여자를 데리고 왔었다.

오늘 여자는 두 사람이었다. 무엇을 하는 여자들인지 알 수 없었으나 매주일 번갈아 골드슈타인의 침실에서 같이 자고 가는 것만을 보면 대체로 어떤 종류에 속하●여자들인 것을 알 수 있다. 하나는 금발(金髮)이고 또 하나는 블루네트이었다. 배우 같기도 하고 여염집 부인 같기도 하고 타이피스트 같기도 하나 어디로 보든지 창녀(娼女) 같지는 않았다. 뉴—욕 거리에서도 미인 축에 들만한 미모(美貌)들, 금발은 목소리가 낮고도 부드러웠고 블루네트는 가끔 웃을 때 스타카토 억양을 내이는 것이 특징이고, 금발은 꽃으로 이르면 백합이나, 튤리프에 가깝고, 블루네트는 장미나 목단에 가까운 탁하고 진한 몸매요, 또 풍기는 것이었다. 금발은 대체 골드슈타인과 밤이 늦어 같이 왔고 블루네트는 일직 들어와 골드슈타인과 함께 저녁을 먹고 피아노를 치고 그리고 같이 침실에 들어가 자고 갔다. 갈 때에는 그들이 타는 자동차 안에서 성재는 운전대에 앉거니와, 배크 미러에 비치는 두 사람의 점잖지 못한 수작을 간혹 흘깃 쳐다보면 다시 한번 썩어 가는 사회에서 살아가기가 벅찬 것을 느끼는 것이었다.

시월 달을 잡아 들더니 골드슈타인은 롱 아일랜드 별장을 버리고 뉴—욕 시내로 들어왔다. 옮겨 놓는 물건은 별로 없었고, 다만 흑인 프랭클린과 성재와 개 세 마리가 따라갈 뿐이었다. 애란인 알은 그대로 별장에 남아서 집을 지키는 것이었다. 성재는 이를테면 세 마리 개를 끌고, 주인 골드슈타인에게 끌려 또 구두를 닦고, 목욕간을 소제하고, 그리고 금발 미인, 블루네트 미인과 자고 난 주인의 식탁에 포도주병을 들고 들어가서 읍을 하고 섰어야 했다.

「한류·난류」 31, 『민주일보』,
1948.12.4.

아메리카 (四)

금발 미인이나 블루네트가 와서 자고 가는 일요일 아침에는 성재의 일이 한 가지 덜리었다. 첫 새벽에 일어나면 골드슈타인의 방에 들어가서 열린 창문들을 닫아 주는 것이었다. 골드슈타인은 여름이나 겨울이나 창문을 열어 놓고 자는 것이다. 그러나 여자가 오는 날 밤에만은 창문을 닫고 잤고 또 일단 침실에 들어간 뒤에는 안으로 잠가 버리는 것이었다.

골드슈타인의 자는 방 유리창을 돌아가면서 닫아 주고 나가서 조간신문을 사다 놓아야 했다. 신문은 동네 거리 반찬가게에서 팔았다. 파는 것이라기보다 가게 앞에 신문이 쌓여 있는 것을 한 장 집고 돈 오선(五仙)[314]을 신문덤이 위에 놓고 오면 되었다. 가끔 백동전 은전이 신문 위에 수북한 것을 본다. 이른 새벽부터 점방을 여는 것이 아니고 신문만을 팔기 위해서 점원을 조동시킬[315] 수도 없으니까 주인은 신문만 내어다 쌓아 놓고 다시 들어가 자는지도 모른다. 그러니 아무도 신문 대금 모인 것을 훔쳐가는 것 같지는 않았다. 은행을 대낮에 부수는 까뽀네[316] 같은 도적이 많은 대신 부스럭이 돈을 몰래 가지고 달아나고 좀도적이 별로 없는 것이 또 하나 기억해도 좋은 미국의 특징이었다.

신문을 사다가 조반 식탁 위에 놓아두면 이슥해서 하룻밤 내외가 내려와서 식탁에 마조앉아 커피를 마시고 마신 다음에는 냅킨에 슬쩍 입을 씻고

---

314 선(仙): 센트(cent).
315 조동시킬: 다른 곳으로 파견할.
316 까뽀네: 알 카포네(Alphonse Gabriel Al Capone, 1899~1947). 미국 시카고 마피아 조직의 두목.

성재가 사다 놓은 뉴—욕 타임스를 들어서 뒤적거린다. 냅킨 귀에는 불란서 말로 '단둘이서'라고 수를 놓은 글자가 어떤 때는 두 사람이 나간 뒤에 펼쳐 놓이기도 하고 접혀 놓이기도 한다.

요렇게까지 바라지고 곰상스러운 짓을 낯이 뜻뜻해서 어떻게 하는 것일까 성재는 가끔 우둑허니 서서 생각해 보는 것이다.

짐승 같은 생활이라고 생각하면 너무도 깨끗하고 과학적이고 사람의 생활로 보자면 너무도 비인간(非人間)적이라고 생각되는 골드슈타인의, 구두를 세 가지 기름과 세 가지 헌겊으로 닦아놓고 방 소제를 해야 되었다.

위선 삼층에 올라가 창문을 열고 괴상망칙한 수집품(蒐集品)을 총채질해야 되었다. 아프리카 토인들의 조각이며, 남녀 생식기를 과장도 분수가 있지, 웃음이 나올 지경이도록 툭툭 쪼아 놓은 목각(木刻)이며, 꼭갈이며 토기(土器)며, 청동(靑銅) 사람 대가리 길다란 목아지를 골고루 총채질하여 없는 몬지를 일궈 가며 털고 이층에 내려가서 서재(書齋)와 피아노 놓인 일종의 부도와(여자 응접실)[317]의 갑찐 페르샤 깔개를 전기 소제기로 쓰는 대신, 빨아내어야 했고, 마루는 마루에 쓰는 기름으로 닦고, 두 사람이 자고 나간 침실에 들어간다. 하느르르한 이불을 젖히고 매츄리스를 꺼구로 펴놓으라고 이르던 대로 하고 두 개의 새털 속 든 벼개를 부푼켜 놓고, 다시 하느르르한 장작들을 피었던 날 밤 아침이면 재를 퍼내고 나서 바닥 깔개 위를 다시 붕붕거리면서, 성재는 벽에 걸린 이백호(二百號) 모지리아니[318] 과부(裸婦)[319]를 쳐다보면서, 다시 한 번, 고름을 생키는 듯한 감정을 억제할 수 없이 된다. 그러면서 마지막 소제 순서엔 목욕탕에 들어갔던 어느 날 아침, 성재는

---

317 부도와: 프랑스어 boudoir.
318 모지리아니: 모딜리아니(Amedeo Modigliani, 1884~1920). 이탈리아의 화가 겸 조각가.
319 과부(裸婦): 과부(寡婦).

유리 선반 위에 조고만 붉은 카네이션 한 떨기를 보았다. 어디서 온 꽃인지는 몰라도 하도 가긍닮서, 성재는 곱부에 물을 랭아넣고 꽃을 꽂아 놓았다. 학교에 갔다 왔더니 프랭클린이

"주인께서 전화를 거셨는데 목욕탕에 있는 카네이션을 이 주소로 갖다가 드리라고 합네다."

하고 편지와 일름이 적힌 종이쪽지를 성재에게 주는 것이다. 부슬부슬 비가 내리는 오후였다. 성재는 지하철(地下鐵)을 타고 브로―드웨이 삼십육(三十六) 번가, 미스 마가레드 카산드라의 아파트를 찾아갈 수밖에 없었다. 현관 직이가 서 있는 중상류 아파트, 역시 제복을 입은, 승강기 뽀이의 은근한 안내를 받아 구층(九層) 이십사(二十四) 호 흰 도어를 뚜드렸을 때 이윽고 문을 여는 것은 금발 미인이었다.

「한류·난류」 32, 『민주일보』, 1948.12.5.
아메리카 (五)

성재는 파라핀에 쌌던 카네이슌을 내어주면서

"꼴드슈타인 씨가 보내 드리는 것입니다."

하였다.

"고맙소. 내가 보내 달라고 부탁을 했던 거요. 이 꽃은 내가, 잊어버리구 왔던 거라오. 외롭게 시들 것을 생각하니, 견딜 수 없이 안타까워서 보내 달라고 청했드랬소."

금발 미인 마가렡은 꽃을 받아 들고 웃으면서 이렇게 시시댄다. 성재는 더 할말이 없었다.

"안녕히 계시오."

한마디하고, 비에 젖은 모자를 다시 썼다.

"잠간만—."

하고 금발은 종종걸음을 쳐서 방 한구석, 넓이 한 발이나 되는 거울이 달린 화장대 앞으로 가더니 핸드백을 들고나왔다.

"수고한 보수는 디립니다."

하고 십선(十仙)짜리 은전 한 푼을 꺼내 주는 것이다. 성재는 기가 막혓다.

"천만에—."

하고 성재는 사양보다 앞서는 불유쾌한 감정을 억제할 수 없어서, 우정 천천히,

"그 꽃을 갖다 드린 데 대한 보수는 꼴드슈타인 씨에게서 받고 있습니다. 심부름을 하는 것은 나의 당연한 의무있니다."

하고 유창하지도 못한 영어로 호이를 거절하였다. 비굴과 분노와 처량한 것

이 한데 석긴 음성이었다.

　담담하고 또 그냥 마네킨처럼 아름다운 금발은 성재의 속을 알 수 없었다.

　"그렇지만 이 돈은 내가 주는 게 아니요?"

하고 푸른 두 눈을 삼삼거린다.

　"고맙습니다마는 받지 못하겠읍니다."

하고 성재가 이번에는 좋은 낯으로 웃으니 금발은 어쩔 수 없다는 표정으로 어깨를 한번 쭈뼛거리고 나서

　"참 알 수 없는 일이구뇨."

하고 파라핀지를 벗긴 붉은 카네이슌을 코밑에 대고 냄새를 한번 맡더니 돌아서면서 혼자말로

　"동양 사람 심사는 정말 알 수 없다."

한다.

　성재는 하인에게 모욕을 당한 주인의 심사 같은 못마땅하고 불유쾌한 감정을 가지고 금발의 아파트를 나왔다.

　매음녀가 몸을 씻고 나간 목욕통을 소제하고 이제 생각하면 더럽고 추한 깃의 싱중(象徵)같은 붉은 카네이슌을 비를 맞으면서 들고 다닌 주제를 어느 시궁창에라도 던져버리고 싶은 것이었다. 게다가 돈 십 선을 받으라는 해괴한 사회요 인간들이다. 성재는 바야흐로 정조(貞操)를 잃어버릴 문지방에 발에 딜여 놓은 사람의 무시무시한 전율조차 느끼며 비를 맞고 걸었다. 지하철을 타고 숙소로 곧장 돌아갈 생각이 나지 않았다.

　거리는 자동차의 사태요 사람의 홍수였다. 저물어가는 브로드웨이는 벌서 네온과 이류미네슌의 란마[320] 같은 현란이 붉게 푸르게 시작되었다.

320　란마: 난마(亂麻). 갈피를 잡기 어렵게 뒤얽힌 일이나 세태를 비유적으로 이르는 말.

어떤 거리에서는 사람의 홍수가 자동차의 사태를 밀고 가고 어떤 네거리 구변돌이에서는 자동차의 사태가 사람의 홍수를 밀었다. 사람이 죽어도 그만 살아도 그만, 거대한 기계의 계차 치륜(齒輪)[321]이 눈을 감고 돌아가는 것 같은 도시, 그것은 확실이 미칠 대로 미치고 말아버린 세계였다. 성재는 갑자기 엄습하는 고독감을 어찌할 수 없었다. 갑작이 은주를 찾어보고 싶었다. 개학이 된 뒤에 한 번도 찾지 못하였기 때문에 은주가 학교에 다니는지도 모른다. 성재는 길거리 꽃집에 들려서 흰 카네이슌 한 무꿈을 샀다. 흰 빛깔로 모든 울적하고 끈적끈적하는 마(魔)를 씻어 버리고 싶은 충동이었다. 힌 카네이슌은 부실부실 내리는 비에 젖어 더러운 몬지조차 씻었다. 브로드웨이 뻐쓰를 타고 백칠십육(百七十六) 번가에서 내렸다. 시장끼가 돌았으나 은주더러 밥이래도 지어 먹자고 할 예산을 즐겁게 생각하면서 곧장 은주의 아파—트로 갔다.

은주 방문을 뚜드렸다. 은주가 방문을 열었다. 은주의 얼굴이 유난히 붉고 당황하였다. 은주의 방안에는 예배당 벽에 기대고 섯던 안경 쓴 청년이 앉어 있다.

---

321 치륜(齒輪): 톱니바퀴.

「한류·난류」33, 『민주일보』,
1948.12.7.
아메리카 (六)

성재는 꽃묶음을 쥐었던 손을 내리트렸다.

"아이구머니나."

하는 것은 은주의 당황코 또 반가운 소리였다. 성재는 한발 물러섰다.

"실례했읍니다."

성재는 모자를 섰다. 꽃묶음을 약간 처들다가 팽개쳐 버리고 싶은 충동을 감추는 대신 돌아서서 걸어나갔다. 좁고 또 짧은 복도다. 복도 끝에는 다시 열어야 하는 문이 있다.

"어디루 가세요?"

은주는 종종걸음으로 성재를 딸아 나왔다. 성재는 복도 문을 열고 나가 버렸다. 물론 아무 대답도 없다. 은주는 주춤 섰다. 자기도 모르게 손까락을 징근이 깨물었다.

'야속한 사람이다. 내 말을 들어 봐아 일 것이 아닌가. 내가 무슨 죄를 지었나. 내가 무슨 죄를 지었기 이렇게 억울하게 되고 마는 것인가. 아 그렇다. 내가 죄를 지었다. 윤영우의 팔 속에 안겼었다. 오해할 게다. 그러나 그것이 다 저 때문이 아닌가? 그 사람의 팔 속에서 내내 저를 생각하고 있었지 않았는가. 나는 죄가 없다.

죄 없는 사람을 본체만체하고 달아나는 사람이 어디 있는가. 나를 이 지경 고단하게 만들어 놓은 사람이 대체 누군가. 그렇게도 몰라주어야 마땅한가 오해하기를 그렇게 빨리하면서 충성을 알아주기 그렇게 더디단 말인가. 그러나 잘못은 내 잘못이다. 하여간 오해를 풀어야 되겠다.'

은주는 한참 서서 망서리다가 다름질을 쳐서 자기 방으로 들어왔다. 윤영우가, 못마땅한 표정을 하고 방안으로 왔다갔다하고 있다. 은주는 윤영우의 꼴이 보기 싫었다. 그는 스리퍼를 벗어 던지고 구두를 신었다. 행거에서 레인 코―트를 벗겨 걸치면서, 나왔다. 윤영우는 벽에 기대서서 아모 말이 없었다. 은주는 바쁜 걸음으로 다시 승강기를 기다리기도 바삐 층계를 몇 번이고 구으르다싶이 하면서 내려왔다.

성재의 그림자는 보이지 않았다. 현관 홀에 서 있던 젊은 남녀같이 미친 사람같이 뛰여가는 은주를 위태로운 눈으로 쳐다본다.

길가에 나섰으나 성재는 어디로 갔는지 눈에 띄이지 않●다. 오른쪽으로는 내리막길, 허드슨 강물이 불빛에 검프르게 가깝다.

은주는 올리 큰 거리 쪽으로 달렸다. 길 가는 사람들이 혹 고개를 돌리고, 혹 멈춰 서서 은주를 쳐다본다. 큰길까지 달려나와 보았으나 성재는 간데온데없다. 이제는 더 찾을 수 없는 사람의 홍수요 자동차의 사태 속이다.

짙어가는 어둠 속에 그렇게 많은 사람들이건만 은주의 눈은 움직이는 그림자를 일일이 헤아렸다. 지하철 정류장 쪽으로 다시 다름질쳐 보았다. 달리다가 언듯 길 건너 암스텔담 가(街)로 나가는 샛길 모통이로 사라지는 사람이 유심하게 눈에 띄었다.

'성재다!'

속으로 소리를 치면서 가던 발길을 돌려 길을 건너뛰었다. 막 내달아서 길 한 절반, 앗차 할 사이도 없이 그는 지나가는 자동차에 부디치고 말았다.

「한류·난류」 34, 『민주일보』,
1948.12.8.
아메리카 (七)

다급하게 걷잡아 제끼는 부레이크 소리는 은주가 자동차 뒷바퀴 옆에 쓸어진 다음에 들렸다. 은주는 그 부레이크 꺾기는 소리를 들었을 뿐 그다음에는 의식을 완전히 잃어버렸다.

약 한 시간 후—그가 정신을 차렸을 때 그는 자기 얼굴 위에 육중한 기계 아가리가 커다랗고 시커머케 대어드는 것을 보았다.

그 아가리는 멀어졌다 가까웠다 하는 것이 기계인지 자기 머리속이 깨어진 것인지 분간할 수 없었다. 눈을 뜨고 있을 수 없어 다시 감았다. 눈을 감짜 가슴이 등에 딱 붙어 가지고 자꾸 땅속으로 꺼져 내려가는 것 같았다. 그것이 아파서 견딜 수 없는 고통이라는 것을 의식하게 된 것은 조금 뒤였다. 가슴 위에 천근이나 되는 바윗돌을 지즐궈[322] 놓은 것 같았다. 아픈 것이라고 하기보다 그양 견디기 어려운 중압이었다. 그 중압은 다시 위에서뿐만 아니라 진후좌우에서 죄어들있다. 간신이 자기의식으로 제 숨소리를 찾았다. 숨은 쉬고 있었다.

그러나 숨쉬기가 수월찮았다. 여러 사람의 목소리가 토막토막 들렸다. 그러나 무슨 소린지는 알아들을 수 없었다.

'아 귀가 머나 부다—.'

하고 난 다음에는,

'내 몸이 어떻게 되었는가?'

---

[322] 지즐궈: '지즐러'의 함경도 방언. 무거운 물건으로 내리눌러.

하고 다시,

'가슴속 뼈가 불어젓는가?'

하고 생각하였다. 의식을 강작하여[323] 모든 것을 종합해 보려고 한즉 시커먼 자동차가 빽 소리를 치며 가슴으로 달려들어 명치끝을 디려 쳐박았다.

'앗―.'

하고 소리를 첫다.

'음……'

하는 환자의 소리를 듣고 의사와 간호부가 달려들었다. 은주는 눈을 다시 떳다. 흰옷을 입고 입에 마스크를 대인 남자의 얼굴이 나타났다. 시커머케 뚫린 기계 아가리는 다시 보이지 않았다. 의사는 무엇이라고 여러 마디 중얼거리는 것이다. 그중에서,

"유 아 올라잇(아모 일 없오)."

하는 소리만 똑똑하였다. 은주는 말을 해 볼려고 하였다. 그러나 가슴이 목구멍까지 조여들고 켕겨서 말이 나갈 것 같지 않았다. 은주는 억지로,

"내 얼굴이 상했읍니까?"

하고 물어보는 것이다. 의사는 천천히 큰 목소리로,

"노 페이트 윌 데프라브 유 오브 유어 뷰―티풀 페이스(아모리 악착한 운명일지라도 당신의 아름다운 것을 빼앗아 가지는 못하리다)."

하고 조용히 웃는 것이다. 재미있게 만들어 들려주는 말이었다. 은주는 속으로 기쁘게 웃었다.

그 말을 듣고 난 다음 이번에는 발목이 비비 비틀리는 것같이 아픈 것을 비로소 깨달았다. 발목뿐 아니다. 정갱이며, 넙적다리며, 아랫배까지 절구

---

[323] 강작하여: 억지로 기운을 내어.

질이다.

'아 이게 어떻게 된 일인가—.'

은주는 슬펐다.

이윽고 그는 운반(運搬) 침대(寢臺)에 뉘워 병실로 옮겨 왔다.

간호부들이 그를 침대에 뉘웠다. 상반신이 약간 비스듬히 꺾기는 침대다.

알맞은 각도로 허리와 가슴이 굽어지는 것이 저윽이 편하였다.

"유 갓 어 배드쇼크, 트위스테트 앤클, 댓스 올, 넛싱 시리어스(심한 충격을 받았을 뿐 대단찮쇠다. 발을 삐었구)."

하고 의사가 은주를 안심시키는 말이 똑똑히 다 들렸다. 의사는 간호부더러 체온계를 넣고 열이 나거든 알리라고 한 다음 나갔다. 의사가 나간 문으로 들어오는 사람이 있었다. 그것은 윤영우였다.

「한류·난류」 35, 『민주일보』, 1948.12.9.

아메리카 (八)

은주가 지나가는 자동차에 치어 부근 시립병원에 들어왔을 때 병원에서는 그의 신분 처소를 알아야 하였다. 마침 은주의 하―프 코―트 주머니에 세탁물(洗濯物) 배달표가 들어 있었다. 배달표에는 물론 은주의 주소가 있었다. 병원에서는 곧 은주의 아파―트로 사람을 보냈다. 은주가 들어 있는 아파―트 플래트의 책임자나 아파―트 주인을 불러서 입회를 시키기 위하여서였다.

은주가 다름질을 쳐서 성재의 뒤를 딸아 나가 버린 뒤 오래도록 은주가 돌아오기를 기다리던 윤영우가 플래트 책임자 대신 병원으로 오게 된 것은 당연한 일이었다.

병원에서 온 사람과의 물음 맞춤으로 은주가 확실히 자동차에 치어 병원에 들어누은 것을 알았을 때 윤영우는 화닥, 자기 자신이 자동차에 치인 것 같은 착각을 느끼면서 허둥지둥 택시를 몰아 병원으로 달려갔던 것이다. 일종 증오, 질투에 가까운 불유쾌와 저주에 가까운 분노는 놀라운 소식에 물거품같이 사라지고 다급하고 초조한 불안이 은주의 신상으로 달렸다.

병원에 갔으나 수술실에는 들여놓지 않았다.

그는 수술실 밖에서 조바심을 치면서 하회를 기다렸었다. 은주가 병실로 옮겨 나올 때 그는 비로소 은주가 큰 상처는 입지 않은 것을 알았다.

병실로 딸아 들어가려 하였으나 환자의 의식이 아직 충분히 회복되지 않았다는 이유로, 다시 복도에서 기다리다가 지금 나가는 의사의 허락을 받고 들어오는 길이었다.

"의사 말이 과히 다치지 않았다니 안심하시고 진정하십시요."

침대 곁에 가까이 와서 영우는 은주를 위로하였다.

"그런데요. 어떻게 알고 오셨어요?"

하고, 묻는 은주는 핏기 없는 얼굴이었으나, 영우를 자기 방에 세워 둔 채 달아나가던 때의 냉냉한 표정은 아니었다.

은주는 영우가 와 준 것이 저으기 고마웠다. 고마운 생각으로 처다보는 영우는 붉으레한 얼굴이 서글서글하고 전신에서 다정한 친화력(親和力)이 풍기는 것 같이 보였다. 은주는 영우에게 대해서 미안한 생각이 났다. 그렇게 볼꼴 사납게, 내동댕이를 치다싶이 하고 나왔건만 그래도 이렇게 찾아와서 전이나 다름없시 유화한 심사로 부드럽게 자기 눈을 싸고, 어루만지듯이 내려다보고 있는 것이 아닌가? 은주는 힘에 부치어서 눈을 감았다.

'그러면 나는 더운 흙을 가차이 두고 바위 등생이를 아드등거리다가[324] 미끄러져 이런 구렁텡이 속에 빠진 것인가.'

은주는 눈을 번쩍 떳다. 무엇인지, 모르게 무거운 가슴을 푹푹 찌르는 것을 견딜 수가 없었기 때문이었다. 그것은 성재에게서 오는 저주(咀呪)였다. 꽃묶음을 휘휘 저으며 꼬챙이같이 사라지던 성재의 무섭고, 차고 또 똑바르던 눈초리였다. 그것이 찌르고 파고 후비는 힘 앞에서 윤영우의 다정한 심정 같은 것은 썩은 과실같이 문들문들 나가고 마는 것이다.

'아 헤어 나올 수 없는 원수의 집착─.'

은주는 다시 눈을 감았다. 그리고 윤영우가 갈 때까지 종시 눈을 다시 뜨지 않았다. 다정한 것 때문에 단단한 씨를 빼어 버리기 싫고 또 어려운 운명 때문이었다.

---

324 아드등거리다가: 서로 제 생각만 고집하여 양보하지 않고 자꾸 다투다가.

은주는 밤새 미열(微熱)과 쑤시는 사지와 어지러운 꿈 때문에 한숨도 자지 못하였다.

그 이튿날 아침―은주는 간호부에게,

"꼭 만나 보구 싶은 사람이 있는데요."

하고 성재라는 사람을 찾아 불러 달라고 간곡하게 청하였다.

이틀 뒤, 성재가 대학 물리학(物理學) 교실 나선형 좌석에 앉아 역학(力學) 강의를 듣고 있을 때 뒷문 어구에서 급한 일이 있으니 나려오라는 사람이 있었다.

「한류·난류」36, 『민주일보』,
1948.12.10.

아메리카 (九)

성재를 불러내는 사람은 학생 등록과(登錄課) 사무원이었다. 성재는 영문을 모를 호출을 받고 강의실(講義室) 밖으로 나갔다.

흰 소복이 내어미는 검은 만토를 입은 여자가 복도에 서 있었다. 간호부라는 것은 물어볼 것도 없었다.

"이 부인이 당신을 찾아오셨소."

사무원은 인사를 시키고 자리를 비켰다.

"이은주 양이라는 분 아시지요?"

죽은깨가 약간 돋은 기름한 얼굴에 핏기 없는 간호부가 묻는 말이다.

"네―."

하기보다, 빠르게 성재는 불길한 예감에 사로잡혀서 상대방의 질문을 받기 전에 먼저,

"미쓰 이가 다쳤읍니까?"

하고 물었다.

"아시는군―."

하고 나서 간호부는,

"그렇습니다. 시립병원 브로드웨이 분원(分院) 외과 五십六호실에 입원하고 있습니다. 대단치 않은 자동차 사곤대요. 열이 계속되는 게, 다소간 격정이 된다는 의사의 말씀입니다. 의사 말씀을 전하러 온 게 아니라, 사실은 이양(李孃)이 당신을 찾아 달라고 해서 한참 찾았습니다. 나오실 수 있으면 들러 주실까?"

하고 돌아서는 것이다.

"잠간만, 지금 함께 갈 수 없을까요?"

하고 성재는 물어보았다.

"지금 가실 수 있다면 더욱 좋지요. 몹시 기다리더군요. 그럼 밖에 차를 대 놓고 기다릴 터이니 곧 나오실까?"

하고 간호부는 먼저 나갔다. 성재는 제자리에 들어가 브리프 케이스를 들고 조용히 나와 간호부의 차를 타고 병원으로 갔다. 무시무시하게 흰 도어에 굵은 병실 호수(號數)가 불길한 액운을 미리 점(占)치고 있는 것 같은 것을 노크하기가 제 가슴속 양심(良心)이랄지, 외포(畏怖)[325]를 제 주먹으로 두드리는 것 같았다. 안으로 열리는 문을 비켜서는 것은 흰 두건을 보네트[326]같이 쓴 어린 간호부● 비스듬하게 상체를 일으키고 누운 은주의 얼굴이 지나가는 흐린 낯빛에 뿌며게 아름다웠다. 성재는 조용히 은주 곁으로 걸어갔다. 은주는 움직이지 못하는지 움직이지 않는지 시름시름 기억을 찾는 폐인(廢人)의 눈거풀같이 끔벅어리는 눈시울에 반가워하는 노력이 엿보일 뿐 찾아온 사람이나 다름없이 아무 말이 없다. 야속하오, 밉소, 괘씸하오, 그러니 어쩌오? 하는 것을 다시, 아니요, 아니요, 그래도 이렇게 다시 쳐다볼 수 있는 그 단단한 복숭아 씨앗 같은 얼굴이며 목덜미며 쭉 내려간 몸집은 아직도 그대로 탱탱하게 소리조차 날 것만 같이 무자비하구려 하는 시선(視線)이요, 느껴대는 거리(距離)였다.

"어떻게 된 일입니까?"

성재는 비로소 입을 열어 보았다.

---

325 외포(畏怖): 몹시 두려워함.
326 보네트: 여자나 어린아이들이 쓰는 모자의 하나(bonnet).

"보시는 대로예요. 자동차에 치였어요. 성재 씨를 따라가다가 이렇게 자동차에 치어 넘어졌에요."

은주는 기껏 처량하고 싶은 찰나를 이렇게 낮은 목소리로 울렸다. 눈시울이 뜨거워지는 것은 더 뜨거운 것이 스스로 견디지 못하고 터지는 데가 아픈 살 속에 있는 까닭이었다. 성재는 천령 떨어지는 단절(斷絕)을 간신히 아랫배로 받고 견디리만큼 괴로웠다.

'무엇이라고 다시 입을 벌린단 말인가? 이것이 통 어쩐 셈인가. 나는 무엇 때문에 이 여자를 찾아갔던 것이며 이 여자는 또 무엇 때문에 나를 쫓아오다가 이 모양이 되어야 하는 것이냐. 그리고 나는 이렇게 들어누운 여자에게 무엇을 줘야 하며 또 무엇을 줄 것이 있단 말인가?'

성재는 자기도 모르게 고개를 숙으렸다. 아무것도 없는 것을 찾으려는 무심(無心)—미끄러운 리놀움 바닥에 크고 작은 발자욱 몬지가 다시 어지러운 자기 앞길을 점치는 것같이 보였다. 그리고 다시 모를 일이다. 성재는 두 발 더 가까이 은주에게로 닥아서서 여우인 손바닥으로 은주의 이마를 만쳐 보는 것이다. 아마 아까 간호부에게서 미열(微熱)이 있다는 소리를 들은 것을 그의 손은 자기도 모르게 어르만져 보는 것인지도 모른다.

「한류·난류」 37, 『민주일보』,
1948.12.11.

아메리카 (十)

성재가 징그니 자기 이마를 누르고 있을 동안, 비록 몇십 초에 지나지 않은 시간이었건만 전신의 뒤틀리게 아프던 것이 고루 잡히는 것 같이 편하였다.

'이렇게 될 수 있을 것을 이렇게 될 수 있을 것을—.'

어떠한 기계나 약의 지묘[327]보다 나은 더운 손, 더운 육체의 다스림을 오래오래 받고 싶은 것, 은주는 성재를 괘씸하다고도, 매정하다고도 할 수 없었다. 그는 성재의 손이 한없이 고마울 뿐이었다. 눈물을 가신 눈으로 성재의 얼굴을 쳐다보았다. 여전히 깔끔하고 단단하게 조인 표정, 다만 눈언저리에 옅은 우수가 사렸다. 성재는 은주의 이마에서 손을 떼고 섰다.

아무 말도 없었다. 은주는 아무 말이 없어도 좋았다. 그래도 가지 말고 서 있어 주기만 하면 좋을 것 같도록 고마웠다. 자기도 그 이유를 알 수가 없었다. 어쨌던 성재에게서 오는 것은 윤영우에게서 오는 친화력(親和力)보다 더 세인 어떤 접착력(接着力) 같았다.

"어서 빨리 낫두록 노력하십시오."

성재는 더 오래 서 있어야 별도리가 없었기에 이렇게 한마디로 위로 겸해 작별 인사를 하였다.

"언제 또 오시겠어요? 내일? 오늘밤?"

은주의 묻는 말은 토막토막 끊어졌다. 길 가던 사람의 문병이래도 이렇게 간단하고 냉냉할 수가 있을까? 은주는 성재가 같이 밤을 새워줄 줄 알았

327　지묘: 아주 묘함.

었다.

"될 수 있는 대루 자주 들리지요."

하고 성재는 병실에서 나왔다. 물론 그는 자기가 나온 뒤에 가슴이 짓이겨지도록 아팠던 것에 못하지 않고 괴로운 눈물을 홍건히 흘리고 있을 은주를 상상하지는 못하였었다.

성재는 도리어 다시금 불쾌하였다.

'미친 여자가 아닌가? 사람을 따라오는 것은 무엇이고 가동차에 치이는 것은 무엇이고, 또 나를 부르는 것은 다 무엇인가?'

성재에게는 모든 것이 지나가는 찬바람 더운 바람 같았고 연극과 같았고 짓[328]과 같았다. 그리고 생각하면 자기가 꽃을 들고 쓸데없는 감상에 속아 은주를 찾아간 것부터 연극 같고 짓 같았다. 다시금 불쾌한 감정은 자기 자신에게 대한 자책(自責) 자조(自嘲)였는지도 모른다.

은주는 열이틀 동안 병석에 누워 있었다. 그사이 날마다 찾아와서 거진 종일 어떤 때는 밤늦게까지 같이 있어 주는 것은 윤영우였다. 성재는 그 후 이틀 걸러 두 번 찾아오고 다시 오지 않았다. 그것은 성재가 은주의 소개로 은주의 머리맡에서 윤영우를 알게 되고 또 윤영우에게 사리를 비켜 주느라고 한 때문이 아니라 다른 일이 생기기 때문이었다.

다른 일이란—어느 날 오후 성재를 학교로 찾아온 사람이 있었다. 그는 손일록이었다.

예배당에서 배일 데모를 선동하던 청년이다.

"한번 뵈옵기는 하였지만 진작 인사를 드리지 못하였습니다."

하는 서두로 각근한 인사를 하고 손일록이는 손을 내어밀었다. 성재는 그

---

328 짓: 어떤 수작 혹은 행동.

의 손을 잡았다.

　사람은 흔히 손을 잡아보면 심장을 알 수 있다. 손일록이 손은 부드럽고 또 단단하였다. 그리고 거진 틀어쥐다싶이 하는 그 힘은 우정 짓을 피우느라고 하는 것이 아닌 것은 그의 굵고 또 낮은 목소리와 흔들리지 않는 그의 눈초리로 알 수가 있었다.

　이 더웁고 단단한 손에 잡혀여 성재는 대체 어떤 데로 끌려가는 것인가, 스스로 흥분에 가까운 호기심과 공포에 가까운 모험을 느끼는 것이었다.

「한류·난류」 38, 『민주일보』,
1948.12.12.
아메리카 (十一)

워싱톤 스퀘어에서부터 여러 갈래 동남으로 몇 마장씩 뻗은 시가지 구역을 속칭 그리니찌 빌래치[329]라고 한다. 그리니찌 촌(村)은 파리(巴里)에 있는 래틴 코티[330] 같은 데로서 시방은 꼭 그렇지도 않지만 예전에는 배고픈 시인(詩人), 작가, 화가(畫家)들이 인간의 최저 생활을 영위하면서 인간의 최고한 것을 생산해 보려고 십 년씩 이십 년씩 헛된 도로(徒勞)를 거듭하던 곳이다.

이곳에서 그들은 굶고 먹고 울고 앓고 쓰고 그리고 사랑하고 죽었다. 그러한 자죄는 이 근처에 아직도 흔한 지하실 빠—나 캐바레에 들어가 보면 시방이라도 얼마든지 찾을 수 있다.

벽에는 술값이나 밥값 대신 맡기고 간 그림이 그양 걸려 있는 집이 있고 두터이 다섯 치 여섯 치 되는 육중한 나무 테불에는 쿠피드 화살이며 가지각색의 저주(咀呪)며 서명(署名)이 그들이 세상을 떠나간 순서대로 낡았다.

이러한 곳으로 모여드는 것은 예술가들만이 아니었다. 망명객(亡命客), 혁명가, 또 이 앞 세상에서 망명객이나 혁명가밖에 될 수 없는 피를 가진 젊은 사람들이 모여들었었다. 그것은 시방도 마찬가지다.

손일록이가 성재에게 조용히 할 말이 있다고 데리고 온 곳은 '그의 방'이라는 지하실 빠—, 그것은 그리니찌 촌에서도 으슥진 이태리 빈민들이 다닥다닥, 삐비적거리며 살아가는 三번가에 가까운 돌자갈을 깐 뒷길, 울퉁불퉁

---

329 그리니찌 빌래치: 미국 뉴욕의 예술가 거주 지역(Greenwich Village).
330 래틴 코티: 프랑스 파리의 라탱지구(Quartier Latin).

한 돌층계를 굽어져 내려가면 위선 오랜 세월을 두고 술과 담배 연기에 찌든 벽과 천장과 바닥과 테―불에서 오는 쓰고도 구수한 냄새 시방도 싼 담배 자욱한 연기 뒤에서 짙으게 코를 찌르는 것이고 어느 때나 손님들과 하나가 되어버리는 칠십 노인 파란인(波蘭人)[331] 바레프스키의 성성한 흰 머리카락이 소중한 유물(遺物)같이 반갑고도 슬프게 눈에 띄이는 곳이다.

오늘밤에도 손님들은 대개 이재 말한 종류의 사람들이었다. 수삼십 명 모인 가운데는 중국 사람 인도 사람 비율빈 사람도 있었다. 대개 예술이 아니면 조국을 생각하고 굶주린 다음에 먹을 것을 찾는 늙은 사람과 젊은 사람이었다.

두 사람이 빈자리를 찾아 테―불 사이를 걸어서 아―취 통로로 다시 뚫린 협실로 들어가려고 할 때에 마침 라디오에서 히틀러의 연설이 들려왔다. 베르히스가르텐[332]에서 십만 청중 앞에서 쏟아 놓은 사자후였다. 아흔아홉 마리 양(羊)을 다 잡아먹고 마지막 한 마리까지 잡아먹어야 되겠다는 미친 사자(獅子)의 음성이었다. 회랑지대(廻廊地帶)[333]로의 진격(進擊)은 시간 문제다―라는 낮은 영어 번역이 성재의 귀에 간신히 들릴 뿐, 나머지는 먼 우뢰 소리와 같은 반주를 타고는 히틀러으의 음악적인 목소리가 한번 다시 높을 때, 탕 하는 소리와 함께 히틀러의 소리는 그치고 곧 절그럭거리며 깨어진 물건이 대패밥 깐 세멘트 바닥에 떨어지는 소리가 났다.

성재는 손일록이와 함께 고개를 돌렸다.

코끝이 면도날 같은 창백한 청년이 벌떡 일어선 채 테―불을 부둥켜 쥐고,

"히틀러의 모가지를 비틀어 죽이기 위해 나는 살았다."

---

331 파란인(波蘭人): 폴란드인.
332 베르히스가르텐: 베르히테스가르텐(Berchtesgaden). 히틀러 및 나치스의 휴양 시설이 있던 곳.
333 회랑지대(廻廊地帶): 제2차 세계대전의 도화선이 된 폴란드 회랑을 가리킴.

하고 고함을 치는 것이다. 이 사람이 람 병을 던져 라디오를 깨트려 버린 청년이었다. 날카로운 게르만 형(型), 아마도 며칠 전에 조국(祖國)을 히틀러에게 빼앗긴 체코슬로바키아 청년인지도 모른다.

칠십 노인 바레프스키는 라디오가 깨어진 것을 그다지 아깝게 여기는 것 같지 않았다. 그는 도리어 람 잔을 들고, 아직도 머리끝까지 뻗친 분노를 색이지 못하고 일어서 있는 청년에게 가차이 와서 커다랗게,

"네가 람 병을 던진 순간에 히틀러는 죽었을는지도 모른다. 자 죽었을는지 모를 히틀러의 시체(屍體)를 위하야 축배를 들자."

하는 것이다.

성재는 손일록이와 마주 앉았다.

"말씀드리고 싶은 것은—."

하고 손일록이는[334]

---

[334] 이하 원문 4행 확인 불가.

「한류·난류」 39, 『민주일보』,
1948.12.14.

아메리카 (十二)

손일록이가 낮은 목소리로 시작하는 이야기는 단도즉입적이었다.

"재미국 약소민족 청년 반제국주의 동맹, 약칭 AIL이라는 것이 있습니다. 그것의 성격과 목적은 그 명칭이 저절루 설명하는 줄 압니다."

성재는 물론 손일록이가 말하는 것을 듣고만 있었다. 아무것도 묻지 않았다. 묻지 않아도 잘 알 수 있는 것이기 때문이었다. 손일록이는 성재의 눈을 디려다보았다. 적대시하는 것도, 두려워하는 것도 없는 검게 맑고 깊은 눈이었다. 그러므로 손일록이는 이야기하기가 더 쉬웠다.

"함께 일해 주시기를 바랍니다."

하고 손일록이는 럼을 한 잔 마셨다. 어떤 일을 어떻게 하는 것인지 알 수 없으나, 성재는,

"좋습니다."

하고 말았다.

도적질을 같이 하자는 것이 아닌 바에, 젊었기 때문에 어찌할 수 없이 쏘아 놓지 않고는 못 박일 정열이기 때문에, 그러고서도 쳐다만 보아도 세상에 가장 외로운 사람들은 이렇게 조국이 없어서 음모를 할 수밖에 없는 것인 까닭에 성재는 좋다는 한마디로 자기의 운명을 한마디 요구에 선선히 내어 맡기는 것이었다.

좋다고 한 이상, 이제는 도적질이라도 같이하여야 하였다. 어떤 일을 어떻게 하는 것인지는 몰라도 이제 사나이가 한번 약속한 이상 비겁하게 뒷걸음을 쳐서는 안 되었다. 기어히 죽을 자리면 죽는대도 할 수 없는 것이었다.

한구석에서 '붉은 기' 노래[335] 소리가 들려왔다. 여자의 목소리를 섞은 사나이들의 노래였다. 사랑하는 사람과 함께 살 수 없기에 같이 살 수 있는 사회와 세계를 위선 맨들어야 되겠다는 노래 소리였다.

성재는 손일록의 계획과 설명을 귀알아들었다. 손일록이는 동지들을 만나게 해 줄 것을 말하고 『나로드』라는 자기들의 기관지(機關紙)가 자금 관계로 시방 나오지 못하고 있다는 것과 기금 모집에 대해서 이야기하였다.

성재는 자기가 함께 일을 하겠다고 약속한 단체가 대체 어떤 것이라는 것을 막연하게 알기는 하였으나 인구 일억 삼천만을 헤아리는 혼란한 피가 엉킨 이 땅 모든 포도(鋪道)가 금으로 깔렸다는 이 나라, 보수(保守)와 반동과 무지와 기계가 사개 물리듯[336] 꽉 짜인 이 거창한 괴물 속에서 더군다나 세계 금융 시장의 생사여탈지권을 틀어쥐고 있는 월스트리―트가 맨하탄의 암반(巖盤)과 같이 끄떡하지 않는 자본주의(資本主義)의 아성(牙城) 뉴―욕에서 그야말로 창해일속(滄海一粟)[337] 격인 여위고 마른 힘없는 나라 청년들의 조고만한 모임이 대체 무슨 효과를 나타낼 수 있을 것인가 자못 의아하게 생각하지 않을 수 없었다. 그런 기미를 차린 때문은 아니었지마는 손인록이는 불숙

"곧 나와 주서야 할 일이 있을런지 모릅니다. 대단찮은 일, 그러나 우리가 하는 일이란 항상 대단찮은 일일 겁니다. 내일 이 자리에서 같은 시간에 만나도록 해 주실 수 있을까요."

---

335 '붉은 기' 노래: 적기가(The Red Flag). 영국 노동당 행사는 물론 세계 각지의 노동 운동 및 사회주의 운동에서 널리 불린 노래.
336 사개 물리다: 말이나 사리의 앞뒤 관계가 빈틈없이 딱 들어맞다.
337 창해일속(滄海一粟): 넓고 큰 바닷속의 좁쌀 한 알이라는 뜻으로, 아주 많거나 넓은 것 가운데 있는 매우 하찮고 작은 것을 이르는 말.

하는 것이다.

어느새 성재는 일속에 들어간 것이었다. 일을 생각하고 있는 사람의 의논에 참예한다는 일이 벌서 한 개의 일이었다.

물건을 맨들기 위하여 청사진(靑寫眞)을 찍듯 일을 위하여는 위선 생각이 준비되어야 하는 것을 성재는 모르지 않았다.

"아, 차차 차차 가까워지는 동양 친구, 당신의 일홈을 내가 알 배며 알고 싶은들 살아 있는 동안 어찌 알리. 다만 다른 것은 그 눈동자 음모(陰謀)가 정당한 계획으로 해 돋듯이 공명정대하게 되어지이다."

라고 칠십 노인 바레포스키는 럼 잔을 들고 와서 손일록의 어깨를 치는 것이다.

「한류·난류」 40, 『민주일보』, 1948.12.15.

아메리카 (十三)

  손일록이와 약속한 시간에 성재는 '그의 방'으로 갔다. 손일록이는 성재를 기다리고 있다가

  "순시가 두루 바귀는 일 같으나 급하고 보니 어절 수 없군요. 조력을 좀 해 주셔야 되겠읍니다. 매디슨 스퀘어에서 거행하게 되는 데모에 쓸 삐라를 직어야 되겠읍니다. 뉴—욕 조선인 학생회로서는 반대하는 자들이 많아서 참가하지 못하게 되었읍니다. 그렇다고 우리가 가만히 앉어 있을 수 없읍니다. 우리들 몇 사람만이라도 나가야 되겠읍니다. 많이 참가하지 못하는 대신 삐라를 대량으로 뿌릴 작정입니다. 십만 매—."

하고 바쁜 듯이 몬저 일어섰다.

  "어디서 찍습니까?"

  성재는 딸아 일어서면서 물었다.

  "우리들이 가지고 있는 인쇄소『나로드』를 찍●(데입)니다. 벌서늘 왔● 겁●다. 종이를 사지 못해● 돌아다니다가 오늘 아침에야 간신히 십만 매분을 수입했읍니다."

하고 손일록이는 간단하게 설명하는 것이다. 두 사람은 거리로 나왔다.

  워싱톤 스케어를 질러 촤이나타운(중국인 거리) 쪽으로 내려갔다.

  포도를 한참 걸어가다가 성재는 발길을 멈췄다. 어떤 레스토랑 앞에서 샌드윗지(가슴과 등에 걸친 광고판)을 멘 종업원 여섯 사람이 들어가는 어구 앞으로 왔다갔다하는 것이고 그 옆에는 곤봉을 든 순사 두 사람이 그들과 나란히 역시 왔다갔다하는 것이다.

샌드윗지 광고판에는 굵은 글씨로 '임금(賃金)을 십오 퍼—센트 인상(引上)하여라.' '여러분은 이 음식점으로 들어가지 마시오.' 라고 썼다.

힐끗 유리창 안을 디려다보던 테—불 위에 의자가 올려 놓인 홀—에 주인인 모양인 배가 뚱뚱한 사람이 스툴에 앉아 여송연을 피우고 앉았다.

"이상하군요. 순사하구 스트라이크하는 사람들이 나란히 왔다갔다하는 게."

하고 성재는 손일록의 뒤를 딸아가면서 말했다.

"이상할 것 없지오. 미국서 순사라는 건 사람이 다치거나 폭동이 일아나 때만 행동을 하니까. 돈 더 달라고 하는 걸 순사가 어(찌합)니까. 왔다갔다 하는 건 주인하구 쌈이 벌어지면 달려들어 말릴라구 그리는 거지오."

하고 손일록이는 설명하는 것이다. 그것은 또 그렇다고 어제까지 같이 조석으로 얼굴을 맞대고 있던 주인들 언제 봤드냐는 듯이 저렇게 면대해서 싸우는 종업원이나, 자기가 부리던 종업원의 요구가 얼마나 무리한 것인지는 모르지만은 저렇게 뻔뻔스럽게 앉아서 여송연을 피우고 있는 주인의 심리나, 동양 사람으로는 이해하기 힘든 비인간적인 행동같이 생각되었다.

"아무런들 어떻게 얼굴을 맞대고 으르렁거릴 수가 있을까."

성재는 혼자말같이 되었다.

"싸움은 역시 그렇게 해야 됩니다."

하고 손일록이는 단정하는 것이었다.

성재는 한참 침묵을 지키고 걸었다. 주인과 종업원의 사이나 손일록의 말을 다 알 수 있는 것만 같았다.

촤이나다운 어구에서 고가전차(高架電車) 육교(陸橋) 밑을 지나 창고 같은 건물이 많은 거리로 두 사람은 들어갔다.

『나로드』 인쇄소는 어떤 중국 사람 상점에 달린 창고 지하실(地下室) 속에 있었다.

 인쇄소라는 말이 물론 당치않은 자그만한 평판 인쇄기를 한 대 놓고 동력을 끌어디린 한 귀퉁인데 두 사람이 층계를 내려섰을 때 희미한 전등불 아래 젊은 청년 세 사람이 인쇄기에 붙어 일을 하고 있었다.

「한류·난류」 41, 『민주일보』,
1948.12.17.

아메리카 (十四)

손일록이는 세 사람의 동료에게 성재를 소개하였다. 김팔(金八), 오형선(吳炯善), 조경재(趙敬栽)라는 XX주의자들이었다. 대학에 학적은 두었으나 몇 해씩 강의(講義)에 나가 보지 못하고 노동만을 하면서 자기들의 맡은 일을 해 가고 있는 조선 사람들이었다. 자기들은 학생회에 참예하지 않고 손일록이만 보냈던 것도 우에 말한 두 가지 사정 때문이었다.

김팔이가 제일 나이 많은 사람으로 서른여섯, 평안북도 정주(定州) 태생, 일본 동경 유학 절반에 사회 운동 절반으로 강의와 고문 사이를 여러 차례 드나들다가 적을 두었던 조도전대학 경제과를 중도에 팽개치고 미국 사람 쿠크가 되어 가지고 도미(渡美)한 지 십 년, 뉴—요—크의 거리거리와 그곳에서 칠백만 명이라는 인간들이 사실은 한 사람도 행복스럽지 못한 까닭이 자본주의 기구 때문이라는 결론을 내린 사람, 시방은 미국 XX당원으로 싸워서 이기는 도리밖에 믿지 않는 철저한 볼세비키였다.

키는 작은 편이고 몸집도 가는 편, 얼굴은 까마짭짭하고 조밀조밀 못생긴 편인데, 특징이라면 수 트히지 못한 곱슬머리와, 경멸에도 가깝고 자비(慈悲)에도 가까운 미소를 얀삽하게 납삭거리는 작은 입술 가에 흘리는 것이다.

오형선은 화가(畫家)다. 하와이 태생, 부친은 목사고 무용가를 누이동생으로 둔 사람, 시방 메끼시코[338]를 순회 중인 누이동생이 삼 일 전 메끼시코

---

338 메끼시코: 멕시코.

시티에서 일어난 동란(動亂)에 아무 탈 없는지 근심하고 있는 어질고 무능력한 사람이다. 삐라 찍는 데 쓸 조선말 활자를 전부 목각(木刻)으로 갸름하게 긁고 맵시 있게 사긴 사람이다.

"미일 통상 조약 연기 절대 반대! 일본으로 보내고 있는 파쇠 수출을 즉시 중지하라! 그대들은 어부지리(漁父之利)를 꾀하려는 것인가! 일직이 베르사이유[339]에서 그대들은 어부지리를 꾀하지 않았던가! 그것이 어주리 없는 꿈이 되고 도리어 그대들이 뿌려 줄 빵 부스래기를 먹은 프르시아의 개들[340]은 다시 일어나 시방 구라파 전체를 석권(席捲)하고 있지 않은가. 오늘 그대들이 보내는 다른 떡 부스래기인 파쇠로 말미암아 사억(四億) 중국 인민의 ●●이 그대들의 선의(善意)의 시장(市場)이 되어지기 전에 일본 제국주의자들의 손으로 넘어갈 사실을 알고 그보다도 그대들이 보내는 파쇠는 부머레잉[341]이 되어 그대들의 머리 우에 프란켄슈타인의 업보(業報)[342]를 가져오고야 말 텐지 누가 아는가. 일본이 미국을 친다는 것을 치인(癡人)의 백일몽이라고 욕하는 인사에게 내일모레를 헤아리고 있는 파탄(破綻)의 수명은 또 그만두고 삼백 년 세계 대업의 본존(本尊) 대영제국 대리인(代理人) 쳄벨렌 로(老)[343]가 베르히쓰가르텐에 순례(巡禮)하지 않고는 못 백일 사실을 누가 일즉 점쳤었겠는가.

---

339 베르사이유: 베르사유조약. 1919년 6월 28일 파리 평화회의의 결과로 31개 연합국과 독일이 맺은 강화 조약.
340 프르시아의 개들: '프러시아의 개들'. 나치 독일을 비유적으로 표현한 말.
341 부머레잉: 부메랑(boomeran).
342 프란켄슈타인의 업보: 메리 셸리의 소설『프랑켄슈타인』속 주인공이 자기가 창조한 존재로 인해 파멸에 이르는 결말을 가리킨다.
343 쳄벨렌 로(老): 영국 수상 체임벌린(Arthur Neville Chamberlain, 1869~1940). 외교적 유화책으로 제2차 세계대전 발발에 일조했다는 평가를 받고 있다.

제국주의 전쟁을 방지하기 위하거든 향일(向日) 파쇠 수출을 절대 중지하라.

군국주의자들의 생명선을 끊기 위하여 미일(美日)통상조약을 파기하라. 불간섭주의(不干涉主義)를 버리고 구라파의 모든 반팟쇼 정부 인민을 적극 지원하라.

조선 독립 만세!

중국 항일 전사 승리 만세!

인도, 중국, 섬라[344], 불령 인도지나, 마레[345], 비률빈, 조국 해방 전사 투쟁 만세!

전 세계 피압박 민족 해방 만세!

전 세계 노동자 제휴 만세!"

오형선이가 목각으로 사긴 이상의 글자들은 지형이 되고 지형은 연판이 되어 시방 종이 우에 찍혀 나오고 있는 것이었다.

---

344   섬라: 태국.
345   마레이: 말레이시아.

「한류·난류」 42, 『민주일보』,
1948.12.22.

아메리카 (十五)

손일록이가 성재에게 끝으로 소개하여 주는 조경재는 성재의 나이에, ●유거●인 것 같이 보이는 청년이었다. 이마가 넓고 미목(眉目)이 고은 얼굴 세 사람 중에 제일 말이 없고, 말을 하면 여자같이 상대를 어려워하는 사람이다. 그는 서울 태생으로 의학(醫學)을 공부하다가 중도에 중병을 치르고 나자 기독교(基督敎)로 들어가, 교회 덕으로 미국 유학을 와서 뉴―요―크 신학교(神學校)에 적을 두었던 사람, 김팔이를 우연히 알게 된 동기로 자기 인생의 코―스가 달라져 버린 것을 시방까지 진실로 거듭난 것같이 고맙게 생각하는 마음 어진 사람이었다. 외모가 무르고 부드러운 반면에 내면(內面)은 가장 동지들의 상상을 넘어가는 바가 있는 사람이다.

간단하게 인사를 주고받은 다음은 일의 계속이다. 성재는 저윽이 당황하였다.

일을 어떻게 하면 좋을지 알 수 없었나.

"우리들의 일은 하루나 이틀에 끝이 날 성질의 일이 아닙니다. 필생을 두어도 끝이 나지 않을런지도 모릅니다."

삐라 한 장을 들고 보는 성재의 표정이 천리 ●● 앞에 아모것도 보이지 않는 것을 찾는 것 같은데 일부러 하는 말인지, ●●●●● 어떻게 ●●●●. 세 사람의 일꾼은, ●신 종이를 나르고 ●●● 들어 올리고 ●●●● 하는 것이다.

사람 사람으로서의 일이나 즐거운 환락(歡樂)은 일이 끝난 다음에 두고두고 하자는 거● 같았다.

성재는 별로 말도 없이 바쁜 젊은 사람들의 ●●는 '이다음'을 몸으로 알아듣고 이해할 수 있을 것 같았다.

그들의 인사나 즐거운 환락이란 어디 ●●●●로 있는 것이 아니고 나● 이렇게 일하면서 성●● 여가는 그것 자체가, ●사요, 또 환락이라는 것으로 이해하고 싶었다. 그리고● 그들의 일에 자기 스스●● 참예하기를 주저하지 않았다. 성재는 손에 처음으로 잉크를 묻치면서 그들과 같이 일을 하였다. 학문(學問)과는 또 다른 커다란 기쁨을 가져오는 추구(追求)—이것이 행복(幸福) 혹은 실천(實踐)이라는 것인가? 어쨌든 성재는 이제껏 경험하여 보지 못하였던 새로운 토양(土壤)에서 오는 수액(水液)을 느꼈다.

성재는 또한 새로이 친구가 생긴 것이 무엇보다도 기뻤다. 이해득실을 떠난 데서 같이 힘을 나누고, 의심●●가 없는 일, 빤하게 옳고 정당한 일을 위하여, 힘을 합치는 것으로 통하는 우정, 그것은 찻잔이나 나누고 좋은 구경을 같이하는 친구가 아니라, 실로 어떤 시절에 하나가 울면 딸아서 울고 하나가 좋아하면 딸아서 좋아하던 동무들의 정이요 뜻이었다.

동무―. 그 뒤로 세 사람이 자기를 동무라고 부를 때 성재에게는 그 소리는 생소하면서도 가장 가까운 것으로 들렸다. 다시 생전 처음으로 먹어도 과실 맛 같은 동무라 서로 부르고, 또 불리우면서 성재는 이렇게 하여 청년으로서 가장 옳● ●아갈 수 있는 길에 발●●며 놓았던 것이다.

차차 매연(煤煙)●●에 깝깝하여저 가●● 짖은 차가운 바람결도 ●는 뉴―요―크 거리● ●재에게 또 하나 있어●●● 고향 같이도 생각이 들도록 마음이 가라앉은● 골―드슈타인의 집● 등과 동무들과의 일●의(●●) 사이 ●● ●번 여유롭게 내어 ●● 찾아보지 못한 은주를 찾아 시립병원으로 그는 발길을 떼●●●.

「한류·난류」 43, 『민주일보』,
1948.12.23.
아메리카 (十六)

성재는 은주의 병실 앞에 와서 놀랐다. 은주의 일홈은 없어지고 딴 사람의 카—드가 또아에 끼어 있는 것이다. 와—드[346]에 있는 간호부에게 물어보니 은주는 다 나어서 이틀 전에 퇴원을 하였다는 것이다.

다 나었다는 말을 듣고 저윽이 안심하였다. 동시에 그사이 자주 와서 문병을 하지 못한 것이 몹시 미안하였다.

'은주는 결국 나 때문에 다친 것이 아니었던가. 얼마나 나를 섭섭하게 생각하였을까?'

성재는 병원 마당에 나와 섰다. 그는 말러 가는 불밭 의자에 잠시 앉었다.

머리 우에 난데없는 단엽 비행기[347]가 떠왔다. 비행기는 한참 빙빙 돌더니 꼬리에서 이상한 연기(煙氣)를 끌기 시작하였다. 그 연기는 살어지지 않는 연기었다. 비행기는 연기로 글씨를 쓰는 것이었다. 성재는 심심파적으로 글씨를 따라가며 처다보았다.

"그대의 애인(愛人)이 가지고 싶어 하는 물건은 녹쓰 상회(商會)로! 五번통 十一번가."

비행기는 이러한 글자를 써놓고 동북으로 살아졌다. 꼬불꼬불한 석고빛 글씨 연기는 한 사오 분 동안 사람들의 시선을 끄을다가 차차 흐린 구름 쪼각이 되어저 버렸다.

346 와드: 병동(ward).
347 단엽 비행기: 날개가 양쪽에 하나씩 있는 비행기.

성재는 하늘에서 또 한 가지 어디까지나 미국적인 특성을 발견하고 어안이 없이 앉이 고소(苦笑)하며 또 속으로 침을 뱉는 것이다.

사랑을 팔고 또 사는 나라 피와 살과 지혜로 빚어진 사랑을 상품(商品)으로 능히 살 수 있고 또 사는 것이 당연한 일이기에 땅을 또한 저렇게 헐값으로 팔리고 있는 것이 아닌가.

미국에 있어서는 모든 것이 광고(廣告)로 요약되는 것 같이 성재는 생각하였다. 시방 구름같이 살아진 광고를 보면 광고술도 이제는 자본주의 말로와 함께 막다른 골목에 다달은 것 같았다. 이곳에서 물건값은 무엇이던지 일원(一圓)인 대신에 구십구 전이다. 무엇이고, 백 퍼센트인 대신 구십구(九十九) 퍼센트, 九로써 표시된다. 구십구(九十九) 전을 받기가 부끄러워서, 차라리 一원을 받는 사람들은 무던하기 때문에 뒤떨어져야만 될 것인가?

사랑이 사랑인 것만도 벌서 부끄러운 노릇이어서 낯을 붉히는 사람들은 차라리 낯(顔)을 팔 요량이면 차라리 살을 저몃고 또 차라리 발거버슬 수 있다. 벌거벗는다는 말은 광고(廣告)하는 것이 아니고 쓸데없는 것을 필요치 않게 역인다는 말이다. 살을 점이고 벌거버슨, 사랑. 성재는 다시금 자기 때문에 뇌진탕(腦震蕩)을 이르키고 갈비때를 상한 은주를 생각해 보앗다.

은주는 이국(異國) 물을 먹고 자란 여자였다. 그러나 그의 다름박질치던 그 혈관 속에는 낯을 붉힐지언정 가슴을 팔지 않는 같은 민족(民族)의 피가 정녕 흐르고 있는 사람이다.

성재는 이러섰다.

그는 은주의 아파트로 갔다. 혹시나 하는 예감으로 녹크하였더니 아니나 다를까 윤영우가 문을 여는 것이다. 은주는 침대에 누어 있었다. 성재는 선듯 방안에 들어섰다. 자기 딴에는 대단한 용기었다. 이제로부터 자기에게 오는 것은 무엇이고 곳장 받어드리겠다는 심사였다. 뒤에 든든한 동무들과의 일이 있고 앞에 얼마던지 쏟아 놓아도 좋을 청춘(靑春)의 정열이 있다. 무엇을 순준(巡逡)³⁴⁸할 것이며 무엇을 두려워하랴.

그러나 성재의 가슴에 안길 것은 아무것도 없었다.

은주는 벌서 성재가 모르는 사이에 윤영우에게로 가고 말었었다.

---

348 순준(巡逡): 망설임, 머뭇거림이라는 뜻을 가진 일본어 단어 しゅんじゅん(逡巡)에서 온 말로 추정.

「한류·난류」 44, 『민주일보』, 1948.12.24.
알 수 없는 일 (一)

 침대에 누워 있는 은주와 침대 옆에 실로 가까이 앉아 있다가 일어난 것이 확실한 영우의 사이가 어디까지 간 것인지는 알 길이 없어도 들어누운 사람이 그냥 한 방문객의 문병을 받는 태도가 아니고, 찾아온 사람 역시 단순히 앓고 난 사람의 심신을 위로만 하러 온 것 같● 않았다.
 모든 변화는 첫눈에 띄이는 법이었다. 첫눈으로 알아채리는 사람은 그만큼 현명한 것이다. 알아채린 이상 두 가지 선택(選擇)이 있을 뿐이다. 점잖게 인사를 하고 나가든가, 그보다 더 무던한 노력을 하여 두 사람을 축복하든가.
 그러나 성재는 두 가지를 다 할 수 없었다. 그는 그냥 선 자리에서 떠나지 못하고 있을 뿐이었다.
 은주의 쇠약한 몸이 뜨겁고 또 차진 것은 이미 노크 소리를 들었을 때였다. 방안에 들어서는 성재를 멀고 또 가까운 시선으로 바라다보면서 쓰고 또 단물 같은 설움을 목구멍 위로 못 올라오게 누른 것은 다음 순간이었다.
 그런 다음에는 지쳐 버렸다. 말 한마디 없이 지쳐 버리기까지에 은주는―.
 날마다 병원으로 찾아 주는 윤영우의 성의를 차차 성의를 가지고 받을 수밖에 없었다. 성의는 애정으로 변하여 갔다. 몸이 고달픈 데다가 성재에게서 받은 타격이 심할쑤록 알 수 없는 반발이 생겼었다. 그것은 비관하고 말기에는 너무 드세었다. 드센 것은 결국 자기가 모든 것을 이기겠다는 것이었다. 그렇다고 성재를 이길 수는 없었다. 성재를 이 이상 애정으로 극복해 보겠다는 것은 자존심이 허락하지 않았다. 은주는 성재가 나쁜 사람이거나 자기를 싫어하는 사람이 아니라는 것을 잘 알고 있었다. 다만 성재는 자기와는 애초부터 완전히 다른 씨에서 나온 사람이라고 판단하였다. 물에 뜬 기름 같은 사나이와 계집, 그것은, 노력이나 애정이 융화를 시켜 줄 수 있는 것이 아니라는 것을 깨달았다. 허풍선이 같은 것 별안간에 고국산천을 사모하고 밑도 끝도 없이 지나가는 한 사나이를 사모한 것이 모두 꿈자리같이 생각이 들어갔을 때 은주의 머리속에서 성재의 그림자가 멀어져 갔던 것이고, 가슴속에서 질긴 뿌럭지가 시원스럽게 뽑혀져 나가고, 그 자리에, 보드랍고 친절하고 머리 좋고, 미끈하게 생긴 윤영우가 들어앉기 시작하였었다. 그것만이 아니었다. 낸시 박이라는 여자를 피하는 것이 분명한 윤영우는 ● 때 회오리바람 같은 정렬 때문에 은주를 희생물로 만들 요량을 하는 것도 아닌 것이 분명한 바에 모든 조건을 구비한 이 청년의 호의를 달게 받지 않을 아무런 이유도 생각할 수 없었다.

  날이 날마다 과일이며 책이며 수건이며 날러 오기를 또한 지성에 지성을 다하고 나르던 그 손이 자기 이마며 손이며 잡기를 또한 뜨겁기만 한 것이 아니거든 어느 날 무슨 영문인지는 몰라도, '아 한잔 나눈 술이다. 술—.' 그의 품에 잠시 안긴 것이 이제 새삼스러이 뉘우칠 것이 못 되고, 차라리 술 기운에 허둥지둥 성재를 쫓아가다가 이 모양 된 것이 서럽고 원통하다고나 할까. 하여간 은주는 윤영우와 함께 조선으로 같이 가기로 선선히 허락하고 있었다.

  "아직도 절대 안정하고 있으라는 의사의 부탁입니다. 미안하지마는 곧 돌아가 주시면 좋겠습니다. 환자를 위해서—."

하고 윤영우가 비로소 입을 연 것은 긴장한 세 사람이 시선이 몇 번 서로 오고 가고 은주가 머리를 던지다시피 벼개 위에 내어던진 다음이었다.

  성재는 한참 윤영우의 얼굴을 맞우 선다보았다. 윤영우의 태도는 당당하게 보였다. 당당한 사람의게 비겁할 수 없다. 성재는 아무 말 없이 문을 열고 나왔다. 나올 때 그는 은주의 긴 한숨 소리를 들었었다.

「한류·난류」 45, 『민주일보』,
1948.12.28.
알 수 없는 일 (二)

성재가 나간 뒤에 윤영우는 닫친 도어에 등을 대고 서서 침대에 반듯하게 누어 있는 은주의 표정을 살폈다. 하회가 두려웠기 때문이었다. 은주가 자기 행동을 너무 지나친 것으로 생각하고 반발을 할 것이 아닌가 두려운 생각이 들었다. 성재를 사뭇 내어쫓다시피 한 것이 마음에 걸렸다. 그러나 은주는 뜻밖에도 조용히 아무런 내색 없이 누어 있는 것이다. 아주 각오를 하여 버린 사람이 숨소리조차 내지 않고 눈만 이따금 껌벅거리는 것이다. 다시 생각하면 아무 말 없이 눈만 껌벅거리는 것이 야료[349]보다 더 무서운 조전(操戰) 같이도 생각되었다.

'저 여자는 성재 생각을 하고 있는 것이다.'

영우는 무륙한 침묵을 견디기가 어려워서 방안을 왔다갔다하였다. 이윽고 은주는,

"영우 씨—."

하고 나서,

"이리 가까이 와 주세요."

하고 영우를 불렀다.

영우는 침대 모에 가서 앉으면서,

"내가 너무 지내친다고 생각합니까?"

하고 은주의 흰 얼굴을 내려다보면서 물었다.

---

[349] 야료: 까닭 없이 트집을 잡고 함부로 떠들어 댐.

"아니요."

하고 나서 은주는, 한참 있다가,

"지내치셨대도 그만, 안 그랬대도 그만 아니겠어요? 중요한 건 사실뿐일 터니까. 제가 어떻게 할 도리 없이 이렇게 되었다는 사실만이 중요한 게 아니겠어요? 아마 제가 무슨 소릴 하는 건지 못 알아 들으시는 모양이군요. 성재란 사람을 미워하는 것두 아니구, 영우 씨를 싫어하는 것두 아니란 말이에요. 그러니까……."

하고 은주는 돌아누으면서 영우의 손을 잡았다. 잡고서, 계속하여,

"저를 꼭 붙들어 주세요. 꼼짝 못 하게. 그래서, 그것이 새 사실이 되게끔 맨들어 주세요. 그리구 조선으루 데리구 가세요. 또 그것이 빨리빨리 사실이 되게."

하고 눈을 감았다.

"염려 마십시요. 은주 씨! 마음을 알겠어요."

영우는 은주의 손을 징근이 부여 쥐면서 이렇게 중얼댔다. 그리고 한참 있다가 한 손을 은주의 오른쪽 가슴에 얹었다. 자연히 그는 은주의 몸에 가차워젓다. 오랜 침묵이 계속되었다. 영우의 손은 은주의 머리, 이마, 볼, 목으로 헤맷다.

은주는 눈을 그냥 감고, 자기 몸을 찾는 사나이의 넓은 손을 눈에 보는 듯이 느끼다가, 나종에는 그 손이 누구 손인지 알 수 없으리만큼 혼란하게 된 머리속에 뿌럭지가 뽑히여 나간 자리가 허전한 것 같은 것을 느끼자 눈을 번쩍 뜨고 정색을 하면서

"어떻게 아세요? 어떻게 제 마음을 아신다구 그리세요? 저를 아신 지 며칠이나 되었기 그리세요."

하는 것이다.

"조선으로 어서 가고 싶다면서요? 조선 가고 싶어 하는 마음을 안단 말씀이에요."

영우는 손을 떼면서 이렇게 주서댔다. 은주는 긴 한숨을 내어 쉬고 나서,

"그러세요? 조선으루 언제 가세요?"

하고 묻는 듯이 희롱 대어 보았다.

"은주 씨가 다 나으시면 곧 떠나지요."

"제가 오기를 기대리구 계신 것 같으군요."

"결과로 보면 그런 폭이죠."

하고 영우는 은주를 다시 내려다보았다. 다시금 멀어져 가는 거리를 측량하여 보면서 헤아리지 못할 것을 두려워하는 그는,

"내가 조롱을 하는 것 같읍니까?"

하고 물어보듯 따졌다. 은주는 서글서글한 눈을 크게 뜨고 고개를 흔들었다. 그리고 다시 영우의 손을 잡으면서,

"아, 자동차에 아주 치어 버렸더면 어떻게 되었을까?"

하고 한숨지었다. 영우는 무슨 생각인지 벌떡 일어났다. 그리고 영어로,

"더 내추럴 쇼크 대드 플래쉬 이즈 하이어 투(인간의 육체가 받지 않고는 알 수 없는 고통)."[350]

하고 『햄릿』을 외웠다.

"무슨 뜻으로 그것을 외우세요."

하고 은주가 물었다.

"모르겠어요. 모르겠어요. 내가 머리를 바위 어디다 박고 꺼꾸러질런지

---

[350] 셰익스피어의 비극 『햄릿』 3막 1장에 근거한 구절이다. "The heart-ache and the thousand natural shocks That flesh is heir to". 설정식은 1949년 백양사에서 『햄릿』 번역서 『하므렡』을 출간했다.

모르겠다는 말일런지 모르겠어요."

하고 다시 방안을 처음같이 왔다갔다하였다.

「한류·난류」 46, 『민주일보』, 1948.12.29.
알 수 없는 일 (三)

은주는 영우가 서성거리는 것이 싫었다. 세상에 자기 혼자만이 성실한 것 같은 표시를 하는 사람들이 흔히 가지는 의식적이고, 인위적인, 질탁한 체추는 더러운 내음새같이 풍길 때가 많다. 그것이 거짓이 아니고 정말 성실하기 때문이면 그럴수록, 혼자만 비장하여지는 모양이 남의 눈에 더욱 나는 법일 때문일까. 은주는 사실 이상의 모든 사나이들의 몸짓이 싫었다.

"영우 씨, 성재 씨를 한번 만나보시는 게 어때요?"

은주는 불시에 나오는 생각대로 이렇게 말했다. 영우는 멈춰 섰다.

"무슨 뜻으로 하시는 말씀인지?"

"친구로 사괴여 보란 말이에요. 좋은 사람 아니에요?"

"좋은 사람일 테지요."

"그럼 웨 그렇게 볼꼴 사납게 쫓아보냈어요?"

영우는 창밖으로 허드슨강을 내여다보면서

"잘했다군 생각지 않습니다."

하였다.

"잘못하신 건 사과하시는 게 좋잖어요? 성재 씨를 한번 만나세요. 그리구 사과를 허세요. 저를 위해서."

"글세요. 그 사람을 만나는 것이 은주 씨를 위하는 도리가 될까요?"

은주는 몸을 일으키고 침대에 기댔다.

그리고 머리맡에 놓였던 어머니에게서 온 편지를 집어 들면서,

"그만두세요. 만나지 마세요. 그리구 오늘은 그만 가세요."

하였다.

영우의 얼굴 표정이 금시에 굳어젓다. 모든 일이 순탄할 줄 알았던 그에게 나가라는 말은 성재를 위한 보복(報復)같이 들렸다.

"성재 씨를 위한 보복입니까?"

하고 영우는 물었다.

"영우 씨에게 보복을 할 사람이 있다면 그것은 성재 씨겠지요. 제가 무엇 때문에 다른 사람을 위해서 칼날을 받겠어요?"

"그럼 웨 나더러 가라구 그리는 겁니까?"

"짐을 꾸리서야지요. 조선으로 가자면서요?"

"아, 몸이 쇠약해서 신경이 예민해졌기 때문에 생각이 갈팡질팡하신 모양이군요."

하고 영우는 다시 침대 모에 와서 앉으면서,

"그러지 마시오. 그러지 말고, 정말 속에 있는 말을 해 보세요."

하였다. 은주는 눈을 편지에 둔 채,

"정말 얘기해두 괜찮어요? 성 안 내시겠어요?"

하고 물었다.

영우는 고개를 흔들었다.

"그럼 말씀할게요. 저―성재 씨 보구 싶어요."

하고 은주는 고개를 쳐들었다. 죄를 다시 저질르는 사람의 애원에 가까운 눈초리로, 영우를 물끄럼히 디려다 보았다.

"그런 줄 알었읍니다. 날더러 만나 보란 건 결국, 은주 씨가 만나고 싶다는 말인 줄을―."

"아셨으면 그대루 해 주실 수 있을 거 아니에요?"

"그럴까요?"

"저를 사랑하신다면서요?"

"그런데?"

"정말 사랑하신다면 사랑하는 사람을 위해서 그만한 청, 아니 희생을 하셔도 좋지 않아요?"

"이자(利子)를 희생하는 건 좋지만 미천까지 잃어버린다면?"

하고 영우는 불쑥 영어로 말하면서 일어섰다.

"무슨 말씀인지?"

"타산(打算)은 모르시는 것이 좋을 거예요. 벌써 일은, 아니 우리들의 감정은 타산 밖에서 곤두박질하고 있으니까. 하여간, 가리다. 그러나, 잠시 갔다 올 작정입니다. 지금 가는 건 또다시 은주 씨가 곤두박질을 하면서 성재라는 사람을 쫓아가는 것을 보기가 싫어서 가는 겁니다. 다치신 뒤에 또 오지오. 이번에는 자동차에 다치는 게 아니고, 완전히 은주 씨 자신의 수레바퀴에—."

영우는 무슨 잠언(箴言[351])을 외이듯 중얼거리고 은주의 방을 나갔다. 은주는 손에 들었던 편지를 구겨 쥐면서,

"어머니, 죄는 짓지 않을 테니 염려 마세요."

하고 속으로 뇌까리면서 깊이 눈을 감았다.

---

351 잠언: '箴言'.

「한류·난류」 47, 『민주일보』,
1948.12.30.
알 수 없는 일 (四)

'몸 성히 잘 있느냐. …… 네가 떠난 후로는 오랫동안 게을리했던 삼일 예배(禮拜)에까지 꼭꼭 나간다. 너를 위해서 기도를 드리기 위해서. …… 공부도 좋지만 여자는 적당한 시기에 가정을 가져야 하는 것이다. …… 뉴—요—크는 차차 쌀쌀하여 갈 줄 안다. 보내는 세—타—는 내가 짠 것이다.'

모친에게서 온 편지는 여니 때와 같이 안부를 묻는 것에 지나지 않는 것인데도 불구하고 그것은 오늘 은주에게 더할 나위 없는 고통을 주는 것이었다.

병신이 될 뻔한 자기 몸을 생각하면 몸 성히 잘 있느냐는 모친의 말이 마치 이렇게 될 줄을 다 알고 하는 말 같기도 하였다. 다 알기 때문에 시방 위태로운 비탈길을 걸어가는 자기 영육(靈肉)을 구하려고 별로 가지 않던 삼일 예배에까지 나가서, 기도를 올린다는 것 같았다.

한동안, 아니, 오래동안 사뭇 잊어버리고 있었던 어머니다.

엎질러진 물 같이 되어진 것 같은 것들 우에 어머니만이 홀로 원만한 그릇을 가지고 저질러진 것들을 원상(原狀)으로 회복시키려고 기다리고 있는 것 같았다.

그는 어머니에게로 도루 돌아가서 모든 것을 백지로 돌려 버리고 싶었다.

은주가 침대에 꺼지다시피 다시 고달푼 몸을 파묻고 있을 때 윤영우는 백십육번가 지하철(地下鐵) 어구에 우둑하니 서 있었다. 은주가 말하던 대로 성재라는 사람을 만나볼 생각이었다. 고지식한 순종인지, 심술궂은 반발인지 분간할 수 없는 심사로되 생각 앞서 발길이 김시중에게로 가는 것이었다. 성재가 있는 데를 알려면 김시중이를 찾을 수밖에 없었기 때문이다.

김시중이는 사무실에 있었다.

"여러 날만일세. 떠날 준빈 다 됐오?"

하고 김시중이가 물었다.

"떠나? 글세 차차 떠나지오."

하고 영우가 신산한 표정을 짓는 것을 보고,

"차차라니, 왜 무슨 일이 생겼어?"

하고 김시중이가 물었다.

"일이야 무슨 일, 그런데 최성재란 사람 어디 있는지 아시오?"

"알지."

하고 김시중이는 이어

"아, 일이 생겼군. 일이 생겼어. 그래 어떻게 되었는지, 난 좀 알 수 없오?"

하고 조롱 삼아 물었다.

"일이 있었다면 있구, 없었다면 없구, 있었다면 벌벌서 끝났는지도 모르지."

"끝이 낫다? 르군그래빠.³⁵² 끝이 났으면 최성재는 만나서 무엇하는 거요?"

"글세 그렇게 듣구 보면 아직 끝이 안 났을런지두 몰라."

"알겠어, 알겠어. 일이 차차 어려워지는 거로군 그래. 그게 점입가경이라는 거지?"

하고 김시중이가 웃었다. 윤영우도 따라 고소³⁵³를 하면서,

---

352 르군그래빠: '빠르군그래'.
353 고소: 어이가 없거나 마지못하여 짓는 웃음.

"아무래도 좋와요. 하여간 그 사람 있는 데나 알려주. 내 천천이 이야길 할게."

윤영우가, 조바심치는 것을 더 골리는 것도 실없은 노릇이라, 김시중이는 농담을 걷어치우고 성재가 있는 데를 알려 주었다.

그날 저녁, 윤영우가 골—드슈타인의 집 현관 벨을 눌렀을 때 문을 열고 나오는 것은 바로 성재였다.

"저를 찾어 오셨읍니까?"
하고 묻는 주인의 말을 각근하게 받아,
"네, 바쁘시지 않으면, 좀—."
하고 윤영우는 성재의 까닭 없는 표정을 역시 까닭 없는 표정으로 쳐다보았다.
"들어오시지."
하고 성재는 윤영우를 자기 방으로 안내하였다.

자리에 앉자, 성재는,
"무슨 말씀인지."
하고 고개를 처들었다.

한류·난류 연재 예고 글에 삽입된
설정식(왼쪽 상단)과 정현웅(오른쪽 하단)의 사진

해설

설정식 문학의 다양성과 함의

서승희

1. 설정식 문학을 다시 읽기 위하여

설정식(薛貞植, 1912~1953)은 해방기 조선문학가동맹(문맹)의 일원으로 활동한 작가이다. 그는 문맹 결성 초창기부터 종결에 이르기까지 각종 강연회와 출판사업, 문학대중화 운동, 문화공작대 활동 등에 이름을 올렸다. 문학적 글쓰기에 대한 그의 욕망은 시와 소설을 넘나드는 것이었으며 미국 유학을 한 영문학 전공자답게 번역과 해설 작업에도 관심을 기울였다. 그러나 대한민국 정부 수립 이후인 1949년부터 사실상 창작 활동을 지속하기 어려운 상황에 놓인다. 국민보도연맹에 가입하여 활동하는 등 남한 국민으로 편입되는 듯도 보였으나 결국 그는 한국전쟁 중 월북을 감행했고 휴전회담 시 북측 통역관으로서 모습을 드러냈다. 그리고 1953년 남로당 숙청에 따라 사형 선고를 받은 것으로 알려져 있다. 식민지에서 성장했으며 해방이라는 사건을 통해 작가로서의 날개를 편 그였으나 그토록 염원하던 "존엄한 주권"[1]을 남북한 어느 곳에서도 누리지 못한 채 생을 마감한 것이다.

이러한 이력 때문에 설정식은 오랫동안 한국 문학사에서 잊힌 작가에 속했다. 설정식의 작품은 월북 작가 해금 조치 이후인 1991년 다른 작가들의 작품과 더불어 일부 시편이 선집으로 묶여 나왔고, 설정식 전집이 출간된 2010년대 초반을 거치며 연구자와 대중들에게 점진적으로 알려졌다. 이와 더불어 『종』(1947.4), 『포도』(1948.2), 『제신의 분노』(1948.10) 등 세 권의 시집과 단행본 『청춘』에 대한 새로운 연구들도 진행되었다. 그러나 자료 접

---

[1] 「단조(短調)」, 「권력은 아무에게도 아니」, 「그런 뜻이오 사랑이란 둥」, 「헌사—미소공동위원회에 드리는」, 「태양도 천심에 머물러」 등의 시에서 설정식은 주권에 대한 열망을 표현하고 있다.

근 및 수집이 용이하지 않아서 선집 및 전집에서 누락된 자료가 적지 않았다. 설정식의 소설 연구가 시 연구에 비해 다양하게 이루어지지 못했던 것도 이러한 사정 때문이었다. 따라서 이 책에서는 기존 설정식 선집 및 전집에서 누락된 희곡, 비평, 에세이, 대담, 소설 등을 망라하여 새로운 선집을 구성했다.

설정식은 등단 초부터 혁명과 해방, 그리고 이를 쟁취하기 위한 방법론에 대한 고민을 드러냈고, 해방기에 이르러 탈식민과 반자본주의, 국제 연대를 향한 비전을 분명히 한 바 있다. 또한 아시아와 미국을 넘나드는 청춘들의 사상적 편력과 사랑의 욕망을 중심으로 과거의 자신을 포함한 조선 청년들의 성장 서사를 직조해 냄으로써, 시 쓰기와는 변별되는 방식으로 문학의 정치성을 실험하고자 했다. '해방의 문학, 청춘의 상상력'이라는 이 책의 부제는 이와 같은 설정식 문학의 핵심적 특징을 고려해 붙였다. 이 책에 새롭게 수록한 글들의 중심 내용과 함의를 구체적으로 소개해 보자면 다음과 같다.

2. 청춘과 혁명의 장소로서의 중국, 설정식 문학의 기원

일본의 만주 침략 이후 거세진 항일 운동을 배경으로 삼는 「중국은 어데로」(『중앙일보』, 1932.1.1.-1.10.)는 설정식의 중국 유학 체험과 이 시기에 형성된 세계관을 살펴볼 수 있는 자료이다. 설정식은 광주학생운동 서울 시위의 여파로 경성공립농업학교에서 퇴학당한 이후, 랴오닝성 제3고급중학교에서 수학하나 여기서도 학업을 중단하고 베이핑, 텐진 등지를 유랑한 바 있다. 만주사변이 발발한 격동의 시기에 중국에서 체류했던 경험은 이념적, 문학적 원체험이라 해도 과언이 아닐 정도로 그의 삶과 문학에 깊은 영향을 미쳤다. 이는 훗날 해방기에 쓴 첫 신문연재소설 『청춘』의 배경과 청년 주인공들의 행보를 통해서 입증되는 바이지만, 1932년 『중앙일보』 신춘문예 당선작 「중국은 어데로」에서 이미 만주사변을 다루었다는 사실은 그다지 주목받지 못했다.

「중국은 어데로」는 1931년 만주사변 발발 직후 중국 난징 외교부를 배경으로 삼고 있는 단막극이다. 관민합동중앙회의와 대일선전(對日宣戰) 학생단의 외교부 진입이라는 두 가지 사건을 중심으로 전개되는 이 희곡의 핵심 갈등은 일본의 침략에 어떻게 대응할 것인가를 놓고 빚어진다. 일본이 만주를 침략한 후 중국의 학생들은 일본과의 교전을 주장하며 대규모 시위를 일으켰다. 이는 국제 여론을 통해 사변을 해결하고자 했던 장제스의 방향과 정면으로 대치되는 것이었다. 여러 해 동안 군벌과의 다툼 및 국민당 내부 갈등에 시달려 온 장제스는 전쟁을 피하고자 했다. 그러나 그가 기대를 걸었던 국제연맹 이사회의 태도는 미온적이었고, 일본은 이사회의 결정 사항을 이행할 생각이 전혀 없었다.

설정식은 「중국은 어데로」 연재를 시작하며 이와 같은 당대 중국의 정세를 "리아리즘의 연출법"을 통해 장면화할 것임을 밝혔다. 그러나 오히려 그의 관심은 시의적 사실을 전달하는 것보다는 역사의 방향성에 대한 자신의 생각을 밝히는 데 있었던 것으로 보인다. "흔들리는 중국을 멸망에서 건져내자"고 주장하는 학생단의 목소리는 장제스의 우유부단한 태도를 압도하며 중국의 미래가 현재의 지배 권력이 아닌 청년 학생의 힘과 열정에 달려 있다는 사실을 부각시킨다. 한편 결말에 이르러 등장하는 'XX당원'은 일본은 물론 국제연맹 이사국을 포함한 서구 자본주의 국가의 야욕과 맞서 싸울 것을 부르짖으며 이 작품의 진정한 주제 의식이 무엇인가를 확실히 알린다. 내셔널리즘의 지평에서 벗어나 극동에서 일어나고 있는 전쟁의 제국주의

적 성격을 직시하자는 것, 이것이 바로 신인 작가 설정식이 전달하고자 했던 메시지였던 것이다.

이처럼 동아시아 약소민족 전체의 독립과 자존을 주장하며 제국주의와 자본주의를 대신할 새로운 체제의 가능성을 아울러 부각한「중국은 어데로」는, 진보적 이념과 사상에 대한 설정식의 신념이 해방기에 갑자기 돌출된 것이 아님을 보여 준다. 식민지기에 설정식은 영문학도로서 글을 썼을 뿐 이념적 입장을 뚜렷하게 표방하지 않은 것으로 알려져 왔다. 그러나 광주학생운동 서울 시위의 당사자로서 그는 이웃 나라 중국의 학생 시위를 마치 제 나랏일과 같이 주목했고 옳고 그름에 대한 판단 기준을 가늠해 보는 계기로 삼았다. 중국의 해방을 외치는 극중 학생단의 목소리는, 광주학생 석방과 민족 해방을 요구하던 조선인 학생들의 목소리와 겹쳐지는 것이었다. 그 속에서 그는 '하나의 역사적 필연'을 감지했다. 한편 아직 구체적으로 형상화할 수는 없었으나 XX당원의 목소리를 통해 국제적 사상의 필요성을 제기해 볼 수 있었다. 이렇게 볼 때「중국은 어데로」는 해방기 설정식 문학의 기원으로서 충분히 주목될 필요가 있겠다.

3. 논평과 대담을 통해 본 문학인의 내면과 일상

이 선집에서는 설정식의 창작뿐 아니라 논평, 에세이, 대담 등을 수록했다. 미국 문단, 특히 소설계의 경향을 소개한「최근 미국 문단 일별」(『중외신보』, 1946.5.4.)은 당시 흔히 그러했듯 미국의 신문 잡지를 통해 입수한 정보를 재구성한 글이라 짐작된다. 그러나 설정식은 영문학 전공자로서의 소양을 바탕으로 미국 문단의 세대 교체를 요령 있게 소개했고, 식민지기부터 주목했던 작가 토머스 울프를 변함없이 고평하며 자기의 목소리를 담았다. 이 시기에 그는 토마스 울프의 자전적 글쓰기 방식을 응용하여 첫 번째 신문연재 소설인 『청춘』을 집필하는 한편, 『청춘』의 주인공 '박두수'가 등장하는 일련의 단편소설들을 연이어 발표한 바 있다. 따라서 설정식 소설의 자전 서사적 성격에 대한 연구는 앞으로 다양한 관점에서 진행될 수 있으리라 생각된다.

「시와 장작」(『중앙신문』, 1947.10.26.)은 설정식의 제이시집 『포도』가 어떻게 만들어졌는가를 알게 해주는 에세이이다. 설정식은 최현배의 아들로서 정음사를 운영하고 있던 최영해와 막역지우였던 것으로 보인다. 그래서 시집을 정음사에서 출간하고 인세 대신 장작을 받는 과정이 흥미롭게 그려지고 있다. 한편 문맹의 동지이자 선배 문인 정지용의 청빈담도 인상적인데, 정지용은 단 한 번도 장작을 흐뭇하게 들여놓지 못한 채 아이들을 옆에 끼고 겨울밤을 보냈다고 한다. 넉넉지 못한 형편에서 글을 쓰고 생계를 꾸렸던 시인들의 어느 가을날을 유머러스하게 조명한 이 글은, 설정식이 탁월한 에세이스트이기도 했음을 보여 준다.

「최정희, 허준, 설정식, 임학수 문학 방담의 기」(『민성』 4-2, 1948.2.)는 『민성』지 기자가 기록한 문단 교우록이다. '소크라테스와 같은 이마'를 지닌 것으로 묘사되는 설정식은 눈 오는 날의 낭만을 즐기면서도 문학적 신념을 피력할 때는 매우 단호한 면모를 드러내고 있다. 그는 문학이란 '옥관자'가 아니라 '흙내음새' 같은 것이라 말하며 조선의 현실을 호흡하는 문학이 필요함을 역설한다. 또한 가치 판단을 이념에 앞선 '염치'의 문제로 풀이하는데, 이는 카프 출신 마르크스주의 문학인들과 설정식의 차별성을 생각하게 한다.

문맹이 제기한 구국문학론의 일환으로 쓰인 「실사구시의 시」(『조선중앙일보』, 1948.6.29.-7.1.)는 해방 조선에서 문학이란 무엇이어야 하는가를 논술한 글이다. 설정식은 이 글에서 팔일오 이후 조선 시의 수준이 향상됐다고 언급하며 "일반 인민의 사실"에 대한 인식과 문학화를 강조하고 있다.

그는 아름다움이 아닌 투쟁의 차원에서 시 장르의 목적을 논의하기 위해 '기교' 대신 '기술', 혹은 '방법'이라는 용어를 의식적으로 사용한다. 이와 같은 격동기에 시란 개인의 사상이 아니라 인민의 사상으로 무장되어야 하며, 천재적인 것이 아니라 평범한 것을 함께 나누는 정신을 추구해야 한다는 것이 그의 주장이다. 설정식은 민간인 사망으로 큰 비판을 불러일으켰던 미군 독도 폭격 사건을 예로 들면서 '사실'이 '시'가 되는 과정을 단계적으로 설명한다. 그리고 문학의 일률화를 걱정하는 목소리에 대해 반격을 취하는 등 투쟁으로서의 문학론을 분명히 하고 있다.

「기술의 '새벽길'」(『독립신보』, 1948.12.21.)은 1948년 한해의 시단을 조망하는 글이다. 설정식은 격동하는 정치 현실을 세세하게 논평하지는 않았지만, 그해 유독 시가 왕성하게 쏟아졌음을 지적하며 이를 "군사들이 최후 진지에 가까울수록 투지가 왕성"해지는 현상에 견주고 있다. 한편 김상훈의 서사시집 『가족』과 최석두의 『새벽길』을 고평하며 일종의 전투처럼 시를 쓰고 있던, 남한의 좌익-신진 시인들의 지형도를 살펴볼 수 있게 한다. 마지막으로 설정식 제이시집 『제신의 분노』에 수록된 시 「진리」를 인용하며 시작되는 「나의 시」(1)(『조선중앙일보』 1949.1.29.)은 1949년 벽두에 발표된 시론으로서 분노와 고독 속에서도 "기다리자", 그리고 "기다리는 시를 제작"하자고 다짐하던 시인의 내면을 드러낸다. 이처럼 해방기 신문 잡지에 산재해 있는 여러 자료들은 설정식의 창작 동기와 인간적 면모를 이해하는 데 도움을 주는 자료들이다.

4. 예술가 소설의 자본주의 비판과 '사상'

「오한」(『민성』 3-4, 1947.5.)과 「척사제조업자」(『민성』 4-1, 1948.1.)는 「프

란씨쓰 두셋」(『동아일보』, 1946.12.13.-12.22)과 「한 화가의 최후」(『문학』 7, 1948.4) 사이에 쓰인 소설로서, 1947년경 설정식 소설의 전개 및 방향성을 보여 준다. 이 소설들은 앞서 언급했듯이 설정식의 페르소나라고 할 수 있는 동일한 등장인물 박두수가 등장하는 만큼 함께 독해될 필요가 있다.

「프란씨쓰 두셋」은 박두수와 미국인 여성 프란씨스의 합일 불가능성을 "말로나 사상으로는 이해할 수 있어도 역시 피로는 알 수 없는" 차이의 문제로 설명했다. 그러나 「오한」과 「척사제조업자」는 태생적 혈통의 문제에서 더 나아가 미국의 자본주의가 양산해 내는 위계 구조와 배제의 원리를 부각시키고 있다. 여기서 박두수의 눈에 비친 뉴욕은 엄청난 희생으로 쌓아 올린 화려한 지옥 그 자체이다. 게다가 뉴욕은 돈이 없으면 바로 '인간 이하'로 전락하는 곳이기도 하다. 민족과 인종의 차이를 막론하고 이 법칙은 매우 평등하게 적용된다.

「오한」에 등장하는 미국인 브라운은 피를 팔아 하루하루를 연명하는 처지이다. 잦은 매혈에서 오는 고통과 당장 오늘의 양식을 마련했다는 안도감을 동시에 풍기는 그의 모습은 "커다란 바퀴에 깔린 개구리"로 묘사되며 동정과 혐오를 불러일으킨다. 한편 「척사제조업자」에서 박두수의 관찰 대상이 되는 오덕순 박사는, 와세다대학을 나왔음에도 다시금 도미하여 프린스턴대학, 컬럼비아대학 등 쟁쟁한 명문대에 적을 걸어 두고 미국 생활을 이어가고 있는 중이다. 그러나 학문은 명목일 뿐 실상 그는 조선 윷으로 상업적 성공을 이루고자 하는 목표 아래 매일매일을 경주하고 있다. 과연 그는 뉴욕에서 성공한 사업가가 될 수 있을 것인가?

이러한 미국의 세태는 작가가 되고자 하는 박두수의 욕망과 결부되면서 예술가 소설의 배경으로서 의미를 획득하고 있다. 미완성 장편소설을 늘 소중히 지니고 다니는(「척사제조업자」) 박두수는 단지 미하일 체호프가 운영하는 연극사숙이기에 청소를 자청할 정도로(「오한」) 문학에 대한 강렬한 열망을 지닌 존재이나, 한편으로는 그런 자신을 돈키호테 같다고 자조하기도 한다(「척사제조업자」). 그렇다면 그는 어떤 문학을 하고자 하는가, 혹은 해야 하는가? 이 선집에는 수록하지 않았으나 해방기 설정식을 대표하는 단편소설로서 이미 잘 알려져 있는 「한 화가의 최후」는 이와 같은 질문에 대한 응답의 성격을 지니는 소설이다.

「한 화가의 최후」에서 박두수는 짐짓 무지한 체하는 서술자의 입장에서 일본인 화가 하야시와 폴란드인 화가 쨰롬스키가 벌이는 갑론을박을 지켜본다. 예술지상주의자인 쨰롬스키가 자신의 예술을 몰라주는 미국 사회에 대한 분노를 터뜨리는 데 반해, 사회주의자인 하야시는 어디까지나 여유롭다. 또한 팔로군의 기습을 받아 일본군 삼만 명이 전멸하였다는 기사를 접하고도 태연히 중국인 전재민 구제를 위한 회합에 참석하고 기부에 나서는 등 하야시는 남다른 행보를 보여 준다. 이와 같은 재미 일본인 사회주의자는 자본주의와 내셔널리즘을 초월하는 '사상'의 문제를 제기하기 위해 직조된 캐릭터라 할 수 있다. 더 나아가 사상을 가지는 것이 왜 중요한가를 깅조하기 위해 이 소설은 쨰롬쓰키의 자살이라는 사건을 종막에 배치한다. 뉴욕의 랜드마크 엠파이어스테이트 빌딩에서 추락한 쨰롬스키는, 자기 자신조차 구원하지 못하는, 사상 없는 예술의 허망함을 증명하는 존재이다.

그런데 쨰롬스키의 죽음 앞에서 하야시는 "사상이란 어마어마한 것 같으나 기실은 종이 한 장 손가락으로 넘기는 것으로 알아도 지는 것인데"라는 '혼잣말'을 남긴다. 그가 말하는 사상은 선험적으로 제시된 진리가 아니라 자본주의적 일상 속에서 자연스럽게 습득되는 입장을 가리킨다. 현실을 제대로 직시한다면 문학이 가야 할 길도 저절로 알 수 있다는 것, 이것이야말로 설정식이 강조한 단순하지만 근본적인 원칙이었다. 이와 같은 결론을 이해하기 위해서는 이 선집에 수록된 단편소설들에서 제기한 문제들을 차근차근 확인하는 과정이 필요하다.

5. 환류하는 이념과 사랑, 성찰과 연대의 서사

이제까지 대부분의 『청춘』 연구는 『설정식 전집』에 수록된 단행본 『청춘』(1949.1)을 저본으로 이루어져 왔다. 이는 1946년 『한성일보』 연재본을 수정해 완성한 판본으로서 연재본의 캐릭터 설정 및 사건 전개와 차이를 지니고 있다. 따라서 1949년 단행본만을 확인해서는 설정식 문학의 변화 양상을 파악하기 어렵다. 한편 『한류·난류』(『민주일보』, 1948.10.29-12.30)는 설정식이 쓴 마지막 장편소설이나 이제까지 그 내용과 정확한 서지 사항이 알려지지 않았다. 설정식 문학과 미국의 관계 속에서 이 작품의 위치와 의미가 분석되긴 했으나 향후 더 상세하게 검토될 필요가 있다.

우선 연재본 『청춘』의 줄거리는 다음과 같다. 만보산 사건을 계기로 펑톈에서 톈진으로 이동해 온 박두수는 톈진 난카이대학에서 학업을 계속할 계획이었으나 전학이 순조롭게 해결되기는커녕 생각지도 못했던 사건들에 휘말린다. 공산주의자인 친구 김철환과 무정부주의자 공학생이 관련된 친일파 암살 사건과 신기숙과 한소련 등 여성 인물과의 애정 관계가 그것이다. 박두수는 김철환이 하고자 하는 일을 완전히 이해하지 못한 채 사라진 친구를 찾아다니지만 결국 만나지 못한다. 그리고 적극적으로 자신에게 다가서는 신기숙을 받아들이지 못한 상태에서 공학생의 연인인 한소련에게 미묘한 마음을 품게 된다. 그러다가 부친의 죽음으로 귀국한 후, 구세대의 영향력에서 벗어나 가장이자 생활인으로서 거듭나기 위해 애를 쓰던 중 만주사변 발발 소식을 접하는 대목에서 연재가 중단된다.

『청춘』 연재 예고 글에서 설정식은 자신이 청춘을 보낸 1930년대를 "사색의 시기"로 규정한다. 물론 행동으로 간주할 수 있는 사건 자체가 없었던 것은 아니다. 그는 실제로 자신에게 경성공립농업학교 퇴학과 중국 유학의 계기를 제공한 "광주학생사건"을 그 예로 거론한다. 그러나 이것 역시 "행동이라기보다 차라리 의식이 어느 일정한 한계에 도달하였든 것을 표면화식힌 것"이었다고 언급한다. 그리고 "행동의 전제로 이러한 의식적 성숙이 또한 한 개의 역사적 필연이 아니었든가, 이 과정을 통하야 젊은 세대는 어떠케 모색하구 어떠케 성장하였든가 하는 것을 기억하여 보랴고 한다"고 창작의 취지를 밝히고 있다. 사실 박두수는 주인공이긴 하나 학문의 세계에 몸을 담은 채 행동과 실천의 세계를 관조하는 인물로 그려진다. 그럼에도 불구하고 중요한 것은 그도 역시 "현실이라는 물을 떠나서 호흡을 할 수 없는 어족의 하나"(26회)임을 확인하게 되었다는 사실에 있다. 설정식은 이와 같은 청춘의 모습을 과오로 돌리는 대신 긍정하고 존중하는 방식으로 과거청산과 자기반성을 요청하는 당대 문학의 요구에 응답하고자 했다. 그리고 바로 이 점 때문에 『청춘』은 당대에 쓰인 자전 서사 중에서도 독특한 위상을 가진다고 할 수 있다.

『한류·난류』는 1948년 12월 30일에 게재된 47회를 끝으로 연재가 중지되었다. 마지막 연재분에 이르기까지 『한류·난류』는 총 4부로 구성되는데, 각 부의 제목은 1. 찾아오는 사람 2. 찾아가는 사람 3. 아메리카 4. 알 수 없는 일 등이다. 남성 주인공 박두수를 내세운 전작들과 달리 이 소설은 '이은주'라는 여성을 주인공으로 설정함으로써 변화를 꾀하고 있으나 한편으로는 박두수적인 면모를 그대로 물려받은 '최성재'를 주요 인물로 등장시킴으로써 전작의 계보를 잇고 있다. 하와이 한인 이은주는, 컬럼비아대학으로 유학을 가는 도중 하와이에 상륙한 최성재에게 사랑을 느끼고 뉴욕행을 택한다. 이들의 애정 관계를 중심축으로 삼는다는 점에서 이 소설은 신문연재소설다운 대중 서사의 외피를 지니고 있으며, 이와 더불어 눈여겨봐야 할 문제적 지점들이 적지 않다.

우선 고국을 떠난 조선인 청년들이 어떻게 미국의 파국적 실재와 마주치는가의 문제이다. 이 소설에 등장하는 유학생들은 단일한 집단으로 묘사되지는 않는다. 비정치적이고 개인주의적이며 향락적인 유학생들이 있는가 하면, 학업을 아예 포기하고 정치적 활동에 투신하는 부류도 있고, 고학을 하며 근근이 생활을 이어가느라 허덕이는 부류도 존재한다. 그런데『한류·난류』는 이러한 현황을 조망하는 것에서 더 나아가 미국의 자본주의가 일본의 제국주의를 지탱하는 핵심 동력이었음을 비판하고 있다. 또한 이를 해결하기 위한 젊은이들의 연대와 실천을 강조하고 있다는 점에 주목할 만하다.

이는 '재미국 약소민족 청년 반제국주의 동맹'이라는 결사 조직의 활동으로 구체화되는데, 요리사, 화가, 신학생 등 다양한 배경을 지니고 있는 조직원들은 'XX주의자'로서 민족적 고난을 헤쳐 나가고자 한다는 공통점을 지닌다. 이들은 민족 해방과 독립이라는 과제를 전 세계 약소민족 전체의 문제로서 사유하고 있다는 점에서 트랜스내셔널한 감각의 소유자들이다. 한편 이들은 해방 이후 설정식이 절실하게 느끼게 된 '감정의 공동체'를 구현하는 존재들이기도 하다. "하나가 울면 딸아서 울고 하나가 좋아하면 딸아서 좋아하던 동무들의 정"(42회), 바로 이러한 공통 감정이 일 민족을 넘어서 세계적 지평으로 확장되어 가고 있음을 이 소설은 보여 준다. 한류와 난류가 교차하며 거대한 순환을 이루어 내듯이 설정식은 우정과 연대의 물결이 확산되길 고대하고 있었던 것이다. 비록 미완이긴 하지만 이 소설은 설정식이 해방기에 다다른 결론을 확인하게 한다는 점에서 의미가 적지 않다.

이처럼 이 책에서 엮은 설정식의 문학 자료는 설정식의 문학 세계는 물론, 해방기 좌익 문학인들의 다양한 실천을 규명하는 데도 일조할 수 있을 것으로 보인다. 그의 이념과 문학관은 일본, 중국, 미국 등 다양한 공간을 가로지르며 형성된 것이므로 다양한 비교문학적 논제를 제기한다는 점도 짚어두고 싶다.『설정식 문학선: 해방의 문학, 청춘의 상상력』이 향후 다양한 방식으로 활용될 수 있기를 기대한다.

참고문헌

1 기본 자료

『독립신보』, 『민성』, 『민주일보』, 『조선중앙일보』, 『중앙신문』, 『중앙일보』, 『중외신보』, 『한성일보』.

곽명숙 편, 『설정식 선집』, 현대문학, 2011.
설희관 편, 『설정식 문학 전집』, 산처럼, 2012.

2 논문

서승희, 「설정식과 아메리카: 해방기 설정식 소설의 전개 양상과 의미」, 『상허학보』 44, 2015.
서승희, 「학생운동과 미완의 혁명, 그리고 사상의 발아:「중국은 어데로」(1932)를 통해 본 설정식 문학의 출발점」, 『비평문학』 91, 2024.
안재익, 「미일통상항해조약의 폐지와 미 국무부의 극동 정책 전환」, 『미국사연구』 55, 2022.
이상숙, 「해방기 시인 최석두론: 신념의 시, 행동하는 시인」, 『비교한국학』 25, 2017.
정영진, 「설정식의 낭만주의 기획과 인민주권의 상상」, 『한국문학연구』 60, 2019.
허수, 「1920년대 초『개벽』주도층의 근대 사상 소개 양상」, 『역사와현실』 67, 2008.

3 사전

국립국어원 표준국어대사전.
한국민족문화대백과사전.

수록 작품

1부   薛貞植,「中國은 어데로」,『中央日報』, 1932.1.1.-1.10.(9회 연재)
「一等當選作曲「中國은 어데로」의 作者 薛貞植 君의 略曆」,『中央日報』,
    1932.1.17.
薛貞植,「當選된 感想」,『中央日報』, 1932.1.17.

2부   薛貞植,「最近美國文壇一瞥」,『중외신보』, 1946.5.4.
薛貞植,「詩와 長斫」,『중앙신문』, 1947.10.26.
薛貞植,「'實事求是'의 詩」,『조선중앙일보』, 1948.6.29.-7.1.(3회 연재)
薛貞植,「技術의 '새벽길'」,『독립신보』, 1948.12.21.
薛貞植,「나의 詩」(1),『조선중앙일보』, 1949.1.29.
J記者,「崔貞姬, 許俊, 薛貞植, 林學洙 文學放談의 記」」,『民聲』 4-2,
    1948.2.

3부   薛貞植,「惡寒」,『民聲』 3-4, 1947.5.
薛貞植,「擲柶製造業者」,『民性』 4-1, 1948.1.

4부   「連載小說『靑春』, 薛貞植 作, 李快大 畵」,『漢城日報』, 1946.4.29.
薛貞植,「靑春」,『漢城日報』, 1946.5.3.-10.16.(75회 연재)
「長篇連載小說『寒流·暖流』十月 廿九日부터 本紙 二面에 揭載」,
    『民主日報』, 1948.10.28.
薛貞植,「寒流·暖流」,『民主日報』, 1948.10.29.-12.30.(47회 연재)

479

설정식 문학선
해방의 문학, 청춘의 상상력

지음	설정식
엮음	서승희·남은혜·안서현·정영진
제1판 1쇄 발행일	2025년 8월 15일
발행인	김낙년
발행처	한국학중앙연구원 출판부
출판등록	제1979-000002호(1979년 3월 31일)
주소	경기도 성남시 분당구 하오개로 323
전화	031-730-8773
팩스	031-730-8775
전자우편	akspress@aks.ac.kr
홈페이지	www.aks.ac.kr

ⓒ 한국학중앙연구원 2025

ISBN 979-11-5866-808-2 93810

- 이 책의 출판권 및 저작권은 한국학중앙연구원에 있습니다.
  이 책 내용의 전부 또는 일부를 재사용하려면 반드시 서면 동의를 받아야 합니다.
- 잘못된 책은 바꿔드립니다.
- 이 책은 2022년 한국학중앙연구원 한국학기초연구 공동연구과제로 수행된 연구임(AKSR2022-C10).